行政实体法与行政程序法精要

XINGZHENG SHITIFA YU XINGZHENG CHENGXUFA JINGYAO

刘善春／著

人民法院出版社

图书在版编目（CIP）数据

行政实体法与行政程序法精要 / 刘善春著. --北京：
人民法院出版社，2019.7
ISBN 978-7-5109-2604-4

Ⅰ.①行… Ⅱ.①刘… Ⅲ.①行政法—研究—中国②行政程序法—研究—中国 Ⅳ.①D922.104

中国版本图书馆CIP数据核字（2019）第178428号

行政实体法与行政程序法精要

刘善春 著

策划编辑：李安尼
责任编辑：赵芳慧
执行编辑：卢乐宁
出版发行：人民法院出版社
地　　址：北京市东城区东交民巷27号（100745）
电　　话：（010）67550628（责任编辑）　67550558（发行部查询）
　　　　　　65223677（读者服务部）
客服QQ：2092078039
网　　址：http://www.courtbook.com.cn
E－mail：courtpress@sohu.com
印　　刷：保定市中画美凯印刷有限公司
经　　销：新华书店

开　本：787毫米×1092毫米　1/16
字　数：495千字
印　张：32.25
版　次：2019年7月第1版　2019年7月第1次印刷
书　号：ISBN 978-7-5109-2604-4
定　价：98.00元

版权所有　侵权必究

前 言

  大陆法系行政法存在实体程序不分的缺陷,鉴于此,笔者在本书中首分所有行政实体行为法为行政实体法与行政程序法,独创行政实体法范畴,再塑行政程序法概念,创立行政实体法与行政程序法新体系。具体来讲,行政实体法是调整行政机关与公民、法人或其他组织之间实质关系的规范;行政程序法是调整行政机关与公民、法人或其他组织之间程序关系的规范。本书通过区分实体和程序,将行政立法分为行政立法(实质)权限与行政立法程序,将重大行政决策分为重大行政决策实体与重大行政决策程序,将行政决定分为行政实体与行政决定程序,将行政合同分为行政合同实体与行政合同程序……试图通过区分实体和程序,使行政法逻辑更为清晰,体系更为合理。

  新生事物,承认待时。希望本书的出版能为行政法的理论发展尽一份绵薄之力。

刘善春

2019 年 7 月

目 录

第一章　行政法学范畴 ································· 1

　第一节　行政法的概念 ································· 1
　第二节　行政实体法与行政程序法的地位 ················· 17

第二章　行政法目的 ································· 23

　第一节　行政法目的范畴 ······························· 23
　第二节　基本权利保护与公共利益维护兼顾 ··············· 33
　第三节　行政正义 ····································· 37

第三章　行政法基本原则 ····························· 48

　第一节　法治行政原则 ································· 48
　第二节　比例（成本效益分析）原则 ····················· 63
　第三节　合理原则 ····································· 69
　第四节　信赖保护（行政法律关系既定）原则 ············· 74

第四章　行政组织法 ······ 86

第一节　行政公法人 ······ 86
第二节　行政机关组织法 ······ 94
第三节　行政职位职级法 ······ 98
第四节　公务员法 ······ 102

第五章　行政实体法 ······ 124

第一节　行政实体法范畴 ······ 124
第二节　行政确认实体法 ······ 125
第三节　行政许可实体法 ······ 126
第四节　行政处罚实体法 ······ 144
第五节　行政征收征用实体法 ······ 160
第六节　行政奖励实体法 ······ 164
第七节　行政公产 ······ 167

第六章　行政程序法 ······ 174

第一节　行政程序范畴 ······ 174
第二节　行政程序原则 ······ 184
第三节　政府信息公开 ······ 192

第七章　行政行为 ······ 212

第一节　行政行为范畴 ······ 212
第二节　行政行为分类 ······ 223
第三节　行政行为效力 ······ 227

第八章　行政立法 ………………………………………… 243

第一节　行政立法权限 …………………………………… 243

第二节　行政立法程序 …………………………………… 253

第三节　行政立法 ………………………………………… 259

第四节　行政规范性文件权限与制定程序 ……………… 262

第九章　重大行政决策 …………………………………… 269

第一节　重大行政决策实体规范 ………………………… 269

第二节　重大行政决策程序 ……………………………… 273

第十章　行政决定程序 …………………………………… 283

第一节　行政决定程序范畴 ……………………………… 283

第二节　行政决定程序类型 ……………………………… 291

第十一章　行政机关管辖 ………………………………… 298

第一节　行政机关管辖范畴 ……………………………… 298

第二节　事务管辖 ………………………………………… 304

第三节　级别管辖 ………………………………………… 314

第四节　地域管辖 ………………………………………… 318

第五节　受理与立案 ……………………………………… 320

第十二章　行政调查 ……………………………………… 323

第一节　行政调查原则 …………………………………… 323

第二节　行政调查类型 …………………………………… 326

第十三章 听 证 338

第一节 听证概述 338
第二节 听证范围 341
第三节 听证程序 342

第十四章 行政证据 346

第一节 行政证据概述 346
第二节 举证责任 348
第三节 质 证 361
第四节 认定证据 370

第十五章 行政决定 379

第一节 行政决定类型 379
第二节 行政决定效力 380

第十六章 行政合同 382

第一节 行政签约实体规范 382
第二节 行政签约程序 382

第十七章 行政强制法 391

第一节 行政强制概述 391
第二节 行政强制措施 392
第三节 行政机关强制执行 399
第四节 申请法院执行 411

第十八章　行政复议 ……………………………………………… 414

第一节　行政复议理念 …………………………………………… 414
第二节　行政复议范围与受理机关 ……………………………… 417
第三节　申请和受理 ……………………………………………… 421
第四节　审理与裁决 ……………………………………………… 432

第十九章　行政诉讼法 …………………………………………… 438

第一节　行政诉讼理念 …………………………………………… 438
第二节　受案范围 ………………………………………………… 441
第三节　管　辖 …………………………………………………… 444
第四节　诉讼参加人 ……………………………………………… 446
第五节　证　据 …………………………………………………… 459
第六节　起诉与受理 ……………………………………………… 469
第七节　期间、送达 ……………………………………………… 474
第八节　一般规定 ………………………………………………… 476
第九节　一审普通程序 …………………………………………… 487
第十节　简易程序 ………………………………………………… 494
第十一节　二审程序 ……………………………………………… 496
第十二节　审判监督程序 ………………………………………… 498
第十三节　执　行 ………………………………………………… 503

第一章 行政法学范畴

第一节 行政法的概念

一、行政法

行政法是调整行政关系和行政诉讼关系的法律规范总称，既包括公民、法人或其他组织与行政机关之间、行政机关与行政机关之间、行政机关与公务员之间的行政实体关系和行政程序关系，也包括公民、法人或其他组织、行政机关与法院之间的行政诉讼关系。行政法的调整对象包括行政实体关系、行政程序关系、行政组织关系、行政诉讼关系。行政法是设定行政机关组织、构成与员额的法律，是授予、限定行政机关实体、程序权力及其行使的法律，它确定行政机关和政府工作人员的实体、程序权力、种类、范围、限度、义务与责任，规定行使实体、程序权力的原则和要求，划定行政机关和政府工作人员实体、程序权力的界线，规制行政实体、程序权（威）（authority）。行政法也圈定公民、法人或其他组织的行政实体、程序权利，行政实体、程序义务，行政实体、程序责任。

如《食品安全法》第125条规定：违反本法规定，有下列情形之一的，由县级以上人民政府食品安全监督管理部门没收违法所得和违法生产经营的食品、食品添加剂，并可以没收用于违法生产经营的工具、设备、原料等物品；违法生产经营的食品、食品添加剂货值金额不足一万元的，并处五千元以上五万元以下罚款；货值金额一万元以上的，并处货值金额五倍以上十倍以下罚款；情节严重的，责令停产停业，直至吊销许可证：(1) 生产经营被包装材料、容器、运输工具等污染的食品、食品添加剂；(2) 生产经营无标签的预包装食品、食品添加剂或者标签、说明书不符合本法规定的食品、食品添加剂；(3) 生产经营转基因食品未按规定进行标示；(4) 食品生产经营者采购或者使用不符合食品安全标准的食品原料、食品添加剂、食品相关产品。本条是行政处罚实体法规范，由前提规范和后果规范组成，前提是当事人有违反食品安全法（行政管理秩序）的行为；后果是没收、罚款或吊销证照。这些规范既设定了当事人违反食品安全法（行政管理秩序）的行为和受罚责任的范畴，又限定了行政机关实体处罚权力、义务和责任范围。行政处罚实体法与行政处罚决定不同，不可把本条直接混同于行政处罚决定，兑现本条需要借助行政处罚程序法，行政处罚决定是行政机关在行政处罚程序中适用行政处罚实体法之结果。不可将行政处罚实体法与行政处罚制度混同，行政处罚制度包含行政处罚实体法与行政处罚程序法。

【指导案例】

盐城市奥康食品有限公司东台分公司诉盐城市东台工商行政管理局工商行政处罚案①

关键词

行政处罚　食品安全标准　食品标签　食品说明书

裁判要点

1. 食品经营者在食品标签、食品说明书上特别强调添加、含有一种或多种有价值、有特性的配料、成分，应标示所强调配料、成分的添加量或含量，未标示的，属于违反《食品安全法》的行为，工商行政管理部门依法对其实施行政处罚的，法院应予支持。

2. 所谓"强调"，是指通过名称、色差、字体、字号、图形、排列顺序、文字说明、同一内容反复出现或多个内容都指向同一事物等形式进行着重标识。所谓"有价值、有特性的配料"，是指不同于一般配料的特殊配料，对人体有较高的营养作用，其市场价格、营养成分往往高于其他配料。

---

① 指导案例60号，最高人民法院2016年5月20日发布。

相关法条

《食品安全法》第 20 条①、第 42 条第 1 款②

基本案情

原告盐城市奥康食品有限公司东台分公司（以下简称奥康公司）诉称：2012 年 5 月 15 日，被告盐城市东台工商行政管理局（以下简称东台工商局）作出东工商案字〔2012〕第 00298 号《行政处罚决定书》，认定原告销售的金龙鱼橄榄原香食用调和油没有标明橄榄油的含量，违反了 GB7718－2004《预包装食品标签通则》的规定，责令其改正，并处以合计 60 000 元的罚没款。原告认为，其经营的金龙鱼橄榄原香食用调和油标签上的"橄榄原香"是对产品物理属性的客观描述，并非

---

① 该法于 2018 年 12 月 29 日修正，新法对应法条为第 26 条。该条规定："食品安全标准应当包括下列内容：（一）食品、食品添加剂、食品相关产品中的致病性微生物，农药残留、兽药残留、生物毒素、重金属等污染物质以及其他危害人体健康物质的限量规定；（二）食品添加剂的品种、使用范围、用量；（三）专供婴幼儿和其他特定人群的主辅食品的营养成分要求；（四）对与卫生、营养等食品安全要求有关的标签、标志、说明书的要求；（五）食品生产经营过程的卫生要求；（六）与食品安全有关的质量要求；（七）与食品安全有关的食品检验方法与规程；（八）其他需要制定为食品安全标准的内容。"

② 该法于 2018 年 12 月 29 日修正，新法对应法条为第 67 条第 1 款。该条规定："预包装食品的包装上应当有标签。标签应当标明下列事项：（一）名称、规格、净含量、生产日期；（二）成分或者配料表；（三）生产者的名称、地址、联系方式；（四）保质期；（五）产品标准代号；（六）贮存条件；（七）所使用的食品添加剂在国家标准中的通用名称；（八）生产许可证编号；（九）法律、法规或者食品安全标准规定应当标明的其他事项。"

对某种配料的强调，不需要标明含量或者添加量。橄榄油是和其他配料菜籽油、大豆油相同的普通食用油配料，并无特殊功效或价值，不是"有价值、有特性的配料"。本案应适用《食品安全法》规定的国务院卫生行政部门颁布的食品安全国家标准，而被告适用的 GB7718-2004《预包装食品标签通则》并不是食品安全国家标准，适用法律错误。综上，请求法院判决撤销被告对其作出的涉案行政处罚决定书。

被告东台工商局辩称：原告奥康公司经营的金龙鱼牌橄榄原香食用调和油标签正面突出"橄榄"二字，配有橄榄图形，吊牌写明"添加了来自意大利的 100% 特级初榨橄榄油"，但未注明添加量，这就属于食品标签上特别强调添加某种有价值、有特性配料而未标示添加量的情形。GB7718-2004《预包装食品标签通则》作为食品标签强制性标准，在《食品安全法》生效后，即被视为食品安全标准之一，直至被 GB7718-2011《预包装食品标签管理通则》替代。因此，其所作出的行政处罚决定定性准确，合理适当，程序合法，请求法院予以维持。

法院经审理查明：2011 年 9 月 1 日至 2012 年 2 月 29 日，奥康公司购进净含量 5 升的金龙鱼牌橄榄原香食用调和油 290 瓶，加价销售给千家惠超市，获得销售收入 34 800 元，净利润 2836.9 元。2012 年 2 月 21 日，东台工商局行政执法人员在千家惠超市检查时，发现上述金龙鱼牌橄榄原香食用调和油未标示橄榄油的添加量。上述金龙鱼牌橄榄原香食用调和油名称为"橄榄原香食用调和油"，其标签上有"橄榄"二字，配有橄榄图形，标签侧面标示"配料：菜籽油、大豆油、橄榄油"等内容，吊牌上写明："金龙鱼橄榄原香食用调和油，添加了来自意大利的 100% 特级初榨橄榄油，洋溢着淡淡的橄榄果清香。除富含多种维生素、单不饱和脂肪酸等健康物质外，其橄榄原生精华含有多本酚等天然抗氧化成分，满足自然健康的高品质生活追求。"

东台工商局于 2012 年 2 月 27 日立案调查，并于 5 月 9 日向原告奥康公司送达行政处罚听证告知书。原告在法定期限内未提出陈述和申辩，也未要求举行听证。5 月 15 日被告向原告送达东工商案字〔2012〕第 298 号行政处罚决定书，认定原告经营标签不符合《食品安全法》规定的食品，属于食品标签上特别强调添加某种有价值、有特性配料而未标示添加量的情形，依照《行政处罚法》《食品安全法》规定，作出责令改正、没收违法所得 2836.9 元和罚款 57 163.1 元，合计罚没款 60 000 元的行政处罚。原告不服，申请行政复议，盐城市工商行政管理局复议维持该处罚决定。

裁判结果

江苏省东台市法院于 2012 年 12 月 15 日作出（2012）东行初字第 0068 号行政判决：维持东台工商局 2012 年 5 月 15 日作出的东工商案字〔2012〕第 00298 号《行政处罚决定书》。宣判后，奥康公司向江苏省盐城市中级法院提起上诉。江苏省盐城市中级法院于 2013 年 5 月 9 日作出（2013）盐行终字第 0032 号行政判决，维持一审判决。

裁判理由

法院生效裁判认为：《食品安全法》第 20 条第（4）项规定，食品安全标准应当包括对与食品安全、营养有关的标签、标识、说明书的要求。第 22 条规定，本法规定的食品安全国家标准公布前，食品生产经营者应当按照现行食用农产品质量安全标准、食品卫生标准、食品质量标准和有关食品的行业标准生产经营食品。GB7718－2004《预包装食品标签通则》由国家质量监督检验检疫总局和国家标准化管理委员会制定,于 2005 年 10 月 1 日实施;《食品安全法》于 2009 年 6 月 1 日实施,新版的 GB7718-2011《预包装食品标签管理通则》是由国务院卫生行政部门制定,且明确是食品安全国家标准,于 2012 年 4 月 20 日实施。本案原告奥康公司违法行为发生在 2011 年 9 月至 2012 年 2 月,GB7718-2004《预包装食品标签通则》属于当时的食品安全国家标准之一。因此,被告东台工商局适用 GB7718-2004《预包装食品标签通则》对原告作出行政处罚,并无不当。

GB7718-2004《预包装食品标签通则》规定:"预包装食品标签的所有内容,不得以虚假、使消费者误解或欺骗性的文字、图形等方式介绍食品;也不得利用字号大小或色差误导消费者。""如果在食品标签或食品说明书上特别强调添加了某种或数种有价值、有特性的配料,应标示所强调配料的添加量。"这里所指的"强调",是特别着重或着重提出,一般意义上,通过名称、色差、字体、字号、图形、排列顺序、文字说明、同一内容反复出现或多个内容都指向同一事物等形式表现,均可理解为对某事物的强调。"有价值、有特性的配料",是指对人体有较高的营养作用,配料本身不同于一般配料的特殊配料。通常理解,此种配料的市场价格或营养成分应高于其他配料。本案中,原告奥康公司认为"橄榄原香"是对产品物理属性的客观描述,并非对某种配料的强调,但从原告销售的金龙鱼牌橄榄原香食用调和油的外包装来看,其标签上以图形、字体、文字说明等方式突出了"橄榄"二字,强调了该食用调和油添加了橄榄油的配料,且在吊牌(食品标签的组成部分)上有"添加了来自意大利的 100% 特级初榨橄榄油"等文字叙述,显而易见地向消费者强调该产品添加了橄榄油的配料,该做法本身实际上就是强调"橄榄"在该产品中的价值和特性。一般来说,橄榄油的市场价格或营养作用均高于一般的大豆油、菜籽油等,因此,如在食用调和油中添加了橄榄油,可以认定橄榄油是"有价值、有特性的配料"。因此,奥康公司未标示橄榄油的添加量,属于违反食品安全标准的行为。东台工商局所作行政处罚决定具有事实和法律依据,应予维持。

行政法的内容主要由以下几部分构成:(1) 行政组织法;(2) 行政实体法;(3) 行政程序法;(4) 行政行为;(5) 行政复议法、行政诉讼法和行政赔偿法;(6) 立法机关、监察委、审计机关对行政机关的监督法。

二、狭义行政法

狭义行政法,通常指行政程序法和司法审查法。以美国行政法学为代表,施瓦兹和科瑞达认为行政法是控制行政权力运作的法律。它阐明行政机关行使的权力,设定其行使权力的原则,并对受到行政机关和工作人员行使权力影响的当事人提供救济。行政法分为三部分:(1) 授予行政机关权力;(2) 宪法、法律和判例设定其行使权力的要求;(3) 针对违法行政行为,对当事人提供救济。[①] 美国盖尔霍恩和方克认为行政法主要是关于行政程序的规范,指行政机关做出影响私人权利的行政行为所必须遵守的行政程序规范。伯尔曼认为行政法是

[①] Schwartz and Corrada, Administrative Law a Casebook, Aspen Law&Business, 2001, p. 4 – 5.

规制和调整由行政官员包括独立管制机构官员行使行政权力的法律。①美国1946年制定行政程序法和联邦侵权赔偿法，1966年制定政府信息公开法，1971年制定隐私权法等，行政法基础仍是判例法。

英国威廉·韦德和克里斯托弗·福斯认为行政法是有关控制行政权力的法律。在多数律师看来，无论如何，这是行政法的核心。它有两个内在特征：第一，行政权必须从属于法律限制（limitations），没有绝对的、不受限制的行政权。第二，自然而然地，任何权力都可能滥用，即使议会授权部长可为特定目的，只要他认为适当就可以作出行政决定，但法院如果认为行政决定违反了判例法，仍然可使其失去效力；更不用说，如果部长违反了议会给其设定的界限（limit）。行政法的主要目的是将行政权力控制在法律界限之内，以保护公民免受权力滥用的侵犯。

狭义行政法概念清晰，它以行政程序和司法审查为中心架构，符合逻辑。欧洲、日本和我国等行政法以行政行为为中心架构，混合实体法和程序法内容，逻辑不够清晰。美国狭义行政法认为行政法基本就是程序法，但实际包含实体法，因为授予和控制的行政权力，含实体权力。行政实体法不可缺少，所有行政机关都依存于行政实体法目标和任务。美国法学家认为，研究行政程序法和司法审查法离不开实体法。他们在行政裁决、行政规章和国家赔偿中附带研究实体法，但行政实体法不在教科书中独立成章，狭义行政法学不完美。狭义行政法偏于从控制行政权角度界定行政法，是控制行政实体权还是程序行政权？应该控制二者，狭义行政法对此表达不够清晰。狭义行政法偏

---

① Jack M. Beermann, Administrative Law, Aspen Publishers, 2003, p.1.

重于控权，公民、法人或其他组织一方行政法上权利、义务、责任放在哪？任何行政法律关系都为双方以上，不可能是单方，仅从控权角度界定行政法，容易漏掉当事人一方，这是不足。欧洲法学家从行政关系双方角度界定行政法，如毛勒认为行政法是并且正是调整行政和公民之间关系、确立公民权利和义务的规范，只是其范围限于行政关系而已。① 欧洲行政法定义有优点。行政组织法也应是狭义行政法必须研究的，美国行政法学较少研究，不过英国行政法较重视。美国行政法学关注国家赔偿法，司法审查资格、范围和程度，篇幅大，但对司法审查程序基本不写。英国行政法学一般包括行政组织、公务员、行政权力、行政调查、委任立法、政府合同、行政裁判所、司法审查、行政赔偿和议会行政监察专员。没有展示行政程序过程，或因无行政程序法典。

三、广义行政法

美国布瑞耶、斯图瓦特、孙斯汀和斯百泽认为行政法可以界定为控制行政的法律。② 主要是指这些法律原则，用以界定行政机关的组织结构和权力，用以明确设定行政机关遵循的行政程序步骤、形式，用以评定行政决定效力，用以划定法院与行政机关之间的关系，并在这

---

① [德] 毛勒：《行政法总论》，高家伟译，法律出版社2000年版，第33~34页。

② Breyer, Stewart, Sunstein and Spitzer, Administrative Law and Regulatory Policy, Problems, Text, and Cases, Aspen Publishers, 2002, p.3-4.

些关系中，厘定法院和其他机关的作用。行政法贯穿所有行政实体领域，含全部行政活动原则和规则，包括宪法、国会法律，行政程序法和包含在司法判决中的普通法规范。而判例创立的规范并没有清晰的宪法和国会法律出处，行政法是不易把握的，因为生成于特定行政领域的实体法和程序法确实具有抽象性。不通晓行政实体法的基本知识，就不会掌握行政法。离开特定行政机关的实体责任和行政机关可获得的用以实现其目标的行政途径，就不可能理解行政程序正当要求和司法审查原则的重要意义。在司法审查过程中，法院应当特别紧密关注：被起诉的作出行政行为的机关身份、地位、机关成员声誉，设立行政机关的目的；行政机关实现目的、履行职责面临的实际困难；特定的被起诉的行政行为内容；行政机关和受到影响的当事人各自应当享有的公平对待权利。① 斯特劳斯教授认为，行政法是关于公共行政的全部法律，不仅包括行政程序法和行政实体法，也包括外部行政法和内部行政法。②

英国詹宁斯教授认为行政法是关于公共行政的全部法律，是公法的一个部门，内容不以司法审查为限，包括行政机关组织、权力、义务、权利和责任在内。③ 皮特雷·兰德和高登·安瑟尼认为行政法是控制政府权力的法律，包含若干普遍原则，用以约束行政机关行使权力

---

① Breyer, Stewart, Sunstein and Spitzer, Administrative Law and Regulatory Policy, Problems, Text, and Cases, Aspen Publishers, 2002, p. 3–4.
② 王名扬：《美国行政法》，中国法制出版社 1995 年版，第 40~41 页。
③ 王名扬：《英国行政法》，中国政法大学出版社 1989 年版，第 2~9 页。

和履行义务,以便符合基本法治和公平标准。①

澳大利亚皮特·肯纳(Peter Cane)和莱特恩·麦克纳德(Leighton Mcdonald)认为,行政法首先是关于公共机构职能或活动的公法律,是控制官员行使行政权的法律,行政法也是行政机关规制私人行为的规则。②"规制行政典型地具有社会目的,如保护环境,增进经济,改善教育质量,确保工人健康。规制行政的最终目的是使经济和社会更好。比较之下,行政法原来的目的是促进行政程序正当,如程序公平,行政决定者遵守权力的法律限制。不是说这些正当程序价值不重要,而是从某种意义上讲它们起辅助或随带作用,甚至它们可能妨碍规制行政的社会目的之实现。也不是说,好的行政决定程序没有它自己的独立价值,如遵守公平程序,通常说很重要。不仅仅是因为据此可以做出好的行政决定,而且因为这样做可以尊重个人和受到行政决定影响人们的价值。另一方面,公平程序没有意义,除非做出的行政决定能够促进规制行政实体目的,而并非仅仅用以追求公平程序。这就可以解释律师为什么传统地理解行政法为限制和控制行政权,即用以阻碍社会目的和规制行政目的的实现,而不是从促进社会目的的实现角度,积极地正面理解行政法。"③

广义行政法包括狭义行政法。狭义行政法有统一的概念和调整对

---

① Peter Ley Land and Gordon Anthony, Textbook on Administrative Law, Oxford University Press, 2013, p. 1 – 2.

② Peter Cane and Leighton Mcdonald, Principles of Administrative Law, Oxford University Press, 2008, p. 2 – 4.

③ Peter Cane and Leighton Mcdonald, Principles of Administrative Law, Oxford University Press, 2008, p. 9 – 10.

象，架构完整。美国广义行政法主张实体法和程序法并重，为美国创新派代表趋势。不过教科书中未单列行政实体法，只是加入市场监管理论而已。

在德国，广义行政法是指公共行政活动所依据的法律规范总称。① 狭义行政法是指调整公共行政主体活动法律规范的总称，不包括行政活动可适用的私法。行政法是与行政机关也可适用的——私法相区别的公法的组成部分。② 法国古斯塔夫·佩泽尔认为广义行政法是确定行政组织和功能的全部规则，狭义行政法是独立于私法的上述全部规则，是适用于行政的公法，不包括行政机关适用的私法，与私法具有实质性的区别，适用该公法而引起的行政争议由独立于司法法官的行政法官管辖，并实行判例法。③ 欧洲广义行政法包括行政组织法、行政行为法、行政程序法和行政诉讼法，也包括行政机关适用的私法，与美国广义行政法所含实体法并没有界分行政实体法与私法有区别。

四、一般行政法与特别行政法

一般行政法是指可适用于行政活动各个方面的规范和原则的总称，包括行政法原则、行政组织法、行政实体法、行政程序法等。特别行

---

① ［德］汉斯·J. 沃尔夫、奥托·巴霍夫、罗尔夫·施托贝尔：《行政法》，高家伟译，商务印书馆2002年版，第101页。
② ［德］汉斯·J. 沃尔夫、奥托·巴霍夫、罗尔夫·施托贝尔：《行政法》，高家伟译，商务印书馆2002年版，第203页。
③ ［法］古斯塔夫·佩泽尔：《法国行政法》，廖坤明、周洁译，国家行政学院出版社2002年版，第1页。

政法是指适用于特定部门领域的行政法,如税法等,但必须分为特别行政实体法与特别行政程序法才逻辑清晰。

德国行政法学分为普通行政法和特别行政法。① 前者包括:公共行政含义;行政法及其学科历史发展;公法与私法区别;行政法与宪法关系;行政法法律渊源;行政法基本原则,例如法治原则、分权原则、合法性原则、比例原则和平等原则;行政组织法;行政行为和行政程序,包括行政执行;国家赔偿和行政诉讼法。毛勒认为,行政法是调整行政关系,规制行政组织、行政程序和行政行为的法律规范总称,分为一般行政法和特别行政法,内部行政法和外部行政法。② 1976 年德国制定行政程序法,行政法学以行政行为为中心,行政程序占一章,虽有行政法总论和部门行政法分类,但没有行政实体法概念,实体和程序混合为一,教科书中看不出行政行为法和行政程序法的内在联系,逻辑不清。

法国古斯塔夫·佩泽尔认为行政法是应用于行政的法。③ 即有关行政组织、行政行为和行政监督的全部法律规则。法国行政法学分成三部分,行政组织和公务员,行政行为,行政诉讼和国家赔偿等。对行政处理、行政警察、行政征收征用、政府合同、公产和国家赔偿、公私法界限及其标准研究比较深入。清晰区分行政法院和普通法院管辖

---

① [印] M. P. 赛夫:《德国行政法——普通法的分析》,周伟译,山东人民出版社 2006 年版,第 5~7 页。
② [德] 毛勒:《行政法总论》,高家伟译,法律出版社 2000 年版,第 33~34 页。
③ [法] 古斯塔夫·佩泽尔:《法国行政法》,廖坤明、周洁译,国家行政学院出版社 2002 年版,第 1 页。

权及其标准,区分公法和行政机关适用的私法,行政处理成为教科书中心骨架。法国行政法没有清晰界分行政实体法和行政程序法,学科内在逻辑不够明晰。2019年,法国更新了《公众与行政机关之关系法典》,其中规定了行政程序、行政行为、行政文件的查阅与公共信息的再利用及行政诉讼等内容,法国行政法还是判例法。

日本一般行政法学包括行政与法的一般关系、行政法定义、基本原理、行政立法、行政行为、行政契约、行政指导、行政计划、行政执行、行政调查、行政程序、当事人行政程序地位、行政争讼、国家补偿、行政组织法、公务员法、公物法等。① 与欧洲相似,日本对行政行为研究深入,1993年制定行政程序法,但学科没有界分行政实体法和行政程序法。日本判例法程度不够,行政法学集中于立法。

德国和法国大陆法系行政法学认为行政法是调整行政机关和公民之间关系、确立公民权利和义务的规范,这一点无疑是正确的。行政法既是确定公民行政权利、义务、责任的规范,也是确定行政机关权力、义务和责任的规范,并不像英美狭义行政法强调仅控制政府权力。大陆法系行政法学中,行政组织法占足分量,同时在行政法基本原则、行政行为及效力、行政许可、行政处罚、行政规划、行政计划、行政合同和公物法篇中论及实体法律关系,这是欧洲行政法优势。

---

① [日]盐野宏:《行政法》,杨建顺译,姜明安校,法律出版社1999年版,目录。

五、行政实体法与行政程序法

在行政法学科中，行政程序法和行政诉讼法之范畴和地位无争，但行政实体法范畴尚未明确。行政法教科书实体和程序区分不够明显，例如，在公务员法之后，直接写"行政行为"。部门行政法学也是实体和程序混合。行政机关执行的某些规范，哪些是实体，哪些是程序，有些规范很难看出该条规范为实体或程序，实际是实体和程序混合规范。这说明行政实体法和程序法区分不明显，这是因为实体法和程序法规范往往规定在一个法律文件中，或一个行政法条文本身就具有实体和程序双重性质。

行政实体法与行政程序法包括行政法范畴、行政法目的、行政法原则、行政组织法、行政实体法、行政程序法、行政行为、行政立法、行政决定程序、行政管辖、行政调查、行政决定听证、行政证据、行政决定程序中的法律适用、行政决定、行政合同、行政执行、行政复议与行政诉讼。

第二节 行政实体法与行政程序法的地位

一、行政实体法

行政实体法是调整行政机关和公民、法人或其他组织之间行政实质（substantive）关系的法律规范，规定了当事人行政实体权利、实体义务和实体责任；对应地规定了行政机关实体权力、实体义务和实体责任。

二、行政实体法和行政程序法的关系

行政实体法与行政程序法各自都单独成为狭义行政法。行政程序法规定了行政机关适用行政实体法作出行政决定，或依据授权法制定抽象行政行为应当遵循的程序规范。行政程序法典，如美国行政程序法。此外仍有分散的部门行政程序法或判例程序法规范。目前，尚无统一行政实体法典，只有分散的各部门行政实体法或判例实体法规范，未来或制定行政实体法通则。

先有行政实体法然后有行政程序法。没有行政实体法，行政程序法适用就成了无米之炊。行政实体法应是整个行政法的基础，是行政机关生成的根据，因为有行政实体法，才设立行政机关，才有行政程

序权力授予，才有行政程序法。行政实体法目的可由其本身实现一部分，其余依赖于行政程序法。没有行政程序法，行政实体法也基本不能兑现，不能全部实现行政实体法目的。

三、行政程序法

狭义行政法之一就是行政程序法。米切纳·R. 艾斯谋（Michael R. Asimow）认为，"行政法基本上是程序性法律。每一个行政机关都负责执行一个实体法，如国家劳动关系委员会负责执行联邦劳动法。不过一些行政程序原则适用于所有行政机关"。行政程序是行政机关适用各种实体法之过程，如行政调查、行政裁决程序和制定规章程序。① 行政程序法对应行政实体法之地位，如同刑事诉讼法对应刑法一样。

四、广义行政法的地位

行政法是独立的法律部门。行政实体法与民法、刑法共同构成宪法下三大部门实体法。

行政实体法与民法相比：（1）性质不同。前者是实体公法，后者是私法。前者调整国家和公民、法人或其他组织之间实体行政权和私权关系，后者调整公民、法人等平等主体之间的人身和财产关系。前者目的在于保护行政实体公平与效益，并保护当事人合法权益；后者目的在于追求民事公平与效益，确保民事主体享有自由和权利，真诚

---

① Michael R. Asimow, Administrative Law, A Thomson Company, 2002, page (i).

履行民事义务。(2) 二者都遵从诚实信用原则，但基本原则也有不同。前者奉行平衡和法治行政原则，后者遵从平等、自愿、等价、有偿原则。通常行政实体法律关系中的国家与当事人不平等、不对等，民事法律关系中的各方平等、对等。

行政实体法与刑法相比：(1) 二者都是实体公法。前者包括授益、负担、混合性行政法规范；后者为犯罪与刑罚规范。前者中的行政处罚实体法与刑法有相似之处。(2) 二者调整关系有所不同，如刑法调整国家和私人之间的刑罚关系，行政实体法调整国家和公民、法人或其他组织之间的实体行政权和私权关系。(3) 二者基本原则有相似的地方，如都遵循比例原则。(4) 二者目的有一致性，如刑法目的在于预防、制止、惩罚犯罪，保护私人利益和国家利益，维护国家秩序，行政实体法在于维护行政实体公平与效益，保护当事人合法权益。(5) 二者法律关系中的突出特征是国家与当事人地位不平等，国家高于当事人；不过在行政实体法关系中，也有平等或对等的少数情形；所有刑法关系中的国家与罪犯地位都不平等也不对等。就对二者的执行机关来说，都是职责，既是权力又是义务，权力义务一致，不可随意处分。

五、行政实体法和行政组织法

行政机关依赖于行政实体法，行政机关的目的、结构、权力、义务和责任，取决于（行政）实体法。（行政）实体法决定了行政组织法、行政职位法和公务员法。有些行政实体法单独制定，有些行政实体法和行政组织法合二为一。

六、行政实体法和行政诉讼法

在行政实体法适用过程中,行政机关必然和公民、法人或其他组织发生争议,需要通过行政诉讼解决该争议,行政诉讼法应运而生,行政诉讼法是法院审理裁判公民、法人或其他组织与被告行政机关等之间行政争议遵循的诉讼法。在行政程序中,行政机关第一次适用行政实体法,这是行政职责,行政机关应当享有首次适用权。在行政诉讼中,一般说来,法院通过行政诉讼第二次适用行政实体法,即监督式适用,审查行政机关适用实体法是否合法,法院并不任意替代行政机关适用行政实体法,这是由司法机关和行政机关各自行使职权、司法审查目的决定的,但有时法院也可直接适用行政实体法或民法,如在调解、和解、新审事实、变更判决、行政赔偿或补偿案审中即可,但即使法院直接适用,一般说来,也是第二次适用,因为在此之前行政机关和当事人等已经适用过,对于少许事项,法院也首次适用实体法,如当事人在行政程序中,未向行政机关主张行政赔偿,而在行政诉讼中,与其他诉求一并首次主张行政赔偿,法院可首次适用行政赔偿法。

七、行政程序法和行政诉讼法

行政程序法和行政诉讼法共同构成狭义程序性行政法。行政程序法是由行政机关首次适用的程序法。在行政诉讼中,法院间接第二次适用,即审查式适用,审查行政机关和当事人是否遵守行政程序法。

行政诉讼法是法院用以监督行政机关是否遵守行政程序法和实体法的司法程序法。行政程序法与行政诉讼法之联系，较行政实体法和行政诉讼法之联系更直接。因为行政实体法须通过行政机关在行政程序中适用以后做出行政行为，当事人不服才进入行政诉讼阶段。正是行政程序法才将行政实体法和行政诉讼法连接起来。

行政程序法与行政诉讼法进行比较，行政程序法的目的主要在于兑现行政实体法，行政诉讼法的目的在于通过解决行政争议，制衡与支持行政权，维护行政秩序。二者都贯彻法治原则和正当程序原则。行政程序为初审，既为事实审又为法律审，行政程序法适用在先。行政诉讼用于复审，主要是法律审，行政诉讼法适用在后。二者法律关系结构相似，在行政程序中，主持行政程序的行政机关与当事人不平等，当然当事人之间是平等的；在行政诉讼中，法院与当事人地位并不平等，当事人之间地位平等。

八、行政法的渊源

行政法法源是指行政法规范的出处，包括宪法、设立行政机关和授予权力的法律、行政法规、地方性法规、自治条例、单行条例、行政规章等。（1）宪法。宪法除文本之外，还含宪法释用。宪法确定的公民基本权利和自由，尊重和保障人权、正当程序和平等保护原则，可为限定行政权的规范，授予行政权规范也是行政法规范，这些是要求公民履行基本义务的规范。宪法是行政法授权和限权规范的发源地。（2）法律。如行政许可法和行政处罚法；部门行政法，如《海关法》等。这些部门法中除了民事规范和刑事规范，余下都是行政法。这些部门法既独立存在也构成统一行政实体法。(3) 行政法规，如《行政复议法实施条例》。(4) 地方性法规、自治条例和单行条例。它们地位低于宪法、法律和行政法规；在不与宪法、法律、行政法规相抵触的情形下，或在上位法授权范围内，对行政或民事问题作规定。(5) 行政规章。主要是从属性规范，很少有创制性规范。不过如果他们对公民、法人或其他组织设定权利，只要不与上位法冲突，也允许。

第二章 行政法目的

第一节 行政法目的范畴

一、行政法目的

行政法用于行政治理,是国家行政治理全部规范的总称。行政机关内部治理需要行政法,如行政机关组织法。行政机关履行治理社会职责需要行政法,如《行政许可法》。行政法的目的是增进公共利益并尊重补强个人正当权利。行政法既控制行政权行使又规制私人活动。中国行政法制定与适用必须符合绝大多数人的意愿,目的就是确保最大多数人利益,也必须保障个人利益,平衡是关键。美国和英国行政法强调控制行政权,确保个人权利。法、德、日行政法注重平衡。由于西方法律常是利益集团妥协交易的产物,西方行政法并不必定在于实现最大多数公民的利益。

二、行政法目的学说

1. 美国行政法目的学说。(1) 盖尔霍恩认为行政法目的主要有 4 个。第一，公平。① 当私人权利受到行政行为实质性的影响时，有获得事先告知的权利和充分地、有意义地听取意见的权利。

第二，正确。行政程序应最大限度地减少作出错误行政决定的风险，某特定行政程序更适合特定行政决定，如审判式行政程序对裁决过去发生的特定事实更有用，而对于作出关于将来的普遍预测和政策判断来说，用处较小。

第三，效率。依靠扩大当事人参与的机会，来提高行政程序公平，依靠收集和评估更多的证据或信息，来改进行政决定精确性的所有努力，会增加时间和金钱成本，并错过很多机会。因为行政资源是有限的，通常情况下，对实现所有行政责任和目的来说，并不充裕。因此有必要考虑行政程序效率，特别是额外程序保障所带来的成本。应当增加行政决定的公平和精确性投入，并足以超出由此造成的成本和拖延。

第四，公众认可或可接受性。行政权力需合法行使。有必要考虑选民和公众对行政程序的态度。行政程序评判，不仅需要看它的实际客观效果，而且要看受到不利影响的人们对它的感受和理解。在少数

---

① 译自［美］恩斯特·盖尔霍恩、罗纳德·M. 莱文：《行政法》（第 4 版），法律出版社 2001 年版，第 4~7 页。

情况下，或许公众对行政程序的态度，在确定行政监管决定和计划中，可起决定性作用。不过应当明确，如果一种普遍感情认为行政机关专横或不公平地作出行政决定，就会导致公众对行政机关信心和信任瓦解，或破坏受到调控的工业对行政决定的自愿遵从和理解。

（2）艾斯谋认为，行政法目的之一是实现实体法目的。行政机关是由法律创立的实现实体目的的实体。① 斯图加特也认为行政法目的包括实现实体法目的。布里耶（Breyer）、斯特瓦特（Stewart）、孙斯特纳（Sunstein）和斯皮特泽（Spitzer）等认为行政规制（regulation）为行政实体法组成部分。行政法应当研究行政规制的种类和目的。行政规置的种类包括行政规制能否促进经济效率，是否重新分配资源，是否促进和反映民主，影响哪些人利益等，如政府价格规制目的在于保护消费者，事实上也可以帮助生产者。行政规制的目的在于：解决市场失灵，确保经济稳定安全有序，重新分配资源，提高效率，促进非市场的或集体价值的实现，克服现代社会的缺点或不足，搞好行政计划，对社会关照或温暖等。②

（3）施瓦茨认为行政法主要目的是确保行政权力在法律界定的范围内，并保障人权，防止行政权力滥用。③

2. 英国行政法目的学说。威廉·韦德认为："行政法主要目的在于控制政府权力在法律规定界限之内，以防止其失控，保护公民权利。

---

① Michael R. Asimow, Administrative Law, BarBri Group, 2002, page (i).
② Breyer, Stewart, Sunstein and Spitzer, Administrative Law and Regulatory Policy, Problems, Text, and Cases, Aspen Publishers, 2002, p. 4 – 13.
③ Schwartz and Corrada, Administrative Law a Casebook, Aspen Law and Business, 2001, p. 5.

权力是责任（duty），行政机关如果渎职，行政法应当强制他们履行法定职责。行政法可以认为是规制政府权力行使和职责履行的基本准则。行政法和行政联系紧密，那种认为发达的行政法必然和效率行政相抵触的观点有误解，如果行政法实施高标准的合法、合理和公平原则，集中的行政权力对公民来说更可容忍，政府路径更顺畅。"①

3. 在澳大利亚，佩特·肯纳从行政规制（administrative regulation）角度界定的行政法目的不同于以往从法治（legal）角度界定的行政法目的。规制行政法重点面向将来，重要目的是影响行政决定者将来的行为，而不是处理过去做出的行政行为。规制行政法目的不仅影响行政决定者行为，而且可以促进道路和工厂安全，以及诸如教育功能等，也影响当事人的行为方式，改变其社会态度，如自觉纠正饮酒驾车等行为。②

4. 法国学界普遍认为行政目的在于满足公共利益。③ 奥里乌认为，"法国行政法采取了唯一可行的办法，承认公共权力和个人不是平等关系，承认公共权力的特权为合法，同时又成功地对行政特权加以限制"。④ "公众本能地对特权有两项修正，对公共权力态度有：它可以做，但必须遵守法律；它可以做，但必须为它所犯下的不公付出代价。

---

① Sir Willian Wade and Christopher Forsyth, Administrative Law, Oxford University Press, 2009, p. 4 – 8.

② Peter Cane and Leighton Mcdonald, Principles of Administrative Law, Oxford University Press, 2008, p. 9 – 10.

③ 王名扬：《法国行政法》，中国政法大学出版社 2003 年版，第 11 页。

④ ［法］莫里斯·奥里乌：《行政法与公法精要》（上卷），龚觅等译，辽海出版社与春风文艺出版社 1999 年版，第 140 页。

没有哪一个行政法比法国行政法更直接更彻底地满足了对公正的这种双重目的。"① 行政法的目的首先是满足公共利益，其次是规范控制行政机关直接以满足公共利益为目的展开的公务活动。②

5. 德国行政法历史发展经历了邦君权国、警察国和法治国三个阶段，每个阶段的发展都不是一种"平和"发展，而是"每次都变更了整个基础"。③ 现阶段德国行政法处于第三个阶段，在吸取二战历史教训后，确立了宪法对行政法的支配地位，明确了以行政合法性原则为核心的行政法基本观念。"行政合法性原则是指行政活动必须受议会法律规制，必须置于法院司法控制之下；行政活动违法，必须追究行政机关的法律责任。行政合法性原则包括法律保留和法律优先原则。法律保留原则强调行政机关作出行政行为必须有议会法律授权。法律优先原则强调行政机关一切行为都受现行有效法律约束"，④ 德国行政权是从属于法律的，所谓"行政法是宪法的具体化"是这个时期行政法与宪法关系的典型写照。⑤ 行政权作为扩张性最强的权力，最容易产生滥用，损害基本权利。恩斯特·福斯多夫认为为人的生存提供所必要的物质和服务应当是国家的任务。彼德·巴杜拉认为，行政并非仅是国家实现法律与行政目标的手段，而是应当作为国家福利目的的工具，

---

① ［法］莫里斯·奥里乌：《行政法与公法精要》（上卷），龚觅等译，辽海出版社与春风文艺出版社 1999 年版，第 137 页。
② ［法］古斯塔夫·佩泽尔：《法国行政法》，廖坤明、周洁译，国家行政学院出版社 2002 年版，第 1 页。
③ ［德］奥托·迈耶：《德国行政法》，商务印书馆 2004 年版，第 25 页。
④ 高家伟：《论德国行政法的基本观念》，载《比较法研究》1997 年第 3 期。
⑤ 应松年主编：《四国行政法》，中国政法大学出版社 2005 年版，第 167 页。

来满足社会正义的需要。①

6. 日本行政法强调服务全体国民、法治主义和正当程序。日本宪法肯定了国家权力来源于国民，包括行政权在内的所有国家权力，都应该以实现国民共同利益为目标，服务于全体国民，行政法最主要的目的就是通过规范公共服务实现国民共同利益。杨建顺认为，"行政法真正成为具体化了的宪法，成为实现国民福利的法"②。盐野宏认为日本行政程序法目的在于，第一，保护国民个人权利。第二，行政程序中间目的在于确保行政运作的公正，提高其透明度。第三，行政程序在于使行政决定更具民主性。第四，提高行政效率。③

三、中国行政法目的学说

1. "平衡论"。该学说认为，"现代行政法实质是平衡法"。④ 在行政机关与相对方的行政法律关系中，双方权利义务应当平衡。它既表现为行政机关与相对一方权利的平衡，也表现为行政机关与相对一方义务的平衡；既表现为行政机关自身权利义务的平衡，也表现为相对一方自身权利义务的平衡。私人权利和公共利益冲突时，要区分不同行政事项，并不能简单一刀切；有时，公共利益优先；有时，私人权

---

① 于安编著：《德国行政法》，清华大学出版社1999年版，第12页。
② 杨建顺：《日本行政法通论》，中国法制出版社1998年版，第110页。
③ [日]盐野宏：《行政法》，杨建顺译，姜明安校，法律出版社1999年版，第204~206页。
④ 罗豪才等：《现代行政法的理论基础——论行政机关与相对一方的权利义务平衡》，载《中国法学》1993年第1期。

利优先。平衡论适用于行政实体法,就是要在国家和公民、法人或其他组织之间实现实体权利义务平衡。该理论也适用于行政程序法,在行政机关和所有当事人之间平衡各方程序权利义务。平衡论适用于行政诉讼法,在法院和各方当事人之间平衡各自诉讼权利和义务。

2. "控权论"和"法治论"。现代控权论来源于英美法系普通法观念,认为行政法是控权法。① 孙笑侠认为,"法治,简单地说,实际上是对权力和权利关系的合理配置,是对国家权力的控制。而权力控制中最重要的是对行政权力的控制"。② "法治论"强调行政机关依据法律遵守法律实体内容和程序作出行政行为,承担法定责任;遵从法律保留和优位原则,强调司法约束行政。现代控权论认为,"法律控制行政权的目的是双重的:一方面是防止权力的行使者滥用权力从而保障公民的合法权益不受侵犯;另一方面则是使行政权能有效地运作,从而使行政活动发挥效能并能尽为民服务之职责。在对'控制'的理解上,切忌等同于'限制',它不只是对行政权力行使的限制,还应包括为权力行使者指明方向、提供行为依据和确立行为标准等内容"。③ "控权论"包含"使行政权能有效地运作并发挥效能",实际和其他学说区别不大。

3. "服务论"。"服务行政法"学说认为,为了使政府能够更有效地为全体人民和整个社会提供最好的服务和最大的福利,法律授予其

---

① [英]威廉·韦德:《行政法》,中国大百科全书出版社1997年版,第5页。
② 孙笑侠:《法律对行政的控制——现代行政法的法理解释》,山东人民出版社1999年版,第22~23页。
③ 杨解君:《当代中国行政法(学)的两大主题》,载《中国法学》1997年第5期。

各种必要的职权,使其能够凭借该职权积极处理行政事务;但是行政权行使不得超越法律授权范围,更不得对人民权利违法侵害。① 政府服务需要资源,而资源有限。如截至 2010 年 6 月,美国地方政府总负债高达 2 万亿美元,明年或有 100 多座城市宣告破产。惠特尼认为经济衰退令美国地方税收锐减,社会保障等支出却急升,"汽车城"因掏不出钱而被迫削减警力、减少照明、道路维修和街道清洁服务。政府服务职能受制于其可控资源,行政法也不限于服务,还有行政制裁和合法行政强制。

四、行政法目的的意义

(1)对制定行政法的意义。德国法学家耶林说,目的是整个法的创造者。② 任何法都必须有明确的立法目的,法律制定必要性都取决于立法者对立法目的的认识和判断。明确行政法目的,将其贯彻于行政法制度设计之中,使整部行政法受同一目的支配,是建立科学有益行政法的关键。(2)对执行行政法的意义。霍苟·普罗伊斯说,目的问题有如流动的蜡,它融化任何法律概念。③ 正确理解行政法目的,是正确适用行政法的重要前提之一,正如耶林所说,"目的是解释法律的最

---

① 陈泉生:《论现代行政法学的理论基础》,载《法制与社会发展》1995 年第 5 期。

② 德国法学家耶林说:"目的是整个法的创造者。"引自林纪东:《行政法》,台湾地区三民书局 1984 年版,第 101 页。

③ 霍苟·普罗伊斯说:"目的问题有如流动的蜡,它融化任何法律概念。"引自魏德士:《法理学》,法律出版社 2005 年版,第 303 页。

高准则,解释法律应以贯彻、实践立法目的为其基本任务"。① (3) 在审查行政行为目的和动机过程中,法官依法适用法律目的,指引其作出公正判决。

五、行政法目的的分类

1. 一般目的与具体目的。一般目的是对部门行政法目的抽象化的结果,部门行政法目的贯彻一般目的。如环保法和税法各有特定目标。专项行政法目标,如行政处罚法目的是制裁违反行政管理秩序的行为。

2. 目的和原则。原则受目的支配。如何实现目的,所应遵循的基本准则就是原则。目的是由意志、信仰和利益等决定的,原则是法律基本准则。有些原则和目的重合。行政法追求公平和效率,是目的。但同时把公平和效率作为原则遵守,在行政实体法和行政程序法上都是这样。

六、行政实体法的目的

行政实体法目的是指国家与公民、法人或其他组织之间,在实体权力、权利、义务与责任上的正当与最优化配置及其实现。

行政实体法目的的构成:(1) 基本目的是维护国体、政体与国家结构,并使个人充分地享有权利或自由。(2) 行政实体法必须有助于

---

① 德国法学家耶林说:"目的是整个法的创造者。"引自林纪东:《行政法》,台湾地区三民书局1984年版,第101页。

实现绝大多数人的生存和发展。(3) 财富公正分配。分配公正，首先指公民享有平等生存与发展的机会。承认并尊重公民智力、禀赋、体力等差异，承认并尊重因此带来的某些"不平等"。其次，按公平分配。财富按照公民投入的资本、智力、劳动等要素的多少以及对社会贡献的大小进行分配，将个人利益与对社会贡献联系起来；假如忽视自然不平等，也违背社会正义，对此通过法律作出必要矫正，对竞争中处于不利地位的人给予帮助。

七、行政程序法的目的

行政程序法目的指行政程序法所要达到的正义目标，包括实体正义和程序正义。行政诉讼法目的就是监督与支持行政机关依法行政从而保障公民权利。

关于内外部行政法目的。内部行政法是行政自身管理法，行政机关内部结构、权力分配、职位和公务员质量，直接决定行政机关对外作出的行政行为合法正确与否。内部行政法目的在于使构成行政体系的内部各单元定位正确，既支持又相互制约，从而实现政府廉洁并高效的目标。只有调整好行政机关之间，行政机关与其内部机构之间，领导与下属公务员之间的行政关系，才能更好地实现外部行政法目的。外部行政法目的是指公平地设定和兑现当事人行政法上的权利、义务和责任。

第二节 基本权利保护与公共利益维护兼顾

一、保护和增进公民基本权利

公民基本权利和义务安排对行政机关具有约束力。行政法的目的就是尊重、保障并增进公民基本权利,并依法要求其履行基本义务。

(1) 人权除了宪法明确规定之外,实际还有较多国家额外给予的权利保障。(2) 行政法的目的是保障和增进公民基本权利;行政法也要求公民承担基本义务和责任。"所谓人权即人本身固有的自然性权利和义务,人权固应受到国家尊重和保护,但是人权包含义务,人权也是有限的。19世纪以来,一般国家宪法亦已不复称个人自由为人权。譬如1814年法国宪法,关于个人自由的规定,称为法兰西人民的公权。1919年德国宪法关于个人权利义务的规定,称为德意志人民的基本权利及基本义务。"[①] 任何割裂义务和责任的人权界定都是不成立的。(3) 人权保障列入宪法价值序列。1997年党的十五大明确提出了"尊重和保障人权";2002年党的十六大再次强调人权保障;2004年将"国家尊重和保障人权""国家依照法律规定保护公民的私有财产权和

[①] 王世杰、钱端升:《比较宪法》,中国政法大学出版社1997年版,第64~65页。

继承权""国家建立健全同经济发展水平相适应的社会保障制度"等写入宪法，夯实了公民基本权利。2018年习近平新时代中国特色社会主义思想写入宪法。作为宪法的重要实施法，尊重和发展人权是行政法的目的。行政法制度逐步健全，如《行政处罚法》首次引入听证程序；《行政许可法》首次规定案卷排他性原则，首次规定信赖保护原则。《行政强制法》主要用以规范行政机关作出行政强制措施和行政强制执行。《行政复议法》《行政诉讼法》和《国家赔偿法》又为权利受到侵害的公民提供救济。如《国有土地上房屋征收与补偿条例》确定公平补偿原则。

公民的基本义务和责任是宪法要求公民承担的最重要的义务和责任，也是对公民基本权利的约束。要平衡阐释公民基本权利、义务和责任。既要强调尊重权利，也要阐明公民负有义务、承担基本责任。

二、行政法赋予和保护公民权利

（1）赋予和保护公民行政实体权利，主要是行政法上的人身和财产权利，如社会保障权利。行政机关应依法兑现行政法赋予公民的实体权利，并切实尊重和保护。（2）设定和给予公民行政奖励权利。国家对具有优异品行或取得显著成就的个人或集体给予嘉奖，目的是激励引导人们向善。公民向善则是国家和社会提出的更高要求，制定和实施行政奖励实体法就是这个目的。（3）赋予和保护公民行政程序权利。当事人拥有和行使行政程序权利，其享有的行政实体权利才有实现路径，程序权利贯穿于整个行政决定、决策的过程。

三、行政法保护公民、法人或其他组织的民事权利

（1）禁止行政机关侵犯公民民事权利。行政机关负有保护公民、法人和其他组织民事权利之责任。行政机关根据法律可以干预私人的民事权利来满足公共利益，如依法征收私人财产。（2）通过行政处罚法，对那些侵犯公民、法人或其他组织人身权、财产权的违反行政管理秩序的行为进行行政制裁，以保护公民民事权利。（3）根据法律授权，行政机关及时裁决与行政治理紧密相关的民事争议，可有效保护当事人民事权利。

四、公民、法人或其他组织承担正当的义务和责任

行政法要求维护公共利益。公共利益首先指公共秩序、公共安全。公共秩序主要是生产秩序、工作秩序、交通秩序和公共场所秩序。公共安全是指公众生命、健康保障或公私财产所有安全。维护公共利益，一方面是由行政法设定公民、法人或其他组织义务，并得到切实履行来实现；另一方面是通过行政实体法设定公民、法人或其他组织违反行政管理秩序的行为，给予行政制裁来实现。

行政法要求公民、法人和其他组织履行基本义务。将基本义务具体化使这些义务得以实现是行政法首要任务，如公民依法服兵役义务被兵役法所规定，通过兵役机关执行得到落实。

行政实体法要求公民、法人和其他组织履行实体义务。行政程序法要求公民、法人和其他组织履行程序义务，具体包括：（1）当事人

应遵从行政程序法规定,参与行政程序,享有程序权利,履行程序义务,实现自身权利主张。(2)行政强制法设定当事人应遵守行政法或履行行政决定所确定的实体义务。这是行政机关实现行政实体法目的,维护公共利益不可或缺的程序制度,否则行政决定确定的公民应履行的实体义务和实体责任就落空。

关于实现行政制裁权。(1)行政制裁是指国家对于违反行政法的行为人依其所应承担的行政责任而给予的惩罚。(2)实现行政处罚权。国家对产生社会危害后果但不够刑罚的"私人"行为,应设定为违反行政管理秩序的行为,给予行政处罚,用以维护行政秩序。(3)实现国家行政处分权。监察委对有违法违纪失职行为尚未构成犯罪的公务员依法给予政务处分,目的是严肃行政纪律,规范公务员行为,确保公务员依法履职。

五、防止行政权滥用

权力有滥用倾向,必须设定外在制约,以避免和减少滥用。20世纪以来,行政事务剧增,行政机关除了承担传统的维护国家、社会安全的职责外,还需要承担提供社会福利、公共服务,发展经济和保护环境的义务。行政机关除行政执法外,还进行行政立法,行使准司法权。行政权扩张不可逆转,满足了国家安全、经济发展和环境保护需求,某种程序上也会滥用或侵犯私人权利。行政权与公民权利实际不平等,必须对行政权进行监督和制约。行政机关可能侵犯公民基本权利。行政机关可能剥夺或违法限制公民程序权利。约束行政机关程序性权力是行政法不可或缺的目的。行政机关程序违法,会侵犯公民实体权利。如行政机关违反证据规则,就不可能正确认定事实,从而不可能正确适用实体法,不可能作出正确行政实体决定。

关于控权与补救。行政机关行使程序或实体权力,给当事人造成损失,应当依法给予补偿。侵犯公民、法人或其他组织的权益,除了通过行政诉讼法予以控制之外,还可以通过国家赔偿法予以救济。

第三节 行政正义

一、行政正义的概念

行政正义指行政机关与公民、法人或其他组织之间公权利、公义务与公责任;公民、法人或其他组织之间公权利、公义务与公责任正当地配置和执行。"正"是要求行政机关根据法律对行政机关与所有当事人一视同仁地分配公权利、公义务和公责任,是宪法平等原则对行政法的要求。公正行政应是行政法帝王条款,这是由经济基础所决定的。正义学说,包括社会正义与自然正义论、实质与形式正义论、实体与程序正义论等。

美国行政法遵从实体正当和程序正当原则,使行政机关所行使的实体行政权和程序行政权都合正义。欧洲行政法遵从比例原则,行政机关以较小代价实现较大行政目的。

二、古代公正文化

1. 中国古代公正文化。(1) 儒学要求君主仁义、贬抑公权力恣意。(2) 中庸。仲尼曰:"君子中庸,小人反中庸。君子之中庸也,君子而时中。"① (3) 均等。"均贫富,等贵贱。"(4) 平等。如管子在《立政》篇中将"罚不避亲贵"作为立国之三本之一;韩非子则提倡"刑无等级,绳不挠曲……刑过不避大夫,赏善不遗匹夫"。墨家主张"人无幼、长,皆天之臣",主张人应当"兼相爱,交相利"。

2. 西方公正文化。(1) 亚里士多德说:"公正,就是合比例,不公正就是破坏比例。"亚里士多德认为,公正就是适中,适中要求全面地考虑国家共同体内各种差别再以适当方式对待或处理。这影响了古罗马,使其共和政体接近于混合政体。公正是亚氏政治学最高准则,公正超乎诸种德性之上。亚氏认为政治公正最主要的是公平。具体包括:①矫正的公平,如对违法给予赔偿、处罚、刑罚,就是一种矫正公平。②按比例对待,贵族享有贵族待遇,平民享有平民待遇。③普遍法律原则之下特殊情况特殊处理。④只有法治才能实现公正。亚氏崇尚法治,但也指出再普遍的法律也不可能囊括一切细节,个别案例可超出法律所及的范围。此时公正理念就能够成为评判标准。法律如有不足,更具权威的不成文法即判例法或自然法可以矫正和补充法律,这个观念成为西方实行法院判例法的理论根据。(2) 西塞罗认为:"没有任何东西比执法公允更富有王政特征,这里包括对法的解释,因为

---

① 《四库全书》(精编)(卷一),线装书局2004年版,第11页。

个人通常寻求国王公正地裁判,并从而为耕地、林园、肥沃而广阔的牧场划定界限。"① (3) 罗尔斯代表作为《正义论》。他继承了卢梭的社会契约论,核心信念是社会分配正义。他认为,正义是社会首要价值,不管法律和制度如何有效率和有条理,只要它们不正义就必须加以改造。作为人类活动的首要价值,正义是不可或缺的。分配正义要求社会收入分配能够符合正义原则。罗尔斯强调人的先天性差别,国家需要运用政策干预,通过补偿社会弱者来体现社会正义。强调权力和责任之间应当是对等的。在现实中国家如果掌握了过多社会资源分配权力,同时又不愿承担与之相称的公共服务、救助贫弱等社会义务,那么,则会引起一些社会不公与社会矛盾。坚持自由优先,兼顾平等。社会稳定源自利益公正的分配,行政机关如果不公正地分配利益,则必然影响国家和社会稳定,罗尔斯正义论对解决行政公平问题有价值。

三、行政实体公正

公民、法人或其他组织与国家之间的实体权利、实体义务和实体责任配置,要符合自然与社会正义。行政机关限制公民生命、财产、契约自由或其他基本人权时,要符合正义标准,否则法院可以宣告其无效。"美国宪法修正案第14条包括:实质正当程序(substantive due process),它确定国家机关规制人类生活的领域的实质权力是有限的,

---

① [古罗马]西塞罗:《论共和国 论法律》,王焕生译,中国政法大学出版社1997年版,第144~145页。

如不能剥夺公民生育权利。"① 该原则也平等均衡地配置私人之间的行政实体权利、义务和责任。如我国宪法规定我国各民族一律平等，我国公民不分民族、种族、性别、出身，一律平等地享有接受义务教育的权利。又如"美国宪法修正案第 14 条平等保护原则旨在防止国家机关的法律或决策做出某些划分（Classifications），主要是指以种族、肤色、归化国民、非婚生为标准，不公平地区别对待处于相似情形的人们"。② 平等保护原则要求对公民平等地配置他们的行政实体权利、义务和责任。根据宪法，这个原则要求给予少数民族更多的关怀和照顾，并不违反平等原则。

　　行政实体效益。行政实体目的要求行政决策和行政决定取得最大化效益。应将实体行政权力定位在最大限度地实现公共利益、为公民提供福利并充分有效地保障当事人权利的目标上。对案件的准确认定和对实体法的公道适用，应前后一贯即相似案件同样地对待，如作出不同对待，应给出足够合理解释。③ 依法行政是对行政机关的最低要求，对行政机关的较高要求是，通过公平和效率行政，提高公民福祉，达到社会和谐，实现社会公平正义。设立行政机关，不仅限于保障人权，还要发展人权。不仅限于控制行政权，还在于"促使"官员努力尽职，在法律范围内，提出更好创意，创造更多成绩。行政法治原则和行政效益原则不冲突。

　　现代社会背景下实体正义的不确定性。（1）实体正义内容不确定。

---

① Steven L. Emanuel, Constitutional Law, Aspen Publishers, 2004, p. 1.
② Steven L. Emanuel, Constitutional Law, Aspen Publishers, 2004, p. 1.
③ Jack M. L. Beermann, Administrative Law, Aspen Publishers, 2003, p. 20.

（2）事实认定存在不确定性。公正是以客观事实作为基础的，在一个具体行政法律关系中，权利义务如何确定，要依据案件真实情况进行判定。所有事物都可被认识，但认识事物的真实性并不容易，对实体正义所依据事实的认定，又要求在法定期间内完成，许多情形下只能做到相对真实。（3）实体正义法律适用上的不确定性。语言文字无法避免歧义，以语言作为载体的法律规范具有不确定性；行政法是对已有行政关系的规制，而面对不断变化的社会生活，行政法滞后，必然带来实体正义在法律适用上的不确定性。由于各种力量比对，在国家决策时，优势一方可以决定实体权利义务权重。将抽象法律条文与具体个别事实对接形成具体权利义务关系，有赖于行政机关适法，在这一过程中，公务员素质、偏好和能力不同，法律解释因人而异，许多因素可裁量；法律适用也不是一个理想过程，诸多因素会介入并影响到法律的具体运作，同一事实法律适用结果可能不一致。（4）违法违规执行实体法会产生负效益。

四、行政程序正义

公民、法人或其他组织有权利实质地参与行政过程。[①] 参与本质上是指公众或利害关系人有权利参与行政机关处理其实体请求过程。有效参与对于保护当事人权利，使其自觉履行义务，维护公共利益，提

---

① 徐继敏：《行政证据通论》，法律出版社2004年版，第87页。

高行政决定或决策的可接受性，都非常有益。① 应当在环境保护、城市规划、征收等领域逐步拓展公众参与。如"权利制约权力"要求构建征收决策多元民主决策机制，引入谈判和协商机制。被征收人自身或通过代表参与征收方案决策，使公民在征收决策的事前、事中和事后都有参与机会。

促进当事人与行政机关良性互动与交流。② 公民参与行政程序可以弥补公民对立法参与不足的缺点。③ "行政法的功能不再仅是保障私人权利，而是代之以提供一个政治过程，从而确保在行政程序中利益受到影响的人得到公平的代表。"④ 公民参与行政管理是通过行政程序实现的，正义价值主导下的行政程序打破了行政机关决策的封闭性，使当事人得以参与行政决策，与行政机关进行意见表达、磋商、交流。⑤

增强行政决定、决策可接受性。泰勒曾做过一次对程序公正和结果之间关系的评估检测，检测表明，当程序不公正时，被调查者对法律权威的态度很消极。而当程序显示公正时，被调查者对法律权威的反映不仅积极，而且没有太在意结果的满意与否。也就是说，即使法

---

① 李丽霞：《公共政策制定过程中公众参与的限制性因素分析》，载《广西民族大学学报》2007年第2期；陈冉：《行政法治视野下的公众参与》，山东大学2007年硕士学位论文。

② 参见杜一超：《行政程序正义论》，中国政法大学2007年博士学位论文。

③ [美] 理查德·B. 斯图尔特：《美国行政法的重构》，沈岿译，商务印书馆2003年版，第2页。

④ [美] 理查德·B. 斯图尔特：《美国行政法的重构》，沈岿译，商务印书馆2003年版，第63页。

⑤ 杨寅：《中国行政程序法治化：法理学与法文化的分析》，中国政法大学出版社2001年版，第25页、第39页。

律制度产生了使调查者不满意的结果,公正程序也会减缓他们对法律权威本身的消极态度。① 首先,通过积极有效的参与,使当事人能够对行政行为过程有更加理性的认识,可以消除误解。其次,通过举证、质证和辩论,使各方诉求能够充分表达,各种意见直接碰撞,使行政行为依据建立在充分考量各方意见的基础上,既增强决策的公正性,又提高各方对决策的可接受度。② 理性行政行为作出前提是应当有一个事先的说理过程,这依赖于现代公平行政程序。③ 谷口安平认为,"行政程序至少能使行政主体作出错误意思表示的危险减到最小限度"。④

五、程序公正与实体公正的关系

实体公正是结果价值。程序公正贯穿于程序运作过程中,是评价程序本身正义与否的标准。程序价值观点主要有:(1)绝对工具主义。由边沁倡导,他受功利主义支配,认为法律程序仅仅是实现实体法的工具,程序服务和依附于实体,不具有独立价值,程序法是实体法的"辅助法"。⑤ 一项程序只有确保实现实体法目标,才真正富有意义和

---

① 应松年:《行政程序法立法研究》,中国法制出版社2001年版,第35页;章剑生:《现代行政程序的成因和功能分析》,载《中国法学》2001年第1期。

② 章剑生:《现代行政程序的成因和功能分析》,载《中国法学》2001年第1期。

③ [日]谷口安平:《程序的正义与诉讼》,中国政法大学出版社1996年版,第376页。

④ 转引自王锡锌:《行政程序理性原则论要》,载《法商研究》2000年第4期。

⑤ 陈瑞华:《程序价值理论的四个模式》,载《中外法学》1996年第2期。

价值。(2) 相对工具主义。由德沃金倡导，该理论承认人们在追求程序工具价值目标的同时应当兼顾一些程序独立价值。这些非工具目标主要有两个：一是无辜者免受定罪的权利，二是被告人获得公正审判的权利。[①] (3) 经济效益主义。由西方经济分析法学派提出，认为所有法律或活动都以有效利用资源，最大限度地增加社会财富为目标，因为它坚持审判程序不过是最大限度地实现某一外在价值目标的工具的观点，只不过它的外在目标是"最大限度地提高经济效益，减少诉讼耗费"。[②] (4) 程序本位主义。该理论认为，程序评价的唯一价值标准是程序本身是否公正、公平，即与程序所要产生的结果无关的独立价值内在的品质，而不是将程序作为实现某种外在目的的手段和工具，认为一项法律程序或法律实施过程是否具有正当性和合理性，不是看它能否有助于产生正确的结果，而是看它能否保护一些独立的内在价值。只要遵循了公正、合理的程序，结果就被视为正当。

程序绝对工具主义理论正确阐明了程序实现实体法的工具性价值。没有实体法，程序法就失去存在价值之观点，这是正确的；但忽略程序本身独立价值，必然产生程序虚无主义或为达结果而不择手段地违反程序。相对工具主义理论是有道理的，他们认识到法律程序价值包含实现实体公正；这种结果公正性要靠法律程序自身的公正性加以保障，但是相对工具主义论者，仅两项非工具性价值并不够。[③] 经济效益主义理论将经济效益作为评判法律和程序的一项基本价值也具有合理

---

① 樊崇义：《论刑事诉讼法律观的转变》，载《政法论坛》2001年第2期。
② 陈瑞华：《程序价值理论的四个模式》，载《中外法学》1996年第2期。
③ 冯象：《政法笔记》，江苏人民出版社2004年版，第149页。

性，不过许多法律价值无法量化，经济利益指标有局限性。程序本位主义理论肯定程序自身独立内在价值，这无疑是正确的。但是如果将程序正义价值放到绝对高度，程序绝对化；程序正义被视为可以完全决定裁判结果的绝对因素：只要遵循了公平合理程序，裁判结果就被视为是正当的，不论这种裁判是否建立在正确、可靠的案件事实基础上，这种程序本位主义理论将程序与通过程序产生的结果视为不可分离的一体，强调法律程序独立价值，却又忽略人们设计法律程序的本来目的，即保证实体结果符合正义的要求，就难免会使程序变成无本之木。程序价值不可绝对化，过分强调程序必然导致程序形式主义和结果虚无主义。程序过程与结果联系十分密切，但正义程序并不必然产生正义实体结果。正义程序只能是大大增加获得正义实体结果的机会而已，并非充分条件。应该辩证、全面地看问题，既要保留程序工具价值，又要坚持程序独立价值，正确构建行政程序法与行政实体法关系。

六、实体正义与程序正义的关系

实体正义和程序正义二者并重，相互依存，缺一不可。（1）程序正义是实现实体正义的有效途径。程序正义要求行政机关无偏私地查明事实，从而取得公正结果。由于实体法滞后性使其很难应对变化迅速的社会，依照正当程序对实体法进行解释可弥补其不足。（2）实体法目的左右程序。如果缺乏实体正义的追求和引导，程序有可能走向公正的反面；过分苛求程序正义可能导致放弃对事实真相的追求。"程序越精巧繁琐，人们在诉讼中越需要专业化的法律服务，而这只有社会的强势群体才能'享受'得起，而弱势群体的程序正义也越容易被强势群体的实体正义所'消耗'。"①

实体价值和程序价值具有差异。一方面，程序价值与实体价值并没有完全必然联系，公正程序不必然产生公正结果。另一方面，程序价值实现有时甚至以牺牲实体价值为代价，如非法证据排除制度。正如戴维·米勒在《社会正义原则》中指出："在有些情形中，程序正义和结果正义是冲突的，至于那时会产生什么结果，就是一个判断问题。"②

七、行政程序可以实现实体正义

1. 保证行政决定决策正确。在行政程序中，行政机关依法调查取证；当事人充分地举证、质证；行政机关在作出不利于当事人的重大决定之前，举行听证会，听取当事人意见，从而能够正确认定证据和案件事实，准确适用实体法，就避免或减少错误决定决策。

2. 实体正义实现有不确定性。程序正义要求的参与性、中立性、对等性能够最大限度地保证达成实体正义，并增强实体正义社会接受度。很多情况下，人们很难就案件实体公正达成一致意见，但程序正义的最低标准为确立公正的实体权利义务关系提供一个规范的空间，将各事实争点归入一个有序渠道，通过当事人充分参与，各方可达成

---

① 陈光中：《中华人民共和国刑事诉讼法再修改专家建议稿与论证》，中国法制出版社2006年版，第3页。

② 颜三忠：《论行政程序法的功能》，载《江西社会科学》2002年第10期。

一致，从而实现实体公正。

3. 公共利益不确定，行政程序应当为行政机关与当事人、社会公众提供一个交流平台，使当事人和公众参与到公共利益的判定中。保障当事人有效行使知情权、陈述权、质证权、参与决策权，确保受影响个人都有充分机会来表达利益诉求。在真心听取各方意见，咨请专家对决策事项进行详细、审慎论证和评估后，依法作出决策并予以公开，如此确定公共利益可为公众所认可。

4. 通过行政程序限制恣意。韦德认为，"程序不是次要的事情。随着政府（实体）权力持续不断地急剧增长，只有依靠程序公正，（实体）权力才可能变得让人能容忍"。① 施瓦茨认为，"行政法更多的是关于程序和补救的法"。②

---

① ［美］伯纳德·施瓦茨：《行政法》，徐炳译，群众出版社1986年版，第2~3页。
② Michael R. Asimow, Administrative Law, A Thomson Company, 2002, p. 70.

第三章 行政法基本原则

第一节 法治行政原则

一、含义

法治行政原则指行政机关合法、正当地适用行政组织法、行政实体法和行政程序法,作出行政行为并承担责任的基本准则。"国家权力虽不受外力限制,但应受自己意志的限制,应遵守它自己所颁布的法律。"

公民、法人或其他组织在行政实体法、行政程序法范围内享有权利、履行义务并承担责任,行政法也约束公民、法人或其他组织。[①]

[①] 王世杰、钱端升:《比较宪法》,中国政法大学出版社1997年版,第32页。

二、构成

宪法、行政机关组织法设立行政机关,行政机关是由法律产生的。行政机关与职位构成设定效能化与公务员员额法定化是行政机关组织法治不可或缺的。

行政机关有"实体法授权"才能进行实体立法或作出实体决定决策。行政实体法授权不明的,遵从实体正当程序原则,按授权目的、原则适用。适用负担行政实体法,要有明确授权。对公民授益的,没有行政实体法明确授权也可解释适用。实体法律禁止的,如禁止行政机关设定刑罚,行政机关不能设定。实体法律设定行政机关实体职责,必须履行。

如在下述案例中,行政机关对与举报人有利害关系的举报仅作告知答复,未按行政实体法规定对举报履行实体处理责任,违反行政实体法。《价格法》第33条规定:"县级以上各级人民政府价格主管部门,依法对价格活动进行监督检查,并依照本法的规定对价格违法行为实施行政处罚。"第38条规定:"政府价格主管部门应当建立对价格违法行为的举报制度。任何单位和个人均有权对价格违法行为进行举报。政府价格主管部门应当对举报者给予鼓励,并负责为举报者保密。"《价格违法行为举报规定》(现已失效)第14条规定:"举报办结后,举报人要求答复且有联系方式的,价格主管部门应当在办结后五个工作日内将办理结果以书面或者口头方式告知举报人。"本案中吉安市物价局作为价格主管部门,依法具有受理价格违法行为举报,并对价格是否违法进行审查,提出分类处理意见的实体法定职责。吉安市物价局依法应对罗某荣举报的吉安市电信公司收取卡费行为是否违法进行调查认定，并告知调查结果，但其作出的举报答复将《关于江西电信全业务套餐资费优化方案的批复》中规定的 UIM 卡收费上限标准进行了罗列，未载明对举报事项的处理结果。此种以告知批复有关内容代替告知举报调查结果的行为，未能依法履行保护举报人财产权的实体法定职责。

【指导案例】

罗某荣诉吉安市物价局物价行政处理案[①]

关键词

行政诉讼　举报答复　受案范围　原告资格

裁判要点

1. 行政机关对与举报人有利害关系的举报仅作出告知性答复，未按法律规定对举报进行（实体职责）处理，不属于《最高人民法院关于执行〈中华人民共和国行政诉讼法〉若干问题的解释》（现已失效）第 1 条第（6）项规定的"对公民、法人或者其他组织权利义务不产生实际影响的行为"，因而具有可诉性，属于法院行政诉讼的受案范围。

2. 举报人就其自身合法权益受侵害向行政机关进行举报的，与行政机关的举报处理行为具有法律上的利害关系，具备行政诉讼原告主

---

① 指导案例 77 号，最高人民法院 2016 年 12 月 28 日发布。

体资格。

相关法条

《行政诉讼法》第 12 条①、第 25 条②,《价格法》第 38 条③

基本案情

原告罗某荣诉称:2012 年 5 月 20 日,其在吉安市吉州区井冈山大道电信营业厅办理手机号码时,吉安电信公司收取了原告 20 元卡费并出具了发票。原告认为吉安电信公司收取原告首次办理手机号码的卡费,违反了《集成电路卡应用和收费管理办法》中不得向用户单独收费的禁止性规定,故向被告吉安市物价局申诉举报,并提出了要求被告履行法定职责进行查处和作出书面答复等诉求。被告虽然出具了书面答复,但答复函中只写明被告调查时发现一个文件及该文件的部分内容。答复函中并没有对原告申诉举报信中的请求事项作出处理,被告的行为违反了《价格法》《价格违法行为举报规定》等相关法律规定。请求法院确认被告在处理原告申诉举报事项中的行为违法,依法

---

① 《行政诉讼法》第 12 条规定:"人民法院受理公民、法人或者其他组织提起的下列诉讼……(六)申请行政机关履行保护人身权、财产权等合法权益的法定职责,行政机关拒绝履行或者不予答复的;……"

② 《行政诉讼法》第 25 条规定:"行政行为的相对人以及其他与行政行为有利害关系的公民、法人或者其他组织,有权提起诉讼。"

③ 《价格法》第 38 条规定:"政府价格主管部门应当建立对价格违法行为的举报制度。任何单位和个人均有权对价格违法行为进行举报。政府价格主管部门应当对举报者给予鼓励,并负责为举报者保密。"

撤销被告的答复，判令被告依法查处原告申诉举报信所涉及的违法行为。

被告吉安市物价局辩称：原告的起诉不符合行政诉讼法的有关规定。行政诉讼是指公民、法人、其他组织对于行政机关的具体行政行为不服提起的诉讼。本案中被告于2012年7月3日对原告做出的答复不是一种具体行政行为，不具有可诉性。被告对原告的答复符合《价格违法行为规定》的程序要求，答复内容也是告知原告，被告经过调查后查证的情况。请求法院依法驳回原告的诉讼请求。法院经审理查明：2012年5月28日，原告罗某荣向被告吉安市物价局邮寄一份申诉举报函，对吉安电信公司向原告收取首次办理手机卡卡费20元进行举报，要求被告责令吉安电信公司退还非法收取原告的手机卡卡费20元，依法查处并没收所有电信用户首次办理手机卡被收取的卡费，依法奖励原告和书面答复原告相关处理结果。2012年5月31日，被告收到原告的申诉举报函。2012年7月3日，被告作出《关于对罗某荣2012年5月28日〈申诉书〉办理情况的答复》，并向原告邮寄送达。答复内容为："2012年5月31日我局收到您反映吉安电信公司新办手机卡用户收取20元手机卡卡费的申诉书后，我局非常重视，及时进行调查，经调查核实：江西省通管局和江西省发改委联合下发的《关于江西电信全业务套餐资费优化方案的批复》（赣通局〔2012〕14号）规定：UIM卡收费上限标准：入网50元/张，补卡、换卡：30元/张。我局非常感谢您对物价工作的支持和帮助。"原告收到被告的答复后，以被告的答复违法为由诉至法院。

裁判结果

江西省吉安市吉州区法院于 2012 年 11 月 1 日作出（2012）吉行初字第 13 号判决：撤销吉安市物价局《关于对罗某荣 2012 年 5 月 28 日〈申诉书〉办理情况的答复》，限其在 15 日内重新作出书面答复。宣判后，当事人未上诉，判决已发生法律效力。

裁判理由

法院生效裁判认为：关于吉安市物价局举报答复行为的可诉性问题。根据《行政诉讼法》（1989 年 4 月 4 日通过）第 11 条第 1 款第（5）项规定，申请行政机关履行保护人身权、财产权的法定职责，行政机关拒绝履行或者不予答复的，人民法院应受理当事人对此提起的诉讼。本案中，吉安市物价局依法应对罗某荣举报的吉安市电信公司收取卡费行为是否违法进行调查认定，并告知调查结果，但其作出的举报答复将《关于江西电信全业务套餐资费优化方案的批复》（以下简称《批复》）中规定的 UIM 卡收费上限标准进行了罗列，未载明对举报事项的处理结果。此种以告知《批复》有关内容代替告知举报调查结果行为，未能依法履行保护举报人财产权的法定职责，本身就是对罗某荣通过正当举报途径寻求救济的权利的一种侵犯，不属于《最高人民法院关于执行〈中华人民共和国行政诉讼法〉若干问题的解释》（以下简称《行政诉讼法解释》）第 1 条第（6）项规定的"对公民、法人或者其他组织权利义务不产生实际影响的行为"的范围，具有可诉性，属于行政诉讼的受案范围。

关于罗某荣的原告资格问题。根据《行政诉讼法》第 2 条、第 24

条第 1 款及《行政诉讼法解释》第 12 条规定，举报人就举报处理行为提起行政诉讼，必须与该行为具有法律上的利害关系。本案中，罗某荣虽然要求吉安市物价局"依法查处并没收所有电信用户首次办理手机卡被收取的卡费"，但仍是基于认为吉安电信公司收取卡费行为侵害其自身合法权益，向吉安市物价局进行举报，并持有收取费用的发票作为证据。因此，罗某荣与举报处理行为具有法律上的利害关系，具有行政诉讼原告主体资格，依法可以提起行政诉讼。

关于举报答复合法性的问题。《价格违法行为举报规定》第 14 条规定："举报办结后，举报人要求答复且有联系方式的，价格主管部门应当在办结后五个工作日内将办理结果以书面或者口头方式告知举报人。"本案中吉安市物价局作为价格主管部门，依法具有受理价格违法行为举报，并对价格是否违法进行审查，提出分类处理意见的法定职责。罗某荣在申诉举报函中明确列举了三项举报请求，且要求吉安市物价局在查处结束后书面告知罗某荣处理结果，该答复未依法载明吉安市物价局对被举报事项的处理结果，违反了《价格违法行为举报规定》第 14 条的规定，不具有合法性，应予以纠正。

行政程序法授权。行政机关对当事人采取不利的强制措施应有法律法规授权。如《行政强制法》第 9 条和第 10 条规定，限制公民人身自由；冻结存款、汇款等行政强制措施由法律设定。行政程序法授权行政机关才能管辖民事争议，适用民事法律作出行政裁决。

宪法授权原则。有些行政权力是由宪法授予的，行政机关必须履行；宪法禁止行政机关行使某些权力，行政机关不得行使。宪法高于一般法律，宪法禁止，即使法律授权行政机关，也无效。

法律授权种类。（1）法律先占。该事项只归属于法律（先）设定，不能授权行政机关先行设定。如《立法法》第9条规定的限制人身自由的强制措施和处罚，犯罪和刑罚等。（2）法律相对授权。某事项（先行）设定权原属法律，其中部分事项可授权行政机关先行设定。（3）已经制定法律，授权行政机关填充细节。（4）明确与不明确授权。授权法概念（意识）与客观实际（物质）有差距，如美国总统虽然没有宣战权力，如果遇有内乱或外敌入侵，但确有权力使用武装力量，而无需等待国会宣战。① （5）行政机关所有活动都需法律授权。

法律授权原理。（1）人民民主原则。一切公权力属于人民，人民选举代表组成权力机关，由权力机关对国家重大事务作出决定，尤其是制定对公民具有普遍约束力的行为规范。（2）法治原则，公民、法人或其他组织在行政法上的权利和义务，由立法机关通过法律设定，只有法律才限定公民基本权利和义务。（3）分工原则。立法机关行使立法权，行政机关行使行政权。

行政实体法优越。行政机关解释适用实体法应符合实体法明确规定或本意，不能与其冲突。（1）行政机关裁判案件适用实体法应与实体法律一致。（2）适用上位法作出的行政立法或行政规范性文件，应与上位法一致。（3）行政实体法适用和宪法一致，不能与宪法冲突。如"在英国和澳大利亚，实行议会制。根据戴西观点，议会法律和法院普通法冲突时，议会法律优先。如果英国议会法律侵犯欧盟盟约项下人权，根据英国1998年人权法，英国法院已经可宣告法律和盟约不

---

① Jesse H. Choper, Constitutional Law, BarBri Group, 2004, p.2.

一致"。① （4）适用实体法和程序法符合法定目的，动机纯正。滥用职权是用权谋私。

行政机关解释适用行政程序法，应与行政程序法一致或符合正当程序。如下述案例中，法院认为"高等学校对因违反校规、校纪的受教育者作出影响其基本权利的决定时（之前），应当允许其申辩并在决定作出后及时送达，否则视为违反法定程序"。高等学校对学生适用退学实体规范，作出退学处理，对学生受教育这种实体权利影响最大，作出决定之前，根据正当程序应当预先告知，学生有要求举行听证会听取其意见的权利，尽管当时教育法等没有这类规定，高等学校仍应受正当程序原则约束。

【指导案例】

田某诉北京科技大学拒绝颁发毕业证、学位证案②

关键词

行政诉讼　颁发证书　高等学校　受案范围　正当程序

裁判要点

1. 高等学校对因违反校规、校纪的受教育者作出影响其基本权利

---

① Peter Cane and Leighton Mcdonald, Principles of Administrative Law, Oxford University Press, 2008, p. 21 – 22.
② 指导案例 38 号，最高人民法院 2014 年 12 月 25 日发布。

的决定时，应当允许其申辩并在决定作出后及时送达，否则视为违反法定程序。

2. 高等学校对受教育者因违反校规、校纪而拒绝颁发学历证书、学位证书，受教育者不服的，可以依法提起行政诉讼。

3. 高等学校依据违背国家法律、行政法规或规章的校规、校纪，对受教育者作出退学处理等决定的，人民法院不予支持。

相关法条

《行政诉讼法》第25条，《教育法》第21条①、第22条②，《学位条例》第8条③

基本案情

原告田某于1994年9月考取北京科技大学，取得本科生的学籍。1996年2月29日，田某在电磁学课程的补考过程中，随身携带写有电磁学公式的纸条。考试中，去上厕所时纸条掉出，被监考教师发现。

---

① 该法于2015年12月27日修正，新法对应法条为第22条。该条规定：国家实行学业证书制度。经国家批准设立或者认可的学校及其他教育机构按照国家有关规定，颁发学历证书或者其他学业证书。

② 该法于2015年12月27日修正，新法对应法条为第23条。该条规定：国家实行学位制度。学位授予单位依法对达到一定学术水平或者专业技术水平的人员授予相应的学位，颁发学位证书。

③ 《学位条例》第8条规定：学士学位，由国务院授权的高等学校授予；硕士学位、博士学位，由国务院授权的高等学校和科学研究机构授予。授予学位的高等学校和科学研究机构及其可以授予学位的学科名单，由国务院学位委员会提出，经国务院批准公布。

监考教师虽未发现其有偷看纸条的行为，但还是按照考场纪律，当即停止了田某的考试。被告北京科技大学根据原国家教委关于严肃考场纪律的指示精神，于1994年制定了校发（94）第068号《关于严格考试管理的紧急通知》（以下简称第068号通知）。该通知规定，凡考试作弊的学生一律按退学处理，取消学籍。被告据此于1996年3月5日认定田某的行为属作弊行为，并作出退学处理决定。同年4月10日，被告填发了学籍变动通知，但退学处理决定和变更学籍的通知未直接向田某宣布、送达，也未给田某办理退学手续，田某继续以该校大学生的身份参加正常学习及学校组织的活动。1996年9月，被告为田某补办了学生证，之后每学年均收取田某交纳的教育费，并为田某进行注册、发放大学生补助津贴，安排田某参加了大学生毕业实习设计，由其论文指导教师领取了学校发放的毕业设计结业费。田某还以该校大学生的名义参加考试，先后取得了大学英语四级、计算机应用水平测试BASIC语言成绩合格证书。被告对原告在该校的四年学习中成绩全部合格，通过毕业实习、毕业设计及论文答辩，获得优秀毕业论文及毕业总成绩为全班第九名的事实无争议。

　　1998年6月，田某所在院系向被告报送田某所在班级授予学士学位表时，被告有关部门以田某已按退学处理、不具备北京科技大学学籍为由，拒绝为其颁发毕业证书，进而未向教育行政部门呈报田某的毕业派遣资格表。田某所在院系认为原告符合大学毕业和授予学士学位的条件，但由于当时原告因毕业问题正在与学校交涉，故暂时未在授予学位表中签字，待学籍问题解决后再签。被告因此未将原告列入授予学士学位资格的名单交该校学位评定委员会审核。因被告的部分教师为田某一事向原国家教委申诉，国家教委高校学生司于1998年5

月18日致函被告，认为被告对田某违反考场纪律一事处理过重，建议复查。同年6月10日，被告复查后，仍然坚持原结论。田某认为自己符合大学毕业生的法定条件，北京科技大学拒绝给其颁发毕业证、学位证是违法的，遂向北京市海淀区人民法院提起行政诉讼。

裁判结果

北京市海淀区法院于1999年2月14日作出（1998）海行初字第00142号行政判决：一、北京科技大学在本判决生效之日起30日内向田某颁发大学本科毕业证书；二、北京科技大学在本判决生效之日起60日内组织本校有关院、系及学位评定委员会对田某的学士学位资格进行审核；三、北京科技大学于本判决生效后30日内履行向当地教育行政部门上报有关田某毕业派遣的有关手续的职责；四、驳回田某的其他诉讼请求。北京科技大学提出上诉，北京市第一中级人民法院于1999年4月26日作出（1999）一中行终字第73号行政判决：驳回上诉，维持原判。

裁判理由

法院生效裁判认为：根据我国法律、法规规定，高等学校对受教育者有进行学籍管理、奖励或处分的权力，有代表国家对受教育者颁发学历证书、学位证书的职责。高等学校与受教育者之间属于教育行政管理关系，受教育者对高等学校涉及受教育者基本权利的管理行为不服的，有权提起行政诉讼，高等学校是行政诉讼的适格被告。

高等学校依法具有相应的教育自主权，有权制定校纪、校规，并有权对在校学生进行教学管理和违纪处分，但是其制定的校纪、校规和据此进行的教学管理和违纪处分,必须符合法律、法规和规章的规定,必须尊重和保护当事人的合法权益。本案原告在补考中随身携带纸条的行为属于违反考场纪律的行为,被告可以按照有关法律、法规、规章及学校的有关规定处理,但其对原告作出退学处理决定所依据的该校制定的第068号通知,与《普通高等学校学生管理规定》第29条①规定的法定退学条件相抵触,故被告所作退学处理决定违法。按本条规定处理的学生,对学生不是一种处分。

　　退学处理决定涉及原告的受教育权利,为充分保障当事人权益,从正当程序原则出发,被告应将此决定向当事人送达、宣布,允许当事人提出申辩意见。而被告既未依此原则处理,也未实际给原告办理注销学籍、迁移户籍、档案等手续。被告于1996年9月为原告补办学生证并注册的事实行为,应视为被告改变了对原告所作的按退学处理的决定,恢复了原告的学籍。被告又安排原告修满四年学业,参加考核、实习及毕业设计并通过论文答辩等。上述一系列行为虽系被告及其所属院系的部分教师具体实施,但因他们均属职务行为,故被告应

---

　　① 《普通高等学校学生管理规定》(国家教育委员会令第7号)第29条规定,学生有下列情形之一者,应予退学:(1)一学期或连同以前各学期考试成绩不及格课程有三门主要课程或四门(含四门)以上课程不及格者;(2)实行学分制的学校,不及格课程学分达到退学规定学分数者;(3)连续留、降级或留、降级累计超过两次者;(4)不论何种原因,在校学习时间超过其学制两年者;(5)休学期满不办理复学手续者;(6)复学经复查不合格不准复学者;(7)经学校动员,因病该休学而不休学,且在一学年内缺课超过该学年总学时三分之一者;(8)经过指定医院确诊,患有精神病、癫痫等疾病者;(9)意外伤残不能再坚持学习者;(10)本人申请退学,经说服教育无效者。该规定现已失效。最新的《普通高等学校学生管理规定》于2017年2月4日公布,第30条对退学的情形作了具体规定。

承担上述行为所产生的法律后果。

国家实行学历证书制度,被告作为国家批准设立的高等学校,对取得普通高等学校学籍、接受正规教育、学习结束达到一定水平和要求的受教育者,应当为其颁发相应的学业证明,以承认该学生具有的相当学历。原告符合上述高等学校毕业生的条件,被告应当依《教育法》第28条第1款第(5)项及《普通高等学校学生管理规定》第35条的规定,为原告颁发大学本科毕业证书。国家实行学位制度,学位证书是评价个人学术水平的尺度。被告作为国家授权的高等学校学士学位授予机构,应依法定程序对达到一定学术水平或专业技术水平的人员授予相应的学位,颁发学位证书。依《学位条例暂行实施办法》第4条、第5条、第18条第(3)项规定的颁发学士学位证书的法定程序要求,被告首先应组织有关院系审核原告的毕业成绩和毕业鉴定等材料,确定原告是否已较好地掌握本门学科的基础理论、专业知识和基本技能,是否具备从事科学研究工作或担负专门技术工作的初步能力;再决定是否向学位评定委员会提名列入学士学位获得者的名单,学位评定委员会方可依名单审查通过后,由被告对原告授予学士学位。

行政机关根据法律授权在行政程序中适用民法、国际私法;遵守国际公法、国际经济法;检察机关、公安、国家安全机关和司法局等具体适用刑事法律权的机关均应在相应实体法、程序法界限内进行。

行政机关正当地裁量适用行政实体法与行政程序法。① 裁量(dis-

---

① 转引自郑宁:《行政裁量内涵之辨析——兼论行政裁量的定义及存在形态》,载《理论界》2007年第6期。

cretion）即谨慎、辨别、判断和斟酌。① 《牛津法律词典》界定裁量为行政机关酌情作出决定的权力，并且这种决定在当时情况下应当是正义、公平和合理的。② 面对复杂、万变的各种行政事务，为使行政机关能够审时度势，能够灵活果断地处理和解决复杂问题，法律不可能提供全部有效解决办法，客观需要裁量。③ 正当裁量是指行政机关公平正义地酌定行使法律允许考量的行政权。④ 行政裁量可更好地满足个案正义要求。"所有的规范都是内在的不确定的"，说一个规范是显而易见的，仅仅意味着它已经被立法机关公平地论证过。不过只有该规范被法院公平地运用，才做出针对一个案件的有效判决，有效的普遍法律规范还不能保证单个案件实现正义。⑤ 法律大多有不同理解；证据评估与事实认定需主观判断；适用于特定案情时，法律大多有不确定性；行政实际本身超过法律范畴，行政机关只有公平地解释相对确定或不确定的行政法规范，裁定事实后适用才实现个案正义，裁量须臾不离。

　　行政机关必须遵循行政强制法授权原则、正当程序原则强制执行行政决定或申请法院强制执行，法院与行政机关必须在法律范围内进行强制。

---

① 王名扬：《英国行政法》，中国政法大学出版社1987年版，第39页；姜明安：《行政程序：对传统控权机制的超越》，载《行政法学研究》2005年第4期。

② 王名扬：《英国行政法》，中国政法大学出版社1987年版，第39页。

③ 王名扬：《美国行政法》，中国法制出版社2005年版，第542～543页。

④ ［英］威廉·韦德：《行政法》，徐炳译，中国大百科全书出版社1997年版，第55页。

⑤ ［德］哈贝马斯：《在事实与规范之间：关于法律与民主法治国的商谈理论》，三联书店2003年版，第267～268页。

行政机关对其行政行为进行合法性审核，政府法律顾问为行政立法、决策和决定合法与正当提供咨询，重大行政执法全程摄像记录，都是行政机关强化行政法治原则的重要举措。适度渐进行政公开是防治行政腐败最有效的原则。

公民、法人或其他组织自主选择行政复议与否，视行政复议为准司法活动；普通法院、知识产权法院及金融法院等对行政行为进行适度审查是行政法治原则的重要保障。行政机关、公务员对实体、程序行政权行使承当法定责任，纪检监察机关对其专司究察，为行政法治要义。

第二节 比例（成本效益分析）原则

一、概述

比例原则是指行政机关解释适用行政实体法和行政程序法所遵循的成本与目的对称原则。我国《突发事件应对法》第11条规定：有关人民政府及其部门采取的应对突发事件的措施，应当与突发事件可能造成的社会危害的性质、程度和范围相适应；有多种措施可供选择的，应当选择有利于最大程度地保护公民、法人和其他组织权益的措施。台湾地区"行政程序法"第7条规定：行政行为，应依下列原则为之：采取之方法有助于目的之达成，有多种同样能达成目的之方法时，应选择对公民权益损害最小方法，采取之方法所造成之损害不得与欲达成目的之利益显失均衡。

  比例原则的适用非常广泛，例如，陈某诉庄河市公安局行政赔偿纠纷案中，① 被告采取的抢救措施、手段、动机和目的都合比例原则。原告诉称：2001年12月24日，韩某驾驶出租轿车，发生交通事故，韩某当场死亡。被告在事故现场用气焊切割该车，致使该车失火，经济损失达21万元。经调查，该车被撞车损约为3万元，其余为失火损失。由于交通警察处理事故时的职务行为直接导致车辆失火，应赔偿该车因失火造成的经济损失18万元。被告辩称：警方为履行职责而实施的紧急抢险行为，依法不应承担赔偿责任。庄河市法院认定：韩某发生交通事故，被告接警后，立即出警，赶到事故现场。在事故现场初步查明，韩某驾驶的红旗牌轿车已被撞变形，韩某被夹在驾驶座位中，生死不明，需要立即抢救。为了尽快救出韩某，警方先后采用了撬杠等方法，都不能打开驾驶室车门，最后采用了气焊切割的方法，在周围群众的帮助下，将韩某从车中救出送往医院。虽然在气焊切割车门时采取了安全防范措施，但切割时仍造成了轿车失火，因火势较大，事先准备的消防器材无法将火扑灭，扩大了汽车的损失。在其他方法都无法打开已经变形的车门时，不得不采取破损车门的措施并不违法。虽然该措施后来导致了汽车的毁损，但由于当时情况紧急，无法采取其他更安全、有效的措施抢救韩某。原告上诉，大连中院认为，警方由于当时其他方法都不能打开已经变形的车门，为及时抢救出韩某而采取气焊切割车门的方法，实属情况紧急，迫不得已。但及时抢

---

  ① 《最高人民法院公报》2003年第3期，第33~34页。

救韩某的生命比破损车门或者造成汽车的毁损更为重要。因为对人的生命而言,破损汽车车门或汽车致他人利益损害明显较小,警方在紧急情况下作出强行打开车门抢救韩某的决定,具有充分的合理性。

二、源头追溯

比例原则追溯至古希腊亚里士多德比例原理。19世纪普鲁士警察法明确规定该原则。二战之后,比例原则取得宪法地位,德国宪法法院认为它约束立法,规制行政和司法。凡涉及公民基本权利、义务的事项,都受比例原则约束。我国宪法中的权利、义务一致原则和法律适用平等原则含比例原则。美国的正当程序原则和平等保护原则含比例原则,正当(实体)程序原则程度由当事人利益和政府利益平衡而定。

三、内容

行政机关采用实体或程序方法有助于实现行政目的。首先适用行政实体法,如长春假疫苗案顶格处罚可达到制止或预防违法行为的目的。其次适用行政程序法,如行政处罚法规定,吊销证照、责令停产停业或重大财产罚适用听证程序。行政机关有多种同样能达成目的的实体或程序方法,应选择对当事人权益损失最小的。如《警察使用警械和武器条例》第4条规定,人民警察使用警械和武器,应当以制止违法犯罪行为,尽量减少人员伤亡、财产损失为原则。行政实体、程序措施和目的对称。比例原则适用于行政复议和行政诉讼。行政复议法规定行政行为明显不当的,复议机关可撤销或变更;行政诉讼法规定行政行为明显不当的,法院可撤销,行政处罚明显不当的,法院可判决变更。

(1)法国行政法院对行政裁量的审查所发展出的损益表是对比例原则的运用,"损益表规则要求行政机关在衡量时不得为追求较小的利益而损害较大的利益,法官可对行政决定事实根据进行比例性审查"。① (2)用比例原则适用宪法。如在美国刑事诉讼中适用该原则,美国最高法院认为死刑判决与犯罪如此不成比例,以至于违反美国宪法第八条修正案,如果被告人被确定犯有强奸成年妇女罪,死刑判决可以是(不合宪法)不成比例 [Coke v. GEORGIA, 433U. S. 584 (1977)]。② (3)成本效益分析用以评估行政规制行政决策。除非收益超过成本,否则不得作出行政决策。成本包括私人和行政成本;效益包括私人效益如厂商出口增加,自然环境得到改善、野生动物得到保护等。③ 法律规定必须进行成本效益分析,遵守法律;法律没有规定,行政机关也可进行。成本效益分析可迫使行政机关以严格、实质方式思考行政政策的后果,为与其他潜在行政政策比较提供清楚标准。④ 作为改进决策的有用工具,通过事先规定一套相关因素考量,可减少行

---

① 王锡锌:《自由裁量权基准:技术的创新还是误用》,载《法学研究》2008年第5期。

② George E. Dix, Criminal Law, BarBri Group, 2002, p. 16.

③ 汪全胜:《美国行政立法的成本效益评估探讨》,载《东南大学学报》2008年第11期。

④ Jack M. Beermann, Administrative Law, Aspen Publishers, 2003, p. 119.

政专横性。① 成本-效益分析②源于经济分析法学派，该学派主张以"效益"最大化方式使用资源，用以评价行政法制度。行政机关必须在法定权力范围内选择最有利于社会，资源最有效配置的行政法解释与适用。③（4）有些领域如美国洁净空气法在确定空气质量标准时，禁止对成本进行考虑，要求公司必须安装尽可能地降低大气污染的装置，而不管这些装置所产生的污染下降会带来的效益增量有多小，也不管它带来的成本增量会有多大。（5）比例原则适用于行政立法、行政决策，如城市规划、大面积城镇拆迁、大范围征地补偿等。行政程序有成本，目的在于做出和执行正确的行政决定，程序过程和结果应符合比例原则。

比例原则与合理原则在适用时内容有交叉。自1999年人权法律生效，英国司法审查适用欧盟比例原则，合理性原则和比例原则共存。在英国 R v Chief Constable of Sussex ex p International Trade's Ferry Ltd (1999) 一案中，上议院认为，比例原则和合理性原则（Wednesbury reasonableness）实际效果几乎一样。私人合法从事贸易的权利，并不是一种绝对权利。警长行政行为并非违法，即警长并非负有不惜任何代价给予保护的义务；与合法地示威抗议权利比较是一样的，都不是绝对权利。在两种权利相互冲突的情况下，警察有义务维护法律。警方或许应当平衡各种因素，特别是严重危机治安的可能性。在作出行

---

① Jack M. Beermann, Administrative Law, Aspen Publishers, 2003, p. 117.
② 汪全胜：《美国行政立法的成本效益评估探讨》，载《东南大学学报》2008年第11期。
③ 汪全胜：《美国行政立法的成本效益评估探讨》，载《东南大学学报》2008年第11期。

政决定时，警长必须考虑可支配的警力，在这个地区对其他人的权利和保护，示威可能对司机、警察或其他人带来的伤害风险。警长还应当考虑私人从事贸易的权利和示威者和平示威的权利。警长以应当多做一些义务，或其他警长对这个问题也可能会有一些不同反应为据，从而过分重视某个特别地区治安并加重警力，是不对的。① 就目的性和必要性原则而言，如在 Coleen Properties Ltd V. Minister of Housing and Local Government（1971）1 WLR433 一案中②，英国地方当局根据法律，为了改造而强制购买陋巷，为此可在合理必要的范围内强制购买非陋巷财产，Coleen Properties Ltd 的财产就在其中。在公开调查程序中，地方当局未能提供证据证明有合理必要性强制收购本项财产，而部长批准了该项强制收购。英国上诉法院认为，部长的批准决定违法。"这是德国法上的原则。根据这个原则，公法机关不可以对公民施加负担，除非这些负担，极其必要或与达成行政目的成比例。如果负担不成比例，采取的行政措施是无效的。可以将其比喻为英国法上的合理性原则（reasonableness）。不过比例原则不同于合理性原则，在于比例原则要求法院考虑行政措施可选择的方式，以确定是否有更好的方法去实现处在争议中的行政目的。"

---

① ［英］大卫·赫尔林、安·莱昂：《宪法与行政法简明案例》（英文版），武汉大学出版社2005年版，第183页。

② ［英］亚力克斯·尤雷尔：《宪法与行政法》（英文）（第2版），法律出版社2003年版，第279页。

第三节 合理原则

一、含义

合理原则是指行政机关解释适用实体、程序裁量规范，不得专横任性；不得反复无常；不得考虑不相关因素，必须考虑（法律规定的，判例法要求的）相关因素；禁绝明显不合理；禁止目的、动机徇私的准则。如我国《安全生产行政处罚自由裁量适用规则（试行）》第6条规定：行使行政处罚自由裁量权，应当遵循合法、公平、公正、公开的原则，确保行政处罚自由裁量权行使的合法性和合理性。

行政行为作出、修改、撤销不得专横任性。如在 Motor Vehicle Manufacturers Association v. State Farm Mutual Insurance co. 案中，美国最高法院认为，行政事实认定和实体、程序法适用裁量结论之间应具有理性、明智关系。通常行政规则是专横的和任性的；如果行政机关依靠国会没有要求的因素，没有对行政决定提供解释，而决定和其面前的证据相冲突，或决定如此不合理以至于不可以归结为观点的不同或行政专业知识差异所致。1977年，国家高速公路安全监管局制定了规章，要求1982年之后生产的所有的新车，必须使用安全气囊或自动座位安全带。这个规章得到法院支持。1981年，国家高速公路安全监管局取消了规章，理由是自动座位安全带这种被动的限制，可以轻易拆卸，没有理由预期，充分使用这种座位安全带会使增加的安装成本合理化。美国最高法院认为"行政规章取消"专横和任性。所有法官都同意，行政机关未能解释规章为什么不可以修改为要求使用安全气囊。对之如果有行政解释，也不得以简略提纲方式提供，合理原则必须由机关自身清晰地说明。最终以5票对4票，美国最高法院认为行政机关放弃要求使用座位自动安全带是专横和任性的。行政机关却认定：现有证据没有说明充分使用这种装置会使安装成本合理化。行政机关没有解释这个问题，不能够通过安装不可拆卸的座位设备得以解决。而且即使就可拆卸的座位而言，行政机关面前的唯一证据表明，这种座位安装将实质地增多。行政机关以统计失误为由拒绝这个结论。但是法院认为，行政机关取消规章的决定是专横的。因为没有给出额外标准去解决未确定的问题。①

行政机关必须考虑法律规定的相关因素，不考虑不相关的因素。如在 overton park 案中，美国最高法院认为，②"行政机关被要求考虑高速公路对公园的破坏，以及其他可替代方案是否引起同样问题。交通部长是否适当理解他的权力范围，批准使用公园土地，限定在如下情形，即没有适合的或明智的可替换的路线。该规划必须考虑所有可能的计划，并减少对公园的损害。这是国会法律规定必须考虑的因素"。

行政机关必须考虑所有相关因素，不考虑不相关因素。在作出复杂经济行政决定时，行政机关通常不需将所有联邦法律政策和目标作

---

① Michael R. Asimow, Administrative Law, A Thomson Company, 2002, p. 168 – 171.

② Jack M. Beermann, Administrative Law, Aspen Publishers, 2003, p. 59.

为相关因素，而可只考虑负责执行的法律政策和目标。行政决定确定的权利义务内容必须合理，不可做出显而易见的错误判断。行政机关在作出裁量时要有充分清晰的说理过程。政策裁量要符合理性，在事实和政策选择间有逻辑联系。通常行政决定是专横任性的，如果行政机关裁量适用依靠国会没有打算要求其考虑的因素，或完全没有考虑问题的重要方面，没有对与机关面前的证据相冲突而作的行政决定，给予理由说明，或如此不合理以至于不可能归结为观点差异或行政专业知识差异所致。[①]

虽在法律界限内，但行政实体法与行政程序法适用意图、目的、过程与结果，在常人看来，不能容忍，极不合理，这是合理性原则所控制的。无论有无行政法规定，在常人看来，能够接受，符合人类一般理性观念，这是合理性原则所要求的。行政实体法和行政程序法解释适用明显不当的，可认为是违法。

二、构成

（1）行政法律关系中权利义务的内容在法律规定范围内，则合情合理。如果极不合理，法院可以推翻。（2）行政目的、动机纯正无私。如《重庆市规范行政处罚裁量权办法》第12条规定：行政处罚实施机关行使行政处罚裁量权应当符合法律目的，平等对待当事人，不偏私、不歧视，所采取的措施和手段应当必要、适当。（3）必须确立清晰实

---

① Michael R. Asimow, Administrative Law, A Thomson Company, 2002, p. 176–177.

体（clearly stated substantive criteria）标准，正确行使裁量权。如在美国，"司法审查要求，行政机关应当根据清晰的实体法标准，做出裁量决定。一些法院认为在财产权或人身权处在危机状态时，正当程序要求行政决定必须依据清晰的实体性标准"。①（4）行政程序裁量适当。如果裁量对象是行政程序问题，行政机关应当遵守所有适合的程序。（5）合理原则要求对行政政策影响进行评估。"管束行政裁量的通常方法是要求行政机关准备影响评估报告。包括详细地讨论拟定的行政规制可能带来的结果，或是全面或是特殊地集中于某一特定方面的影响。影响评估迫使行政机关专注它们行政行为的结果；由于不令人满意的外在结果，通过给行政计划的反对者提供机会对行政机关施加压力改变或放弃行政计划；可以改进行政决定。影响评估包括经济效果、社会效果、对其他行政计划或机构的影响和环境影响。不过，影响评估，对行政机关带来很重负担，因不充分的影响评估，易受到攻击。投入到影响评估报告中的资源却经常被浪费。"② "美国国家环境政策法要求联邦所有主要的行政行为必须附加重要环境影响评估报告。环境政策法没有明确地超出影响评估报告之外对行政机关施加任何义务。美国最高法院认为行政机关为满足义务和责任，根据国家环境政策法，应当准备适当的评估报告，并在决策过程中，考虑这个报告。国家环境政策法没有设定任何实体法要求，如果由于环境成本太大，行政机关可以放弃某些行政决策项目，但规定环境影响评估报告确实需要准

---

① Jack. M. Beermann, Administrative Law, Aspen Publishers, 2003, p. 20.
② Jack. M. Beermann, Administrative Law, Aspen Publishers, 2003, p. 120.

备信息，用以应对由于环境原因，反对某项行政决策的人们。"①

三、保障

　　法律应明确规定裁量原则、目的和标准。关于行政程序规制，如《美国联邦行政程序法》②明确规定，行政机关应当指明裁量事实根据③；说明裁量理由；公开裁量动机、目的，说明考量的相关因素。《德国联邦行政程序法》第40条规定：行政裁量权的行使必须符合授权的目的，并须遵循自由裁量权的立法限制。行政行为明显不当的，法院可撤销，要求联邦行政机构必须以能够为司法审查提供其决定理由的方式，表明其决定所基于的考量标准。④明思特高等行政法院在1988年8月11日的判决中认为，行政裁量规则规定的事项，原则上不属于法官审查范围，行政法院审查限于，根据行政裁量规则作出的行政决定是否违反了平等原则，或是否超越了法律授予行政机关裁量权的目的和范围。⑤

---

　　① Jack. M. Beermann, Administrative Law, Aspen Publishers, 2003, p. 117.
　　② 王名扬：《美国行政法》，中国法制出版社2005年版，第544～550页。
　　③ 《联邦行政程序法》第555节（e）规定："行政机关对当事人的书面申请拒绝时，必须说明拒绝的根据。"
　　④ 转引自张千帆、赵娟、黄建军：《比较行政法——体系、制度与过程》，法律出版社2008年版，第635页。
　　⑤ 王名扬：《法国行政法》，中国政法大学出版社1988年版，第181～183页。

第四节 信赖保护（行政法律关系既定）原则

一、含义

信赖保护原则是指当事人对行政行为（既定行政法律关系）已经产生信任，形成信赖利益，存续正当而应得到维护，除非为了并且具有足够证据证明存在更大公共利益，经法定程序，并正当弥补损失才变更行政行为（既定行政法律关系）的准则。如我国《行政许可法》规定，当事人依法取得的行政许可受法律保护，行政机关不得擅自改变已经生效的许可。许可所依据的法律、法规、规章修改或废止，或准予许可所依据的客观情况发生重大变化的，为了公共利益需要，行政机关可以依法变更或撤回已经生效的许可，给当事人造成财产损失的，行政机关应当依法给予补偿。如《最高人民法院关于审理行政协议案件若干问题的规定》第21条规定，被告或其他行政机关因国家利益、社会公共利益的需要依法行使行政职权，导致原告履行不能、履行费用明显增加或遭受损失，原告请求判令被告给予补偿的，人民法院应予支持。《全面推进依法行政实施纲要》规定："非因法定事由并经法定程序，行政机关不得撤销、变更已经生效的行政决定；因国家利益、公共利益或其他法定事由需要撤回或者变更行政决定的，应当依照法定权限和程序进行，并对行政管理相对人因此而受到的财产损失依法予以补偿。"如《最高人民法院关于审理行政许可案件若干问题的规定》第15条规定，法律、法规、规章或者规范性文件对变更或者撤回行政许可的补偿标准未作规定的，一般在实际损失范围内确定补偿数额；行政许可属于《行政许可法》第12条第（2）项规定情形的，一般按照实际投入的损失确定补偿数额。

行政机关应当真诚。如《最高人民法院关于审理行政协议案件若干问题的规定》第14条规定，原告认为行政协议存在胁迫、欺诈、重大误解、显失公平等情形而请求撤销，法院经审理认为符合法律规定可撤销情形的，可以依法判决撤销该协议。

行政机关应当守信用。如《最高人民法院关于审理行政协议案件若干问题的规定》第19条规定，被告未依法履行、未按照约定履行行政协议，法院可以依据《行政诉讼法》第78条的规定，结合原告诉讼请求，判决被告继续履行，并明确继续履行的具体内容；被告无法履行或继续履行无实际意义的，法院可以判决被告采取相应的补救措施；给原告造成损失的，判决被告予以赔偿。原告要求按照约定的违约金条款或定金条款予以赔偿的，法院应予支持。按照《最高人民法院关于审理行政协议案件若干问题的规定》第20条规定，被告明确表示或以自己的行为表明不履行行政协议，原告在履行期限届满之前向法院起诉请求其承担违约责任的，法院应予支持。[①] 本原则实质上由一事不再理或既判力原理所决定。案件既判力或具体个别行政法律关系既定力根本上决定信赖保护原则。行政法律关系产生、变更或消灭关键在

[①] 莫于川、林鸿潮：《论当代行政法上的信赖保护原则》，载《法商研究》2004年第5期。

于行政机关意思表示,行政权本质属性是积极的,价值取向在于公共利益,必须适用信赖保护原则,才有可能维护行政法律关系中公民、法人或其他组织的既定公权利。

行政法律关系安定性原理与案件既判力原理并无二致。前者衍生信赖保护,后者衍生禁止反言。

如下述案例,萍乡市亚鹏房地产开发公司诉萍乡市国土资源局不履行行政协议案中,TG-0403 号地块出让时对外公布的土地用途是"开发用地为商住综合用地,冷藏车间维持现状",出让合同中约定为"出让宗地的用途为商住综合用地,冷藏车间维持现状"。萍乡市亚鹏房地产公司作为土地受让方签约按约支付了全部价款,合同成立并且土地受让方已经履行了合同,市国土局要求萍乡市亚鹏房地产公司如若变更土地用途则应补交土地出让金,缺乏事实依据和法律依据,违反行政合同约定,违反诚实信用原则。

【指导案例】

萍乡市亚鹏房地产开发有限公司诉
萍乡市国土资源局不履行行政协议案[①]

关键词

行政　行政协议　合同解释　司法审查　法律效力

---

① 指导案例 76 号,最高人民法院 2016 年 12 月 28 日发布。

裁判要点

行政机关在职权范围内对行政协议约定的条款进行的解释，对协议双方具有法律约束力，法院经过审查，根据实际情况，可以作为审查行政协议的依据。

相关法条

《行政诉讼法》第12条

基本案情

2004年1月13日，萍乡市土地收购储备中心受萍乡市肉类联合加工厂委托，经被告萍乡市国土资源局（以下简称市国土局）批准，在萍乡日报上刊登了国有土地使用权公开挂牌出让公告，定于2004年1月30日至2004年2月12日在土地交易大厅公开挂牌出让TG-0403号国有土地使用权，地块位于萍乡市安源区后埠街万公塘，土地出让面积为23 173.3平方米，开发用地为商住综合用地，冷藏车间维持现状，容积率2.6，土地使用年限为50年。萍乡市亚鹏房地产开发有限公司（以下简称亚鹏公司）于2006年2月12日以投标竞拍方式并以人民币768万元取得了TG-0403号国有土地使用权，并于2006年2月21日与被告市国土局签订了《国有土地使用权出让合同》。合同约定出让宗地的用途为商住综合用地，冷藏车间维持现状。土地使用权出让金为每平方米331.42元，总额计人民币768万元。2006年3月2日，市国土局向亚鹏公司颁发了萍国用（2006）第43750号和萍国用（2006）第43751号两本国有土地使用证，其中萍国用（2006）第43750号土地证地类（用途）为工业，使用权类为出让，使用权面积为8359平方米，萍国字（2006）第43751号土地证地类为商住综合用地。对此，亚鹏公司认为约定的"冷藏车间维持现状"是维持冷藏库的使用功能，并非维持地类性质，要求将其中一证地类由"工业"更正为"商住综合"；但市国土局认为维持现状是指冷藏车间保留工业用地性质出让，且该公司也是按照冷藏车间为工业出让地缴纳的土地使用权出让金，故不同意更正土地用途。2012年7月30日，萍乡市规划局向萍乡市土地收购储备中心作出《关于要求解释〈关于萍乡市肉类联合加工厂地块的函〉》中有关问题的复函，主要内容是：我局在2003年10月8日出具规划条件中已明确了该地块用地性质为商住综合用地（冷藏车间约7300平方米，下同）但冷藏车间维持现状。根据该地块控规，其用地性质为居住（兼容商业），但由于地块内的食品冷藏车间是目前我市唯一的农产品储备保鲜库，也是我市重要的民生工程项目，因此，暂时保留地块内约7300平方米冷藏库的使用功能，未经政府或相关主管部门批准不得拆除。2013年2月21日，市国土局向亚鹏书面答复：一、根据市规划局出具的规划条件和宗地实际情况，同意贵公司申请TG-0403号地块中冷藏车间用地的土地用途由工业用地变更为商住用地。二、由于贵公司取得该宗地中冷藏车间用地使用权是按工业用地价格出让的，根据《城市房地产管理法》之规定，贵公司申请TG-0403号地块中冷藏车间用地的土地用途由工业用地变更为商住用地，应补交土地出让金。补交的土地出让金可按该宗地出让时的综合用地（住宅、办公）评估价值减去的同等比例计算，即297.656万元×70%=208.36万元。三、冷藏车间用地的土地用途调整后，其使用功能未经市政府批准不得改变。亚鹏公司于2013年3月10日向法院提起行政诉讼，要求判令被告将萍国用（2006）第 43750 号国有土地使用证上的地类用途由"工业"更正为商住综合用地（冷藏车间维持现状）。撤销被告"关于对市亚鹏房地产有限公司 TG-0403 号地块有关土地用途问题的答复"中第二项关于补交土地出让金 208.36 万元的决定。

裁判结果

江西省萍乡市安源区法院于 2014 年 4 月 23 日作出（2014）安行初字第 6 号行政判决：一、被告萍乡市国土资源局在本判决生效之日起 90 天内对萍国用（2006）第 43750 号国有土地使用证上的 8359.1 平方米的土地用途应依法予以更正。二、撤销被告萍乡市国土资源局于 2013 年 2 月 21 日作出的《关于对市亚鹏房地产开发有限公司 TG-0403 号地块有关土地用途的答复》中第二项补交土地出让金 208.36 万元的决定。宣判后，萍乡市国土资源局提出上诉。江西省萍乡市中级法院于 2014 年 8 月 15 日作出（2014）萍行终字第 10 号行政判决：驳回上诉，维持原判。

裁判理由

法院生效裁判认为：行政协议是行政机关为实现公共利益或行政管理目标，在法定职责范围内与公民、法人或者其他组织协商订立的具有行政法上权利义务内容的协议，本案行政协议即是市国土局代表国家与亚鹏公司签订的国有土地使用权出让合同。行政协议强调诚实信用、平等自愿，一经签订，各方当事人必须严格遵守，行政机关无正当理由不得在约定之外附加另一方当事人义务或单方变更解除。本案中，TG-0403 号地块出让时对外公布的土地用途是"开发用地为商住综合用地，冷藏车间维持现状"，出让合同中约定为"出让宗地的用途为商住综合用地，冷藏车间维持现状"。但市国土局与亚鹏公司就该约定的理解产生分歧，而萍乡市规划局对原萍乡市肉类联合加工厂复函确认 TG-0403 号国有土地使用权面积 23 173.3 平方米（含冷藏车间）的用地性质是商住综合用地。萍乡市规划局的解释与挂牌出让公告明确的用地性质一致，且该解释是萍乡市规划局在职权范围内作出的，符合法律规定和实际情况，有助于树立诚信政府形象，并无重大明显的违法情形，具有法律效力，并对市国土局关于土地使用性质的判断产生约束力。因此，对市国土局提出的冷藏车间占地为工业用地的主张不予支持。亚鹏公司要求市国土局对"萍国用（2006）第 43750 号"土地证（土地使用权面积 8359.1 平方米）地类更正为商住综合用地，具有正当理由，市国土局应予以更正。亚鹏公司作为土地受让方按约支付了全部价款，市国土局要求亚鹏公司如若变更土地用途则应补交土地出让金，缺乏事实依据和法律依据，且有违诚实信用原则。

二、构成

（1）具体行政法律关系既定存续不可违。（2）当事人已经对行政行为形成信任。（3）客观形势发生重大变化，或只在国家利益或公共利益严重超过信赖利益，才可变更。（4）行政机关应权衡比较，极其慎重地确定变更原行政行为、答复或承诺。（5）当事人诚实，才值得信赖保护；欺诈、胁迫、故意或重大过失地虚假陈述或提供不真实材料导致行政机关作出错误行政决定，当事人不受本原则保护。（6）信赖保护主要是存续保护和损失补偿,信赖利益包括既得利益和合理预期利益。存续保护是指当事人存在正当信赖利益时,国家确保信赖利益存续,不得变更行政行为。① 台湾地区"行政程序法"第117条规定:受益人对授予利益之行政处分予以信赖,信赖利益显然大于撤销所欲维护之公益者,不得撤销违法之行政处分。根据我国行政许可法规定,虽然行政机关对违法行政许可可撤销,但是比较信赖利益和撤销所欲维护的法治利益,如果前者大于后者,则不得撤销,对当事人给予存续保护。②(7)因公共利益或其他法定事由必须变更行政行为的,应当依照法定权限和程序进行,并对当事人遭受的损失依法予以补偿。行政机关应首先和当事人就信赖利益所有问题进行协商,可取得其同意。应当向当事人发出公平补偿告知,包括补偿事由、范围、标准、方式和依据,依法签订补偿协议。如存在分歧,各方可提起诉讼。③(8)政府补偿可辅以其他方式,从生产、生活和就业等方面给予其他实体性安置。

此外,行政行为是否合法不影响本原则的适用,特别是不合法是由于行政机关过错造成的,仍适用信赖保护原则。如《德国行政程序法》第48条规定:违法行政行为,已经证明或确认存在权利或法律上重大信赖利益的行政行为,可以不撤回。④ 如根据我国《行政许可法》

---

① 姜明安主编:《行政执法研究》,北京大学出版社2004年版,第95页。
② 《信赖保护原则被适用玉环农妇告赢国土局》,载《今日早报》2005年2月17日。转引自王贵松:《行政信赖保护论》,山东人民出版社2007年版,第32页。
③ 姜明安:《行政补偿制度研究》,载《法学杂志》2001年第5期。
④ [德]哈特穆特·毛雷尔:《行政法学总论》,高家伟译,法律出版社2000年版,第十一章第三节、第四节。

第69条规定，由于行政人员滥用职权、玩忽职守作出准予行政许可；超越法定职权作出准予行政许可；违反法定程序作出准予行政许可等，许可证被撤销，只要许可证人不是以欺骗、贿赂等不正当手段取得许可的，都可信赖保护。① 如李某彩诉玉环县国土资源局土地使用许可撤销案，李某彩系玉环县珠港镇仓坑村民，1995年玉环县楚门镇在对中山村规划改造时，由于中山村村民陈某松经济有限，将安置在楚门镇利民路联建的两间房屋建到一层后即停工，影响了其他联建建房。楚门镇政府和中山村村民委员会即同意陈某松将其中一间房屋出让，并同意受让人以中山村村民和拆迁户的待遇办理土地报批手续。李某彩作为外村村民受让了陈某松的一间房屋并与楚门镇政府签订了房屋拆迁协议。继而她以自己名义申请建房，经村、镇审核，1996年8月10日，玉环县国土资源局批准李某彩建房一间，使用水田51.3平方米，外加道路代征47.5平方米。2001年3月22日李某彩获玉环县国土资源局核发的国有土地使用权证。2003年6月30日玉环县国土资源局接中山村村委会举报，称李某彩既不是该村村民，也不是拆迁户，要求对李某彩骗取建房用地的行为进行查处。2004年2月16日玉环县国土资源局以李某彩骗取建房用地为由，收回李某彩土地使用权，并对原农村私人建房用地呈报表予以注销。李某彩丧失在此居住近8年的房屋土地使用权，为此起诉玉环县国土资源局，法院认为根据信赖保护原则，行政机关对当事人的授益性行为作出后，事后即便发现违法，只要行政行为不是因为当事人过错所造成，不得撤销、废止或改变。

---

① 邹杨：《论行政许可法中信赖利益保护原则》，载《行政与法》2007年6月。

原告虽然不是中山村村民或拆迁户，但其受让拆迁户一间房屋并与楚门镇政府签订了房屋拆迁协议，原告以自己名义申请建房用地，中山村村委会、楚门镇政府及被告是明知并予以支持。在土地使用权审批过程中，原告没有骗取建房用地的故意；被告收回原告土地使用权，侵犯了其合法权益。

当事人应履行承诺，否则法院可以强迫其履行。如《最高人民法院关于审理行政协议案件若干问题的规定》第 24 条规定，公民、法人或其他组织未按照行政协议约定履行义务，经催告后不履行，行政机关可以作出要求其履行协议的书面决定。公民、法人或其他组织收到书面决定后在法定期限内未申请行政复议或提起行政诉讼，且仍不履行，协议内容具有可执行性的，行政机关可以向法院申请强制执行。法律、行政法规规定行政机关对行政协议享有监督协议履行的职权，公民、法人或其他组织未按照约定履行义务，经催告后不履行，行政机关可以依法作出处理决定。公民、法人或其他组织在收到该处理决定后在法定期限内未申请行政复议或提起行政诉讼，且仍不履行，协议内容具有可执行性的，行政机关可以向法院申请强制执行。

三、适用范围

行政行为不可随意改变。行政决定撤销与废止、抽象行政行为溯及既往、行政计划变更、权利失效、行政承诺撤回、行政答复变更、行政默认和惯例打破等都适用信赖保护原则。[1] "如在移民和归化案件

---

[1] Jack M. Beermann, Administrative Law, Aspen Publishers, 2003, p. 126.

中，政府错误地提供咨询意见：在美国，申请征兵豁免的外国公民不会丧失申请加入美国国籍权利。这个外国公民后来允许申请归化美国国籍，因为他合理地信赖这个咨询意见。"①

对行政机关"作为"可产生信任，形成信赖利益。对"不作为"，当事人也可产生信任和信赖利益。当然就对私人不利的不作为而言，可不适用禁止反言。

行政机关不能突然地不可预期地改变行政规范一贯合理的理解，对当事人实施民事或刑事制裁。如化学公司合理地信赖行政规则，允许当事人作出某种行为，但政府后来却起诉化学公司，法院对政府适用禁止反言。②

行政机关应当坚持法律或政策观点的前后一致性，在改变法律和政策观点或先前裁决观点时，必须解释什么时候已经这样及其理由。如果当事人指责现在适用的行政机关先例不合理，行政机关必须解释拒绝指责和坚持现在适用的先例的原因。③ 信赖保护，对当事人不利的抽象行政行为一般不溯及既往。

信赖保护原则不可以推翻宪法原则。在美国，如果涉及联邦政府资金支付，信赖保护原则不可以推翻宪法确立的由国会决定拨款的原则。④ 判例已经清楚地表明禁止反言不能用来针对政府金钱支付判决。如在 Richmond case 中，当事人正在接受社保金，他询问是否可以找份

---

① Jack M. Beermann, Administrative Law, Aspen Publishers, 2003, p.126.
② Michael R. Asimow, Administrative Law, BarBri Group, 2002, p.94.
③ Michael R. Asimow, Administrative Law, A Thomson Company, 2002, p.90-91.
④ Michael R. Asimow, Administrative Law, BarBri Group, 2002, p.93.

工作，但不减少社保金。官员答复他可以。官员答复违法，因为国会法律已经修改，但答复官员不知道。该当事人找了工作，社保金随后减少。当事人寻求金钱给付判决，法院认为政府不能被禁止反言。金钱给付判决将违反法律，也违反宪法拨款规定。除了根据国会拨款决定之外，禁止资金拨付。判决说明虽然法院没有排除可能性，多数法官不允许禁止反言的诉求，即使寻求非金钱的利益。

  有些时候可允许行政机关反言，如行政机关通常对需要指导的公众提供不正式的口头或书面咨询意见，可通过正式指导纲要、解释公告或简报提供。"不过偶尔行政机关也改变主意，确定先前给予公众的指导是错误的，希望随后发布一个新决定，追溯撤销原行政决定。"[①] 如基层官员对私人做出错误承诺，允许行政机关反言，不适用信赖保护原则，因为基层官员错误承诺不可以形成行政政策。[②]

[①] Michael R. Asimow, Administrative Law, BarBri Group, 2002, p. 92.
[②] Jack M. Beermann, Administrative Law, Aspen Publishers, 2003, p. 125.

第四章 行政组织法

第一节 行政公法人

一、含义

行政公法人是指享有以自己名义解释适用行政实体法和行政程序法作出行政行为,独立承担行政法责任的公务组织。

二、特征

1. 行政公法人性质为公务组织,不以营利为目的,由于承担行政公务的主要是行政机关,因此行政法人主要指行政机关。公法人职责在于公务,和私法人在于私务不同。

2. 享有行政权力之权能资格。权能是指法律、法规授予行政机关权力、义务和责任范围，可以以自身名义履行特定职责或行使某一类公权力的法律上的能力，主要是指以自己名义独立适用（行政）实体法，作出行政行为，为此独立承担法律责任的职责，如法律授权区、县公安局，在行政程序中，以自身名义适用行政处罚法，作出行政处罚，就此独立承担行政法律责任，区、县公安局据此为行政主体。

3. 行政公法人具有行为能力，负责人或可代表行政机关的公务员可以机关名义行使权力或作出行政行为。有行政权能，才具有行政行为能力，才能承担法律责任。

4. 公法人包括国家、立法机关、行政机关、非营利事业单位法人或其他公务法人等。行政法人又和其他公法人如法院相区别。法院也是公法人，其职责在于司法公务，行政机关等行政法人在于行政事务。

5. 行政法人享有宪法、法律、法规、规章的授权。授权和委托不同，授权来自法律、法规、规章，受委托行使权力源自委托机关的依法委托；法律、法规、规章授权的组织在授权范围内以自己名义行使权力，受委托组织以委托机关名义代行权力；被授权组织独立承担行政法律责任，受委托组织在委托范围内的行为后果常由委托的行政机关承担。在行政复议和行政诉讼中，被授权组织是被申请人或被告，受委托组织不作被告或被申请人。

三、要件

1. 行政机关依据宪法和行政组织法律设立；其他公法人依据公法章程设立。私法人是根据私法和私法章程设立。

2. 具有公法律授予的权力或设定的责任。行政职责是行政机关内在本质要件，否则就不是公法人。

3. 行政职位和编制总数由法律、行政法规设定。私法人由章程确定民事编制和人员构成。

4. 拥有法定资产、办公场所和行政经费。其资产主要来自立法机关拨款。私法人资产来自私人。

5. 公告。除了国家安全和军事机关之外，普通行政机关应向社会公告机关名称、代表人、职责、人员构成、办公地点和联系电话。县级以上政府法制部门应当对本行政区域内的行政机关依法向社会公告。

四、种类

（1）行政机关指行使行政权力的各级政府及其下属行政部门。我国《宪法》第85条规定，国务院即中央人民政府，是最高国家权力机关的执行机关，是最高国家行政机关。县级以上的地方各级政府领导所属各工作部门和下级政府的工作。如省、自治区、直辖市的政府的各工作部门受政府统一领导，并且依照法律或行政法规的规定受国务院主管部门的业务指导或者领导。乡、镇人民政府，根据法律授权可成为行政主体，如《城乡规划法》第65条规定，在乡、村庄规划区内未依法取得乡村建设规划许可证或未按照乡村建设规划许可证的规定进行建设的，由乡、镇人民政府责令停止建设、限期改正；逾期不改正的，可以拆除。（2）行政机关内部机构，经过法律授权成为独立性公法人。如国家知识产权局中的专利评审委员会就为公法人。（3）派出机关或派出机构。省、自治区政府，在必要的时候，经国务院批准，可以设立若干派出机关,如行署;县、自治县,经省、自治区或直辖市政府批准,设立区公所;市辖区、不设区的市政府经上一级政府批准,可以设立街道办事处;县级政府部门依法可以设立派出所或工商所等。(4)公立大学、公立中小学等是非营利性事业法人。因公立,学校对其教师、学生行使的权力具有行政性。如教师聘用,对学生和教师给予奖励或处分应适用行政法。公立大学招录、学位颁发是公法适用,应遵守法治和正当程序。(5)法律授权医疗机构履行公法职能时,为行政法人。如根据我国《传染病防治法》第39条规定,医疗机构发现甲类传染病时,应当及时采取下列措施:①对病人、病原携带者,予以隔离治疗,隔离期限根据医学检查结果确定;②对疑似病人,确诊前在指定场所单独隔离治疗;③对医疗机构内的病人、病原携带者、疑似病人的密切接触者,在指定场所进行医学观察和采取其他必要的预防措施。拒绝隔离治疗或者隔离期未满擅自脱离隔离治疗的,可以由公安机关协助医疗机构采取强制隔离治疗措施。(6)政企合一机构,如烟草专卖公司,既是公法人又是私法人。(7)其他具有公共职能的组织。如证券交易所、行业协会、学会、社团及其他具有公共职能的中介组织。这些组织可以是公法人。

如在下述何某强诉华中科技大学拒绝授予学位案中,华中科技大学是公立大学,由公共资源支撑,受法治与平等原则约束,有实质行政性权力对学位申请人提出的学位授予申请进行审查并决定是否授予其学位,是一种行政主体。英美行政法也将公立大学视作行政主体。

【指导案例】

何某强诉华中科技大学拒绝授予学位案①

关键词

行政诉讼　学位　授予高等学校　学术自治

裁判要点

1. 具有学位授予权的高等学校，有权对学位申请人提出的学位授予申请进行审查并决定是否授予其学位。申请人对高等学校不授予其学位的决定不服提起行政诉讼的，法院应当依法受理。

2. 高等学校依照《学位条例暂行实施办法》的有关规定，在学术自治范围内制定的授予学位的学术水平标准，以及据此标准作出的是否授予学位的决定，法院应予支持。

相关法条

《学位条例》第 4 条②、第 8 条第 1 款③，《学位条例暂行实施办

---

① 指导案例 39 号，最高人民法院 2014 年 12 月 25 日发布。
② 《学位条例》第 4 条规定：高等学校本科毕业生，成绩优良，达到下述学术水平者，授予学士学位：（1）较好地掌握本门学科的基础理论、专门知识和基本技能；（2）具有从事科学研究工作或担负专门技术工作的初步能力。
③ 《学位条例》第 8 条第 1 款规定：学士学位，由国务院授权的高等学校授予；硕士学位、博士学位，由国务院授权的高等学校和科学研究机构授予。

法》第25条①

基本案情

原告何某强系第三人华中科技大学武昌分校（以下简称武昌分校）2003级通信工程专业的本科毕业生。武昌分校是独立的事业法人单位，无学士学位授予资格。根据国家对民办高校学士学位授予的相关规定和双方协议约定，被告华中科技大学同意对武昌分校符合学士学位条件的本科毕业生授予学士学位，并在协议附件载明《华中科技大学武昌分校授予本科毕业生学士学位实施细则》。其中第2条规定"凡具有我校学籍的本科毕业生，符合本《实施细则》中授予条件者，均可向华中科技大学学位评定委员会申请授予学士学位"，第3条规定"……达到下述水平和要求，经学术评定委员会审核通过者，可授予学士学位。……（三）通过全国大学英语四级统考"。2006年12月，华中科技大学作出《关于武昌分校、文华学院申请学士学位的规定》，规定通过全国大学外语四级考试是非外国语专业学生申请学士学位的必备条件之一。

2007年6月30日，何小强获得武昌分校颁发的《普通高等学校毕业证书》，由于其本科学习期间未通过全国英语四级考试，武昌分校根据上述《实施细则》，未向华中科技大学推荐其申请学士学位。8月26日，何小强向华中科技大学和武昌分校提出授予工学学士学位的申请。2008年5月21日，武昌分校作出书面答复，因何小强没有通过全国大

---

① 《学位条例暂行实施办法》第25条规定："学位授予单位可根据本暂行条例实施办法，制定本单位授予学位的工作细则。"

学英语四级考试，不符合授予条件，华中科技大学不能授予其学士学位。

裁判结果

湖北省武汉市洪山区法院于2008年12月18日作出（2008）洪行初字第81号行政判决，驳回原告何小强要求被告华中科技大学为其颁发工学学士学位的诉讼请求。湖北省武汉市中级人民法院于2009年5月31日作出（2009）武行终字第61号行政判决，驳回上诉，维持原判。

裁判理由

法院生效裁判认为：本案争议焦点主要涉及被诉行政行为是否可诉、是否合法以及司法审查的范围问题。

1. 被诉行政行为具有可诉性。根据《学位条例》等法律、行政法规的授权，被告华中科技大学具有审查授予普通高校学士学位的法定职权。依据《学位条例暂行实施办法》第4条第2款"非授予学士学位的高等院校，对达到学士学术水平的本科毕业生，应当由系向学校提出名单，经学校同意后，由学校就近向本系统、本地区的授予学士学位的高等院校推荐。授予学士学位的高等院校有关的系，对非授予学士学位的高等院校推荐的本科毕业生进行审查考核，认为符合本暂行办法及有关规定的，可向学校学位评定委员会提名，列入学士学位获得者名单"，以及国家促进民办高校办学政策的相关规定，华中科技大学有权按照与民办高校的协议，对于符合本校学士学位授予条件的民办高校本科毕业生经审查合格授予普通高校学士学位。

本案中，第三人武昌分校是未取得学士学位授予资格的民办高校，该院校与华中科技大学签订合作办学协议约定，武昌分校对该校达到学士学术水平的本科毕业生，向华中科技大学推荐，由华中科技大学审核是否授予学士学位。依据《学位条例暂行实施办法》的规定和华中科技大学与武昌分校之间合作办学协议，华中科技大学具有对武昌分校推荐的应届本科毕业生进行审查和决定是否颁发学士学位的法定职责。武昌分校的本科毕业生何某强以华中科技大学在收到申请之日起60日内未授予其工学学士学位，向法院提起行政诉讼，符合《最高人民法院关于执行〈中华人民共和国行政诉讼法〉若干问题的解释》第39条第1款的规定。因此，华中科技大学是本案适格的被告，何某强对华中科技大学不授予其学士学位不服提起诉讼的，人民法院应当依法受理。

2. 被告制定的《华中科技大学武昌分校授予本科毕业生学士学位实施细则》第3条的规定符合上位法规定。《学位条例》第4条规定："高等学校本科毕业生，成绩优良，达到下述学术水平者，授予学士学位：（一）较好地掌握本门学科的基础理论、专门知识和基本技能……"。《学位条例暂行实施办法》第25条规定："学位授予单位可根据本暂行条例实施办法，制定本单位授予学位的工作细则。"该办法赋予学位授予单位在不违反《学位条例》所规定授予学士学位基本原则的基础上，在学术自治范围内制定学士学位授予标准的权力和职责，华中科技大学在此授权范围内将全国大学英语四级考试成绩与学士学位挂钩，属于学术自治的范畴。高等学校依法行使教学自主权，自行对其所培养的本科生教育质量和学术水平作出具体的规定和要求，是对授予学士学位的标准的细化，并没有违反《学位条例》第4条和

《学位条例暂行实施办法》第25条的原则性规定。因此,何某强因未通过全国大学英语四级考试不符合华中科技大学学士学位的授予条件,武昌分校未向华中科技大学推荐其申请授予学士学位,故华中科技大学并不存在不作为的事实,对何某强的诉讼请求不予支持。

3. 对学校授予学位行为的司法审查以合法性审查为原则。各高等学校根据自身的教学水平和实际情况在法定的基本原则范围内确定各自学士学位授予的学术水平衡量标准,是学术自治原则在高等学校办学过程中的具体体现。在符合法律法规规定的学位授予条件前提下,确定较高的学士学位授予学术标准或适当放宽学士学位授予学术标准,均应由各高等学校根据各自的办学理念、教学实际情况和对学术水平的理想追求自行决定。对学士学位授予的司法审查不能干涉和影响高等学校的学术自治原则,学位授予类行政诉讼案件司法审查的范围应当以合法性审查为基本原则。

第二节 行政机关组织法

一、行政机关

行政机关指依照宪法、行政机关组织法或全国人大决议设立的以自己名义,通过行政程序适用(行政)实体法,作出行政行为,独立承担责任的公务法人。行政机关是由立法机关设立的实现法律政策达到令人满意程度的实体组织（entity）。每一个行政机关都负责执行一个实体法。

二、要件

（1）履行实体法职责。如《中国银行保险监督管理委员会职能配置、内设机构和人员编制规定》第3条规定其主要职责是依法依规对全国银行业和保险业实行统一监督管理，维护银行业和保险业合法、稳健运行。（2）以自身名义适用实体法与行政程序法。（3）独立承担行政法后果。如商标评审委员会作出维持或撤销注册商标的裁定后，应当书面通知有关当事人。当事人对商标评审委员会的裁定不服，可以自收到通知之日起30日内向法院起诉。商标评审委员会以自身名义行使注册商标纠纷裁决权，可为被告，具有独立人格。

三、行政机关组织法

（1）行政机关组织法是指设定行政机关、法定代表、组成、职额、职责、权限的法律。（2）行政机关设立的宪法依据。我国宪法第三章规定了行政机关设立的依据。（3）行政机关设立的组织法依据。如地方各级政府的设立依据为《中华人民共和国地方各级人民代表大会和地方各级人民政府组织法》。（4）任一行政机关都应有其组织法。如中国银行保险监督管理委员会的设立依据为《中国银行保险监督管理委员会职能配置、内设机构和人员编制规定》。（5）设立行政机关名称、性质。如中国银行保险监督管理委员会是根据《中共中央关于深化党和国家机构改革的决定》《深化党和国家机构改革方案》和第十三届全国人民代表大会第一次会议批准的《国务院机构改革方案》设立的国务院直属事业单位。(6) 设定代表人职位。如《国务院组织法》第2条第1款规定,国务院由总理、副总理、国务委员、各部部长、各委员会主任、审计长、秘书长组成。(7) 职位额度。如《国务院组织法》第9条规定,国务院各部设部长1人,副部长2~4人。各委员会设主任1人,副主任2~4人,委员5~10人。(8) 设定(实体)职责权限。职责是行政机关必须履行的法定义务和责任。① 根据《应急管理部职能配置、内设机构和人员编制规定》第3条规定:应急管理部的主要职责是负责应急管理工作,指导各地区各部门应对安全生产类、自然灾害类等突发事件和综合防灾减灾救灾工作。(9) 确定管辖。(10) 规定决策机制。如《国务院组织法》第2条第2款规定,国务院实行总理负责制。第10条规定,各部、各委员会工作中的方针、政策、计划和重大行政措施,应向国务院请示报告,由国务院决定。(11) 设定责任。

四、行政机关组织法原则

1. 党领导行政机关原则。这是行政机关组织法的最根本原则。党领导行政机关;党组织与职能相关的行政机关合并设立或合署办公。中央决策议事协调机构的办事机构可设在国务院部门。党组织负责人

---

① 文正邦、文波:《公法哲学视野中的行政管理体制改革》,载《苏州大学学报(哲学社会科学版)》2007年第5期。

领导、兼任行政机关负责人。在党组织领导下，行政机关决策，行政行为以行政机关名义作出。既要坚持党领导行政的原则，又要约束行政机关决策在宪法法律范围内，还确保行政争议解决渠道顺畅，达致维护国体、政体与保障人权协调一致。

2. 以人民为中心。这是社会主义行政机关合理存在的内在根据。维护增进广大人民根本利益是行政组织法的归宿。如设立自然资源管理和自然生态监管机构，完善生态环境管理制度，统一行使全民自然资源资产所有者职责，统一行使所有国土空间用途管制和生态保护修复职责，统一监管城乡各类污染排放和执法职责，根本上就是维护最大多数人民利益，与私人资本直接控制的行政机关确有本质区别。

3. 尊重科学规律：（1）行政机关确认产权。（2）市场权重影响行政机关设置。（3）市场配置资源是基础，减少政府对市场资源的直接配置。（4）稳定、刺激经济和扩大就业。（5）行政机关解决市场外在性。（6）由逆向选择和道德风险严重所决定，失业保险由政府承担。（7）公共用品（public goods）具有消费的非竞争性和非排他性，如国防由国家负担。（8）行政管制可节省市场交易成本，但有时也会失灵。（9）行政机关目的在于公益而非牟利。

4. 优化、整合、协同、高效原则。优化就是要科学合理、权责一致，协同就是要有统有分、有主有次，高效就是要履职到位、流程通畅，优化行政机关设置和职能配置，加强相关机关配合联动，使行政机关设置更加科学、职能更加优化、权责更加协同、监督监管更加有力、运行更加高效。

5. 坚持一类行政事项原则上由一个行政机关统筹，一个行政事项原则上由一个行政机关负责。将那些行政职能相同、联系紧密或交叉事项集中起来归同一行政机关管辖,实行综合设置。如整合工商、质检、食品、药品、物价、商标、专利等执法职责和队伍,组建市场监管综合执法队伍。避免机关重叠、职能交叉、多头管理、推诿扯皮。

6. 科学配置中央和地方事权原理。中央加强宏观事务管理,地方在保证中央令行禁止前提下治理好本地区事务。属于中央的事权,由中央设立垂直机构,属于中央和地方共同治理的事项,实行分级治理,中央督导。既允许"一对多",由一个基层行政机关承接多个上级行政机关的任务;也允许"多对一",由基层不同行政机关向同一个上级行政机关请示汇报。

7. 行政责任制原理。人民是"政府权力根据和职位源泉",政府对人民负责。

第三节 行政职位职级法

一、行政职位职级

行政职位职级即岗位设置(position),指遵循科学规律,根据行政机关的目标和职责,通过行政组织法设定的权责岗位。行政职位职级具有以下特征:(1)行政职位职级是行政机关的构成要素。(2)反映公务规律。(3)职位法定。(4)职位决定公务员职务。(5)司局级以下职位可公开竞争。职位存在合理根据主要在于行政公益;而职级主要在于维护公务员正当合理权益从而确保队伍稳定。

二、行政机关职位法

行政机关职位法指规定职位、要件、职责、权利、职位总数和预算的行政组织法。职位法和编制法一致，职位法突出职位客观科学，编制法强调定员，职位总量由法律控制是行政法治的必然要求。《中共中央关于深化党和国家机构改革的决定》指出："机构编制法定化是深化党和国家机构改革的重要保障。要依法管理各类组织机构，加快推进机构、职能、权限、程序、责任法定化。"要加强党内法规制度建设，制定中国共产党机构编制工作条例、国家机构编制法。严格执行机构限额、领导职数、编制种类和总量等规定，不得在限额外设置机构，不得超职数配备领导干部，不得擅自增加编制种类，不得突破总量增加编制。行政职位法和公务员法有区别，前者是关于职位的规定，后者是关于公务员权利、义务和纪律的规定。行政职位法圈定职位总数及增减机制。每届全国人大既要表决国务院组成，也要控制职位额和法律控编。职位预算由法律控制。国务院依据法律确定其组成部门和省级政府的职数和经费。省级政府依次控制其组成部门，所属地、市、县和乡级政府行政编制和经费。

三、职位分类

职位分类指以职位性质、资格、要件和权责为标准，划分职位的法律制度。我国《公务员法》第16条规定："公务员职位类别按照公务员职位性质、特点和管理需要，划分为综合管理类、专业技术类和行政执法类等类别。"与职位相对的是品位，品位是对人的身份、地位、资历、业绩、教育程度、能力、资格和水平进行的综合评定，并以其作为公务员录用、聘任、定薪、晋升和调迁的标准。

在古代，品位是由贡献、功劳、出身、资历、职务或继承决定的；有品位，可无职位。可先有品位，后有职位。现代先有职位，后有品位，职位和品位相对应。品位有用，吸引人才。对一些高级职务仍实行品位制度。品位看重人的才能、素质和潜能，职位不自行发挥作用，终究要靠达到品位标准的公务员，才能实现其价值，特需人才左右职位。

职位类型包括以下几种：（1）政务类和业务类。政务类指由选举或政治任命程序产生的政治性公务职位，这类职位依政党或党内地位变化而定，任期不太固定。各级立法机关选举的各级政府组成职位或各级政府任免的行政职位属于政务类。① 业务类职位是指通过公开竞争考试，以工作成绩作为晋升条件长久或依合同约定担任的低层级职位。我国《公务员法》第47条规定：厅局级正职以下领导职务出现空缺且本机关没有合适人选的，可以通过适当方式面向社会选拔任职人选。（2）综合管理类、行政执法类和专业技术类。公务员职位类别按照公务员职位的性质、特点和管理需要，划分为综合管理类、专业技术类和行政执法类等。对于具有职位特殊性，需要单独管理的，可以增设其他职位类别。综合管理类职位是指在行政机关中，行使指挥决策权，

---

① 宋世明：《中国公务员法立法之路》，国家行政学院出版社2004年版，第277页。

负全局责任的职位。行政执法类职位指直接履行行政监管或行政强制等现场执法职责的非决策类职位，主要集中在税务、工商、环保、质检和土地等部门并且分布在区县级处科规格的行政部门中。科员占全部一线行政执法职位的80%，共有两个科员职级，四个主任科员职级。①专业技术类职位是指在各级行政机关中从事专业技术工作，履行专业技术职责，为机关实施公共管理提供专业技术支持和技术手段保障的职位。如公安部门法医等。

关于选任、委任、聘任与考试录用。选任职位是由各级人大及常委会通过选举方式确定任职对象的职位。领导职位按国家规定实行任期制。职级实行委任制和聘任制。委任职位职级是由行政机关按权限、标准和程序，确定委派人选的职位职级。聘任职位职级指通过合同聘任产生的职位职级。考试录用职位是录用担任一级主任科员以下及其他相当的职级层次。

领导职位层次分为：国家级正职、国家级副职、省部级正职、省部级副职、厅局级正职、厅局级副职、县处级正职、县处级副职、乡科级正职、乡科级副职。综合管理类职级序列分为：一级巡视员、二级巡视员、一级调研员、二级调研员、三级调研员、四级调研员、一级主任科员、二级主任科员、三级主任科员、四级主任科员、一级科员、二级科员。

级别根据所任领导职务、职级及其德才表现、工作实绩和资历确定，反映品位要求。领导职务、职级应当对应相应的级别。领导职务、

---

① 张柏林主编：《〈中华人民共和国公务员法〉教程》，中国人事出版社、党建读物出版社2005年版，第116~117页。

职级与级别的对应关系，由国家规定。根据工作需要和领导职务与职级的对应关系，领导职务和职级可以互相转任、兼任；符合规定资格条件的，可以晋升职务或职级。在同一领导职务、职级上，可以按照国家规定晋升级别。领导职务、职级与级别是确定公务员工资以及其他待遇的依据。国家根据人民警察、消防救援人员以及海关、驻外外交机构等公务员工作特点，设置与其领导职务、职级相对应的衔级。

第四节 公务员法

一、公务员

公务员指依法履行公职、纳入国家行政编制、由国家财政负担工资福利的人民公仆。从狭义角度来讲，是指行政类公务员。"公务员"（Civil Servant），在英国、加拿大和澳大利亚通称"文官"。法国、德国和日本称为"公务员"，[1] 指经过公开考试录用，无违法违纪可常任或合同雇员。

---

[1] 吴志华主编：《当今国外公务员制度》，上海交通大学出版社2008年版，第1~2页；姜海如：《中外公务员制度比较》，商务印书馆2003年版，第86页。

二、公务员特征

（1）履行公务。中共各级党委会、人大、行政、监察、检察、审判、政协和民主党派机关的专职工作人员都是公务员。（2）取决于法律设定的职位、职级。工勤人员如不占行政编制，工资福利不由财政负担，不是公务员。（3）代表机关，以机关名义活动。（4）公务员是人民公仆，不能谋求违背人民利益的个人私利。（5）宪法、法律保障其利益，但不能脱离人民群众而特殊化。公务员权益法定化并且适当公示至关重要。

三、适用范围

（1）公务员的义务、权利和管理，适用公务员法。（2）法律对公务员中领导成员的产生、任免、监督以及监察官、法官、检察官等的义务、权利和管理另有规定的，从其规定。（3）法律、法规授权的具有公共事务管理职能的事业单位中除工勤人员以外的工作人员，经批准参照公务员法进行管理。（4）中央公务员主管部门负责全国公务员的综合管理工作。县级以上地方各级公务员主管部门负责本辖区内公务员的综合管理工作。上级公务员主管部门指导下级公务员主管部门的公务员管理工作。

四、公务员法的目的和指导思想

公务员法是调整公务员和行政机关之间公务关系的行政组织法。《公务员法》第 1 条规定：为了规范公务员的管理，保障公务员的合法权益，加强对公务员的监督，促进公务员正确履职尽责，建设信念坚定、为民服务、勤政务实、敢于担当、清正廉洁的高素质专业化公务员队伍，根据宪法，制定本法。公务员制度坚持以马克思列宁主义、毛泽东思想、邓小平理论、"三个代表"重要思想、科学发展观、习近平新时代中国特色社会主义思想为指导，贯彻社会主义初级阶段的基本路线，贯彻新时代中国共产党的组织路线，坚持党管干部原则。

五、公务员法的原则

1. 坚持党管干部原则。第一，党把握公务员系统命脉。第二，向各级权力机关推举候选人。[①] 第三，重点监管领导类。

2. 公务员的任用，坚持德才兼备、以德为先，坚持五湖四海、任人唯贤，坚持事业为上、公道正派，突出政治标准，注重工作实绩。

3. 坚持公开、平等、竞争、择优原则，依照法定的权限、条件、标准和程序进行。公开指公务员的录用、任免等改变或消灭公务员身份关系的事实、过程、实体法适用、结果和档案材料，特别是法律规

---

① 吴春华、温志强主编：《中国公务员制度》，南开大学出版社 2008 年版，第 21 页。

定其财产，与配偶、近亲经商办企业等事项公开。竞争原则指在符合法律规定的实质条件和标准情况下，择优录用、选拔、聘任、晋升和奖励公务员。法治原则指公务员任用、考核、晋升、奖励、监督惩戒都按行政组织实体法和程序法进行。

4. 坚持监督约束与激励保障并重原则。

5. 对公务员实行分类管理，提高管理效能和科学化水平。

6. 公务员就职时应当依照法律规定公开进行宪法宣誓。

六、公务员应当具备的实质条件

（1）具有中国国籍；（2）年满18周岁；（3）拥护中华人民共和国宪法，拥护中国共产党领导和社会主义制度；（4）具有良好的政治素质和道德品行；（5）具有正常履行职责的身体条件和心理素质；（6）具有符合职位、职级要求的文化程度和工作能力；（7）法律规定的其他条件。

七、考试录用

（1）录用担任一级主任科员以下及其他相当职级层次的公务员，公开考试、考察、竞争、择优录取。民族自治地方录用公务员时，对少数民族报考者予以适当照顾。中央机关及其直属机构公务员的录用，由中央公务员主管部门负责组织。地方各级机关公务员的录用，由省级公务员主管部门负责组织，必要时省级公务员主管部门可以授权设区的市级公务员主管部门组织。（2）报考条件。报考公务员，除应当具备公务员法规定的条件以外，还应当具备省级以上公务员主管部门规定的拟任职位所要求的资格。如《浙江省征兵工作条例》第38条规定，适龄公民如果拒不履行服兵役的义务、逃避征集，拒不改正的，两年内不得录用为国家公务员。国家对行政机关中初次从事行政处罚决定审核、行政复议、行政裁决、法律顾问的公务员实行统一法律职业资格考试制度，由国务院司法行政部门商有关部门组织实施。（3）下列人员不得录用为公务员：①因犯罪受过刑事处罚的；②被开除中国共产党党籍的；③被开除公职的；④被依法列为失信联合惩戒对象的；⑤有法律规定不得录用为公务员的其他情形的。(4) 公开考试、平等竞争、择优录取。(5) 发布招考公告。应当载明招考的职位、名额、报考资格条件、报考需要提交的申请材料以及其他报考须知事项。招录机关根据报考资格条件对报考申请进行审查。报考者提交的申请材料应当真实、准确。考试采取笔试和面试等方式进行，考试内容根据公务员应当具备的基本能力和不同职位类别、不同层级机关分别设置。招录机关根据考试成绩确定考察人选，并进行报考资格复审、考察和体检。体检项目和标准根据职位要求确定。招录机关根据考试成绩、考察情况和体检结果，提出拟录用人员名单，并予以公示。公示期不少于5个工作日。公示期满，中央一级招录机关应当将拟录用人员名单报中央公务员主管部门备案；地方各级招录机关应当将拟录用人员名单报省级或设区的市级公务员主管部门审批。因考试和录用发生争议，利害关系人可对录取决定提起诉讼。新录用的公务员试用期为一年。试用期满合格的，予以任职；不合格的，取消录用。

八、公务员的义务

公务员应当履行下列义务：（1）忠于宪法，模范遵守、自觉维护宪法和法律，自觉接受中国共产党领导。（2）忠于国家，维护国家的安全、荣誉和利益。（3）忠于人民，全心全意为人民服务，接受人民监督。《宪法》第27条规定："一切国家机关和国家工作人员必须依靠人民的支持，经常保持同人民的密切联系，倾听人民的意见和建议，接受人民的监督，努力为人民服务。"（4）忠于职守，勤勉尽责，服从和执行上级依法作出的决定和命令，按照规定权限和程序履行职责，努力提高工作质量和效率。"忠于职守"要求公务员在工作时间内集中全部注意力尽职尽责地完成本职工作。"服从命令"要求公务员在执行职务过程中，遵从上级依法作出的命令，以保证行政政令畅通。（5）保守国家秘密和工作秘密。国家秘密是指关系国家安全和利益，依照法律程序确定的，在一定时间内只限一定范围人员知悉的事项。工作秘密是指未列入国家秘密，但扩大知悉范围会对机关正常工作产生不利影响的秘密事项。公务员不准滥用其在公务活动中获取的信息，也不准在没有允许的情况下泄漏同政府往来的机密信息或来自他人的机密信息。① （6）带头践行社会主义核心价值观，坚守法治，遵守纪律，恪守职业道德，模范遵守社会公德、家庭美德。廉洁高效、爱岗

---

① 吴春华、温志强主编：《中国公务员制度》，南开大学出版社2008年版，第40页。

敬业、服务人民和奉献社会。① （7）清正廉洁，公道正派。公务员不得贪污贿赂，不以权谋私。公务员处事一视同仁、不偏不倚，为人刚正不阿。（8）法律规定的其他义务。

九、公务员的权利

公务员依法履行职责行为，受法律保护。公务员享有下列权利：（1）获得履行职责应当具有的工作条件。（2）非因法定事由、非经法定程序，不被免职、降职、辞退或处分。（3）获得工资报酬，享受福利、保险待遇。工资、福利、保险以及录用、奖励、培训、辞退等所需经费，由财政预算保障。（4）参加培训。（5）对机关工作和领导人员提出批评和建议。（6）提出申诉和控告。（7）申请辞职。（8）法律规定的其他权利。

十、公务员的纪律

公务员应当遵纪守法，不得有下列行为：（1）散布有损宪法权威、中国共产党和国家声誉的言论，组织或参加旨在反对宪法、中国共产党领导和国家的集会、游行、示威等活动。（2）组织或参加非法组织，组织或参加罢工。（3）挑拨、破坏民族关系，参加民族分裂活动或组织、利用宗教活动破坏民族团结和社会稳定。（4）不担

---

① 张柏林主编：《〈中华人民共和国公务员法〉教程》，中国人事出版社、党建读物出版社2005年版，第63页。

当，不作为，玩忽职守，贻误工作。（5）拒绝执行上级依法作出的决定和命令。公务员执行公务时，认为上级的决定或命令有错误的，可以向上级提出改正或撤销该决定或命令的意见；上级不改变该决定或命令，或要求立即执行的，公务员应当执行该决定或命令，执行的后果由上级负责，公务员不承担责任；但是，公务员执行明显违法的决定或命令的，应当依法承担相应的责任。（6）对批评、申诉、控告、检举进行压制或打击报复。（7）弄虚作假，误导、欺骗领导和公众。（8）贪污贿赂，利用职务之便为自己或他人谋取私利。（9）违反财经纪律，浪费国家资财。（10）滥用职权，侵害公民、法人或其他组织的合法权益。（11）泄露国家秘密或工作秘密。（12）在对外交往中损害国家荣誉和利益。（13）参与或支持色情、吸毒、赌博、迷信等活动。（14）违反职业道德、社会公德和家庭美德。（15）违反有关规定参与禁止的网络传播行为或网络活动。（16）违反有关规定从事或参与营利性活动，在企业或其他营利性组织中兼任职务。公务员因工作需要在机关外兼职，应当经有关机关批准，并不得领取兼职报酬。（17）旷工或因公外出、请假期满无正当理由逾期不归。（18）违纪违法的其他行为。如不如实申报财产或有关个人事项。

十一、职务任免

任免机关按管理权限和程序，职位实质要求比对候选人条件，任免公务员。任职有选举、委任和聘任三种方式。免职适用于任期届满不再连任，或任期内辞职、被罢免和被撤职等。领导职务实行选任制、委任制和聘任制。公务员任职应当在规定的编制限额和职数内进行，并有相应的职位空缺。委任制公务员试用期满考核合格,职务、职级发生变化,以及其他情形需要任命职务、职级的,应当按照管理权限和规定的程序任命。推荐干部要遵循规范的提名程序,提名过程要有详细记录;选拔任用重要干部,要集体讨论、集体酝酿、会议决定,以防止用人徇私、失察失误。任免机关按照管理权限,根据实体要件和标准,通过集体讨论决定免职。

十二、考核

考核机关按法定管理权限和程序,对公务员的德、能、勤、绩、廉,依实体法标准评定。考核指标根据不同职位类别、不同层级机关分别设置。重点考核政治素质和工作实绩。(1)考核对象和主体:考核对象包括领导成员和非领导成员。考核领导成员的主体是主管机关;考核非领导成员的主体是本机关负责人和考核委员会。(2)定期考核以平时考核、专项考核为基础。平时考核是考核公务员完成日常工作任务情况。定期考核结果为优秀、称职、基本称职、不称职,作为调整公务员职务、职级、级别、工资以及公务员奖励、培训、辞退的依据。(3)考核内容:德、能、勤、绩、廉。(4)考核程序:①设立考核委员会,委员会由本机关领导成员、公务员管理或其他有关部门人员和公务员代表组成。②非领导成员公务员的定期考核采取年度考核的方式,由本机关负责人或授权的考核委员会确定考核等次。③领导成员考核由主管机关按照有关规定办理。

十三、职务、职级升降

晋升是将优秀公务员按实质标准,从较低升到较高职位职级;降职则是按实质标准,将不称职公务员从较高降到较低职务职级。公务员职务职级能上能下。对不适宜或不胜任现任职务、职级的,应调整。公务员在年度考核中被确定为不称职的,按照规定程序降低一个职务或职级任职。

晋升的实质条件包括:必须坚定地贯彻执行党的基本路线和国家各项方针、政策;不谋私利;有强烈的事业心和责任感,工作实绩突出;廉洁奉公,遵纪守法;具有拟任职务所需要的文化专业知识和工作能力等。晋升领导职务的,还必须具有胜任领导工作的理论政策水平和组织领导能力,并符合领导集体在年龄结构等方面的要求等。

晋升的原则包括:(1)公务员领导职务应当逐级晋升。特别优秀的或工作特殊需要的,可以按照规定破格或越级晋升。(2)坚持功绩制晋升、公开招聘和内部竞争相结合原则。功绩制晋升包括年资晋升和考试晋升。年资晋升是按照工作时间长短和资历深浅确定晋升。内部竞争是指行政机关内设机构厅局级正职以下领导职务出现空缺时,可以在本机关或者本系统内通过竞争上岗方式,产生任职人选。公开招聘是指厅局级正职以下领导职务出现空缺且本机关没有合适人选的,可以通过适当方式面向社会选拔任职人选。

晋升领导职务,应当具备拟任职务所要求的政治素质、工作能力、文化程度和任职经历等方面的条件和资格。晋升领导职务的,应当按照有关规定实行任职前公示制度和任职试用期制度。晋升领导职务,按照下列程序办理：(1) 动议；(2) 民主推荐；(3) 确定考察对象，组织考察；(4) 按照管理权限讨论决定；(5) 履行任职手续。

降职的实质条件和程序：(1) 公务员在定期考核中被确定为不称职的，按照规定程序降低一个职务层次任职。(2) 不胜任现职又不宜转任同级其他职务的。(3) 追责确定，可以降职。(4) 降低职务，一般每次只降低一级职务。(5) 降职程序：所在单位根据降职条件，提出降职意见；对降职事由进行审核并听取拟降职公务员意见；按照管理权限由有关机关领导集体研究决定，并依法作出决定。

十四、奖励

对工作表现突出，有显著成绩和贡献，如忠于职守，积极工作，勇于担当，工作实绩显著的，或有其他突出事迹的公务员或公务员集体，给予奖励。奖励分为：嘉奖、记三等功、记二等功、记一等功、授予称号。对受奖励的公务员或公务员集体予以表彰，并对受奖励的个人给予一次性奖金或其他待遇。按照国家规定，可以向参与特定时期、特定领域重大工作的公务员颁发纪念证书或纪念章。

奖励的程序：(1) 所在单位在征求群众意见的基础上，初步确定奖励对象，按照权限，上报审批；(2) 审批机关的人事部门审核；(3) 嘉奖、记三等功由县级以上政府或市（地）级以上政府工作部门批准，记二等功由市（地）级以上政府或省级以上政府工作部门批准；(4) 对获得奖励的公务员，进行表彰并颁发奖励证书；(5) 对奖励材料进行归档。必要时，审批机关可直接给予奖励，不受上述程序限制。

公务员或公务员集体有下列情形之一的，撤销奖励：(1) 弄虚作假,骗取奖励的;(2)申报奖励时隐瞒严重错误或者严重违反规定程序的;(3)有严重违纪违法等行为,影响称号声誉的;(4)有法律、法规规定应当撤销奖励的其他情形的。

十五、培训

培训是指根据公务员职责和素质提高的需要,由法定专门机构对公务员进行培养和训练,分为初任培训、任职培训、专门培训、在职培训和后备领导人员培训。培训情况和学习成绩是公务员考核的内容和任职、晋升的依据之一。国家建立专门的公务员培训机构。机关根据需要也可以委托其他培训机构承担公务员培训任务。机关对新录用人员应当在试用期内进行初任培训;对晋升领导职务的公务员应当在任职前或任职后一年内进行任职培训;对从事专项工作的公务员应当进行专门业务培训;对全体公务员应当进行提高政治素质和工作能力、更新知识的在职培训,其中对专业技术类公务员应当进行专业技术培训。国家有计划地加强对优秀年轻公务员的培训。

十六、交流

1. 公务员可以在公务员和参照公务员法管理的工作人员队伍内部交流,也可以与国有企业和不参照公务员法管理的事业单位中从事公务的人员交流。交流的方式包括调任、转任。

2. 国有企业、高等院校和科研院所以及其他不参照公务员法管理的事业单位中从事公务的人员,可以调入机关担任领导职务或四级调研员以上及其他相当层次的职级。调任人选应当具备《公务员法》第13条规定的条件和拟任职位所要求的资格条件,并不得有《公务员法》第26条规定的情形。调任机关应当根据上述规定,对调任人选进行严格考察,并按照管理权限审批,必要时可以对调任人选进行考试。

3. 公务员在不同职位之间转任应当具备拟任职位所要求的资格条件,在规定的编制限额和职数内进行。

4. 对省部级正职以下的领导成员应当有计划、有重点地实行跨地区、跨部门转任。对担任机关内设机构领导职务和其他工作性质特殊的公务员,应当有计划地在本机关内转任。上级机关应当注重从基层机关公开遴选公务员。根据工作需要,机关可以采取挂职方式选派公务员承担重大工程、重大项目、重点任务或其他专项工作。公务员在挂职期间,不改变与原机关的人事关系。公务员应当服从机关的交流决定。公务员本人申请交流的,按照管理权限审批。

十七、回避

回避包括任职回避、地区回避、执行公务回避。

1. 任职回避。公务员之间有夫妻关系、直系血亲关系、三代以内旁系血亲关系以及近姻亲关系的,不得在同一机关双方直接隶属于同一领导人员的职位或有直接上下级领导关系的职位工作,也不得在其中一方担任领导职务的机关从事组织、人事、纪检、监察、审计和财务工作。公务员不得在其配偶、子女及其配偶经营的企业、营利性组织的行业监管或主管部门担任领导成员。法定亲属关系包括夫妻关系、直系血亲关系、三代以内旁系血亲关系和近姻亲关系。因地域或工作性质特殊，需要变通执行任职回避的，由省级以上公务员主管部门规定。

2. 地区回避。公务员担任乡级机关、县级机关、设区的市级机关及其有关部门主要领导职务的，应当按照有关规定实行地域回避。

3. 执行公务回避。公务员执行公务时，有下列情形之一的，应当回避：(1) 涉及本人利害关系的；(2) 涉及与本人有《公务员法》第74条第1款所列亲属关系人员的利害关系的；(3) 其他可能影响公正执行公务的。公务员有应当回避情形的，本人应当申请回避；利害关系人有权申请公务员回避。其他人员可以向机关提供公务员需要回避的情况。机关根据公务员本人或利害关系人的申请，经审查后作出是否回避的决定，也可以不经申请直接作出回避决定。法律对公务员回避另有规定的，从其规定。

十八、工资福利和保险

公务员工资制度贯彻按劳分配原则，体现工作职责、工作能力、工作实绩、资历等因素，保持不同领导职务、职级、级别之间的合理工资差距。国家建立公务员工资的正常增长机制。公务员工资包括基本工资、津贴、补贴和奖金。公务员按照国家规定享受地区附加津贴、艰苦边远地区津贴、岗位津贴等津贴。公务员按照国家规定享受住房、医疗等补贴、补助。公务员在定期考核中被确定为优秀、称职的，按照国家规定享受年终奖金。

公务员的工资水平应当与国民经济发展相协调、与社会进步相适应。国家实行工资调查制度，定期进行公务员和企业相当人员工资水平的调查比较,并将工资调查比较结果作为调整公务员工资水平的依据。公务员按照国家规定享受福利待遇。公务员执行国家规定的工时制度,按照国家规定享受休假。公务员在法定工作日之外加班的,应当给予相应的补休,不能补休的按照国家规定给予补助。公务员依法参加社会保险,按照国家规定享受保险待遇。公务员因公牺牲或病故的,其亲属享受国家规定的抚恤和优待。任何机关不得违反国家规定自行更改公务员工资、福利、保险政策,擅自提高或降低公务员的工资、福利、保险待遇。任何机关不得扣减或者拖欠公务员的工资。

十九、退休

退休是指公务员达到法定年龄和工龄,或因丧失劳动能力而按照实质条件,终止和行政机关的任职关系。公务员符合下列条件之一的,本人自愿提出申请,经任免机关批准,可以提前退休:(1)工作年限满30年的;(2)距国家规定的退休年龄不足5年,且工作年限满20年的;(3)符合国家规定的可以提前退休的其他情形的。

二十、辞职与辞退

辞职指公务员依照法定情形和程序辞去公职或辞去领导职务。公务员辞去公职,应当向任免机关提出书面申请。任免机关应当自接到申请之日起30日内予以审批,其中对领导成员辞去公职的申请,应当自接到申请之日起90日内予以审批。公务员有下列情形之一的,不得辞去公职:(1)未满国家规定的最低服务年限的;(2)在涉及国家秘密等特殊职位任职或者离开上述职位不满国家规定的脱密期限的；(3) 重要公务尚未处理完毕，且须由本人继续处理的；(4) 正在接受审计、纪律审查、监察调查，或者涉嫌犯罪，司法程序尚未终结的；(5) 法律、行政法规规定的其他不得辞去公职的情形。担任领导职务的公务员，因工作变动依照法律规定需要辞去现任职务的，应当履行辞职手续。担任领导职务的公务员，因个人或其他原因，可以自愿提出辞去领导职务。领导成员因工作严重失误、失职造成重大损失或者恶劣社会影响的，或对重大事故负有领导责任的，应当引咎辞去领导职务。领导成员因其他原因不再适合担任现任领导职务的，或应当引咎辞职本人不提出辞职的，应当责令其辞去领导职务。

辞退是行政机关依法律规定的实体条件和程序，在法定权限内去除公务员身份和职务。辞退的实质条件：公务员有下列情形之一的，予以辞退：(1) 在年度考核中，连续两年被确定为不称职的；(2) 不胜任现职工作，又不接受其他安排的；(3) 因所在机关调整、撤销、合并或者缩减编制员额需要调整工作，本人拒绝合理安排的；(4) 不履行公务员义务，不遵守法律和公务员纪律，经教育仍无转变，不适合继续在机关工作，又不宜给予开除处分的；(5) 旷工或因公外出、请假期满无正当理由逾期不归连续超过15天，或一年内累计超过30天的。对有下列情形之一的公务员，不得辞退：(1) 因公致残，被确认丧失或者部分丧失工作能力的；(2) 患病或负伤，在规定的医疗期内的；(3) 女性公务员在孕期、产假、哺乳期内的；(4) 法律、行政法规规定的其他不得辞退的情形。辞退公务员，按照管理权限决定。辞退决定应当以书面形式通知被辞退的公务员，并应当告知辞退依据和理由。被辞退的公务员，可以领取辞退费或根据国家有关规定享受失业保险。公务员辞职或被辞退,离职前应当办理公务交接手续,必要时按照规定接受审计。

二十一、监督与惩戒

机关应当对公务员的思想政治、履行职责、作风表现、遵纪守法等情况进行监督,开展勤政廉政教育,建立日常管理监督制度。对公务员监督发现问题的,应当区分不同情况,予以谈话提醒、批评教育、责令检查、诫勉、组织调整、处分。公务员应当自觉接受监督,按照规定请示报告工作、报告个人有关事项。对公务员涉嫌职务违法和职务犯罪的,应当依法移送监察机关处理。

行政机关或监察机关对违法违纪公务员依惩戒实体法和程序法给予惩戒。违纪违法行为情节轻微,经批评教育后改正的,可以免予处分。公务员违纪违法的,应当由行政机关或监察委对公务员违纪违法的情况进行调查,依法定权限和程序收集证据,查清事实,并做出书面调查结论。《监察法》第41条规定:调查人员采取讯问、询问、留置、搜查、调取、查封、扣押、勘验检查等调查措施,均应当依照规定出示证件,出具书面通知,由二人以上进行,形成笔录、报告等书面材料,并由相关人员签名、盖章。调查人员进行讯问以及搜查、查封、扣押等重要取证工作,应当对全过程进行录音录像,留存备查。将调查认定的事实以及拟给予处分的依据告知公务员本人,公务员有权进行陈述和申辩;处分决定机关不得因公务员申辩而加重处分。处分公务员,应当事实清楚、证据确凿、定性准确、处理恰当、程序合法、手续完备。如《监察法》第5条规定,国家监察工作严格遵照宪法和法律，以事实为根据，以法律为准绳；在适用法律上一律平等，保障当事人的合法权益；权责对等，严格监督；惩戒与教育相结合，宽严相济。处分决定应当以书面形式通知公务员本人。

处分包括警告、记过、记大过、降级、撤职、开除。如《监察法》第45条规定，监察机关根据监督、调查结果，依法作出如下处置：（1）对有职务违法行为但情节较轻的公职人员，按照管理权限，直接或委托有关机关、人员，进行谈话提醒、批评教育、责令检查，或予以诫勉；（2）对违法的公职人员依照法定程序作出警告、记过、记大过、降级、撤职、开除等政务处分决定；（3）对不履行或不正确履行职责负有责任的领导人员，按照管理权限对其直接作出问责决定，或向有权作出问责决定的机关提出问责建议……警告是对具有轻微违纪行为的公务员进行警戒。记过和记大过是通过记录过错而使公务员承担一定物质和精神惩罚的处分。降级是指降低公务员现有级别，一般降低一个级别。撤职指撤销职务，同时降低级别和职务工资，撤职后按降低一级以上职务另行确定职务，根据新任职务确定相应级别和职务工资档次。公务员在受处分期间不得晋升职务、职级和级别，其中受记过、记大过、降级、撤职处分的，不得晋升工资档次。受处分的期间为：警告，6个月；记过，12个月；记大过，18个月；降级、撤职，24个月。受撤职处分的，按照规定降低级别。公务员受开除以外的处分，在受处分期间有悔改表现，并且没有再发生违纪违法行为的，处分期满后自动解除。解除处分后，晋升工资档次、级别和职务职级不再受原处分影响。解除降级、撤职处分的，不视为恢复原级别、原职务、原职级。与国家监察法对应，还应有政务处分实体法，设定警告、记过、记大过、降级、撤职和开除的实体要件。

二十二、复核与申诉

公务员对涉及本人的下列人事处理不服的，可以自知道该人事处理之日起 30 日内向原处理机关申请复核；对复核结果不服的，可以自接到复核决定之日起 15 日内，按照规定向同级公务员主管部门或作出该人事处理的机关的上一级机关提出申诉；也可以不经复核，自知道该人事处理之日起 30 日内直接提出申诉：（1）处分；（2）辞退或取消录用；（3）降职；（4）定期考核定为不称职；（5）免职；（6）申请辞职、提前退休未予批准；（7）不按照规定确定或扣减工资、福利、保险待遇；（8）法律、法规规定可以申诉的其他情形。对省级以下机关作出的申诉处理决定不服的，可以向作出处理决定的上一级机关提出再申诉。受理公务员申诉的机关应当组成公务员申诉公正委员会，负责受理和审理公务员的申诉案件。原处理机关应当自接到复核申请书后的 30 日内作出复核决定，并以书面形式告知申请人。受理公务员申诉的机关应当自受理之日起 60 日内作出处理决定；案情复杂的，可以适当延长，但是延长时间不得超过 30 日。复核、申诉期间不停止人事处理的执行。公务员不因申请复核、提出申诉而被加重处理。公务员申诉的受理机关审查认定人事处理有错误的，原处理机关应当及时予以纠正。公务员认为机关及其领导人员侵犯其合法权益的，可以依法向上级机关或监察机关提出控告。受理控告的机关应当按照规定及时处理。公务员提出申诉、控告，应当尊重事实，不得捏造事实，诬告、陷害他人。对捏造事实，诬告、陷害他人的，依法追究法律责任。

二十三、聘任制

　　聘任机关根据工作需要,经省级以上公务员主管部门批准,可以对专业性较强的职位和辅助性职位实行聘任制。涉及国家秘密的职位,不实行聘任制。机关聘任公务员,应当按照平等自愿、协商一致的原则,签订书面的聘任合同,确定机关与所聘公务员双方的权利、义务。经双方协商一致可以变更或解除合同。签订、变更或者解除,应当报同级公务员主管部门备案。合同制是对委任制和终身制弱点的一种克服措施。委任制是单方面的,缺乏竞争性和公开性;终身制缺点是内在压力不足、缺乏竞争活力。部分业务类职位的发展规律应是依据法律,适用合同制。如澳大利亚拿出一些重要岗位,公开向社会招聘,对业务类职位已开始试行常任与聘任相结合。瑞典对业务类职位实行为期 6 年的聘用合同制。英国将政府机构分为负责决策的核心司和负责执行的行政执行局。除核心司的部分高级官员职位还沿用委任外,其他职位实行契约聘用。美国实行考绩制常任雇员的比例也不断降低,已由 20 世纪 30 年代的 87.9% 下降为目前的 55.5%。[①]

　　专业性较强的职位主要集中在金融、财会、法律、信息技术、体育方面。辅助性职位包括书记员、资料管理、数据录入等方面职位。机关聘任公务员应当在规定的编制限额和工资经费限额内进行。机关聘任公务员可以参照公务员考试录用的程序进行公开招聘,也可以从

---

① 吴志华主编:《当今国外公务员制度》,上海交通大学出版社 2008 年版,第 1~2 页。

符合条件的人员中直接选聘。

聘任合同应采用书面形式。聘任合同期限为 1 年至 5 年。聘任合同可以约定试用期,试用期为 1 个月至 12 个月。聘任合同应当具备合同期限,职位及其职责要求,工资、福利、保险待遇,违约责任和争议解决途径等条款。聘任制公务员实行协议工资制,具体办法由中央公务员主管部门规定。机关依据公务员法和聘任合同对所聘公务员进行管理。

聘任制公务员与所在机关之间因履行聘任合同发生争议的,可以自争议发生之日起 60 日内申请仲裁。省级以上公务员主管部门根据需要设立人事争议仲裁委员会,受理仲裁申请。人事争议仲裁委员会由公务员主管部门的代表、聘用机关的代表、聘任制公务员的代表以及法律专家组成。当事人对仲裁裁决不服的,可以自接到仲裁裁决书之日起 15 日内向法院提起诉讼。仲裁裁决生效后,一方当事人不履行的,另一方当事人可以申请法院执行。

二十四、违反公务员法的责任

对有下列违反公务员法规定情形的,由县级以上领导机关或公务员主管部门按照管理权限,区别不同情况,分别予以责令纠正或宣布无效;对负有责任的领导人员和直接责任人员,根据情节轻重,给予批评教育、责令检查、诫勉、组织调整、处分;构成犯罪的,依法追究刑事责任:(1)不按照编制限额、职数或任职资格条件进行公务员录用、调任、转任、聘任和晋升的;(2)不按照规定条件进行公务员奖惩、回避和办理退休的;(3)不按照规定程序进行公务员录用、调任、转任、聘任、晋升以及考核、奖惩的；（4）违反国家规定，更改公务员工资、福利、保险待遇标准的；（5）在录用、公开遴选等工作中发生泄露试题、违反考场纪律以及其他严重影响公开、公正行为的；（6）不按照规定受理和处理公务员申诉、控告的；（7）违反公务员法规定的其他情形的。

公务员辞去公职或退休的，原系领导成员、县处级以上领导职务的公务员在离职3年内，其他公务员在离职2年内，不得到与原工作业务直接相关的企业或其他营利性组织任职，不得从事与原工作业务直接相关的营利性活动。公务员辞去公职或退休后有违反前述规定行为的，由其原所在机关的同级公务员主管部门责令限期改正；逾期不改正的，由县级以上市场监管部门没收该人员从业期间的违法所得，责令接收单位将该人员予以清退，并根据情节轻重，对接收单位处以被处罚人员违法所得1倍以上5倍以下的罚款。

公务员主管部门的工作人员，违反本法规定，滥用职权、玩忽职守、徇私舞弊，构成犯罪的，依法追究刑事责任；尚不构成犯罪的，给予处分或由监察机关依法给予政务处分。在公务员录用、聘任等工作中，有隐瞒真实信息、弄虚作假、考试作弊、扰乱考试秩序等行为的，由公务员主管部门根据情节作出考试成绩无效、取消资格、限制报考等处理；情节严重的，依法追究法律责任。机关因错误的人事处理对公务员造成名誉损害的，应当赔礼道歉、恢复名誉、消除影响；造成经济损失的，应当依法给予赔偿。

第五章　行政实体法

第一节　行政实体法范畴

所有部门行政实体法总和构成行政实体法。行政实体法的目的在于，一方面正当地保护和增进公民实体权利，另一方面依法正当地要求公民负担实体义务或实体责任，维护公共利益。

根据行政实体法的性质，可将其分为行政确认实体法、行政许可实体法、行政给付实体法、行政奖励实体法、行政征收征用实体法、行政处罚实体法、行政处分实体法、行政合同实体法、行政补偿实体法与行政赔偿实体法。依行政实体法内容，可将其分为权利性行政实体法规范、义务性行政实体法规范、权利义务混合性行政实体法规范、责任性行政实体法规范、公产规范等。

其中，权利性行政实体法规范是指公民享有权利，国家承担义务、责任的行政实体法规范。义务性行政实体法规范是指规定当事人对国家承担义务的行政实体规范,分为积极作为义务规范和不作为义务规范。权利义务混合性行政实体法规范是指公民既享有权利又负担义务的实体法规范。行政实体法规范绝大多数为权利义务混合规范。责任性行政实体法规范是指当事人违反行政实体法上的义务,或超越权利界限或滥用权利,应承担不利后果的规范,即承受行政制裁的规范。公产规范是调整公民、法人或其他组织作为公产使用人与公产所有人之间权利义务关系的规范。

第二节 行政确认实体法

行政机关通过行政调查程序,查明案情,确定案件性质所依循的实体法规范为行政确认实体法。如根据《专利法》第3条规定,国务院专利行政部门统一受理和审查专利申请,依法授予专利权,这是一种行政确认,适用的实体法即知识产权规范。

行政机关在行政确认程序中,适用实体法,作出行政确认决定,行政确认实体法与行政确认程序法结合组成行政确认法。行政机关在行政确认程序中,通过调查查明案情,这是行政程序,受行政决定程序法规制;再根据实体法定性案件性质,最后作出行政确认决定。行政确认制度包括行政确认实体法制度与行政确认程序法制度。只有界分行政确认实体法与行政确认程序法,才能给各方特别是行政确认机关提供正确的确认业务的路径。

第三节 行政许可实体法

一、概述

行政许可实体法是关于公民、法人或其他组织满足实质要件或标准,行政机关批准限定其从事特定活动所遵循的实体法,也是行政机关后续监督检查被许可人,在变更、延续、撤回、转让、终止、撤销、注销许可证程序中,各方必须遵守的规定实质要件的规范。如《道路交通安全法》第 8 条规定,机动车经公安机关交通管理部门登记后,方可上道路行驶。登记是公安机关在机动车登记程序中,适用机动车登记实体法的行政许可决定。该法第 9 条规定:申请机动车登记,应当提交以下证明、凭证:(1) 机动车所有人的身份证明;(2) 机动车来历证明;(3) 机动车整车出厂合格证明或进口机动车进口凭证;(4) 车辆购置税的完税证明或免税凭证;(5) 法律、行政法规规定应当在机动车登记时提交的其他证明、凭证。公安机关交通管理部门应当自受理申请之日起 5 个工作日内完成机动车登记审查工作,对符合前款规定条件的,应当发放机动车登记证书、号牌和行驶证;对不符合前款规定条件的,应当向申请人说明不予登记的理由。其中,"机动车所有人的身份证明;机动车来历证明;机动车整车出厂合格证明或进口机动车进口凭证；车辆购置税的完税证明或免税凭证；法律、行政法规规定应当在机动车登记时提交的其他证明、凭证"等要件符合，公安机关应当发放机动车登记证书、号牌和行驶证，这是通常所指的机动车登记（行政）实体法。

行政许可制度包括行政许可实体法制度与行政许可程序法制度。行政许可设定实质标准、要件与类型是行政许可实体法制度，办理许可过程是行政许可程序法制度，二者缺一不可。下述案例中，《四川省道路运输管理条例》对市民申请从事客运人力三轮车运营的三轮车类型、运营期限等规定是简阳市政府审批运营证的实体法。不可将行政许可实体法与行政许可决定混同，行政许可决定是行政许可机关通过行政许可程序适用行政许可实体法的结果。

【指导案例】

张某某、陶某等诉四川省简阳市政府侵犯客运人力三轮车经营权案[①]

关键词

行政　行政许可　期限　告知义务　行政程序　确认违法判决

裁判要点

1. 行政许可具有法定期限，行政机关在作出行政许可时，应当明确告知行政许可的期限，行政相对人也有权利知道行政许可的期限。

[①] 指导案例88号，最高人民法院2017年11月15日发布。

2. 行政相对人仅以行政机关未告知期限为由，主张行政许可没有期限限制的，法院不予支持。

3. 行政机关在作出行政许可时没有告知期限，事后以期限届满为由终止行政相对人行政许可权益的，属于行政程序违法，法院应当依法判决撤销被诉行政行为。但如果判决撤销被诉行政行为，将会给社会公共利益和行政管理秩序带来明显不利影响的，法院应当判决确认被诉行政行为违法。

相关法条

《行政诉讼法》第89条第1款第（2）项①

基本案情

1994年12月12日，四川省简阳市政府以通告的形式，对本市区范围内客运人力三轮车实行限额管理。1996年8月，简阳市政府对人力客运老年车改型为人力客运三轮车（240辆）的经营者每人收取了有偿使用费3500元。1996年11月，简阳市政府对原有的161辆客运人力三轮车经营者每人收取了有偿使用费2000元。从1996年11月开始，简阳市政府开始实行经营权的有偿使用，有关部门也对限额的401辆客运人力三轮车收取了相关的规费。1999年7月15日、7月28日，简阳市政府针对有偿使用期限已届满两年的客运人力三轮车，发布

---

① 《行政诉讼法》第89条第1款规定：人民法院审理上诉案件，按照下列情形，分别处理：……（2）原判决、裁定认定事实错误或适用法律、法规错误的，依法改判、撤销或变更……

第五章 行政实体法

《关于整顿城区小型车辆营运秩序的公告》（以下简称《公告》）和《关于整顿城区小型车辆营运秩序的补充公告》（以下简称《补充公告》）。其中，《公告》要求"原已具有合法证照的客运人力三轮车经营者必须在1999年7月19日至7月20日到市交警大队办公室重新登记"，《补充公告》要求"经审查，取得经营权的登记者，每辆车按8000元的标准（符合《公告》第6条规定的每辆车按7200元的标准）交纳经营权有偿使用费"。张某某、陶某等182名客运人力三轮车经营者认为简阳市政府作出的《公告》第6条和《补充公告》第2条的规定形成重复收费，侵犯其合法经营权，向四川省简阳市法院提起行政诉讼，要求判决撤销简阳市政府作出的上述《公告》和《补充公告》。

裁判结果

1999年11月9日，四川省简阳市法院依照《行政诉讼法》第54条第（1）项之规定，以（1999）简阳行初字第36号判决维持市政府1999年7月15日、1999年7月28日作出的行政行为。张某某、陶某等不服提起上诉。2000年3月2日，四川省资阳地区中级人民法院以（2000）资行终字第6号行政判决驳回上诉，维持原判。2001年6月13日，四川省高级人民法院以（2001）川行监字第1号行政裁定指令四川省资阳市（原资阳地区）中级人民法院进行再审。2001年11月3日，四川省资阳市中级人民法院以（2001）资行再终字第1号判决撤销原一审、二审判决，驳回原审原告的诉讼请求。张某某、陶某等不服，向四川省高级人民法院提出申诉。2002年7月11日，四川省高级人民法院作出（2002）川行监字第4号驳回再审申请通知书。张某某、陶某等不服，向最高人民法院申请再审。2016年3月23日，最高人民法院裁定提审本案。2017年5月3日，最高人民法院作出（2016）最高法行再81号行政判决：一、撤销四川省资阳市中级人民法院（2001）资行再终字第1号判决；二、确认四川省简阳市政府作出的《关于整顿城区小型车辆营运秩序的公告》和《关于整顿城区小型车辆营运秩序的补充公告》违法。

裁判理由

最高人民法院认为，本案涉及以下三个主要问题：

关于被诉行政行为的合法性问题。从法律适用上看，《四川省道路运输管理条例》第4条规定"各级交通行政主管部门负责本行政区域内营业性车辆类型的调整、数量的投放"和第24条规定"经县级以上人民政府批准，客运经营权可以实行有偿使用。"四川省交通厅制定的《四川省小型车辆客运管理规定》（川交运〔1994〕359号）第8条规定："各市、地、州运管部门对小型客运车辆实行额度管理时，经当地政府批准可采用营运证有偿使用的办法，但有偿使用期限一次不得超过两年。"可见，四川省地方性法规已经明确对客运经营权可以实行有偿使用。四川省交通厅制定的规范性文件虽然早于地方性法规，但该规范性文件对营运证实行有期限有偿使用与地方性法规并不冲突。基于行政执法和行政管理需要，客运经营权也需要设定一定的期限。从被诉的行政程序上看，程序明显不当。被诉行政行为的内容是对原已具有合法证照的客运人力三轮车经营者实行重新登记，经审查合格者支付有偿使用费，逾期未登记者自动弃权的措施。该被诉行为是对既有的已经取得合法证照的客运人力三轮车经营者收取有偿使用费，而上述客运人力三轮车经营者的权利是在1996年通过经营权许可取得的。前后两个行政行为之间存在承继和连接关系。对于1996年的经营权许可行为，行政机关作出行政许可等授益性行政行为时，应当明确告知行政许可的期限。行政机关在作出行政许可时，行政相对人也有权知晓行政许可的期限。行政机关在1996年实施人力客运三轮车经营权许可之时，未告知张某某、陶某等人人力客运三轮车两年的经营权有偿使用期限。张某某、陶某等人并不知道其经营权有偿使用的期限。简阳市政府1996年的经营权许可在程序上存在明显不当，直接导致与其存在前后承继关系的本案被诉行政行为的程序明显不当。

关于客运人力三轮车经营权的期限问题。申请人主张，因简阳市政府在1996年实施人力客运三轮车经营权许可时未告知许可期限，据此认为经营许可是无期限的。最高人民法院认为，简阳市政府实施人力客运三轮车经营权许可，目的在于规范人力客运三轮车经营秩序。人力客运三轮车是涉及公共利益的公共资源配置方式，设定一定的期限是必要的。客观上，四川省交通厅制定的《四川省小型车辆客运管理规定》（川交运〔1994〕359号）也明确了许可期限。简阳市政府没有告知许可期限，存在程序上的瑕疵，但申请人仅以此认为行政许可没有期限限制，最高人民法院不予支持。

关于张某某、陶某等人实际享受"惠民"政策的问题。简阳市政府根据当地实际存在的道路严重超负荷、空气和噪声污染严重、"脏、乱、差""挤、堵、窄"等问题进行整治，符合城市管理的需要，符合人民群众的意愿，其正当性应予肯定。简阳市政府为了解决因本案诉讼遗留的信访问题，先后作出两次"惠民"行动，为实质性化解本案争议作出了积极的努力，其后续行为也应予以肯定。本院对张某某、陶某等人接受退市营运的运力配置方案并作出承诺的事实予以确认。

但是,行政机关在作出行政行为时必须恪守依法行政的原则,确保行政权力依照法定程序行使。最高人民法院认为,简阳市政府作出《公告》和《补充公告》在行政程序上存在瑕疵,属于明显不当。但是,虑及本案被诉行政行为作出之后,简阳市城区交通秩序得到好转,城市道路运行能力得到提高,城区市容市貌持续改善,以及通过两次"惠民"行动,绝大多数原401辆三轮车已经分批次完成置换,如果判决撤销被诉行政行为,将会给行政管理秩序和社会公共利益带来明显不利影响。最高人民法院根据《最高人民法院关于执行〈中华人民共和国行政诉讼法〉若干问题的解释》第58条有关情况判决的规定确认被诉行政行为违法。

二、类型

1. 普通许可实体法是指公民、法人或其他组织具备实质要件,行政机关允许其从事特定活动的实体法,适用于直接关系国家安全、经济安全、公共利益、人身健康、生命财产安全事项。主要功能是防止危险,保障安全。

2. 行政特许实体法是指公民、法人或其他组织具备特优要件,行政机关竞评赋予其特定实体权利义务的实体法,主要适用于有限自然资源的开发利用、有限公共资源的配置、直接关系公共利益的垄断性企业的市场准入等领域。[①]

[①] 杨景宇:《关于〈中华人民共和国行政许可法(草案)〉的说明》,载《全国人民代表大会常务委员会公报》2003年第5期。

3. 行政核准实体法是指某些事项达致特定技术标准，行政机关审核准许公民、法人或其他组织从事特定活动的实体法，主要适用于直接关系公共安全、人身健康、生命财产安全的重要设备设施的设计、建造、安装和使用，直接关系人身健康、生命财产安全的特定产品、物品的检验、检疫。

4. 行政认可实体法是指公民、法人或其他组织具备特定技能，行政机关确定认可其从事特定活动的实体法，主要适用于为公众提供服务、直接关系公共利益并且要求具备特殊信誉、特殊条件或特定技能的资格认定事项。主要功能是提高从业水平或某种技能、信誉，更好地满足公共利益。只有具备法定的特定条件和资质，才能进入某个行业，这是一种门槛设置，如律师资格考试。[1]

5. 行政登记实体法是指个人、企业或其他组织具备特定的资质资格，行政机关登记注册的实体法，功能是确定申请人的资质，[2] 目的是维护市场秩序和公共利益，没有数量控制。如《民用航空法》第 11 条规定，民用航空器权利人应当就民用航空器所有权等，向国务院民用航空主管部门办理权利登记。

三、行政许可设定范围

行政许可应当遵循经济和社会发展规律，平衡公共利益和个人利

---

[1] 杨景宇：《关于〈中华人民共和国行政许可法（草案）〉的说明》，载《全国人民代表大会常务委员会公报》2003 年第 5 期。

[2] 杨景宇：《关于〈中华人民共和国行政许可法（草案）〉的说明》，载《全国人民代表大会常务委员会公报》2003 年第 5 期。

益，科学设定。坚持合理原则，可以设定行政许可的事项，也并不是都要设定行政许可，公民、法人和其他组织能够自主决定的，可以不设定行政许可。凡通过市场机制能够解决的，应当由市场机制去解决，减少微观管理事务和具体审批事项。市场难以解决的，通过行业组织或中介机构自律管理。清理各类行政许可、资质资格、中介服务等管理事项，放宽服务业准入限制，全面实施市场准入负面清单制度。即使是市场机制、中介机构自律解决不了，需要政府加以管理的，行政机关也可考虑采用事后监督的方式解决。①《国务院关于在更大范围推进"证照分离"改革试点工作的意见》规定，除涉及国家安全、公共安全、生态安全和公众健康等重大公共利益外，能分离的许可类的"证"都分离出去，根据地方实际分别采用适当管理方式。一是直接取消审批，实行行业自律管理，允许企业直接开展相关经营活动。二是由审批改为备案，企业将相关材料报送政府有关部门后，即可开展相关经营活动，政府部门不再对备案材料进行核准或许可。三是实行告知承诺制，企业承诺符合审批条件并提交有关材料，即可办理相关审批事项。

　　许可范围可以做如下区分：（1）直接涉及国家安全、公共安全、经济宏观调控、生态环境保护以及直接关系人身健康、生命财产安全等特定活动，需要按照法定条件予以批准的事项。如根据《银行业监督管理法》第16条规定，国务院银行业监督管理机构依照法律、行政法规规定的条件和程序，审查批准银行业金融机构的设立、变更、终

---

① 杨景宇：《关于〈中华人民共和国行政许可法（草案）〉的说明》，载《全国人民代表大会常务委员会公报》2003年第5期。

止以及业务范围。早在1737年，英国就通过许可法赋予王公贵族对剧院演出享有许可权，要求所有演员和剧目在演出前必须取得许可，① 目前许可广泛存在于城市规划和土地利用等领域。在德国，许可主要有特许、预防性控制许可如公害防治法上的设施许可等。② （2）有限自然资源开发利用、公共资源配置以及直接关系公共利益的特定行业的市场准入等，需要赋予特定权利的事项。如根据我国《矿产资源法》第3条规定，勘查、开采矿产资源，必须依法分别提出申请，经地质矿产主管部门批准取得探矿权、采矿权许可证。③ 日本行政许可适用于风俗营业、出入境、汽车驾驶、进出口、自然资源利用、医疗卫生、建筑等行业。其特许是对国民设定原本不拥有权利或权利能力的行政处分，主要适用于一些具有高度公益性或直接关系到国家安全的领域，如电力、煤气与铁路等。④ （3）提供公众服务并且直接关系公共利益的职业、行业，需要具备特殊信誉、特殊条件或特殊技能等资格资质的事项。如我国《执业医师法》规定，医师必须通过资格考试和执业注册才能从事医疗活动。⑤ 美国职业许可非常普遍，如律师、验光师、药剂师、理发师和卡车司机从业都必须获得州行政许可。⑥ （4）直接

---

① 杨解君主编：《行政许可研究》，人民出版社2001年版，第149页。
② 周汉华：《观念创新与实践挑战》，载《法学研究》2005年第2期。
③ 罗文燕：《行政许可制度研究》，中国人民公安大学出版社2003年版，第102页。
④ 罗文燕：《行政许可制度研究》，中国人民公安大学出版社2003年版，第102页。
⑤ 罗文燕：《行政许可制度研究》，中国人民公安大学出版社2003年版，第89页。
⑥ Jack M. Beermann, Administrative Law, Aspen Publishers, 2003, p.21.

关系公共安全、人身健康、生命财产安全的重要设备、设施、产品、物品，需要按照技术规范、标准，通过检疫、检验、检测等方式进行审定的事项。如《民用航空法》第34条规定，设计民用航空器及其发动机、螺旋桨和民用航空器上设备，应当向国务院民用航空主管部门申请领取型号合格证书。经审查合格的，发给型号合格证书。（5）企业或其他组织的设立等，需要确定主体资格的事项。企业进入市场之前，需要向市场公示自身名称、性质和章程，目的在于宣示其主体地位，减少不正常交易费用。如根据《公司登记管理条例》第2条和第3条规定，公司设立、变更、终止，应当向工商行政管理机关申请办理公司登记。公司经公司登记机关依法登记，领取《企业法人营业执照》，方取得企业法人资格。除了上述五类可设定行政许可的事项之外，法律或行政法规可以规定设定行政许可的其他事项。

四、行政许可设定权和规定权

在可以设定许可的范围内，法律可以设定许可。涉及公民基本权利和义务的许可事项，一般由法律设定。如《集会游行示威法》设定集会游行示威许可。

需要全国统一管理的事项，只能由法律和行政法规设定许可。在可以设定许可的范围内，尚未制定法律的，行政法规可以设定行政许可。在必要时，国务院还可以采用发布决定的方式设定许可。因为制定行政法规设定许可需要时间较长，如果考虑一些临时性或紧急的事项，在来不及或不需要制定行政法规的情况下，从实际需要出发，需要由国务院及时采取行政许可应对措施。例如，当外国在贸易方面对

第五章 行政实体法

我国采取禁止、限制或其他歧视措施时,我国有权根据世贸组织规则,按照对等原则采取对应措施,实施进口许可和配额管理等临时行政许可。国务院可在必要时采用发布决定的方式设定行政许可。[①] 实施后,除临时性行政许可事项外,国务院应当及时提请全国人大及常务委员会制定法律或自行制定行政法规。行政法规可以在法律设定的行政许可事项范围内,对实施该行政许可作出具体规定,但所作出的具体规定,不得增设行政许可;对行政许可条件作出具体规定,不得增设违反法律的其他条件。

在可以设定许可的范围内,尚未制定法律、行政法规的,地方性法规可以设定许可。但地方性法规不得设定应当由国家统一确定的公民、法人或其他组织的资格资质的行政许可;不得设立企业或其他组织的设立登记及其前置性许可。其设定的行政许可不得限定其他地区的个人或企业到本地区从事生产经营和提供服务,不得限制其他地区的商品进入本地区市场。地方性法规可以在法律、行政法规设定的行政许可事项范围内,对实施该行政许可作出具体规定,但是所作具体规定,不得增设行政许可;对行政许可条件作出的具体规定,不得增设违反上位法的其他条件。

法律、行政法规、地方性法规没有规定的,省、自治区、直辖市规章可以设定一年期临时许可。由于省级行政区划比较大,各省、自治区、直辖市的经济、社会发展不平衡,地方事务复杂,省级政府在全面负责本行政区域内经济、社会管理管理中,当出现地方性的特殊

---

① 乔晓阳:《全国人大法律委员会关于〈行政许可法(草案)〉审议结果的报告》,载《全国人大常委会公报》2003年第5期。

问题时，需要立即采取行政许可措施进行管理，而法律、行政法规未作规定；地方性法规制定周期又较长，来不及或不需要制定地方性法规，在这种情况下，赋予省级政府规章一定的行政许可设定权是必要的。临时性的行政许可实施满一年，需要继续实施的，应当提请本级人民代表大会及其常务委员会制定地方性法规。省级政府规章不得设定应当由国家统一确定的公民、法人或其他组织的资格资质的行政许可；不得设立企业或其他组织的设立登记及其前置性许可。其设定的行政许可不得限定其他地区的个人或企业到本地区从事生产经营和提供服务，不得限制其他地区的商品进入本地区市场。省级政府规章可以在上位法设定的行政许可事项范围内，对实施该行政许可作出具体规定。但是所作出的具体规定，不得增设行政许可；对行政许可条件作出的具体规定，不得增设违反上位法的其他条件。

　　如在下述案例中，国务院制定的《盐业管理条例》（行政法规）没有设定工业盐准运证的行政许可，地方政府规章《江苏盐业实施办法》不能新设工业盐准运证这一行政许可。运输许可证设定是实体法问题，工业盐运输没有危害公共利益的危险，设定运输许可实质条件不具备，设定运输许可没有必要，徒增行政与社会成本。

【指导案例】

鲁潍（福建）盐业进出口有限公司苏州分公司诉
江苏省苏州市盐务管理局盐业行政处罚案①

关键词

行政　行政许可　行政处罚　盐业管理

裁判要点

1. 盐业管理的法律、行政法规没有设定工业盐准运证的行政许可，地方性法规或地方政府规章不能设定工业盐准运证这一新行政许可。

2. 盐业管理的法律、行政法规对盐业公司之外的其他企业经营盐的批发业务没有设定行政处罚，地方政府规章不能对该行为设定行政处罚。

3. 地方政府规章违反法律规定设定行政许可、行政处罚的，法院在行政审判中不予适用。

---

① 指导案例5号，最高人民法院2012年4月9日发布。

◇ 行政实体法与行政程序法精要

相关法条

《行政许可法》第 15 条第 1 款①、第 16 条第 2~3 款②,《行政处罚法》第 13 条③,《行政诉讼法》第 53 条第 1 款④,《立法法》第 79 条⑤

---

① 《行政许可法》第 15 条第 1 款规定:"本法第十二条所列事项,尚未制定法律、行政法规的,地方性法规可以设定行政许可;尚未制定法律、行政法规和地方性法规的,因行政管理的需要,确需立即实施行政许可的,省、自治区、直辖市人民政府规章可以设定临时性的行政许可。临时性的行政许可实施满一年需要继续实施的,应当提请本级人民代表大会及其常务委员会制定地方性法规。"

② 《行政许可法》第 16 条第 2~3 款规定:"地方性法规可以在法律、行政法规设定的行政许可事项范围内,对实施该行政许可作出具体规定。规章可以在上位法设定的行政许可事项范围内,对实施该行政许可作出具体规定。"

③ 《行政处罚法》第 13 条规定:"省、自治区、直辖市人民政府和省、自治区人民政府所在地的市人民政府以及经国务院批准的较大的市人民政府制定的规章可以在法律、法规规定的给予行政处罚的行为、种类和幅度的范围内作出具体规定。尚未制定法律、法规的,前款规定的人民政府制定的规章对违反行政管理秩序的行为,可以设定警告或一定数量罚款的行政处罚。罚款的限额由省、自治区、直辖市人民代表大会常务委员会规定。"

④ 《行政诉讼法》(1989 年 4 月 4 日)第 53 条第 1 款规定:"人民法院审理行政案件,参照国务院部、委根据法律和国务院的行政法规、决定、命令制定、发布的规章以及省、自治区、直辖市和省、自治区的政府所在地的市和经国务院批准的较大的市的人民政府根据法律和国务院的行政法规制定、发布的规章。"该法已于 2014 年、2017 年两次修正。

⑤ 该法于 2015 年 3 月 15 日修正,新法对应法条为第 88 条。该条规定:"法律的效力高于行政法规、地方性法规、规章。行政法规的效力高于地方性法规、规章。"

第五章　行政实体法

基本案情

原告鲁潍（福建）盐业进出口有限公司苏州分公司（以下简称鲁潍公司）诉称：被告江苏省苏州市盐务管理局（以下简称苏州盐务局）根据《江苏省〈盐业管理条例〉实施办法》（以下简称《江苏盐业实施办法》）的规定，认定鲁潍公司未经批准购买、运输工业盐违法，并对鲁潍公司作出行政处罚，其具体行政行为执法主体错误、适用法律错误。苏州盐务局无权管理工业盐，也无相应执法权。根据原国家计委、原国家经贸委《关于改进工业盐供销和价格管理办法的通知》等规定，国家取消了工业盐准运证和准运章制度，工业盐也不属于国家限制买卖的物品。《江苏盐业实施办法》的相关规定与上述规定精神不符，不仅违反了国务院《关于禁止在市场经济活动中实行地区封锁的规定》，而且违反了《行政许可法》和《行政处罚法》的规定，属于违反上位法设定行政许可和处罚，故请求法院判决撤销苏州盐务局作出的（苏）盐政一般〔2009〕第001-B号处罚决定。

被告苏州盐务局辩称：根据国务院《盐业管理条例》第4条和《江苏盐业实施办法》第4条的规定，苏州盐务局有作出盐务行政处罚的相应职权。《江苏盐业实施办法》是根据《盐业管理条例》的授权制定的，属于法规授权制定，整体合法有效。苏州盐务局根据《江苏盐业实施办法》设立准运证制度的规定作出行政处罚并无不当。《行政许可法》《行政处罚法》均在《江苏盐业实施办法》之后实施，根据《立法法》法不溯及既往的规定，《江苏盐业实施办法》仍然应当适用。鲁潍公司未经省盐业公司或盐业行政主管部门批准而购买工业盐的行为，违反了《盐业管理条例》的相关规定，苏州盐务局作出的处罚决定，认定事实清楚，证据确凿，适用法规、规范性文件正确，程序合法，请求法院驳回鲁潍公司的诉讼请求。

法院经审理查明：2007年11月12日，鲁潍公司从江西等地购进360吨工业盐。苏州盐务局认为鲁潍公司进行工业盐购销和运输时，应当按照《江苏盐业实施办法》的规定办理工业盐准运证，鲁潍公司未办理工业盐准运证即从省外购进工业盐涉嫌违法。2009年2月26日，苏州盐务局经听证、集体讨论后认为，鲁潍公司未经江苏省盐业公司调拨或盐业行政主管部门批准从省外购进盐产品的行为，违反了《盐业管理条例》第20条、《江苏盐业实施办法》第23条、第32条第（2）项的规定，并根据《江苏盐业实施办法》第42条的规定，对鲁潍公司作出了（苏）盐政一般〔2009〕第001-B号处罚决定书，决定没收鲁潍公司违法购进的精制工业盐121.7吨、粉盐93.1吨，并处罚款122 363元。鲁潍公司不服该决定，于2月27日向苏州市政府申请行政复议。苏州市政府于4月24日作出了〔2009〕苏行复第8号复议决定书，维持了苏州盐务局作出的处罚决定。

裁判结果

江苏省苏州市金阊区法院于2011年4月29日以（2009）金行初字第0027号行政判决书，判决撤销苏州盐务局（苏）盐政一般〔2009〕第001-B号处罚决定书。

裁判理由

法院生效裁判认为：苏州盐务局系苏州市政府盐业行政主管部门，根据《盐业管理条例》第4条和《江苏盐业实施办法》第4条、第6

条的规定,有权对苏州市范围内包括工业盐在内的盐业经营活动进行行政管理,具有合法执法主体资格。苏州盐务局对盐业违法案件进行查处时,应适用合法有效的法律规范。《立法法》第79条规定:法律的效力高于行政法规、地方性法规、规章;行政法规的效力高于地方性法规、规章。苏州盐务局的具体行政行为涉及行政许可、行政处罚,应依照《行政许可法》《行政处罚法》的规定实施。法不溯及既往是指法律的规定仅适用于法律生效以后的事件和行为,对于法律生效以前的事件和行为不适用。《行政许可法》第83条第2款规定,本法施行前有关行政许可的规定,制定机关应当依照本法规定予以清理;不符合本法规定的,自本法施行之日起停止执行。《行政处罚法》第64条第2款规定,本法公布前制定的法规和规章关于行政处罚的规定与本法不符合的,应当自本法公布之日起,依照本法规定予以修订,在1997年12月31日前修订完毕。因此,苏州盐务局有关法不溯及既往的抗辩理由不成立。根据《行政许可法》第15条第1款、第16条第3款的规定,在已经制定法律、行政法规的情况下,地方政府规章只能在法律、行政法规设定的行政许可事项范围内对实施该行政许可作出具体规定,不能设定新的行政许可。法律及《盐业管理条例》没有设定工业盐准运证这一行政许可,地方政府规章不能设定工业盐准运证制度。根据《行政处罚法》第13条的规定,在已经制定行政法规的情况下,地方政府规章只能在行政法规规定的给予行政处罚的行为、种类和幅度内作出具体规定,《盐业管理条例》对盐业公司之外的其他企业经营盐的批发业务没有设定行政处罚,地方政府规章不能对该行为设定行政处罚。

法院审理行政案件,依据法律、行政法规、地方性法规,参照规章。苏州盐务局在依职权对鲁潍公司作出行政处罚时,虽然适用了《江苏盐业实施办法》,但是未遵循《立法法》第79条关于法律效力等级的规定,未依照《行政许可法》和《行政处罚法》的相关规定,属于适用法律错误,依法应予撤销。

部门规章不能设立行政许可。这主要是考虑到各部门不宜自我授权,为本部门或本系统设定和扩大权力,至于各部门已经发布的确需继续实施的行政许可,可以由国务院制定行政法规予以确认。[①] 部门规章可以在上位法设定的行政许可事项范围内,对实施该行政许可作出具体规定,但是,不得增设行政许可;对行政许可条件作出具体规定,不得增设违反上位法的其他条件。除法律、行政法规、国务院决定、地方性法规,省、自治区、直辖市政府规章之外,其他规范性文件都不得设立行政许可。

第四节 行政处罚实体法

一、概述

行政处罚实体法是关于公民、法人或其他组织违反行政管理秩序

[①] 乔晓阳:《全国人大法律委员会关于〈行政许可法(草案)〉审议结果的报告》,载《全国人大常委会公报》2003年第5期。

行为构成及制裁的实体法。行政处罚实体法和行政处罚程序法共同构成行政处罚法。如《治安管理处罚法》是实体和程序分开的部门行政处罚法典范，该法第 2 章规定处罚的种类和适用，第 3 章规定违反治安管理的行为和处罚，这都是治安处罚实体法，第 4 章规定处罚程序，这是处罚程序法。

在下述案例中，公安机关适用的《道路交通安全法》第 47 条第 1 款、第 24 条和第 90 条均为行政处罚实体法，是公安机关作出行政处罚决定所遵循的实体规范。作出行政决定必须依托行政处罚程序法，行政处罚实体法仅规定公民、法人或其他组织何种行为承担何种责任，行政处罚程序法设定过程，最后集中于行政处罚决定书中。

【指导案例】

贝某某诉海宁市公安局交通警察大队道路交通管理行政处罚案[①]

关键词

行政　行政处罚　机动车让行

裁判要点

礼让行人是文明安全驾驶的基本要求。机动车驾驶人驾驶车辆行经人行横道，遇行人正在人行横道通行或者停留时，应当主动停车让行，除非行人明确示意机动车先通过。公安机关交通管理部门对不礼

---

① 指导案例 90 号，最高人民法院 2017 年 11 月 15 日发布。

让行人的机动车驾驶人依法作出行政处罚的，法院应予支持。

相关法条

《道路交通安全法》第24条①、第47条第1款②、第90条③

基本案情

原告贝某某诉称：其驾驶浙F11××J汽车（以下简称案涉车辆）靠近人行横道时，行人已经停在了人行横道上，故不属于"正在通过人行横道"。而且，案涉车辆经过的西山路系海宁市主干道路，案发路段车流很大，路口也没有红绿灯，如果只要人行横道上有人，机动车就停车让行，会在很大程度上影响通行效率。所以，其可以在确保通行安全的情况下不停车让行而直接通过人行横道，故不应该被处罚。海宁市公安局交通警察大队（以下简称海宁交警大队）作出的编号为3304811102542425的公安交通管理简易程序处罚决定违法。贝某某请

---

① 《道路交通安全法》第24条规定：公安机关交通管理部门对机动车驾驶人违反道路交通安全法律、法规的行为，除依法给予行政处罚外，实行累积记分制度。公安机关交通管理部门对累积记分达到规定分值的机动车驾驶人，扣留机动车驾驶证，对其进行道路交通安全法律、法规教育，重新考试；考试合格的，发还其机动车驾驶证。

② 《道路交通安全法》第47条第1款规定：机动车行经人行横道时，应当减速行驶；遇行人正在通过人行横道，应当停车让行。机动车行经没有交通信号的道路时，遇行人横过道路，应当避让。

③ 《道路交通安全法》第90条规定：机动车驾驶人违反道路交通安全法律、法规关于道路通行规定的，处警告或者20元以上200元以下罚款。本法另有规定的，依照规定处罚。

求：撤销海宁交警大队作出的行政处罚决定。

被告海宁交警大队辩称：行人已经先于原告驾驶的案涉车辆进入人行横道，而且正在通过，案涉车辆应当停车让行；如果行人已经停在人行横道上，机动车驾驶人可以示意行人快速通过，行人不走，机动车才可以通过；否则，构成违法。对贝某某作出的行政处罚决定事实清楚，证据确实充分，适用法律正确，程序合法，请求判决驳回贝某某的诉讼请求。

法院经审理查明：2015年1月31日，贝某某驾驶案涉车辆沿海宁市西山路行驶，遇行人正在通过人行横道，未停车让行。海宁交警大队执法交警当场将案涉车辆截停，核实了贝某某的驾驶员身份，适用简易程序向贝某某口头告知了违法行为的基本事实、拟作出的行政处罚、依据及其享有的权利等，并在听取贝某某的陈述和申辩后，当场制作并送达了公安交通管理简易程序处罚决定书，给予贝某某罚款100元，记3分。贝某某不服，于2015年2月13日向海宁市人民政府申请行政复议。3月27日，海宁市人民政府作出行政复议决定书，维持了海宁交警大队作出的处罚决定。贝某某收到行政复议决定书后于2015年4月14日起诉至海宁市人民法院。

裁判结果

浙江省海宁市人民法院于2015年6月11日作出（2015）嘉海行初字第6号行政判决：驳回贝某某的诉讼请求。宣判后，贝某某不服，提起上诉。浙江省嘉兴市中级人民法院于2015年9月10日作出（2015）浙嘉行终字第52号行政判决：驳回上诉，维持原判。

裁判理由

法院生效裁判认为：首先，人行横道是行车道上专供行人横过的通道，是法律为行人横过道路时设置的保护线，在没有设置红绿灯的道路路口，行人有从人行横道上优先通过的权利。机动车作为一种快速交通运输工具，在道路上行驶具有高度的危险性，与行人相比处于强势地位，因此必须对机动车在道路上行驶时给予一定的权利限制，以保护行人。其次，认定行人是否"正在通过人行横道"应当以特定时间段内行人一系列连续行为为标准，而不能以某个时间点行人的某个特定动作为标准，特别是在该特定动作不是行人在自由状态下自由地做出，而是由于外部的强力原因迫使其不得不做出的情况下。案发时，行人以较快的步频走上人行横道线，并以较快的速度接近案发路口的中央位置，当看到贝某某驾驶案涉车辆朝自己行走的方向驶来，行人放慢了脚步，以确认案涉车辆是否停下来，但并没有停止脚步，当看到案涉车辆没有明显减速且没有停下来的趋势时，才为了自身安全不得不停下脚步。如果此时案涉车辆有明显减速并停止行驶，则行人肯定会连续不停止地通过路口。可见，在案发时间段内行人的一系列连续行为充分说明行人"正在通过人行横道"。再次，机动车和行人穿过没有设置红绿灯的道路路口属于一个互动的过程，任何一方都无法事先准确判断对方是否会停止让行，因此处于强势地位的机动车在行经人行横道遇行人通过时应当主动停车让行，而不应利用自己的强势迫使行人停步让行，除非行人明确示意机动车先通过，这既是法律的明确规定，也是保障作为弱势一方的行人安全通过马路、减少交通事故、保障生命安全的现代文明社会的内在要求。

综上，贝某某驾驶机动车行经人行横道时遇行人正在通过而未停车让行，违反了《道路交通安全法》第47条的规定。海宁交警大队根据贝某某的违法事实，依据法律规定的程序在法定的处罚范围内给予相应的行政处罚，事实清楚，程序合法，处罚适当。

二、目的

行政处罚法的目的在于预防和制止违反行政管理秩序的行为，维护行政秩序；保护国有财产和集体财产，保护公民私人财产；保护公民的人身权利、民主权利和其他权利；维护公共利益和社会利益。

三、原则

1. 行政处罚法定原则。该原则是指公民、法人或其他组织违反行政管理秩序的行为，应当给予行政处罚的，由法律、法规或规章规定。该原则具体包括：（1）是否应给予行政处罚，由法律、法规或规章明确规定。没有规定的，不能给予行政处罚。（2）行政处罚的种类和幅度法定。行政机关不能在没有法律、法规、规章规定的情况下，任意创设行政处罚的种类和幅度。

2. 过与罚相应原则。该原则是指设定与实施行政处罚，应遵循违法行为、性质、情节、后果与行政处罚性质、种类、幅度成比例的原则。《行政处罚法》第4条规定：行政处罚遵循公正、公开的原则。设定和实施行政处罚必须以事实为依据，与违法行为的事实、性质、情节以及社会危害程度相当。该原则具体包括：（1）在行政处罚设定上，轻度违法行为轻罚，重度违法行为重罚。过罚相应并不意味着，违法行为给他人或公共利益造成多少损失，就设定等值处罚。为矫正违法行为，也可设定超值罚，这符合比例原则。（2）行政处罚的适用，应以证据可认定的事实为根据，与违法事实、性质、情节以及社会危害程度相当。（3）行政处罚适用要平等，对于同一类违法主体实施的事实、性质、情节相近或者相似、危害程度基本相当的违法行为，行政处罚种类应一致，处罚幅度应相当。

3. 一事不再罚原则。该原则是指当事人一个违反行政管理秩序的行为，一般只应给予一次行政处罚。如《行政处罚法》第24条规定，对当事人的同一个违法行为，不得给予两次以上罚款的行政处罚。应特别注意：（1）对同一违法行为，两种以上不同的法律、法规或规章可以设定和给予两种以上行政处罚，但只允许罚款一次。如《民用航空法》第211条规定，公共航空运输企业、通用航空企业违反本法规定，情节较重的，除依照本法规定处罚外，国务院民用航空主管部门可以吊销其经营许可证。对被吊销经营许可证的，工商行政管理部门应吊销其营业执照。该两罚实质是一次罚，对当事人权利没有形成两次实质制裁，因经营许可证是营业执照的前提，没有经营许可证，营业执照也没有意义。（2）对同一个违法行为，同一法律、法规或规章可以设定并罚，即同时给予两种以上行政罚。（3）单位行为违法，对单位进行行政处罚，同时也可以对单位负责人或其他直接责任人员给予内部制裁，如《献血法》第21条规定，血站违反本法规定，向医疗机构提供不符合国家规定标准的血液的，由县级以上人民政府卫生行政部门责令改正；情节严重，造成经血液途径传播的疾病传播或者有传播严重危险的，限期整顿；对直接负责的主管人员和其他直接责任人员，依法给予行政处分。限期整顿为处罚，行政处分为内部制裁。
（4）违反行政管理秩序的行为可以同时引起行政处罚和民事责任。如《集会游行示威法》第32条规定，在举行集会、游行、示威过程中，破坏公私财物或者侵害他人身体造成伤亡的，除依照刑法或者治安管理处罚法予以处罚外，还应当依法承担赔偿责任。不过如果二者都是金钱责任，当事人财产不足以承担罚款和赔偿责任时，民事赔偿责任优先于罚款。如《产品质量法》第64条规定，违反本法规定，应当承担民事赔偿责任和缴纳罚款、罚金，其财产不足以同时支付时，先承担民事赔偿责任。（5）违反行政管理秩序行为，同时构成犯罪的，给予刑事处罚并可吸收已经给予的行政处罚，并折抵对应刑期和罚金。如《行政处罚法》第28条规定，违法行为构成犯罪，人民法院判处拘役或者有期徒刑时，行政机关已经给予当事人行政拘留的，应当依法折抵相应刑期。违法行为构成犯罪，法院判处罚金时，行政机关已经给予当事人罚款的，应当折抵相应罚金。[①] 违法行为构成犯罪，依法确定刑事责任，一般不再进行行政处罚，除非法律另有规定，如《道路交通安全法》第91条第5款规定，饮酒后或者醉酒驾驶机动车发生重大交通事故，构成犯罪的，依法追究刑事责任，并由公安机关交通管理部门吊销机动车驾驶证，终生不得重新取得机动车驾驶证。

4. 行政处罚和教育相结合原则。该原则是指设定和实施行政处罚，既对违法行为人进行制裁，又教导督促违法行为人纠正违法行为的原则。[②] 我国《行政处罚法》第5条规定：实施行政处罚，纠正违法行

---

① 施正文：《税收程序法论》，北京大学出版社2003年版，第279~280页。
② 杨小君：《行政处罚研究》，法律出版社2002年版，第55页。

为，应当坚持处罚与教育相结合，教育公民、法人或者其他组织自觉守法。行政处罚的目的不仅在于预防、制止和纠正违反行政管理秩序的行为，消除违法行为后果是最关键的，通过惩罚使其改过自新，警示他人不要违反行政法，从而达到提升公众素养和守法意识的目的。

四、类型

（一）声誉罚

声誉罚是指对违法者发出警诫，申明其有违法行为，通过对其名誉、声誉或信誉施加影响，引起内心警惕，使其不再违法的制裁，包括警告、通报批评、具结悔过和列入黑名单。

警告是指对违反行政管理秩序的人予以警戒和告诫，适用于违法轻微、危害程度小的行为，有书面和口头两种形式。如《道路交通安全法》第87条规定，公安机关交通管理部门及其交通警察对于情节轻微，未影响道路通行的，指出其违法行为，给予口头警告后放行。

通报批评是指对违法者的批评以书面形式或在网站上公布于众，指出其违法行为。如《统计法》第41条第1款规定，作为统计调查对象的国家机关、企业事业单位或者其他组织有下列行为之一的，由县级以上人民政府统计机构依法责令改正，给予警告，可以予以通报……：（1）拒绝提供统计资料或者经催报后仍未按时提供统计资料的；（2）提供不真实或者不完整的统计资料的；（3）拒绝答复或者不如实答复统计检查查询书的；（4）拒绝、阻碍统计调查、统计检查的；（5）转移、隐匿、篡改、毁弃或者拒绝提供原始记录和凭证、统计台账、统计调查表及其他相关证明和资料的。

具结悔过,《集会游行示威法实施条例》第 28 条规定,对被强行带离现场或者立即予以拘留的当事人,公安机关应当在 24 小时以内进行讯问;不需要追究法律责任的,可以令其具结悔过后释放。

列入严重失信人名单。《关于在一定期限内适当限制特定严重失信人乘坐火车推动社会信用体系建设的意见》和《关于在一定期限内适当限制特定严重失信人乘坐民用航空器推动社会信用体系建设的意见》中对限制乘坐火车和民用航空器的严重失信人作了具体界定。

(二) 财产罚

财产罚是指国家依法没收被处罚人的财产,包括罚款、没收违法所得和非法财物。

罚款是指限定违法当事人向国家缴纳一定数额金钱的处罚。① 没收非法财物是指依法没收违法行为人拥有的违禁品、用来从事非法活动的工具。没收需要有法律明确规定。没收违法所得是指依法没收行为人从事违反行政管理秩序获得的收入或利润。违法所得是指非法营业收入还是利润,没有统一法律规定。没收违法所得一般应为利润,如果违法行为对社会已造成明显严重的危害后果,则可以营业收入为依据。

(三) 行为罚

行为罚是指限制或剥夺当事人某特定行为能力或资格的制裁,包括责令停产停业和吊销、暂扣证照或禁乘火车飞机等。

责令停产停业是对违反行政法的工商企业、个体户,责令停止生

---

① 蔡志方:《行政罚法释义与运用解说》,台湾地区三民书局 2006 年版,第 14 页。

产、停止营业的一种制裁，被处罚人改正后可以依法继续生产和经营，依法关闭的除外。如《消防法》第70条第2款规定，被责令停止施工、停止使用、停产停业的，应当在整改后向作出决定的部门或者机构报告，经检查合格，方可恢复施工、使用、生产、经营。

关于吊销或暂扣证照。吊销证照是指取消当事人从事某种特定活动的资格。暂扣证照是指在一定期间内中止行为人从事某项活动资格，改正后再发还证照。如《道路交通安全法》第91条第1款规定，饮酒后驾驶机动车的，处暂扣6个月机动车驾驶证，并处1000元以上2000元以下罚款。该条第5款规定：饮酒后或者醉酒驾驶机动车发生重大交通事故，构成犯罪的，依法追究刑事责任，并由公安机关交通管理部门吊销机动车驾驶证，终生不得重新取得机动车驾驶证。

限乘高铁和飞机是指对严重违法失信人，可以对其进行限制乘坐高铁或飞机的制裁。《关于在一定期限内适当限制特定严重失信人乘坐火车推动社会信用体系建设的意见》和《关于在一定期限内适当限制特定严重失信人乘坐民用航空器推动社会信用体系建设的意见》对被限制乘坐火车和飞机的条件、期限等都作了明确规定。

（四）人身自由罚

人身自由罚是法律规定的针对人身行为自由的矫正式行政制裁。主要是指行政拘留。法律授予县级以上公安机关或法定国家安全机关行使行政拘留决定权。拘留对象为16周岁以上的个人。根据《治安管理处罚法》第21条规定，已满14周岁不满16周岁的；已满16周岁不满18周岁，初次违反治安管理的；70周岁以上的；怀孕或者哺乳自己不满1周岁婴儿的，即使依法应当给予行政拘留处罚，也可不执行行政拘留处罚。在拘留处罚前已经采取强制措施限制人身自由的时间，应当折抵。限制人身自由一日,折抵行政拘留一日。对被决定给予行政拘留处罚的人,由作出决定的公安机关送达拘留所执行。

五、量罚

量罚是指依照法律、法规和规章规定,根据违反行政管理秩序的行为、目的、动机、过错、心态、性质、事实、情节和后果,设定对应的行政处罚类型、裁量界限和幅度;确定应罚与不罚、免罚,从轻、减轻与从重、加重处罚,单罚与并罚的行政处罚规则。

应当处罚,即必须处罚。可以处罚,即可以处罚也可以不处罚。如《银行业监督管理法》第45条规定,银行业金融机构如果有未经批准设立分支机构等行为,由国务院银行业监督管理机构责令改正,没收违法所得或处以罚款。如果情节特别严重或逾期不改正的,可以责令停业整顿或吊销其经营许可证。

不予或免予处罚是指行政机关依照法律法规的规定,考虑法定情节,对应予处罚的行为人不罚或免罚。一般说来,有下列情节的,不予处罚:违法行为情节特别轻微的;主动消除或者减轻违法后果,并取得被侵权方谅解的;出于他人胁迫或者诱骗的;主动投案或报告,向行政机关如实陈述自己的违法行为的;有立功表现的;违法行为轻微并及时纠正,没有造成危害后果的;不满14周岁的人实施违法行为的。

从轻处罚是指根据法律规定,一个违法行为,可选择适用两种以上行政处罚,或一种行政处罚有上下幅度,如果具有法定情节,选择种类较轻或较低幅度的行政处罚。如在声誉罚和财产罚选择中,选择声誉罚。罚款为一定金额的倍数或比值的,从轻处罚应低于中间倍数或比值;罚款为一定幅度的数额的,从轻处罚应低于该平均值,只规定最高罚款数额没有规定最低罚款数额的,从轻处罚应低于最高罚款数额的50%。减轻处罚是指一种违法行为,在具有法定减轻情节的情况下,适用下位行政处罚或突破幅度下限适用。如对当事人罚款,减轻处罚的,行政机关可在相应法律、法规条款规定的罚款下限以下处以罚款,或更换低层级行政处罚种类。根据《行政处罚法》第27条的规定,依法从轻或者减轻行政处罚的情节包括:主动消除或者减轻违法行为危害后果的;受他人胁迫有违法行为的;配合行政机关查处违法行为有立功表现的;等等。

从重处罚是指违反行政管理秩序的行为具备法定情节,应当选择较重的处罚种类或者较高的处罚幅度。法定情节包括性质恶劣、屡次违法、故意违法、态度蛮横、违法手段卑鄙、情节和后果严重等。如《海关行政处罚实施条例》第53条规定,有下列情形之一的,应当从重处罚:因走私被判处刑罚或者被海关行政处罚后在2年内又实施走私行为的;因违反海关监管规定被海关行政处罚后在1年内又实施同一违反海关监管规定的行为的;有其他依法应当从重处罚的情形的。如在行为罚和自由罚选择中,选择自由罚。罚款为一定金额的倍数或比值的,从重处罚不得低于中间倍数或比值;罚款为一定幅度的数额的,从重处罚不得低于最高罚款数额与最低罚款数额的平均值,只规定最高罚款数额没有规定最低罚款数额的,从重处罚不得低于最高罚款数额的50%。

六、行政处罚设定权

行政处罚基本由法律和行政法规设定。① 地方性法规在地域范围内，根据实际情况补充设定。规章在专业技术管理范围内，经过许可设定一些轻型的警告或少量的罚款处罚。下位法细化上位法已经设定的行政处罚种类时，应当遵循《立法法》和《行政处罚法》确立的法律保留和法律优位原则，下位法只能在上位法设定给予行政处罚的行为、种类和幅度的范围内作出具体规定。

法律可以设定各种行政处罚，限制人身自由的行政处罚只能由法律设定。法律设定行政处罚时要遵守宪法规定的尊重和保障人权原则，所设定的各个行政处罚必须正当，对民事权利的制裁不能过度；必须在制裁性质和类型上实质低于刑罚。

行政法规可以设定除限制人身自由以外的行政处罚，如《长城保护条例》第28条规定，违反本条例规定，有下列情形之一的，由县级人民政府文物主管部门责令改正，给予警告；情节严重的，对个人并处1000元以上5000元以下的罚款，对单位并处1万元以上5万元以下的罚款：（1）在长城上取土、取砖（石）或者种植作物的；（2）有组织地在未辟为参观游览区的长城段落举行活动的。对于上述违法行为及其行政处罚，《文物保护法》并没有设定。法律对违法行为已经作出行政处罚规定，行政法规需要作出具体规定的，必须在法律规定的给

---

① 胡建淼主编：《外国行政法规与案例评述》，中国法制出版社1997年版，第173页。

予行政处罚的行为、种类和幅度的范围内规定。如根据《著作权法》第47条和第48条规定,有著作权法规定的侵权行为的,应当根据情况,承担停止侵害、消除影响、赔礼道歉、赔偿损失等民事责任;同时损害公共利益的,可以由著作权行政管理部门责令停止侵权行为,没收违法所得,没收、销毁侵权复制品,并可处以罚款;情节严重的,著作权行政管理部门还可以没收主要用于制作侵权复制品的材料、工具、设备等。据此,国务院制定《著作权法实施条例》,在第36条规定,"有著作权法第四十八条所列侵权行为,同时损害社会公共利益,非法经营额5万元以上的,著作权行政管理部门可处非法经营额1倍以上5倍以下的罚款,没有非法经营额或者非法经营额5万元以下的,著作权行政管理部门根据情节轻重,可处25万元以下的罚款"。

地方性法规可以在一定范围内对某些行政处罚作出规定,可以设定除限制人身自由、吊销企业营业执照以外的行政处罚。如《河北省人口与计划生育条例》第48条规定:"违反本条例规定,具有下列行为之一的单位或者个人,由县级以上人民政府卫生和计划生育行政部门依据职权责令改正,给予警告,没收违法所得;违法所得一万元以上的,处违法所得二倍以上六倍以下的罚款;没有违法所得或者违法所得不足一万元的,处一万元以上三万元以下的罚款;情节严重的,由原发证机关依法吊销执业证书;构成犯罪的,依法追究刑事责任:(一)非法为他人施行计划生育手术的;(二)为他人进行非医学需要的胎儿性别鉴定或者选择性别的人工终止妊娠的;(三)进行假医学鉴定、出具假计划生育证明的。"对此《人口与计划生育法》并没有设定行政处罚。法律、行政法规对违法行为已经作出行政处罚规定,地方性法规需要作出具体规定的,必须在法律、行政法规规定的给予行处罚的行为、种类和幅度的范围内规定。如《河北省人口与计划生育条例》第49条与《人口与计划生育法》第37条规定基本一致,"违反本条例规定,伪造、变造、买卖计划生育证明的,由县级以上人民政府卫生和计划生育行政部门没收违法所得,违法所得五千元以上的,处违法所得三倍以上九倍以下的罚款;没有违法所得或者违法所得不足五千元的,处五千元以上一万五千元以下的罚款;构成犯罪的,依法追究刑事责任"。

部门规章规定行政处罚应有必要的限制。首先,规章只能在法律、行政法规规定的给予行政处罚的行为、种类和幅度内作具体规定,不能"越界";其次,在尚未制定法律、行政法规的情况下,部门规章可以对其职责范围内的行政管理工作,规定一些较轻的行政处罚。随着法律、法规的逐步完备,部门规章设定行政处罚的面将越来越小。① 《行政处罚法》第12条规定:国务院部、委员会制定的规章可以在法律、行政法规规定的给予行政处罚的行为、种类和幅度的范围内作出具体规定。尚未制定法律、行政法规的,前款规定的国务院部、委员会制定的规章对违反行政管理秩序的行为,可以设定警告或一定数量罚款的行政处罚。罚款的限额由国务院规定。国务院可以授权具有行政处罚权的直属机构依照本条第1款、第2款的规定,规定行政处罚。

地方政府规章可以细化法律、法规的规定。尚未制定法律、法规的,地方政府规章可以设定警告或一定数量罚款的处罚。《行政处罚法》第13条规定:省、自治区、直辖市政府和省、自治区政府所在地

---

① 琚迎迎:《论行政处罚的新举措——区域限批》,载《政法论坛》2008年第1期。

的市政府以及经国务院批准的较大的市政府制定的规章可以在法律、法规规定的给予行政处罚的行为、种类和幅度的范围内作出具体规定。尚未制定法律、法规的，前款规定的政府制定的规章对违反行政管理秩序的行为，可以设定警告或者一定数量罚款的行政处罚。罚款的限额由省、自治区、直辖市人大常委会规定。该法第 14 条规定：除本法第 9 条、第 10 条、第 11 条、第 12 条以及第 13 条的规定外，其他规范性文件不得设定行政处罚。

第五节　行政征收征用实体法

一、行政征收实体法

行政征收实体法指行政机关为公共利益，强制有偿取得私人或集体财产权必须遵循的实体规范，即关于征收目的、条件、前提、种类、内容、范围、补偿标准和方式的规范。根据我国《宪法》第 13 条第 3 款规定：国家为了公共利益的需要，可以依照法律规定对公民的私有财产实行征收并给予补偿，即狭义行政征收。广义行政征收包括税收和收费。行政征收实体法与行政征收程序法结合构成行政征收法。如《土地管理法》第 2 条第 4 款规定：国家为了公共利益的需要，可以依法对土地实行征收或者征用并给予补偿。第 47 条规定："征收土地的，按照被征收土地的原用途给予补偿。征收耕地的补偿费用包括土地补偿费、安置补助费以及地上附着物和青苗的补偿费。征收耕地的土地补偿费，为该耕地被征收前三年平均年产值的六至十倍。征收耕地的安置补助费，按照需要安置的农业人口数计算。需要安置的农业人口数，按照被征收的耕地数量除以征地前被征收单位平均每人占有耕地的数量计算。每一个需要安置的农业人口的安置补助费标准，为该耕地被征收前三年平均年产值的四至六倍。但是，每公顷被征收耕地的安置补助费，最高不得超过被征收前三年平均年产值的十五倍。征收其他土地的土地补偿费和安置补助费标准，由省、自治区、直辖市参照征收耕地的土地补偿费和安置补助费的标准规定。被征收土地上的附着物和青苗的补偿标准，由省、自治区、直辖市规定。征收城市郊区的菜地，用地单位应当按照国家有关规定缴纳新菜地开发建设基金。依照本条第二款的规定支付土地补偿费和安置补助费，尚不能使需要安置的农民保持原有生活水平的，经省、自治区、直辖市人民政府批准，可以增加安置补助费。但是，土地补偿费和安置补助费的总和不得超过土地被征收前三年平均年产值的三十倍。国务院根据社会、经济发展水平，在特殊情况下，可以提高征收耕地的土地补偿费和安置补助费的标准。"第2条第4款和第47条都是行政征收土地实体法规范，即设定征收前置实质要件（公共利益）和补偿标准。该法第46条规定：国家征收土地的，依照法定程序批准后，由县级以上地方人民政府予以公告并组织实施。被征收土地的所有权人、使用权人应当在公告规定期限内，持土地权属证书到当地人民政府土地行政主管部门办理征地补偿登记。这是行政征收土地程序规范。在行政征收土地程序中，行政机关适用行政征收土地实体法，作出行政征收土地决定。

二、行政征收实体法律关系主体

行政征收实体法律关系主体指法律规定的征收与补偿权利义务的享有与承担者。具体包括征收主体、被征收人、征收标的需用人及其他利害关系人。① 征收主体即依法享有征收权力的行政机关。如《国有土地上房屋征收与补偿条例》第4条规定，市、县级人民政府负责本行政区域的房屋征收与补偿工作。被征收人指被征收房屋或其他财产的单位或个人。在被征收财产的使用人不是征收该财产的行政机关时，征收标的使用人为利害关系人。

三、征收补偿的范围和标准

补偿标的应当限定在征收通告作出之前的财产。征收机关应对征收范围内的财产情况组织调查登记。征收范围确定后，不得在征收范围内实施新建项目或迁入人口。违反规定实施的，不予补偿。

补偿对象限于被征收人的合法财产。私人非法建筑或为骗取补偿而建设的房屋，无权利要求补偿。如《国有土地上房屋征收与补偿条例》第24条第2款规定，市、县级政府作出房屋征收决定前，应当组织有关部门依法对征收范围内未经登记的建筑进行调查、认定和处理。对认定为违法建筑和超过批准期限的临时建筑的，不予补偿。

---

① 转引自李建良：《损失补偿》，载翁岳生主编：《行政法》（下册），中国法制出版社2002年版，第1703~1706页。

关于国有土地使用权的补偿。被征收人如果对国有土地使用权已经付费，征收土地后应给予补偿。如《城市房地产管理法》第20条规定，在特殊情况下，根据社会公共利益需要，可以提前收回国有土地使用权，并根据土地使用者使用土地的实际年限和开发土地的实际情况给予相应的补偿。

关于征收国有土地上的房屋补偿。对被征收房屋价值的补偿，不得低于其市场价格。被征收房屋价值由合格房地产价格评估机构独立、公正地评估确定。因征收房屋造成搬迁，应向被征收人支付适当搬迁费。选择房屋产权调换，应适时向被征收人支付临时安置费或提供周转房。对因征收房屋造成的停产停业损失，给予公正补偿。征收个人住宅，除依法给予补偿外，还应当保障被征收人居住条件。对符合住房保障条件的，应优先给予住房保障。因旧城区改建征收个人住宅，被征收人选择在改建地段进行房屋产权调换的，征收机关应当提供改建地段或就近地段的房屋。

四、行政征用实体法

行政征用实体法指行政机关为公共利益，一定时限内有偿强制使用公民、法人或其他组织的财产或人力，事后返还或恢复原状；造成人员伤亡或财产损失的，给予补偿的行政实体法规范。如《传染病防治法》第45条规定，传染病暴发、流行时，根据传染病疫情控制的需要，县级以上政府依法有权在本行政区域内紧急调集人员或者调用储备物资。紧急调集人员的，应当按规定给予合理报酬；临时征用房屋、交通工具以及相关设施、设备的，应当依法给予补偿；能返还的，应当及时返还。

以征用对象为标准,行政征用分为财物、人力和知识产权征用;根据财产性质不同,可分为对不动产和动产征用;根据时间,可分为应急、战时和平常征用;按方式不同,分为书面征用和即时直接征用。

征用财物不仅包括土地、房屋、其他财物,还可要求进行生产设备改造,如《国防动员法》第54条和第57条规定,国家决定实施国防动员后,储备物资无法及时满足动员需要的,县级以上人民政府可以依法对民用资源进行征用。本法所称民用资源,是指组织和个人所有或者使用的用于社会生产、服务和生活的设施、设备、场所和其他物资。被征用的民用资源根据军事要求需要进行改造的,由县级以上地方人民政府会同有关军事机关组织实施。承担改造任务的单位应当按照使用单位提出的军事要求和改造方案进行改造,并保证按期交付使用。改造所需经费由国家负担。

第六节　行政奖励实体法

一、概述

行政奖励实体法是设定个人或集体的事迹、贡献与褒扬的行政实体法。如《人口与计划生育法》第8条规定,国家对在人口与计划生育工作中作出显著成绩的组织和个人,给予奖励。行政奖励实体法本质上是授益实体法规范。

行政奖励实体法与行政奖励程序法共同构成行政奖励法。不同等级的奖励由不同级别的行政机关批准。给予个人、集体嘉奖、记三等功，由县级以上党委、政府或市（地）级以上机关批准；记二等功，由市（地）级以上党委、政府或省级以上机关批准；记一等功，由省级以上党委、政府或中央机关批准。特定奖励适用特殊程序。如国家科学技术奖候选人需要经过法定单位推荐；并经评审委员会对候选人科学技术成果作出结论。

二、行政奖励实体规范的构成

行政奖励实体规范包括事实规范和后果规范。其中，事实规范是受奖人有重要贡献。如工作表现突出，有显著成绩和贡献，或有其他突出事迹。后果规范是给予个人或集体的利益。后果含物质、精神和职级奖励。物质奖励指对受奖励的个人给予一次性奖金或其他待遇。精神奖励指给予受奖人荣誉褒扬。职级奖励指对奖励的人员提前晋升职级。

三、行政奖励实体法的原则

（1）行政实体奖励法定原则。主要是指奖励条件、标准、奖励种类和内容应由法律、法规明确设定。不能随意给予奖励，应当根据法律、法规的明确规定。（2）奖励和受奖事迹相对称原则。主要指根据受奖事迹分量确定奖励种类、等级，贡献和奖励一致。如最高科学技术奖授予那些在当代科学技术前沿取得重大突破或在科学技术发展中有卓越建树的;在科学技术创新、科学技术、成果转化和高技术产业化中,创造巨大经济效益或者社会效益的科技工作者等。(3)坚持定期奖励与及时奖励相结合;精神奖励与物质奖励相结合、以精神奖励为主的原则。物质奖励主要满足受奖人对物质生活方面的需求,精神奖励则满足受奖人对荣誉感、责任感、成就感和使命感等方面的心理需求。两种奖励若结合得好,将会产生更大的激励效果。

四、行政奖励实体法的分类

按受奖主体不同,可具体分为:(1)对普通公民的奖励;(2)对革命烈士的褒扬;(3)对见义勇为公民的奖励;(4)对科学技术人员的奖励;(5)对公务员的奖励;(6)对集体的奖励。

按奖励标的不同,可具体分为:(1)对知识成果的奖励,如对科学技术成果的奖励;(2)对特定行为的奖励,如对见义勇为行为的奖励。

第七节 行政公产

一、概述

行政公产指行政机关或公务法人,依据法律授权拥有或代表的为满足公务目的而提供给公众使用或自身使用的国家财产。公产,即公有地,也包括国有道路、河川、海岸等自然资源。[①] 公产是国有财产的一部分,不包括以营利为目的的企业国有财产或集体所有财产。公产的存在形态包括有体物和无体物。前者如国有自然资源;后者如国家拥有的专有技术。

行政公产为了公共目的而存在,公众使用公产时可支付一定费用,但这种费用只是用来维持或确保公产处于良好状态,使其持续存在,并非用其牟利。

公产主体是指行政机关和法律授权的公务组织。《物权法》第45条规定:法律规定属于国家所有的财产,属于国家所有即全民所有。国有财产由国务院代表国家行使所有权;法律另有规定的,依照其规定。行政机关作为公产所有权代表与公产使用者之间存在行政管理关

[①] 李泰山:《试论行政公产的内涵及其法律特征》,载《苏州教育学院学报》2004年第4期。

系。即公产不容侵犯,如遇当事人侵犯,行政机关可行使国家制裁或强制权。

二、公产所有权范畴

所有权是指所有人依法对自己的财产享有占有、使用、收益和处分的权利。如《物权法》第39条规定,所有权人对自己的不动产或动产,依法享有占有、使用、收益和处分的权利。物上请求权包括:(1)所有权返还请求权;(2)所有权妨害排除请求权;(3)所有权妨害预防请求权;(4)所有权回复原状请求权。简言之,所有权包括了人对物和人对人这两个层面的权利。前者又称做原权,是所有权的核心内容;后者又称做救济权,是为保障原权的自由行使而赋予所有权人的法定权利。[1] 行政机关实际上不是公产真正所有权人,真正公产所有权人是国家,行政机关只是代表而已。[2] 行政机关作为公产所有权人,基于行政机关代表的地位和公产公益的本质,行政机关对公产不可任意处分,使用和处分公产应当按照法律规定。

行政公法人没有任意处分公产的权力。首先,占有意味着人对物事实上的控制。行政机关作为公产所有权人,理应对公产进行占有,但这种占有并不是完全的。如财政公产,对其占有只能是法律意义上的占有,而不能是事实上的占有。其次,"使用"意味着所有人基于对

---

[1] 张树义主编:《行政法学》,北京大学出版社2005年版,第121~125页。
[2] 张俊浩主编:《民法学原理》,中国政法大学出版社2000年版,第419~421页。

物的实际管领,而依该物的性能与用途加以利用以满足自己某种需要,行政公产的核心是以提供公用为目的,包括公务使用和公众使用,这就限定了其使用的范围和目的。再次,收益是指所有权人获得物的孳息的权利。公产的目的是服务社会,而非收益,但为了公产的有效维护和持续使用,可以允许一定收益的存在,只是行政机关作为公产所有权人,其对公产的收益不得与设定的公产用途抵触。最后,处分是指所有人变更、消灭其物或对物的权利。在民法上,它被认为是拥有所有权的根本标志,包括事实处分和法律处分。事实处分是指所有人变更或消灭其物而实现其利益,如客观上使物归于消灭或改变物的性状等。行政机关不能随意地对公产作出此种处分,否则会有损既存公共利益,除非有更大的需要保护的法益存在。法律处分是指变更或消灭其对物的权利,如所有权转移或所有权中若干权能的转让等。公产所有权不能自由出让或转让。

行政机关除享有积极权利外,在公产受到侵害时当然也享有救济权,但是这种救济权不限于民法上的物上请求权,行政机关可以直接采取行政命令、行政处罚或行政强制排除妨碍。

三、行政公产的种类

依公产使用目的的不同,可分为公务公产和共用公产。公务公产是指直接提供于行政机关公务使用的公产,例如政府办公场所。共用公产则是行政机关提供于公众使用的公产,即公共用品,如公园。

根据公产形成过程不同,可分为自然公产和人工公产。

根据来源不同,可分为:(1)由宪法、法律给予。原始公产所有权人应该主要是国家，如《宪法》第 9 条规定，矿藏、水流、森林、山岭、草原、荒地和滩涂等自然资源，都属于国家所有，即全民所有；由法律规定属于集体所有的森林和山岭、草原、荒地、滩涂除外。(2) 征收获得。行政机关通过征收，获得财产。(3) 通过行政合同国家可以增加收入或获得财产。(4) 行政机关财产罚。(5) 有些个人或组织对国家赠与，增加公产。(6) 法律规定的其他方式。

根据公产形态不同，分为有体公产和无体公产。公物不以有体物为限，无体物也可为公产，[①] 如根据《电力法》第 4 条第 2 款规定，禁止任何单位和个人危害电力设施安全或者非法侵占、使用电能。"电能"这种无体物也可为公产。

根据公产主体不同，可分为：行政机关拥有的公产；其他国家机关拥有的公产；事业单位拥有的公产，如公立大学所有的办公楼和学生宿舍楼等。

根据公产是否可收益，分为可收益的公产，如铁路资产；不可收益的公产，如公共图书馆藏书。

四、行政公产的目的

(1) 支撑巩固社会主义国家制度。社会主义国家制度是最有利于广大人民群众的根本制度，而公产制度正是为其提供物质基础和保障。(2) 最大限度地满足人民群众的生产生活需要，为公众和公务服务。(3) 满足行政公务需要。行政机关履行公务，需要一定效能的公务资

---

① 郝一霖：《论行政公产》，内蒙古大学 2008 年硕士学位论文。

产。(4) 向社会和人民群众提供公共产品。如道路交通、航空、水路设施、公用基础设施、公立学校、幼儿园等，都是供公众消费使用的公共品。

五、行政公产制度的原则

1. 基本资源或基础资产国家所有。(1) 总体自然资源由国家所有；如根据《矿产资源法》第 3 条规定，矿产资源属于国家所有。(2) 基础资产国家所有。如《物权法》第 52 条第 1 款规定，国防资产属于国家所有。(3) 中国人民银行的财产完全属于国家所有。(4) 其他关乎国家根基的基础设施都可依据宪法和法律圈定为国家资产。

2. 行政公产优位保护。公产属于国家，属于全民，任何人或组织不得侵犯。《宪法》第 12 条规定：社会主义的公共财产神圣不可侵犯。国家保护社会主义的公共财产，禁止任何组织或个人用任何手段侵占或破坏国家财产。公产一般不得作为强制执行标的；对公产的保护不受诉讼时效的限制。

3. 公产不能私用。不能使用公产谋私，不能私分，不能挪用，不能将公产用于非公务活动。

六、公产所有权人和使用人之间的关系

1. 公产使用前双方关系。公众使用公产方式包括自由使用、一般许可使用、特别许可使用。对于自由使用的公产，公众可以直接使用，不需要行政机关事先允许，只要符合法律规定和公产设定目的即可。

而一般许可使用和特别许可使用都需要获得行政机关同意。一般许可使用是指使用公产设定了条件，凡具备条件者都允许其使用。特别许可使用指公产原则上供一般公众使用，但使用人经过行政机关特别许可后，可以获得特许使用权。① 行政机关与使用人双方也可签订公产合同，根据合同约定权利义务，各方应依约实际履行合同义务，否则承担赔偿或违约责任。

2. 行政管理关系。公众使用公产必须接受行政机关依法管理，使用人不得违法抗拒。行政机关对当事人违反公产规范，毁损公产等行为有权制止、处罚和责令限期改正，排除可能的破坏公产行为。如《公路法》第77条规定：违反本法第46条的规定，造成公路路面损坏、污染或影响公路畅通的，或违反本法第51条规定，将公路作为试车场地的，由交通主管部门责令停止违法行为，可以处五千元以下罚款。

3. 损害赔偿关系。（1）行政机关管护或处分公产的行为，给当事人造成人身、财产损失的，纳入国家赔偿范围。（2）公产管护违法或有过错致人损害，可承担无过错责任或危险责任，由于不可抗力、受害人故意或第三人原因免责的除外。如《铁路法》第58条规定，因铁路行车事故及其他铁路运营事故造成人身伤亡的，铁路运输企业应当承担赔偿责任；如果人身伤亡是因不可抗力或由于受害人自身的原因造成的，铁路运输企业不承担赔偿责任。（3）要求私人赔偿公产损害。《森林法》第44条规定：违法进行开垦、采石、采砂、采土、采种、采脂和其他活动，致使森林、林木受到毁坏的，依法赔偿损失；由林

---

① 张树义主编：《行政法学》，北京大学出版社2005年版，第119页。

业主管部门责令停止违法行为，补种毁坏株数一倍以上三倍以下的树木，可以处毁坏林木价值一倍以上五倍以下的罚款。拒不补种树木或补种不符合国家有关规定的，由林业主管部门代为补种，所需费用由违法者支付。

第六章 行政程序法

第一节 行政程序范畴

一、定义

行政程序是指在当事人参与下,行政机关为办理行政事务,查明行政案件事实,正确适用(行政)实体法或上位法,从而作出正确行政决定、行政合同、行政决策、行政立法所遵循的方式、期限、步骤、过程和形式的仪式流程。由行政机关、当事人、管辖、立案、调查、质证、听证、认定证据、法律适用、做出决定或决策、期间、时限、文书送达或公布组成。

如在下述案例中,来安县国土资源行政主管部门没有制作并送达对外发生效力的法律文书,即直接交来安县土地储备中心根据该批复实施拆迁补偿安置行为,更不用说事先告知听取当事人意见,对原土地使用权人的实体权利义务产生了实际(实质)影响,严重违反正当行政程序。行政机关行使收回国有土地使用权这种实体权力,在作出行政收回决定之前,应当举行听证会,听取当事人意见,这是正当程序。

【指导案例】

魏某高、陈某志诉来安县政府收回土地使用权批复案①

关键词

行政诉讼 受案范围 批复

裁判要点

地方政府对其所属行政管理部门的请示作出的批复,一般属于内部行政行为,不可对此提起诉讼。但行政管理部门直接将该批复付诸实施并对行政相对人的权利义务产生了实际影响,行政相对人对该批复不服提起诉讼的,法院应当依法受理。

相关法条

《行政诉讼法》第11条

---

① 指导案例22号,最高人民法院2013年11月8日发布。

基本案情

2010年8月31日,安徽省来安县国土资源和房产管理局向来安县政府报送《关于收回国有土地使用权的请示》,请求收回该县永阳东路与塔山中路部分地块土地使用权。9月6日,来安县政府作出《关于同意收回永阳东路与塔山中路部分地块国有土地使用权的批复》。来安县国土资源和房产管理局收到该批复后,没有依法制作并向原土地使用权人送达收回土地使用权决定,而直接交由来安县土地储备中心付诸实施。魏某高、陈某志的房屋位于被收回使用权的土地范围内,其对来安县政府收回国有土地使用权批复不服,提起行政复议。2011年9月20日,滁州市政府作出《行政复议决定书》,维持来安县政府的批复。魏某高、陈某志仍不服,提起行政诉讼,请求法院撤销来安县政府上述批复。

裁判结果

滁州市中级人民法院于2011年12月23日作出(2011)滁行初字第6号行政裁定:驳回魏某高、陈某志的起诉。魏某高、陈某志提出上诉,安徽省高级法院于2012年9月10日作出(2012)皖行终字第14号行政裁定:一、撤销滁州市中级人民法院(2011)滁行初字第6号行政裁定;二、指令滁州市中级人民法院继续审理本案。

裁判理由

法院生效裁判认为:根据《土地储备管理办法》和《安徽省国有土地储备办法》以收回方式储备国有土地的程序规定,来安县国土资源行政主管部门在来安县政府作出批准收回国有土地使用权方案批复后，应当向原土地使用权人送达对外发生法律效力的收回国有土地使用权通知。来安县人民政府的批复属于内部行政行为，不向相对人送达，对相对人的权利义务尚未产生实际影响，一般不属于行政诉讼的受案范围。但本案中，来安县政府作出批复后，来安县国土资源行政主管部门没有制作并送达对外发生效力的法律文书，即直接交来安县土地储备中心根据该批复实施拆迁补偿安置行为，对原土地使用权人的权利义务产生了实际影响；原土地使用权人也通过申请政府信息公开知道了该批复的内容，并对批复提起了行政复议，复议机关作出复议决定时也告知了诉权，该批复已实际执行并外化为对外发生法律效力的具体行政行为。因此，对该批复不服提起行政诉讼的，法院应当依法受理。

行政机关正是依托行政程序，实施上位法或实体法，作出行政行为。行政程序行为主要是指行政机关所作出的程序行为，实际当事人也作出程序行为，也产生法定后果。不过行政机关程序行为与当事人程序行为区别很大。当事人是参与行政程序的个人行为，而行政机关是履行行政职责的公务行为。

二、特征

（1）由行政机关主持，当事人参加行政程序。双方受行政程序法约束，都是行政程序主体；代表人、见证人和证人依法参与，为参与主体。（2）结构应建立在充分发挥当事人积极性基础之上，职权主义和当事人主义相结合。行政机关有效掌控，当事人有序参与，有助于行政机关作出正确的决定和决策。(3)效率与公正兼顾。行政程序公开、透明和简洁,可减少暗箱操作,避免恣意。(4)确保行政机关有效和正当行使行政实体权力,实现实体法目的。(5)抑制私人滥用公权利和自由,有效迫使私人履行法定义务和责任。(6)主要是行政立法程序、行政决定程序和行政合同程序。行政实体法与行政程序法标配以行政立法程序和行政决定程序为构架组装。

三、行政程序法

狭义行政程序法是指法典,如《美国联邦行政程序法》。国务院可先行制定行政程序条例。广义行政程序法是所有规定行政程序的法律规范总成。如《税收征收管理法》中的税款征收程序、国务院制定的《规章制定程序条例》等。

四、行政立法、执法和司法程序

行政立法程序是指法定行政机关依法制定和发布行政法规和行政规章所遵循的程序。抽象行政程序是指行政机关作出抽象行政行为所遵循的程序。包括行政立法程序和行政规范性文件制作程序。

行政执法程序包括行政机关适用实体法作出行政决定的程序以及签订行政合同的程序;行政检查程序,即行政机关对公民、法人或其他组织是否遵守行政法律、法规、规章所进行的查究活动;行政强制执行程序。

行政司法程序是指行政机关裁决民事争议或行政争议所必须遵循

的行政程序,包括行政机关裁决民事争议程序和行政复议程序。

五、内部行政程序和外部行政程序

内部行政程序是指行政机关适用内部实体法,处理内部事务遵循的程序。如行政机关对其公务员给予行政奖励的程序。外部行政程序是指行政机关对公民、法人或其他组织行使行政管理权,做出行政行为遵循的程序。

六、强制性程序与任意性程序

法律规定行政机关和当事人必须遵照执行的行政程序,为强制性程序。行政机关和当事人可以选择适用的行政程序为任意性程序。如在吊销证照程序中,当事人可要求,也可不要求听证。

七、行政决定、决策作出前、中、后程序

行政决定决策作出前程序包括行政机关检查当事人是否遵守行政法的程序,行政调查或调研程序,告知或公告程序,听取意见或听证程序。行政决定决策作出程序是指行政机关认定证据,确定事实,适用法律的步骤。行政决定决策作出后程序是指将行政决定书送达当事人以及强制执行程序;将抽象行政行为在法定传媒上公布。

八、依申请程序和依职权程序

依申请行政行为程序是指只有当事人申请才能启动和进行的行政程序，并不限于具体行政程序，当事人可申请行政机关制定抽象行政行为。依职权行政行为程序是指行政机关无需当事人申请，自行启动的行政程序。如行政机关查处违法行为案件。

九、授益行政行为程序和负担行政行为程序

授益行政行为程序，即行政机关依据法律授权，对当事人依据实体法赋予权利，做出授益决策或决定的程序。

负担行政行为程序。行政机关依据法律授权，对当事人依法设定或施加义务，作出负担决定决策的程序。如对当事人施加义务程序；给予行政处罚程序。

十、当事人主义模式

当事人主义模式即权利保障与行政效益并重模式，是指以正当程序为原则，既控制行政权滥用又兼顾行政效益的模式。

当事人主义模式以美国联邦行政程序法为代表。美国联邦行政程序法根据判例法则制成，法院经常援引判例法用以适用美国联邦行政程序法，判例法占统治地位。

奉行行政机关和当事人平等性地位。如行政程序法给予行政机关

签发传票权力，也赋予当事人可申请行政机关签发传票，调取有利于自己的证人或证物的权利；谁主张谁举证。

行政程序法以行政规章和行政裁决分类为基础，设定规章程序和裁决程序。（1）在行政程序法上，规定举证、质证和认定证据规则。（2）规定行政行为的实质证据标准（Substancial evidence）。行政行为应有实质性和证明力的证据支持。《美国联邦行政程序法》第556条第4款规定，"除非考虑了全部案卷或其中为当事人所引用的部分，并且符合和得到有证明力的和实质性证据支持，否则不得科处制裁、发布法规或作出裁定"。（3）规定案卷排他性原则。

十一、职权主义模式

该模式为比较侧重效率模式，指通过行政机关主导行政程序之制度安排，确保行政机关有效地进行管理活动；对私人不失权利保障；效率优先，在此基础上设计行政程序法而形成的模式。职权主义模式以德国行政程序法为代表。在规定程序规范的同时，规定行政实体法和行政行为效力内容。职权主义强调行政机关主导行政程序，明确规定行政机关依职权调查取证原则。行政机关决定调查的范围和方式，当事人可以提出调取证据申请，但行政机关并不受其约束；参与人协助行政调查。自由心证即证据证明力及事实认定，法律不作硬性规定，由行政机关自由判断，内心确信。《德国行政程序法》第69条规定："行政机关的行政决定，应当在评价全部程序结果后做出。"

德国联邦宪法法院以联邦宪法为据实行判例法，德国宪法为成文宪法加宪法法院判例法。尽管德国联邦行政法院事实上奉行判例制，联邦行政程序法典仍占统治地位。德国行政法为制定法加德国联邦行政法院判例制。

十二、制定中国行政程序法

行政程序法可以满足各个行政机关适用实体法之需要。就目标模式而言，学术观点主要是权利与效率并重模式；① 以程序公正为本位，确立公正（权利）优先，兼顾效率模式。② 就调整范围而言，行政程序法框架包括行政决定程序、制定行政规范性文件程序、行政合同程序甚至行政指导程序。③ 有人认为，应兼顾程序与实体内容，但以规范程序为重点。兼顾外部行政程序与内部行政程序，但以规范外部行政程序为重点。应兼顾共通行政程序与类别行政程序，但以规范共通行政程序为重点。④ 就立法模式而言，有人认为分两步走。第一步争取利用五年或更长一点时间，选择那些与百姓利益紧密相关，实践中条件比较成熟的，先逐个制定单行行政程序法律。第二步在取得阶段性立法成果的基础上，待到时机成熟时再制定一部统一的行政程序法典。⑤

---

① 杨海坤：《中国行政程序法典化问题探析》，载《江海学刊》2002年第5期。
② 赵建宇：《论行政程序法典化》，载《法制与社会》2007年第1期。
③ 杨海坤：《中国行政程序法典化问题探析》，载《江海学刊》2002年第5期。
④ 赵建宇：《论行政程序法典化》，载《法制与社会》2007年第1期；沈丽：《我国行政程序法典化道路》，载《行政与法》2004年第6期。
⑤ 章剑生：《中国行政程序立法问题研究》，载《甘肃社会科学》2006年第5期。

还有一些学者认为现阶段,缺乏现代程序的价值理念,准备不足,制定行政程序法时机并未成熟。① 我们认为,可制定行政程序法通则,具体可包括:行政规章程序,行政规定程序,行政决定程序,政府合同程序,行政程序目的、原则和基本制度,附带行政实体法目的和原则,效率和权利并重模式。

十三、行政程序法的基本制度

行政程序法的基本制度包括:(1)目的和原则;(2)行政公法人范围;(3)管辖;(4)立案与受理;(5)行政协助;(6)当事人,包括当事人、第三人和参与人;(7)行政程序权利能力和行为能力;(8)委托代理、法定代理和代表人;(9)回避;(10)禁止单方面接触;(11)职能分离;(12)期间和时效;(13)厅前证据交换与开示;(14)阅览卷宗;(15)调查取证;(16)举证责任、质证;(17)听证;(18)证据认定和证明标准;(19)案卷排他性原则;(20)告知,告知救济权利;(21)行政机关解释和适用法律原则;(22)行政机关领导决策体制;(23)行政决定应具备的形式要件,抽象行政行为形式要件;(24)说明理由;(25)行政决定、行政合同和抽象行政行为效力;(26)行政决定送达,抽象行政行为公布;(27)案卷归档;(28)案卷公开。

---

① 季卫东:《法律程序的意义——对中国法制建设的另一种思考》,载《中国社会科学》1993年第1期。

第二节 行政程序原则

一、公平原则

公平原则是指在行政程序中,行政机关工作人员应当公平对待各方当事人,排除偏私和偏见;确保公正地适用实体法所应遵循的程序原则。英国"自然正义"法则包含两层含义:一是任何人不能成为自己的法官;二是任何一方的抗辩必须公正地听取。这是作为法官所要遵循的最低限度的程序公正要求。[①] 自然正义原本适用于司法程序。为控制行政权滥用,保障公民权利,20世纪60年代以后,英国通过判例法确定,不论何种行政行为,只要对公民权益产生实质不利影响,就必须遵循自然正义。正当程序是对行政机关施加的程序要求,指行政裁决剥夺或限制特定公民的生命、自由或财产时,必须听取当事人意见;当事人享有听证权利。

如在下述案例中,行政机关作出没收较大数额财产的行政处罚决定之前,未事先告知当事人有要求举行听证的权利或未依法举行听证的,违反正当行政程序。该裁判是对《行政处罚法》第42条规定"行

---

① [英]威廉·韦德:《行政法》,中国大百科全书出版社1997年版,第93页。

政机关作出责令停产停业、吊销许可证或执照、较大数额罚款等行政处罚决定之前,应当告知当事人有要求举行听证的权利"的本意解释,也可认为是扩充解释,这就是最高人民法院指导案例制的价值。

【指导案例】

黄某富、何某琼、何某诉四川省成都市金堂工商行政管理局行政处罚案①

关键词

行政诉讼 行政处罚 没收较大数额财产 听证程序

裁判要点

行政机关作出没收较大数额涉案财产的行政处罚决定时,未告知当事人有要求举行听证的权利或者未依法举行听证的,法院应当依法认定该行政处罚违反法定程序。

相关法条

《行政处罚法》第42条②

---

① 指导案例6号,最高人民法院2012年4月9日发布。
② 《行政处罚法》第42条规定:"行政机关作出责令停产停业、吊销许可证或者执照、较大数额罚款等行政处罚决定之前,应当告知当事人有要求举行听证的权利。"

基本案情

原告黄某富、何某琼、何某诉称：被告四川省成都市金堂工商行政管理局（以下简称金堂工商局）行政处罚行为违法，请求法院依法撤销成工商金堂处字（2005）第02026号《行政处罚决定书》，返还电脑主机33台。

被告金堂工商局辩称：原告违法经营行为应当受到行政处罚，对其进行行政处罚的事实清楚、证据确实充分、程序合法、处罚适当；所扣留的电脑主机是32台而非33台。

法院经审理查明：2003年12月20日，四川省金堂县图书馆与原告何某琼之夫黄某富联办多媒体电子阅览室。经双方协商，由黄某富出资金和场地，每年向金堂县图书馆缴管理费2400元。2004年4月2日，黄某富以其子何某的名义开通了ADSL84992722（期限到2005年6月30日），在金堂县赵镇桔园路一门面房挂牌开业。4月中旬，金堂县文体广电局市场科以整顿网吧为由要求其停办。经金堂县图书馆与黄某富协商，金堂县图书馆于5月中旬退还黄某富2400元管理费，摘除了"金堂县图书馆多媒体电子阅览室"的牌子。2005年6月2日，金堂工商局会同金堂县文体广电局、金堂县公安局对原告金堂县赵镇桔园路门面房进行检查时发现，金堂实验中学初一学生叶某、杨某、郑某和数名成年人在上网游戏。原告未能出示《网络文化经营许可证》和营业执照。金堂工商局按照《互联网上网服务营业场所管理条例》第27条"擅自设立互联网上网服务营业场所，或者擅自从事互联网上网服务经营活动的，由工商行政管理部门或者由工商行政管理部门会同公安机关依法予以取缔，查封其从事违法经营活动的场所，扣押从事违法经营活动的专用工具、设备"的规定,以成工商金堂扣字(2005)第02747号《扣留财物通知书》决定扣留原告的32台电脑主机。何某琼对该扣押行为及扣押电脑主机数量有异议遂诉至法院,认为实际扣押了其33台电脑主机,并请求撤销该《扣留财物通知书》。2005年10月8日金堂县人民法院作出(2005)金堂行初字第13号《行政判决书》,维持了成工商金堂扣字(2005)第02747号《扣留财物通知书》,但同时确认金堂工商局扣押了何某琼33台电脑主机。同年10月12日,金堂工商局以原告的行为违反了《互联网上网服务营业场所管理条例》第7条、第27条的规定作出了成工商金堂处字(2005)第02026号《行政处罚决定书》,决定"没收在何某琼商业楼扣留的从事违法经营活动的电脑主机32台"。

裁判结果

四川省金堂县法院于2006年5月25日作出(2006)金堂行初字第3号行政判决:一、撤销成工商金堂处字(2005)第02026号《行政处罚决定书》;二、金堂工商局在判决生效之日起30日内重新作出具体行政行为;三、金堂工商局在本判决生效之日起15日内履行超期扣留原告黄某富、何某琼、何某的电脑主机33台所应履行的法定职责。宣判后,金堂工商局向四川省成都市中级人民法院提起上诉。成都市中级人民法院于2006年9月28日以同样的事实作出(2006)成行终字第228号行政判决,撤销一审行政判决第三项,对其他判项予以维持。

裁判理由

法院生效裁判认为：《行政处罚法》第42条规定"行政机关作出责令停产停业、吊销许可证或者执照、较大数额罚款等行政处罚决定之前，应当告知当事人有要求举行听证的权利"。虽然该条规定没有明确列举"没收财产"，但是该条中的"等"系不完全列举，应当包括与明文列举的"责令停产停业、吊销许可证或者执照、较大数额罚款"类似的其他对相对人权益产生较大影响的行政处罚。为了保证行政相对人充分行使陈述权和申辩权，保障行政处罚决定的合法性和合理性，对没收较大数额财产的行政处罚，也应当根据《行政处罚法》第42条的规定适用听证程序。关于没收较大数额的财产标准，应比照《四川省行政处罚听证程序暂行规定》第3条"本规定所称较大数额的罚款，是指对非经营活动中的违法行为处以1000元以上，对经营活动中的违法行为处以20 000元以上罚款"中对罚款数额的规定。因此，金堂工商局没收黄某富等三人32台电脑主机的行政处罚决定，应属没收较大数额的财产，对黄某富等三人的利益产生重大影响的行为，金堂工商局在作出行政处罚前应当告知被处罚人有要求听证的权利。本案中，金堂工商局在作出处罚决定前只按照行政处罚一般程序告知黄某富等三人有陈述、申辩的权利，而没有告知听证权利，违反了法定程序，依法应予撤销。

公平原则包括：（1）当事人有权利聘请代理人。（2）行政人员不应有支持或反对某一方的偏执；不应牵扯个人利益。如《治安管理处罚法》第81条第1款规定："人民警察在办理治安案件过程中，遇有下列情形之一的，应当回避；违反治安管理行为人、被侵害人或者其法定代理人也有权要求他们回避：（一）是本案当事人或者当事人的近亲属的；（二）本人或者其近亲属与本案有利害关系的；（三）与本案当事人有其他关系，可能影响案件公正处理的。"（3）对当事人作出不利的行政行为之前，应预先告知。行政机关对法律有新解释或新观点，预先警示告知当事人某行为违法，和行政机关旧法律解释结果不一样，当事人应当遵循新解释，以免受制裁。（4）要求听证，进行质证、陈述申辩。（5）禁止单方面接触。行政人员应在一方在场听取另一方对实体法争议的意见。（6）调查和裁决职能分离。（7）当事人应有机会阅览卷宗，有机会提出自己的事实裁定建议。"在根据事实裁定和法律结论做出行政决定之前，或在行政机关领导复审行政法官的初步决定之时，当事人必须有合理的机会提出他们自己建议的事实裁定和法律结论或其应为例外。行政案卷必须表明行政法官对此所作的关于当事人提出的每一个事实裁定和法律结论的裁定，包括针对当事人提出的例外主张。"[①]（8）行政机关做出事实认定应论及提出的所有证据并说明理由，遵从案卷排他性原则。[②]（9）凡涉及公民权利、义务和责任的行政行为都必须正式公布或依法送达。

二、效益原则

效益原则是指行政程序设计和操作以较少投入获得行政决策效益

---

① 田平安主编：《民事诉讼法原理》，厦门大学出版社2004年版，第186~187页。

② ［美］理查德·B. 斯图尔特：《美国行政法的重构》，沈岿译，商务印书馆2003年版，第1页。

最大化所遵循的程序原则。程序资源投入应与实体法适用分量相对称,行政程序应确保行政决策正确,尽可能避免错误决策。行政机关工作人员应当积极履行法定职责,遵守法定时限,禁止超越法定时限或者不合理延迟。

三、公开原则

公开原则是指行政组织、实体与程序法解释适用都应透明,涉及国家机密、商业秘密和个人隐私的除外。如《治安管理处罚法》第80条规定,公安机关及其人民警察在办理治安案件时,对涉及的国家秘密、商业秘密或者个人隐私,应当予以保密。防止行政权滥用最有效的方法就是公开。只要公开,对官员权力控制就有效。主要包括:公开机关代表人、办公地点、办公电话、内部组成、职责、办事规程;公布机关先例和裁量基准;公开程序过程和实体结果;公开听证。

四、行政首长直接言辞原则

行政首长直接言辞原则是指首长亲自主持听审,听取调查人员和当事人举证、质证和辩论意见,做重大决策。如《质量技术监督行政处罚案件审理规定》第4条规定,案审委应当由5名以上的单数委员组成,其中主任委员、副主任委员各一名。主任委员由质量技术监督部门主要负责人或其委托的负责人担任,副主任委员由质量技术监督部门有关负责人担任,案审委直接审理并裁决案件。在第一摩根案中,美国最高法院建立了决定者必须听证或审讯原则。行政裁决者与法官职责类似。如果认定事实的官员没有研究证据和辩护词，就表示未进行审讯。在其后 4 个摩根案中，法院不断修订这一原则。在第四摩根案中，法院虽确定不得审问行政首长，但第四摩根案并没有完全推翻第一摩根案所建立的裁决者必须听证原则。① 由于行政事务繁多，除特别重要行政决策外，机关首长可不必亲自听证，而由行政法官担任听证主持人。为确保各方听证意见能对行政首长决定有正确影响，根据联邦行政程序法，适用案卷排他原则，② 首长不能在案卷之外接纳其他证据。德国要式行政程序也适用首长直接言辞原则，首长在主持审理听取当事人辩论和意见之后，根据辩论和质证结论决策。③ 经听证事项的决策，适用案卷排他原则。听证制作案卷，记载听证内容和各方意见；质证主持人作出初裁，首长只能依案卷，以初裁为基础决策。

五、行政机关首长负责制限定原则

行政首长负责制指行政事务经集体讨论，最后由机关正职负责人决定。一般程序行为、行政强制、应急行为或军事、外交、安全等事项决策，适用首长负责制，而职级晋升、执法类业务类公务员选拔、奖励、许可、合同、处罚、复议与行政立法等事项，集体表决或更好。只要情况不紧急，普通行政实体决策，试行集体表决。如《质量技术

---

① 王万华：《行政程序法研究》，中国法制出版社 2000 年版，第 15 页。
② 应松年主编：《外国行政程序法汇编》，中国法制出版社 1999 年版，第 483 页。
③ 朱新力主编：《法治社会与行政裁量的基本准则研究》，法律出版社 2007 年版，第 203 页。

监督行政处罚案件审理规定》第 3 条规定，各级质量技术监督部门应当设立行政处罚案件审理委员会，负责对立案查处的行政处罚案件进行集体审理。行政复议裁决也可试行领导成员集体表决。行政立法试行领导集体投票决策。如美联储这类独立管制委员会，制定规章实行委员会成员集体投票决策体制，并非委员会主席负责制。

第三节 政府信息公开

一、政府信息

政府信息是行政机关在行政管理过程中制作或获取的，以一定形式记录、保存的信息。政府信息公开指公众可获取。公开方式包括主动公开和依申请公开。

二、各级政府信息公开工作主管部门

政府应当加强对政府信息公开工作的组织领导。政府及组成部门应当建立健全本行政机关的政府信息公开工作制度，并指定政府信息公开工作机构负责日常工作。国务院办公厅是全国政府信息公开工作的主管部门，负责推进、指导、协调、监督全国的政府信息公开工作。县级以上地方政府办公厅（室）是本行政区域的政府信息公开工作主管部门，负责推进、指导、协调、监督本行政区域的政府信息公开工作。实行垂直领导的部门的办公厅（室）主管本系统的政府信息公开工作。

三、政府信息公开工作机构

政府信息公开工作机构负责本行政机关政府信息公开的日常工作。具体包括：（1）办理行政机关的政府信息公开事宜；（2）维护和更新行政机关公开的政府信息；（3）组织编制行政机关的政府信息公开指南、公开目录和公开工作年度报告；（4）组织开展对拟公开政府信息的审查等职能。

四、政府信息公开的目的

（1）信息公开可以有效吓阻行政机关工作人员滥权，增进行政透明。（2）可以保障公民、法人和其他组织依法获取政府信息的公权利。获取政府信息是公民、法人或其他组织的权利，政府有义务提供其在行政管理过程中记录或保存的公开有益的信息。（3）政府信息对公民、法人或其他组织有益处，可以发挥其对人民群众生产、生活和经济社会活动的服务作用。（4）稳定社会。行政机关应当及时、准确地公开政府信息，发现影响或可能影响社会稳定、扰乱社会和经济管理秩序的虚假或不完整信息的，应当发布准确的政府信息予以澄清。

五、政府信息公开的原则

1. 坚持以公开为常态、不公开为例外原则。除了明定不公开的,其他应该公开。具体包括:(1)依法确定为国家秘密的,法律、行政法规禁止公开的,以及公开后可能危及国家安全、公共安全、经济安全、社会稳定的政府信息,不予公开。(2)涉及商业秘密、个人隐私等公开会对第三方合法权益造成损害的政府信息,行政机关不得公开。但第三方同意公开或行政机关认为不公开会对公共利益造成重大影响的,予以公开。对此《最高人民法院关于审理政府信息公开行政案件若干问题的规定》第8条规定,政府信息涉及国家秘密、商业秘密、个人隐私的,法院应当认定属于不予公开范围。政府信息涉及商业秘密、个人隐私,但权利人同意公开,或不公开可能对公共利益造成重大影响的,不受前款规定的限制。(3)行政机关的内部事务信息,如人事管理、后勤管理、内部工作流程等信息,可不公开。(4)行政机关在行政管理过程中形成的讨论记录、过程稿、磋商信函、请示报告等过程性信息以及行政执法案卷信息,可不公开。法律、法规、规章另行规定的除外。(5)对行政机关不予公开的政府信息定期审查,对因情势变化可公开的政府信息可以公开。

2. 便民原则。具体包括:(1)完善公开申请渠道,为申请人依法申请获取政府信息提供便利。(2)申请公开政府信息的公民存在阅读困难或视听障碍的,行政机关应当为其提供必要帮助。(3)及时更新政府信息公开指南和目录。指南包括政府信息的分类、编排体系、获取方式和政府信息公开工作机构的名称、办公地址、办公时间、联系电话、传真号码、互联网联系方式等。目录包括政府信息的索引、名称、内容概述、生成日期等。(4)加强政府信息资源的规范化、标准化、信息化管理，加强互联网政府信息公开平台建设，推进政府信息公开平台与政务服务平台融合，提高政府信息公开在线办理水平。

3. 遵循公正、公平原则。实质公正主要是法律未设定某项政府信息不公开但实际上公开不危害公共利益的，可公开。程序公平是申请与答复各方诚信正当地进行。

4. 合法原则。申请与答复按实体和程序法正当地进行。具体包括：(1)实体上符合公开范围。(2)符合政府信息公开程序。(3)公开政府信息依照法律、行政法规和国家有关规定需要批准的，经批准后公开。(4)依照《保守国家秘密法》以及其他法律、法规和国家有关规定对拟公开的政府信息进行审查。行政机关不能确定是否可公开的，依照法律、法规和国家规定报有关主管部门或保密行政部门确定。(5)行政机关公开政府信息涉及其他机关的，应当与有关机关协商、确认，保证行政机关公开的政府信息准确一致。

5. 监督原则。指各级政府和政府信息公开工作主管部门对政府信息公开工作的督查。具体包括：(1)公民、法人和其他组织有权对行政机关的政府信息公开工作进行监督，并提出批评和建议。(2)公民、法人或其他组织认为行政机关未按照要求主动公开政府信息或对政府信息公开申请不依法答复处理的，可以向政府信息公开工作主管部门提出，查证属实的，应当予以督促整改或通报批评。(3)政府信息公开工作主管部门应当加强对政府信息公开工作的日常指导和监督检查，对行政机关未按照要求开展政府信息公开工作的，予以督促整改或通报批评；需要对负有责任的领导人员和直接责任人员追究责任的，依法向有权机关提出处理建议。(4) 针对行政机关的下列行为，上级行政机关责令改正；情节严重的，对负有责任的领导和直接责任人员依法给予处分；构成犯罪的，依法追究刑事责任：①未建立健全政府信息公开有关制度的；②不依法履行政府信息公开职能的；③不及时更新公开的政府信息内容、政府信息公开指南和政府信息公开目录等违法不当的。(5) 健全考核、社会评议和责任追究制度，定期对政府信息公开工作进行考核、评议。

六、负责政府信息公开的主体

(1) 制作政府信息的行政机关负责公开。(2) 行政机关从公民、法人和其他组织获取的政府信息，由保存该政府信息的行政机关负责公开。(3) 行政机关获取的其他行政机关的政府信息，由制作或最初获取该政府信息的行政机关负责公开。法律、法规对政府信息公开的权限另有规定的，从其规定。对此《最高人民法院关于审理政府信息公开行政案件若干问题的规定》第7条规定，政府信息由被告的档案机构或档案工作人员保管的，适用《政府信息公开条例》的规定。政府信息已经移交各级国家档案馆的，依照有关档案管理的法律、行政法规和国家有关规定执行。(4) 行政机关设立的派出机构、内设机构依照法律、法规对外以自己名义履行行政管理职能的，可以由该派出机构、内设机构负责与所履行行政管理职能有关的政府信息公开工作。(5) 两个以上行政机关共同制作的政府信息，由牵头制作的行政机关负责公开。(6) 法律、法规授权的具有管理公共事务职能的组织公开政府信息的活动，适用《政府信息公开条例》。(7) 教育、卫生健康、供水、供电、供气、供热、环境保护、公共交通等与人民群众利益密切相关的公共企事业单位，可公开在提供社会公共服务过程中制作、获取的信息。

七、主动公开

涉及公众利益调整、需要公众广泛知晓或需要公众参与决策的政府信息，应主动公开。主动公开的范围包括：（1）行政法规、规章和规范性文件；（2）机关职能、机构设置、办公地址、办公时间、联系方式、负责人姓名；（3）国民经济和社会发展规划、专项规划、区域规划及相关政策；（4）国民经济和社会发展统计信息；（5）办理行政许可和其他对外管理服务事项的依据、条件、程序以及办理结果；（6）实施行政处罚、行政强制的依据、条件、程序以及本行政机关认为具有一定社会影响的行政处罚决定；（7）财政预算、决算信息；（8）行政事业性收费项目及其依据、标准；（9）政府集中采购项目的目录、标准及实施情况；（10）重大建设项目的批准和实施情况；（11）扶贫、教育、医疗、社会保障、促进就业等方面的政策、措施及其实施情况；（12）突发公共事件的应急预案、预警信息及应对情况；（13）环境保护、公共卫生、安全生产、食品药品、产品质量的监督检查情况；（14）公务员招考的职位、名额、报考条件等事项以及录用结果；（15）法律、法规、规章和国家有关规定规定应当主动公开的其他政府信息。此外，设区的市级、县级政府及其部门还应当根据本地方的具体情况，主动公开涉及市政建设、公共服务、公益事业、土地征收、房屋征收、治安管理、社会救助等方面的政府信息；乡（镇）政府还应当根据本地方的具体情况，主动公开贯彻落实农业农村政策、农田水利工程建设运营、农村土地承包经营权流转、宅基地使用情况审核、土地征收、房屋征收、筹资筹劳、社会救助等方面的政府信息。

行政机关应当依照规定，确定主动公开政府信息的具体内容，并按照上级行政机关的部署，不断增加主动公开内容。可以通过政府公报、政府网站或其他互联网政务媒体、新闻发布会以及报刊、广播、电视等途径予以主动公开。依托政府门户网站，利用统一的政府信息公开平台集中发布主动公开的政府信息。平台应当具备信息检索、查阅、下载等功能。国家档案馆、公共图书馆、政务服务场所应设置政府信息查阅场所，配备相应的设施、设备，为公民、法人和其他组织获取政府信息提供便利。可以设立公共查阅室、资料索取点、信息公告栏、电子信息屏等场所、设施，公开政府信息。及时向国家档案馆、公共图书馆提供主动公开的政府信息。属于主动公开范围的政府信息，应当自该政府信息形成或变更之日起20个工作日内公开。法律、法规对政府信息公开的期限另有规定的，从其规定。

八、依申请公开

除行政机关主动公开的政府信息外，公民、法人或其他组织可以向地方各级政府、对外以自己名义履行行政管理职能的县级以上政府部门申请获取相关政府信息。申请信息公开应当向政府信息公开工作机构提出。申请方式包括信件、数据电文在内的书面形式；采用书面形式确有困难的，申请人可以口头提出，由受理该申请的政府信息公开工作机构代为填写政府信息公开申请。申请内容包括：（1）申请人姓名或名称、身份证明、联系方式；（2）申请公开的政府信息的名称、文号或便于行政机关查询的其他特征性描述。申请公开的政府信息的形式要求包括获取信息的方式、途径。政府信息公开申请内容不明确的，行政机关应当指导释明，并自收到申请之日起7个工作日内一次性告知申请人作出补正，说明需要补正的事项和合理补正期限。答复期限自行政机关收到补正的申请之日起计算。申请人无正当理由逾期不补正的，视为放弃申请，行政机关不再处理该政府信息公开申请。行政机关收到政府信息公开申请的时间，按照下列规定确定：（1）申请人当面提交政府信息公开申请的，以提交之日为收到申请之日。（2）申请人以邮寄方式提交政府信息公开申请的，以行政机关签收之日为收到申请之日；以平常信函等无需签收的邮寄方式提交政府信息公开申请的，政府信息公开工作机构应当于收到申请的当日与申请人确认，确认之日为收到申请之日。（3）申请人通过互联网渠道或政府信息公开工作机构的传真提交政府信息公开申请的，以双方确认之日为收到申请之日。

对于"自收到申请之日起"行政机关和申请人可能有不同的理解，在下述案例李某雄诉广东省交通厅政府信息公开案中，法院明确，若无例外说明，申请人通过政府公众网络系统提交政府信息公开申请的，网络系统确认申请提交成功的日期应当视为收到申请之日。

【指导案例】

李某雄诉广东省交通运输厅政府信息公开案[①]

关键词

行政　政府信息公开　网络申请　逾期答复

裁判要点

公民、法人或其他组织通过政府公众网络系统向行政机关提交政府信息公开申请的，如该网络系统未作例外说明，则系统确认申请提交成功的日期应当视为行政机关收到政府信息公开申请之日。行政机关对于该申请的内部处理流程，不能成为行政机关延期处理的理由，逾期作出答复的，应当确认为违法。

相关法条

《政府信息公开条例》第 24 条[②]

[①] 指导案例 26 号，最高人民法院 2014 年 1 月 26 日发布。
[②] 《政府信息公开条例》第 24 条规定："行政机关收到政府信息公开申请，能够当场答复的，应当当场予以答复。行政机关不能当场答复的，应当自收到申请之日起 15 个工作日内予以答复；如需延长答复期限的，应当经政府信息公开工作机构负责人同意，并告知申请人，延长答复的期限最长不得超过 15 个工作日。申请公开的政府信息涉及第三方权益的，行政机关征求第三方意见所需时间不计算在本条第二款规定的期限内。"该条例已于 2019 年 4 月 3 日修订。

第六章 行政程序法

基本案情

原告李某雄诉称：其于2011年6月1日通过广东省人民政府公众网络系统向被告广东省交通运输厅提出政府信息公开申请，根据《政府信息公开条例》第24条第2款的规定，被告应在当月23日前答复原告，但被告未在法定期限内答复及提供所申请的政府信息，故请求法院判决确认被告未在法定期限内答复的行为违法。

被告广东省交通运输厅辩称：原告申请政府信息公开通过的是广东省人民政府公众网络系统，即省政府政务外网（以下简称省外网），而非被告的内部局域网（以下简称厅内网）。按规定，被告将广东省人民政府"政府信息网上依申请公开系统"的后台办理设置在厅内网。由于被告的厅内网与互联网、省外网物理隔离，互联网、省外网数据都无法直接进入厅内网处理，需通过网闸以数据"摆渡"方式接入厅内网办理，因此被告工作人员未能立即发现原告在广东省人民政府公众网络系统中提交的申请，致使被告未能及时受理申请。根据《政府信息公开条例》第24条、《国务院办公厅关于做好施行〈政府信息公开条例〉准备工作的通知》等规定，政府信息公开中的申请受理并非以申请人提交申请为准，而是以行政机关收到申请为准。原告称2011年6月1日向被告申请政府信息公开，但被告未收到该申请，被告正式收到并确认受理的日期是7月28日，并按规定向原告发出了《受理回执》。8月4日，被告向原告当场送达《关于政府信息公开的答复》和《政府信息公开答复书》，距离受理日仅5个工作日，并未超出法定答复期限。因原告在政府公众网络系统递交的申请未能被及时发现并被受理应视为不可抗力和客观原因造成，不应计算在答复期限内，故请求法院依法驳回原告的诉讼请求。

法院经审理查明：2011年6月1日，原告李某雄通过广东省人民政府公众网络系统向被告广东省交通运输厅递交了政府信息公开申请，申请获取广州广园客运站至佛冈的客运里程数等政府信息。政府公众网络系统以申请编号11060100011予以确认，并通过短信通知原告确认该政府信息公开申请提交成功。7月28日，被告作出受理记录确认上述事实，并于8月4日向原告送达《关于政府信息公开的答复》和《政府信息公开答复书》。庭审中被告确认原告基于生活生产需要获取上述信息，原告确认8月4日收到被告作出的《关于政府信息公开的答复》和《政府信息公开答复书》。

裁判结果

广州市越秀区人民法院于2011年8月24日作出（2011）越法行初字第252号行政判决：确认被告广东省交通运输厅未依照《政府信息公开条例》第24条规定的期限对原告李某雄2011年6月1日申请其公开广州广园客运站至佛冈客运里程数的政府信息作出答复违法。

裁判理由

法院生效裁判认为：《政府信息公开条例》第24条规定："行政机关收到政府信息公开申请，能够当场答复的，应当当场予以答复。行政机关不能当场答复的，应当自收到申请之日起15个工作日内予以答复；如需延长答复期限的，应当经政府信息公开工作机构负责人同意，并告知申请人，延长答复的期限最长不得超过15个工作日。"本案原告于2011年6月1日通过广东省人民政府公众网络系统向被告提交了政府信息公开申请，申请公开广州广园客运站至佛冈的客运里程数。政府公众网络系统生成了相应的电子申请编号，并向原告手机发送了申请提交成功的短信。被告确认收到上述申请并认可原告是基于生活生产需要获取上述信息，却于2011年8月4日才向原告作出《关于政府信息公开的答复》和《政府信息公开答复书》，已超过了上述规定的答复期限。由于广东省人民政府"政府信息网上依申请公开系统"作为政府信息申请公开平台所应当具有的整合性与权威性，如未作例外说明，则从该平台上递交成功的申请应视为相关行政机关已收到原告通过互联网提出的政府信息公开申请。至于外网与内网、上下级行政机关之间对于该申请的流转，属于行政机关内部管理事务，不能成为行政机关延期处理的理由。被告认为原告是向政府公众网络系统提交的申请，因其厅内网与互联网、省外网物理隔离而无法及时发现原告申请，应以其2011年7月28日发现原告申请为收到申请日期而没有超过答复期限的理由不能成立。因此，原告通过政府公众网络系统提交政府信息公开申请的，该网络系统确认申请提交成功的日期应当视为被告收到申请之日，被告逾期作出答复的，应当确认为违法。

  依申请公开的政府信息公开会损害第三方合法权益的，行政机关应当书面征求第三方的意见。第三方应当自收到征求意见书之日起15个工作日内提出意见。第三方逾期未提出意见的，由行政机关依照政府信息公开条例的规定决定是否公开。第三方不同意公开且有合理理由的，行政机关不予公开。行政机关认为不公开可能对公共利益造成重大影响的，可以决定予以公开，并将决定公开的政府信息内容和理由书面告知第三方。

九、答复时限

行政机关收到政府信息公开申请,能够当场答复的,应当当场予以答复。行政机关不能当场答复的,应当自收到申请之日起20个工作日内予以答复;需要延长答复期限的,应当经政府信息公开工作机构负责人同意并告知申请人,延长的期限最长不得超过20个工作日。行政机关征求第三方和其他机关意见所需时间不计算在前述规定的期限内。申请公开的政府信息由两个以上行政机关共同制作的,牵头制作的行政机关收到政府信息公开申请后可以征求相关行政机关的意见,被征求意见机关应当自收到征求意见书之日起15个工作日内提出意见,逾期未提出意见的,视为同意公开。

申请人申请公开政府信息的数量、频次明显超过合理范围,行政机关可以要求申请人说明理由。行政机关认为申请理由不合理的,告知申请人不予处理;行政机关认为申请理由合理,但是无法在规定的期限内答复申请人的,可以确定延迟答复的合理期限并告知申请人。

十、答复类型

(1)所申请公开信息已经主动公开的,告知申请人获取该政府信息的方式、途径。(2)所申请公开信息可以公开的,向申请人提供该政府信息,或告知申请人获取该政府信息的方式、途径和时间。(3)不予公开。行政机关根据法律,决定不予公开,告知申请人不予公开并说明理由。(4)经检索不存在。经检索没有所申请公开信息的,告知申请人该政府信息不存在。(5) 告知向另一行政机关申请。所申请公开信息不属于本行政机关负责公开的，告知申请人并说明理由；能够确定负责公开该政府信息的行政机关的，告知申请人该行政机关的名称、联系方式。(6) 不重复处理。行政机关已就申请人提出的政府信息公开申请作出答复、申请人重复申请公开相同政府信息的，告知申请人不予重复处理。(7) 工商、不动产登记资料等信息。所申请公开信息属于工商、不动产登记资料等信息，告知申请人依照有关法律、行政法规的规定办理。(8) 部分公开。申请公开的信息中含有不应当公开或不属于政府信息的内容，但是能够作区分处理的，行政机关应当向申请人提供可以公开的政府信息内容，并对不予公开的内容说明理由。(9) 行政机关向申请人提供的信息，应当是已制作或获取的政府信息。(10) 不给予加工、分析。除依照规定能够作区分处理的外，需要行政机关对现有政府信息进行加工、分析的，行政机关可以不予提供。(11) 不处理信访、投诉、举报。申请人以政府信息公开申请的形式进行信访、投诉、举报等活动，行政机关应当告知申请人不作为政府信息公开申请处理并可以告知通过相应渠道提出。(12) 政府公报、报刊、书籍。申请人提出的申请内容为要求行政机关提供政府公报、报刊、书籍等公开出版物的，行政机关可以告知获取的途径。(13) 提供适当信息载体。行政机关依申请公开政府信息，应当根据申请人的要求及行政机关保存政府信息的实际情况，确定提供政府信息的具体形式；按照申请人要求的形式提供政府信息，可能危及政府信息载体安全或公开成本过高的，可以通过电子数据以及其他适当形式提供，或安排申请人查阅、抄录相关政府信息。(14) 要求行政机关更正其对申请人的信息记录。公民、法人或其他组织有证据证明行政机关提供的与其自身相关的政府信息记录不准确的，可以要求行政机关更正。有权更正的行政机关审核属实的，应当予以更正并告知申请人；不属于本行政机关职能范围的，行政机关可以转送有权更正的行政机关处理并告知申请人，或告知申请人向有权更正的行政机关提出。（15）不收费但可收信息处理费。行政机关依申请提供政府信息，不收取费用。但申请人申请公开政府信息的数量、频次明显超过合理范围的，行政机关可以收取信息处理费。（16）转化为主动公开。多个申请人就相同政府信息向同一行政机关提出公开申请，且该政府信息属于可以公开的，行政机关可以纳入主动公开的范围。对行政机关依申请公开的政府信息，申请人认为涉及公众利益调整、需要公众广泛知晓或需要公众参与决策的，可以建议行政机关将该信息纳入主动公开的范围。行政机关经审核认为属于主动公开范围的，应当及时主动公开。

行政机关应当建立健全政府信息公开申请登记、审核、办理、答复、归档的工作制度，加强工作规范。公民、法人或其他组织认为行政机关在政府信息公开工作中侵犯其合法权益的，可以向上一级行政机关或政府信息公开工作主管部门投诉、举报；依法申请复议或起诉。

在信息公开申请程序中，当事人提出政府信息公开申请，对其申请负担初步举证责任，如果行政机关拒绝，行政机关对拒绝的事实根据负担举证（说服）责任。在下述案例中，申请人提交了该政府信息系由行政机关制作或保存的相关线索等初步证据后，若行政机关不能提供相反证据，并举证证明已尽到充分合理的查找、检索义务的，行政机关有关政府信息不存在的主张不成立。

【指导案例】

罗某昌诉重庆市彭水苗族土家族自治县地方海事处政府信息公开案①

关键词

行政　政府信息公开　信息不存在　检索义务

裁判要点

在政府信息公开案件中,被告以政府信息不存在为由答复原告的,法院应审查被告是否已经尽到充分合理的查找、检索义务。原告提交了该政府信息系由被告制作或者保存的相关线索等初步证据后,若被告不能提供相反证据,并举证证明已尽到充分合理的查找、检索义务的,法院不予支持被告有关政府信息不存在的主张。

相关法条

《政府信息公开条例》第2条②、第13条③

---

① 指导案例101号,最高人民法院2018年12月19日发布。
② 《政府信息公开条例》第2条规定:"本条例所称政府信息,是指行政机关在履行职责过程中制作或者获取的,以一定形式记录、保存的信息。"该条例已于2019年4月3日修订。
③ 《政府信息公开条例》第13条规定:"除本条例第九条、第十条、第十一条、第十二条规定的行政机关主动公开的政府信息外,公民、法人或者其他组织还可以根据自身生产、生活、科研等特殊需要,向国务院部门、地方各级政府及县级以上地方政府部门申请获取相关政府信息。"该条例已于2019年4月3日修订。

基本案情

原告罗某昌是兴运 2 号船的船主，在乌江流域从事航运、采砂等业务。2014 年 11 月 17 日，罗某昌因诉重庆大唐国际彭水水电开发有限公司财产损害赔偿纠纷案需要，通过邮政特快专递向被告重庆市彭水苗族土家族自治县地方海事处（以下简称彭水县地方海事处）邮寄书面政府信息公开申请书，具体申请的内容为："1. 公开彭水苗族土家族自治县港航管理处（以下简称彭水县港航处）、彭水县地方海事处的设立、主要职责、内设机构和人员编制的文件。2. 公开下列事故的海事调查报告等所有事故材料：兴运 2 号在 2008 年 5 月 18 日、2008 年 9 月 30 日的 2 起安全事故及鑫源 306 号、鑫源 308 号、高谷 6 号、荣华号等船舶在 2008 年至 2010 年发生的安全事故。"

彭水县地方海事处于 2014 年 11 月 19 日签收后，未在法定期限内对罗某昌进行答复，罗某昌向彭水苗族土家族自治县人民法院（以下简称彭水县法院）提起行政诉讼。2015 年 1 月 23 日，彭水县地方海事处作出（2015）彭海处告字第 006 号《政府信息告知书》，载明：一是对申请公开的彭水县港航处、彭水县地方海事处的内设机构名称等信息告知罗某昌获取的方式和途径；二是对申请公开的海事调查报告等所有事故材料经查该政府信息不存在。彭水县法院于 2015 年 3 月 31 日对该案作出（2015）彭法行初字第 00008 号行政判决，确认彭水县地方海事处在收到罗某昌的政府信息公开申请后未在法定期限内进行答复的行为违法。

2015 年 4 月 22 日，罗某昌以彭水县地方海事处作出的（2015）彭海处告字第 006 号《政府信息告知书》不符合法律规定，且与事实不符为由，提起行政诉讼，请求撤销彭水县地方海事处作出的（2015）彭海处告字第006号《政府信息告知书》，并由彭水县地方海事处向罗某昌公开海事调查报告等涉及兴运2号船的所有事故材料。

另查明，罗某昌提交了涉及兴运2号船于2008年5月18日在彭水高谷长滩子发生整船搁浅事故以及于2008年9月30日在彭水高谷煤炭沟发生沉没事故的《乌江彭水水电站断航碍航问题调查评估报告》《彭水县地方海事处关于近两年因乌江彭水万足电站不定时蓄水造成船舶搁浅事故的情况报告》《重庆市发展和改革委员会关于委托开展乌江彭水水电站断航碍航问题调查评估的函（渝发改能函〔2009〕562号）》等材料。在案件二审审理期间，彭水县地方海事处主动撤销了其作出的（2015）彭海处告字第006号《政府信息告知书》，但罗某昌仍坚持诉讼。

裁判结果

重庆市彭水苗族土家族自治县法院于2015年6月5日作出（2015）彭法行初字第00039号行政判决，驳回罗某昌的诉讼请求。罗某昌不服一审判决，提起上诉。重庆市第四中级人民法院于2015年9月18日作出（2015）渝四中法行终字第00050号行政判决，撤销（2015）彭法行初字第00039号行政判决；确认彭水苗族土家族自治县地方海事处于2015年1月23日作出的（2015）彭海处告字第006号《政府信息告知书》行政行为违法。

裁判理由

法院生效裁判认为：《政府信息公开条例》第13条规定，除本条例第9条、第10条、第11条、第12条规定的行政机关主动公开的政府信息外，公民、法人或者其他组织还可以根据自身生产、生活、科研等特殊需要，向国务院部门、地方各级政府及县级以上地方政府部门申请获取相关政府信息。彭水县地方海事处作为行政机关，负有对罗某昌提出的政府信息公开申请作出答复和提供政府信息的法定职责。根据《政府信息公开条例》第2条"本条例所称政府信息，是指行政机关在履行职责过程中制作或者获取的，以一定形式记录、保存的信息"的规定，罗某昌申请公开彭水县港航处、彭水县地方海事处的设立、主要职责、内设机构和人员编制的文件，属于彭水县地方海事处在履行职责过程中制作或者获取的，以一定形式记录、保存的信息，当属政府信息。彭水县地方海事处已为罗某昌提供了彭水编发（2008）11号《彭水苗族土家族自治县机构编制委员会关于对县港航管理机构编制进行调整的通知》的复制件，明确载明了彭水县港航处、彭水县地方海事处的机构性质、人员编制、主要职责、内设机构等事项，罗某昌已知晓，予以确认。

　　罗某昌申请公开涉及兴运2号船等船舶发生事故的海事调查报告等所有事故材料的信息，根据《内河交通事故调查处理规定》的相关规定，船舶在内河发生事故的调查处理属于海事管理机构的职责，其在事故调查处理过程中制作或者获取的，以一定形式记录、保存的信息属于政府信息。彭水县地方海事处作为彭水县的海事管理机构，负有对彭水县行政区域内发生的内河交通事故进行立案调查处理的职责，其在事故调查处理过程中制作或者获取的，以一定形式记录、保存的信息属于政府信息。罗某昌提交了兴运2号船于2008年5月18日在彭水高谷长滩子发生整船搁浅事故以及于2008年9月30日在彭水高谷煤炭沟发生沉没事故的相关线索，而彭水县地方海事处作出的（2015）

彭海处告字第006号《政府信息告知书》第二项告知罗某昌申请公开的该项政府信息不存在，仅有彭水县地方海事处的自述，没有提供印证证据证明其尽到了查询、翻阅和搜索的义务。故彭水县地方海事处作出的（2015）彭海处告字第006号《政府信息告知书》违法，应当予以撤销。在案件二审审理期间，彭水县地方海事处主动撤销了其作出的（2015）彭海处告字第006号《政府信息告知书》，罗某昌仍坚持诉讼。根据《行政诉讼法》第74条第2款第（2）项之规定，判决确认彭水县地方海事处作出的政府信息告知行为违法。

十一、增进政府信息公开制度建设

应定期培训政府信息公开工作人员。县级以上政府部门应当在每年1月31日前向本级政府信息公开工作主管部门提交本行政机关上一年度政府信息公开工作年度报告并向社会公布。县级以上地方政府的政府信息公开工作主管部门应当在每年3月31日前向社会公布本级政府上一年度政府信息公开工作年度报告。报告应当包括下列内容：（1）行政机关主动公开政府信息的情况；（2）行政机关收到和处理政府信息公开申请的情况；（3）因政府信息公开工作被申请行政复议、提起行政诉讼的情况；（4）政府信息公开工作存在的主要问题及改进情况。各级政府的政府信息公开工作年度报告还应当包括工作考核、社会评议和责任追究结果情况。国务院办公厅应当公布政府信息公开工作年度报告统一格式，并适时更新。国务院价格主管部门会同国务院财政部门、全国政府信息公开工作主管部门制定行政机关收取信息处理费的具体办法。

第七章 行政行为

第一节 行政行为范畴

一、定义

从狭义方面来讲,行政行为是指在行政程序中适用实体法或上位法所作出的行政决定或行政立法。从广义方面来讲,行政行为是指在行政程序中适用法律、法规和规章等作出的所有法律行为。

二、特征

(1)主体要素。行为主体须为行政公法人,包括行政机关和公务法人,主体要素使行政行为和民事行为区别开来。(2)行政职责要素。

行政法人行使行政性权力，履行行政公务。（3）法律效力要素。行政行为具有公法约束力，这就是法律效力要素。（4）行政行为成立要素。包括：①行政机关和当事人。②管辖根据。③事实和法律根据。④权利义务内容。⑤公章。⑥时间。6个要件缺一不可，否则行政行为尚未成立。行政行为不是行政机关的民事行为，也不是公务员个人行为。行政行为是公务员履行职务行为，公务员以个人名义所为的行为不是行政行为。

如下述案例中，公安机关所作建设工程消防验收备案结果通知，含有消防竣工验收是否合格的评定，属于行政确认，具有法律约束效力，是一种行政行为（裁决）。内含行政实体法适用，即建设工程消防合标与否，只有合标，公安机关才能给予验收合格的评定，由公安机关与当事人之间消防验收合标与否的行政实体法所确定。公安机关进行消防验收或建设单位向其备案，公安机关都在履行法定监管职责，不是民事行为，也不是警察个人行为，而由公安机关负责。

【指导案例】

戴某华诉济南市公安消防支队消防验收纠纷案[①]

关键词

行政诉讼　受案范围　行政确认　消防验收　备案结果通知

[①] 指导案例59号，最高人民法院2016年5月20日发布。

裁判要点

建设工程消防验收备案结果通知含有消防竣工验收是否合格的评定,具有行政确认的性质,当事人对公安机关消防机构的消防验收备案结果通知行为提起行政诉讼的,人民法院应当依法予以受理。

相关法条

《消防法》第4条①、第13条②

基本案情

原告戴某华诉称:原告所住单元一梯四户,其居住的801室坐东

---

① 《消防法》第4条规定:"国务院公安部门对全国的消防工作实施监督管理。县级以上地方人民政府公安机关对本行政区域内的消防工作实施监督管理,并由本级人民政府公安机关消防机构负责实施。军事设施的消防工作,由其主管单位监督管理,公安机关消防机构协助;矿井地下部分、核电厂、海上石油天然气设施的消防工作,由其主管单位监督管理。县级以上人民政府其他有关部门在各自的职责范围内,依照本法和其他相关法律、法规的规定做好消防工作。法律、行政法规对森林、草原的消防工作另有规定的,从其规定。"该法已于2019年4月23日修正。

② 《消防法》第13条规定:"按照国家工程建设消防技术标准需要进行消防设计的建设工程竣工,依照下列规定进行消防验收、备案:(一)本法第十一条规定的建设工程,建设单位应当向公安机关消防机构申请消防验收;(二)其他建设工程,建设单位在验收后应当报公安机关消防机构备案,公安机关消防机构应当进行抽查。依法应当进行消防验收的建设工程,未经消防验收或者消防验收不合格的,禁止投入使用;其他建设工程经依法抽查不合格的,应当停止使用。"该法已于2019年4月23日修正。

朝西，进户门朝外开启。距离原告门口0.35米处的南墙挂有高1.6米、宽0.7米、厚0.25米的消火栓。人员入室需后退避让，等门扇开启后再前行入室。原告的门扇开不到60~70度根本出不来。消防栓的设置和建设影响原告的生活。请求依法撤销被告济南市公安消防支队批准在其门前设置的消防栓通过验收的决定；依法判令被告责令报批单位依据国家标准限期整改。被告济南市公安消防支队辩称：建设工程消防验收备案结果通知是按照建设工程消防验收评定标准完成工程检查，是检查记录的体现。如果备案结果合格，则表明建设工程是符合相关消防技术规范的；如果不合格，公安机关消防机构将依法采取措施，要求建设单位整改有关问题，其性质属于技术性验收，并不是一项独立、完整的具体行政行为，不具有可诉性，不属于人民法院行政诉讼的受案范围，请求驳回原告的起诉。法院经审理查明：针对戴某华居住的馆驿街以南棚户区改造工程1-8号楼及地下车库工程，济南市公安消防支队对其消防设施抽查后，于2011年11月21日作出济公消验备〔2011〕第0172号《建设工程消防验收备案结果通知》。

裁判结果

济南高新技术产业开发区法院于2012年11月13日作出（2012）高行初字第2号行政裁定，驳回原告戴某华的起诉。戴某华不服一审裁定提起上诉。

济南市中级法院经审理，于2013年1月17日作出（2012）济行终字第223号行政裁定：一、撤销济南高新技术产业开发区法院作出的（2012）高行初字第2号行政裁定；二、本案由济南高新技术产业开发区法院继续审理。

◇ 行政实体法与行政程序法精要

裁判理由

法院生效裁判认为：关于行为的性质。《消防法》第 4 条规定："县级以上地方人民政府公安机关对本行政区域内的消防工作实施监督管理，并由本级人民政府公安机关消防机构负责实施。"《公安部建设工程消防监督管理规定》第 3 条第 2 款规定："公安机关消防机构依法实施建设工程消防设计审核、消防验收和备案、抽查，对建设工程进行消防监督。"第 24 条规定："对本规定第十三条、第十四条规定以外的建设工程，建设单位应当在取得施工许可、工程竣工验收合格之日起七日内，通过省级公安机关消防机构网站进行消防设计、竣工验收消防备案，或者到公安机关消防机构业务受理场所进行消防设计、竣工验收消防备案。"上述规定表明，建设工程消防验收备案就是特定的建设工程施工人向公安机关消防机构报告工程完成验收情况，消防机构予以登记备案，以供消防机构检查和监督，备案行为是公安机关消防机构对建设工程实施消防监督和管理的行为。消防机构实施的建设工程消防备案、抽查的行为具有行使行政职权的性质，体现出国家意志性、法律性、公益性、专属性和强制性，备案结果通知是备案行为的组成部分，是备案行为结果的具体表现形式，也具有上述行政职权的特性，应该纳入司法审查的范围。

关于行为的后果。《消防法》第 13 条规定："按照国家工程建设消防技术标准需要进行消防设计的建设工程竣工，依照下列规定进行消防验收、备案：……（二）其他建设工程，建设单位在验收后应当报公安机关消防机构备案，公安机关消防机构应当进行抽查。依法应当进行消防验收的建设工程，未经消防验收或者消防验收不合格的，禁止投入使用；其他建设工程经依法抽查不合格的，应当停止使用。"公安部《建设工程消防监督管理规定》第 25 条规定："公安机关消防机构应当在已经备案的消防设计、竣工验收工程中，随机确定检查对象并向社会公告。对确定为检查对象的，公安机关消防机构应当在二十日内按照消防法规和国家工程建设消防技术标准完成图纸检查，或者按照建设工程消防验收评定标准完成工程检查，制作检查记录。检查结果应当向社会公告，检查不合格的，还应当书面通知建设单位。建设单位收到通知后，应当停止施工或者停止使用，组织整改后向公安机关消防机构申请复查。公安机关消防机构应当在收到书面申请之日起二十日内进行复查并出具书面复查意见。"上述规定表明，在竣工验收备案行为中，公安机关消防机构并非仅仅是简单地接受建设单位向其报送的相关资料，还要对备案资料进行审查，完成工程检查。消防机构实施的建设工程消防备案、抽查的行为能产生行政法上的拘束力。对建设单位而言，在工程竣工验收后应当到公安机关消防机构进行验收备案，否则，应当承担相应的行政责任，消防设施经依法抽查不合格的，应当停止使用，并组织整改；对公安机关消防机构而言，备案结果中有抽查是否合格的评定，实质上是一种行政确认行为，即公安机关消防机构对行政相对人的法律事实、法律关系予以认定、确认的行政行为，一旦消防设施被消防机构评定为合格，那就视为消防机构在事实上确认了消防工程质量合格，行政相关人也将受到该行为的拘束。据此，法院认为作出建设工程消防验收备案通知，是对建设工程消防设施质量监督管理的最后环节，备案结果通知含有消防竣工验收是否合格的评定，具有行政确认的性质，是公安机关消防机构作出的具体行政行为。备案手续的完成能产生行政法上的拘束力。故备案行为是可诉的行政行为，人民法院可以对其进行司法审查。原审裁定认为建设工程消防验收备案结果通知性质属于技术性验收通知，不是具体行政行为，并据此驳回上诉人戴某华的起诉，确有不当。

三、行政行为和行政事实行为

（1）二者都是行政职务行为，但意思表示不同，行政机关为行政行为，有明确的意思表示。事实行为，没有明确的形成、变更或消灭行政法律关系的意思表示。（2）前者分为合法与违法行政行为，后者一般是侵权行为。（3）行政行为权利义务内容直接体现行政机关或当事人意思表示，事实行为有行政法后果，如侵权事实行为产生行政赔偿责任。后果责任并不是行政机关直接追求的目的。（4）二者约束力不同，行政行为有法律约束力，事实行为没有约束力。（5）形式要素不同。行政行为有形式要件；事实行为无形式要件。

四、实体性行政行为和程序性行政行为

实体性行政行为是指行政机关通过行政程序适用实体法作出的行政行为。程序性行政行为是指行政机关根据行政程序法作出的步骤行为。

如在下述案例中，乐山市人力资源和社会保障局尽管错误地适用了《工伤保险条例》第 20 条第 3 款规定，但其作出的乐人社工时〔2013〕05 号（峨眉山市）《工伤认定时限中止通知书》就是一种过程行政行为，而非行政实体决定。因其还没有适用实体法等作出工伤认

定决定。正如裁判要点所述：当事人认为行政机关作出的程序性行政行为侵犯其人身权、财产权等合法权益，对其权利义务产生明显的实际影响，且无法通过提起针对相关的实体性行政行为的诉讼获得救济，而对该程序性行政行为提起行政诉讼的，法院应当依法受理。

【指导案例】

王某德诉乐山市人力资源和社会保障局工伤认定案①

关键词

行政诉讼　工伤认定　程序性行政行为　受理

裁判要点

当事人认为行政机关作出的程序性行政行为侵犯其人身权、财产权等合法权益，对其权利义务产生明显的实际影响，且无法通过提起针对相关的实体性行政行为的诉讼获得救济，而对该程序性行政行为提起行政诉讼的，人民法院应当依法受理。

相关法条

《行政诉讼法》第12条、第13条

---

① 指导案例69号，最高人民法院2016年9月19日发布。

基本案情

原告王某德系王某兵之父。王某兵是四川嘉宝资产管理集团有限公司峨眉山分公司职工。2013年3月18日，王某兵因交通事故死亡。由于王某兵驾驶摩托车倒地翻覆的原因无法查实，四川省峨眉山市公安局交警大队于同年4月1日依据《道路交通事故处理程序规定》第50条的规定，作出乐公交认定〔2013〕第00035号《道路交通事故证明》。该《道路交通事故证明》载明：2013年3月18日，王某兵驾驶无牌"卡迪王"二轮摩托车由峨眉山市大转盘至小转盘方向行驶。1时20分许，当该车行至省道S306线29.3千米处驶入道路右侧与隔离带边缘相擦挂，翻覆于隔离带内，造成车辆受损、王某兵当场死亡的交通事故。

2013年4月10日，第三人四川嘉宝资产管理集团有限公司峨眉山分公司就其职工王某兵因交通事故死亡，向被告乐山市人力资源和社会保障局申请工伤认定，并同时提交了峨眉山市公安局交警大队所作的《道路交通事故证明》等证据。被告以公安机关交通管理部门尚未对本案事故作出交通事故认定书为由，于当日作出乐人社工时〔2013〕05号（峨眉山市）《工伤认定时限中止通知书》（以下简称《中止通知》），并向原告和第三人送达。2013年6月24日，原告通过国内特快专递邮件方式，向被告提交了《恢复工伤认定申请书》，要求被告恢复对王某兵的工伤认定。因被告未恢复对王某兵工伤认定程序，原告遂于同年7月30日向法院提起行政诉讼，请求判决撤销被告作出的《中止通知》。

裁判结果

四川省乐山市市中区人民法院于 2013 年 9 月 25 日作出（2013）乐中行初字第 36 号判决，撤销被告乐山市人力资源和社会保障局于 2013 年 4 月 10 日作出的乐人社工时〔2013〕05 号《中止通知》。一审宣判后，乐山市人力资源和社会保障局提起了上诉。乐山市中级人民法院二审审理过程中，乐山市人力资源和社会保障局递交撤回上诉申请书。乐山市中级人民法院经审查认为，上诉人自愿申请撤回上诉，属其真实意思表示，符合法律规定，遂裁定准许乐山市人力资源和社会保障局撤回上诉。一审判决已发生法律效力。

裁判理由

法院生效裁判认为，本案争议的焦点有两个：一是《中止通知》是否属于可诉行政行为；二是《中止通知》是否应当予以撤销。

1. 关于《中止通知》是否属于可诉行政行为问题。法院认为，被告作出《中止通知》，属于工伤认定程序中的程序性行政行为，如果该行为不涉及终局性问题，对相对人的权利义务没有实质影响的，属于不成熟的行政行为，不具有可诉性，相对人提起行政诉讼的，不属于人民法院受案范围。但如果该程序性行政行为具有终局性，对相对人权利义务产生实质影响，并且无法通过提起针对相关的实体性行政行为的诉讼获得救济的，则属于可诉行政行为，相对人提起行政诉讼的，属于人民法院行政诉讼受案范围。虽然根据《道路交通安全法》第 73 条的规定："公安机关交通管理部门应当根据交通事故现场勘验、检查、调查情况和有关的检验、鉴定结论，及时制作交通事故认定书，作为处理交通事故的证据。交通事故认定书应当载明交通事故的基本事实、成因和当事人的责任,并送达当事人"。但是,在现实道路交通事故中,也存在因道路交通事故成因确实无法查清,公安机关交通管理部门不能作出交通事故认定书的情况。对此,《道路交通事故处理程序规定》第50条规定:"道路交通事故成因无法查清的,公安机关交通管理部门应当出具道路交通事故证明,载明道路交通事故发生的时间、地点、当事人情况及调查得到的事实,分别送达当事人。"就本案而言,峨眉山市公安局交警大队就王某兵因交通事故死亡,依据所调查的事故情况,只能依法作出《道路交通事故证明》,而无法作出《交通事故认定书》。因此,本案中《道路交通事故证明》已经是公安机关交通管理部门依据《道路交通事故处理程序规定》就事故作出的结论,也就是《工伤保险条例》第20条第3款中规定的工伤认定决定需要的"司法机关或者有关行政主管部门的结论"。除非出现新事实或者法定理由,否则公安机关交通管理部门不会就本案涉及的交通事故作出其他结论。而本案被告在第三人申请认定工伤时已经提交了相关《道路交通事故证明》的情况下,仍然作出《中止通知》,并且一直到原告起诉之日,被告仍以工伤认定处于中止中为由,拒绝恢复对王某兵死亡是否属于工伤的认定程序。由此可见,虽然被告作出《中止通知》是工伤认定中的一种程序性行为,但该行为将导致原告的合法权益长期,乃至永久得不到依法救济,直接影响了原告的合法权益,对其权利义务产生实质影响,并且原告也无法通过对相关实体性行政行为提起诉讼以获得救济。因此,被告作出《中止通知》,属于可诉行政行为,人民法院应当依法受理。

2. 关于《中止通知》应否予以撤销问题。法院认为,《工伤保险条例》第 20 条第 3 款规定,"作出工伤认定决定需要以司法机关或者有关行政主管部门的结论为依据的,在司法机关或者有关行政主管部门尚未作出结论期间,作出工伤认定决定的时限中止"。如前所述,第三人在向被告就王某兵死亡申请工伤认定时已经提交了《道路交通事故证明》。也就是说,第三人申请工伤认定时,并不存在《工伤保险条例》第 20 条第 3 款所规定的依法可以作出中止决定的情形。因此,被告依据《工伤保险条例》第 20 条规定,作出《中止通知》属于适用法律、法规错误,应当予以撤销。另外,需要指出的是,在人民法院撤销被告作出的《中止通知》判决生效后,被告对涉案职工认定工伤的程序即应予以恢复。

第二节 行政行为分类

一、具体行政行为和抽象行政行为

具体行政行为是指行政机关针对个别当事人特定事实所做的并对其权利、义务产生直接具体影响的行政行为。具体包括行政命令、行政征收、行政许可、行政确认、行政处罚、行政强制、行政合同、行政裁决、行政奖励、行政赔偿等。

抽象行政行为是指行政机关针对不确定当事人制定和发布的具有普遍约束力的行为。无论事实是否特定,只要当事人不是个别特定的,不可数,就是抽象行政行为。

抽象行政行为可分为行政规定和行政立法。行政规定是除了行政立法之外的抽象行政行为。《行政复议法》首次使用"行政规定"①。具体来讲,(1)有些行政机关既可作出行政立法也可作出行政规定,有些行政机关如县级政府只能作出行政规定,没有行政立法权。(2)行政立法位阶高于行政规定。(3)行政规定可依行政立法作出。(4)在行政复议和行政诉讼中,当事人可以随具体行政行为附带对行政规定提起复议或行政诉讼。

二、单方、双方和多方意思表示行政行为

单方意思表示行政行为指行政机关依据法律规定出于单方意思表示所做出的行政行为。必须听取当事人意见,当事人权利意志处在听取和参考地位。双方意思表示行政行为是行政机关和当事人双方意思表示平等协商做出的行政合同或行政行为。多方意思表示行政行为是行政行为以两个以上意思表示结合而成立的行为,是多个意思表示为共同实现一个目的而结合成的一个集体行为。

三、行政立法、行政执法和行政司法

行政立法是行政机关根据宪法或法律、法规授权进行的准立法。行政执法是行政机关具体执行实体法和程序法的行为。包括行政机关

---

① 王名扬:《美国行政法》,中国法制出版社1995年版,第200页。

对公民、法人或其他组织是否遵守行政法的监督检查、调查、行政实体决定及强制执行等。行政司法是行政机关裁判、调解民事争议，复审行政争议的准司法行为。

三者的区别与联系：（1）行政立法是抽象行政行为，行政执法和行政司法是具体行政行为。（2）行政立法是行政执法和行政司法的依据。（3）行政执法是行政机关作为执法者一方执行法律；行政司法是行政机关作为准司法者裁判民事或行政争议。

四、内部行政行为和外部行政行为

内部行政行为是指行政机关对其内部事务的处理，对内部人员有约束效力。包括内部具体行政行为和内部抽象行政行为。前者如行政处分，后者如行政机关纪律规章。

行政机关根据法律、法规对当事人行使行政权力作出的行政行为，为外部行政行为。外部具体行政行为包括外部行政实体决定和外部具体程序行为。外部行政实体决定是指行政机关依单方意思表示对公民、法人或其他组织的实体权利义务或责任所作出的行政决定。行政实体决定分为：（1）授益行政决定，指对私人确认或授予实体权利的行政决定。（2）负担行政决定，指对当事人实体权利产生不利影响的行政决定。（3）混合行政决定，指对同一当事人既授予实体权利又施加负担的行政决定。（4）对第三人实体权利产生影响的行政决定，如行政机关对甲核发影响邻居乙采光的建筑许可证。

五、职权、授权和委托行政行为

行政机关依据宪法、行政组织法作出的行政行为,为职权行政行为。如根据《国务院组织法》第3条规定,国务院行使《宪法》第89条规定的职权。其所做出的行政行为为职权行政行为。行政法人依据特殊法律、法规授权作出的行政行为,称为特殊授权的行政行为。如根据《突发事件应对法》第8条授权,国务院在总理领导下研究、决定和部署特别重大突发事件的应对工作;根据实际需要,设立国家突发事件应急指挥机构,负责突发事件应对工作。此为法律特别授权行政行为。行政机关委托其他机关或具有公共管理职能的组织所为的行政行为,为委托行政行为。委托方对委托行为和受托方在委托范围内的行为承担责任。

六、行政裁量行为与行政羁束行为

行政裁量行为是指行政机关根据法律、法规授予的裁量空间,在事实认定、法律适用方面,斟酌作出判断或选择的行政行为。裁量种类包括:(1)立案和管辖裁量;(2)事实认定裁量,指行政机关在调查、核实证据进而对事实作出的法律要件构成上的判断和认定裁量;(3)法律适用裁量;(4)权利形成或取消的法律要件裁量;(5)作出行政决定种类和幅度裁量;①(6)作出行政决定时间选择的裁量;(7)作

---

① 杨临宏:《论行政自由裁量》,载《广东行政学院学报》2006年第6期。

出行政决定地点选择的裁量;①（8）行政程序选择裁量;②（9）行政立法裁量;等等。行政裁量行为违法和不当的表现包括：（1）裁量目的、动机不合法或不怀好意;（2）裁量超越界限;（3）裁量怠惰;③（4）裁量决定明显不当;（5）裁量态度"不文明"甚至缺乏基本人性;（6）裁量标准歧视。

羁束行政行为是指行政机关根据法律、法规明确硬性规定所做的没有选择余地的行政行为，如税务机关对税率适用没有裁量余地。

第三节　行政行为效力

一、定义

行政行为效力是指行政行为一旦成立，就具有以国家强制力为后盾保障的约束力，行政机关和当事人都受拘束。包括公定力、拘束力、确定力和执行力。

---

① ［日］盐野宏：《行政法》，杨建顺译，法律出版社1999年版，第91页。
② 杨临宏：《论行政自由裁量》，载《广东行政学院学报》2006年第6期。
③ ［日］美浓部达吉：《公法与私法》，黄冯明译，中国政法大学出版社2003年版，第112页。

二、特征

行政行为一旦成立，作出机关自动受约束，直至履行结束。一旦作出机关依法公布或送达当事人，当事人则受约束，依法享有权利，履行义务或承担责任。如我国台湾地区"行政程序法"第110条规定，书面之行政处分自送达相对人及已知之利害关系人起；书面以外之行政处分自以其他适当方法通知或使其知悉时起，依送达、通知或使知悉之内容对其发生效力。一般处分自公告日或刊登政府公报、新闻纸最后登载日起发生效力。但处分另订不同日期者，从其规定。已成立行政行为，在第三方面前，一般应承认其合法有效。

三、效力度

不同的行政行为，效力度有别。不成熟抽象行政行为，权利、义务、责任处在抽象阶段，对当事人具有可预见的约束力，未形成执行力，需行政决定去实施。成熟抽象行政行为，对当事人具有迫在眼前的约束力。程序行为与实体决定效力程度不同。前者有公定力，但确定力比后者小。对当事人设定义务的行政程序行为，当事人不履行，不一定有强制执行必要。

四、行政行为公定力

行政行为公定力指行政行为一旦成立，就推定其合法有效，并且具有约束力，要求作出机关、当事人、第三方予以遵守，尊重并执行的效力。行政行为是行政机关以官方名义作出，在未经法定机关和法定程序，在没有足够证据证明其违法之前，推定合法。公定力由日本公法学家美浓部达吉提出，他受德国奥托·迈耶行政行为理论影响，认为具有国家意思表示的行政行为直到有权国家机关取消或确认其无效时为止，是受"合法"认定的，当事人不得否认其效力。公民只在法律允许其申请异议、诉愿或提起诉讼时，才能去抗争；否则公民针对行政违法行为，除了服从外，别无他法。① 南博方指出："行政行为一旦付诸实施，除无效情况外，在被有关机关撤销之前，不仅对方，而且国家机关、一般第三者也必须承认其为有效，并服从之。"② 杉村敏正认为，行政处分被承认具有公定力，能经由行政处分适时而不迟延公益之实现。③ 日本最高法院认为："行政处分，除其违法重大且明显，被认为属于使该处分当然无效的情况以外，即使违法，只要没有被合法地撤销，就应该解释为完全具有效力。"④ 《德国行政程序法》第43条规定："无效行政行为始终不产生效力。"也有人认为即便是无效行政行为，在未被国家机关确认无效前仍有公定力。不应将无效和

---

① ［日］南博方：《日本行政法》，杨建顺、周作彩译，中国人民大学出版社1988年版，第41页。

② 叶必丰：《行政行为的效力研究》，中国人民大学出版社2002年版，第75页。

③ ［日］杉村敏正：《论行政处分的公定力》，载城仲模：《行政法之基础理论》，第182页；方世荣：《行政决定》，载应松年主编：《当代中国行政法》，中国方正出版社2005年版，第668页。

④ 参见［日］盐野宏：《行政法》，杨建顺译，法律出版社1999年版，第101页。

可撤销混同，对于严重且明显违法的行政行为，不应推定合法有效。

关于合法推定说。①杰列内克认为，合法推定是指行政本身使其行为获得了合法性推定。乌勒认为秩序与安定联系最为紧密，如果个人对有瑕疵的国家行为可以拒绝服从，那么这个安定必将受到侵害，社会将处于无政府状态。为了法律安定，必须建立合法推定理论，即有瑕疵行政行为在被撤销前应推定为合法有效。公定力实质上是一种假设的法律效力。② 这种假定，不仅是对行政行为的维护，也是对其所确立的权利义务关系的稳固，是对其所蕴含的行政法制度和秩序稳定性的维护。

公定力的绝对性与相对性。绝对性指从行政行为成立时刻起，无论其是否确实合法，推定合法有效。相对性指法律授权当事人可以对其判断并且可以抵制的没有公定力。如《德国行政程序法》第44条第1款规定，"行政行为具有严重瑕疵，该瑕疵按所考虑的一切情况明智判断属明显者，行政行为无效"。法国称之为不存在，英国将明显越权行为归属无效。

关于公定力的根源。行政行为是由行政机关作出的，是公法行为，目的在于公共利益；与民事行为追求私人利益不同，必然要求推定其合法有效，根源在于行政行为公本质。虽然现代国家权力也受法律约束，但是其本身具有法定强制性是不争的。在法国，称为效力先定特

---

① 叶必丰：《行政行为的效力研究》，中国人民大学出版社2002年版，第69~73页。

② 叶必丰：《行政行为的效力研究》，中国人民大学出版社2002年版，第109页。

权,指行政机关决定一旦做完,就假定符合法律规定,对行政机关本身和当事人及其他国家机关具有拘束力。在日本,称之为公定力,即只要法院或行政厅不使行政行为丧失效力,不问其是否合法,都具有一种力量,强行拘束当事人。在美国,称之为既判力。近代以前,公定力用以约束臣民,现代公定力用来约束行政机关。

五、行政行为拘束力

行政行为拘束力指行政行为一经成立,行政机关应当维护行政法律关系,当事人应按行政行为享受权利履行义务。任何一方都不可"干扰或破坏"既定权利义务关系。行政机关、当事人和第三方有义务承受行政行为拘束。拘束力具有绝对性和相对性。其中,拘束力绝对性指在行政行为履行或在撤销、变更、废止之前,行政机关、当事人无论同意与否,都必须受持续束缚,各方应当尊重维护直至履行完毕。拘束力相对性指抽象或特定当事人对已经成立的行政行为,可以依法提起行政复议或行政诉讼,行政机关或法院为维护公共利益或保护当事人权利,依法可以暂停执行行政行为。但相对性不是指当事人可任意干扰或破坏行政行为设定的权利义务关系。任何公民对行政行为,没有法律之外的抵抗权。

六、行政行为确定力

确定力具有绝对性和相对性。行政行为对于当事人的同案事实认定和法律适用,一经确定,一般不可更改,一如既往,持续存在,这是绝对性。确定力相对性指如果有新证据、新理由,或法律、政策变化,或重要公共利益需要,可依法定程序变更;在法定救济期间,或在法院判决之前,行政机关可以依法定程序变更。

班纳兹克于1886年在《司法判决与实质确定力》中提出确定力理论。从判决确定力推导出具有司法性的行政决定也应具有类似效力,判断标准不是"决定"是否出于法院,只要是国家机关对个案中的权利义务作出宣告或确认决定,都属于司法性决定,都具实质确定力。作出机关不仅不能变更,也不重启审理程序,其他机关在做出与该行政决定有关联行政决定时,承认其既定。[1] 当事人没有权利自行改变,除非提起复议或诉讼。

行政机关通过法定行政程序,适用实体法,作出行政行为,就特定案件做出正式结论,确定力形成。行政决定作出,行政决策出台,严肃权威,不能朝令夕改。除非由法定机关,有新法定根据或新理由,通过法定程序,才能重作。如1976年《德国行政程序法》第43条第2款规定,行政行为未被撤销废止或以其他方式终止之前,持续有效。既判力、公法安定原则都是行政行为确定力的根源。

早在古希腊时期,苏格拉底就提出了法绝对安定性理论,但作为适用原则却是在19世纪中期才出现。德国反思法西斯任意践踏法律的教训,正视法治国意义,逐步使法治国理念从形式走向实质。在这个背景下,拉德布鲁赫将法的安定性列为实现实质法治国的重要标准,[2]

---

[1] 江利红:《日本行政法学基础理论》,知识产权出版社2008年版,第443页。
[2] 赵宏:《法治国下的行政行为存续力》,法律出版社2007年版,第119~121页。

他认为,"如果抛开公正不论,那么法律安定就是法的最大目的。在实定法范围内,法律安定往往比公正更为重要"。① 安定思想是所有人类能力和现代文明发展的源泉。甚至关于国家起源与目的也应当回溯到安定性思想中。"法的安定性":其一是认为法的安定是根据法律形成的法律关系的安定;其二是认为法的安定是法律本身安定。法律规范的安定源于法律的本质和目的。在实质法治国家下,法是人民意志的体现,是人们参与社会生活管理的结果,其安定性是人们预见行为结果从而指引其行为活动基础。法律秩序的安定在于法律目的的实现,通过将抽象的法律规范适用于具体案件,形成特定权利义务关系,需要稳定。首先要求法律规范稳定、安定。其次对待已经确定的具体权利义务关系,应以一事不再理为原则,不再改变。这应当是法律确立的秩序实质性价值。他要求依法取得的权利不能被突然、任意地收回或改变,依法形成的义务不能被任意取消、改变。②

法的安定性要求法具有明确性、存续性。法的明确性则要求法律规范在内容上应尽可能地清楚和精确;而存续性是法安定性的核心,如果法律时刻变动,生活在法律秩序下的个人,无法对未来作出预见。③ 同样,作为法律适用结果,行政行为理应具有这种存续力,如果行政行为本身所依据的法律规范随时都存在变更的可能,行政行为所确定的权利义务关系也不能持久。如此行政机关和当事人都失去了维

---

① 王红建:《论具体行政行为的效力》,郑州大学 2002 年硕士学位论文。
② 参见赵宏:《法治国下的行政行为存续力》,法律出版社 2007 年版,第 18~20 页。
③ [日] 盐野宏:《行政法总论》,杨建顺译,北京大学出版社 2008 年版,第 100 页。

系这种行政法律关系秩序的恒心。正是法安定性原则要求行政行为具有确定力。也有人认为形式确定力来源于法的安定性，实质确定力则来源于信赖利益。① 信赖利益原则作为行政行为确定力理论来源，它和法安定性原则实际是一致的。根据法安定性原则，行政行为确定的权利义务关系不会被任意改变，就此而言，信赖保护正是基于法安定性而产生。信赖保护原则要求法具有安定性，行政行为具有确定性。法的安定性原则包括要求法律、判例、规章、行政裁决和具体行政法律关系等都安定。

  一事不再理原则指一行政案件的实质内容已由行政机关裁定以后，原案当事人不可再对同案当事人，以同一理由，再行申请起动行政程序；否则行政机关应驳回其申请，不再受理。既判力排除同一权利再请求，同一争议再提起。当行政机关站在司法性角度解决事实争议，作出行政决定，在这个过程中当事人有机会主张和反驳，效力确定的行政决定对未来的行政机关做出决定或法院判决应有拘束效果。一个行政机关的行政决定排除另一个行政机关对同案再次作出行政决定。② 一事不再理原则的适用有例外，如行政程序记录中，明白显示严重错误，发现新重要证据足以改变或推翻原决定；不改变行政裁决，会产生重大不公平的结果或妨害重大公共利益。③ 一事不再理不适用于立法性行为。

---

  ① 王名扬：《法国行政法》，北京大学出版社 2007 年版，第 121 页、第 157 页。
  ② Michael R. Asimow, Administrative Law, A Thomson Company, 2002, p. 90 - 91.
  ③ 王名扬：《美国行政法》，中国法制出版社 1995 年版，第 260 页。

1902年柏林行政法院首次在判决中指出，"行政法院判决以及与其相同的行政机关决定的确定力原则上被承认，这类判决和行政决定对于国家同样具有拘束作用"。不过行政决定与司法判决有差异，奥拓·迈耶首先提出质疑，认为产生确定力与程序设置及其行政决定种类有直接和必然联系，行政决定具有确定力前提是该决定是在具有司法诉讼形式，并有参与者共同作用的行政程序中产生的。福斯特霍夫则认为只有具备类似于司法判决的裁决性质，且以类似于诉讼程序作出的行政决定才具备产生实质确定力条件。德国学者用持续力取而代之，并逐步发展为形式持续力和实质持续力。联邦行政法院在1975年6月6日判决中首次对其与司法判决确定力与持续力区别做了阐述。[1] 实质确定力功能在于维持行政决定确定的权利义务关系，防止随意变更行政决定给当事人带来不利。人们往往将负担行政决定排斥在实质确定力的适用范围之外，因负担行政决定的变更意味着将当事人从不利的处境中释放出来，故应当给予行政机关对负担行政决定变更以适当宽松的环境。其实不然，负担行政决定的撤销的确能阻却当事人的不利境地，但如果容许行政机关随意撤销，破坏法安定性，负担行政决定的变更有时对当事人或利害关系人更为不利，实质确定力应适用于负担行政决定。[2] 如在焦某刚诉和平公安分局行政纠纷案中，从最初的罚款200元，到后来的拘留10日，再到最后拘留15日，正是对负担行政

---

[1] 叶必丰：《行政行为的效力研究》，中国人民大学出版社2002年版，第127页。

[2] ［日］盐野宏：《行政法》，杨建顺译，法律出版社1999年版，第110页。

决定实质确定力的违反。① 行政决定一经成立，就具有限制作出机关变更、废弃行政决定权限的约束力，即存续力。如我国台湾地区"行政程序法"第110条规定，行政处分未经撤销、废止，或未因其他事由而失效者，其效力继续存在。

七、行政行为执行力

行政行为一旦生效，各方就应履行，兑现行政行为内容。日本学者盐野宏认为"执行效力的目的在于行政行为内容的早日实现"。② 王名扬认为，"行政行为具有强制执行力量是由于公共利益的需要。如果公民可以拒绝执行，公务将无法实施，国家将陷入无政府状态"。③ 无论是当事人自动履行，还是行政机关或法院强制执行，必将促使行政目的早日实现。执行力就是法律约束力在行政行为上的延续，是在行政行为成立时就有，并非当事人拒绝履行，行政机关强制或申请法院执行时才有。

---

① 参见《最高人民法院公报》2006年第10期。
② 叶必丰：《行政行为的效力研究》，中国人民大学出版社2002年版，第133页；[英] L. 赖维乐·布朗、约翰·S. 贝尔：《法国行政法》，高秦伟、王锴译，中国人民大学出版社2006年版，第197~198页。
③ 叶必丰：《行政行为的效力研究》，中国人民大学出版社2002年版，第133页；[英] L. 赖维乐·布朗、约翰·S. 贝尔：《法国行政法》，高秦伟、王锴译，中国人民大学出版社2006年版，第197~198页。

八、行政行为无效

行政行为无效指行政行为要件欠缺以至不成立，或特别明显严重违法或越权，自始至终不产生法律约束力。无效分为内在无效和形式无效。前者指实体内容严重违法且显现。后者指行政行为基本形式要件欠缺。如《葡萄牙行政程序法》第133条规定，无效行政行为是欠缺任何主要要素的行政行为。无效可分为部分无效和全部无效。部分无效的，其他有效。如分割无效部分，导致整个不成立的，全部无效。无效行政行为自始至终不产生效力。如《德国行政程序法》第43条规定，无效行政行为自始至终不产生效力。《葡萄牙行政程序法》第134条第1款规定，无效行政行为不产生任何法律效果，不需取决于宣告无效。无效因行政机关过错，也可因当事人故意。关于行政为无效的标准，我国《行政诉讼法》第75条规定，行政行为有实施主体不具有行政主体资格或没有依据等重大且明显违法情形，原告申请确认行政行为无效的，人民法院判决确认无效。《最高人民法院关于适用〈中华人民共和国行政诉讼法〉的解释》第99条解释了《行政诉讼法》第75条中的"重大且明显违法"，包括：（1）行政行为实施主体不具有行政主体资格；（2）减损权利或增加义务的行政行为没有法律规范依据；（3）行政行为的内容客观上不可能实施；（4）其他重大且明显违法的情形。其中，行政行为的内容客观上不可能实施，包括：不能由书面行政行为中得知行政行为作出机关，即没有署名制作机关；从业务或地区范围上，明显无管辖权行政机关所作的行政行为，未经授权而违背法律有关专属管辖的规定或明显欠缺事务管辖权限的，即特别明显超越权力;行政行为内容违反刑法,违背公共道德;① 行政机关工作人员被当事人欺骗、胁迫或行贿而实施的行政行为。

行政行为无效,当事人当即拒绝不受约束,在任何时候都可请求有权机关宣布无效,不受起诉时效限制,有权机关随时宣布无效。

九、行政行为的撤销

行政行为的撤销指已经成立的积极行政行为,经国家有权机关依法定程序予以撤除。《行政诉讼法》第70条规定:行政行为有下列情形之一的,法院判决撤销或部分撤销,并可以判决被告重新作出行政行为:(1)主要证据不足的;(2)适用实体法律法规错误的;(3)违反法定行政程序的;(4)超越职权的;(5)滥用职权的;(6)明显不当的。我国台湾地区"行政程序法"第117条规定:违法行政处分于法定救济期间经过后,原处分机关得依职权为全部或一部之撤销;其上级机关,亦得为之。撤销一般溯及既往,但是行政处分撤销后,为维护公共利益或避免受益人财产上的损失,作出撤销机关可以另定失效日期。撤销也可有时间限制,如我国台湾地区"行政程序法"第121条规定,撤销权应自原处分机关或其上级机关知有撤销原因时起二年内为之。广义撤销包括针对行政机关违法不作为,即消极违法行为,撤销即依法责令行政机关履行法定职责,做出行政行为,除非履行已无意义。

撤销可由作出机关、上级机关、法院或权力机关决定。本机关可

---

① 参考《德国行政程序法》。

以依法撤销自己作出的行政行为。上级行政机关可以撤销下级行政机关作出的行政行为。如根据《宪法》第89条规定，国务院有权力撤销各部、各委员会发布的不适当的命令、指示和规章，撤销地方各级国家行政机关的不适当的决定和命令。根据《宪法》第104条规定：县级以上的地方各级人民代表大会常务委员会监督本级政府的工作，撤销本级政府的不适当的决定和命令。

撤销应是针对已经成立的违法或明显不当的行政行为。行政行为撤销后，按过错，行政机关与当事人各自承担责任。违法行政行为一般应撤销。如果撤销，将对公共利益或信赖保护利益造成重大损害，损害超过"撤销"价值，确认违法而不撤销。如我国《行政诉讼法》第74条规定，行政行为有下列情形之一的，法院判决确认违法，但不撤销行政行为：（1）行政行为依法应当撤销，但撤销会给国家利益、社会公共利益造成重大损害的；（2）行政行为程序轻微违法，但对原告权利不产生实际影响的。我国台湾地区"行政程序法"第117条也规定，撤销会对公共利益产生重大危害；受益人信赖利益值得保护，其信赖利益显然大于撤销所欲维护之公益的；不撤销。

十、行政行为的变更

行政行为变更指行政机关或法院在给予当事人陈述意见机会的前提下，将违法或不合理行政行为转换为合法适当的行政行为。变更行政行为的机关包括：（1）原行政机关。（2）上级机关。《宪法》第108条规定：县级以上的地方各级政府领导所属各工作部门和下级政府的工作，有权改变所属各工作部门和下级政府的不适当的决定。（3）复议机关。《行政复议法》第 28 条第 1 款规定：具体行政行为有下列情形之一的，可变更：主要事实不清、证据不足的；实体法适用错误的；违反法定行政程序的；超越或滥用职权的；具体行政行为明显不当的。（4）法院。《行政诉讼法》第 77 条第 1 款规定：行政处罚明显不当，或其他行政行为涉及对款额的确定、认定确有错误的，法院可判决变更。

行政行为变更通常不得变为对当事人更加不利。《行政诉讼法》第 77 条第 2 款规定：法院判决变更，不得加重原告的义务或减损原告的权益，但利害关系人同为原告，且诉讼请求相反的除外。《行政复议法实施条例》第 51 条规定：行政复议机关在申请人的复议请求范围内，不得作出对申请人更为不利的复议决定。

行政行为变更的条件包括：行政行为轻微瑕疵；未说明理由且事后补充说明理由，利害关系人没有异议的；文字表述错误或计算错误的；未记明决定作出日期的；存在其他轻微程序瑕疵或遗漏，不影响当事人合法权利的；可予以补正或更正。如我国台湾地区"行政程序法"第 114 条规定：除无效情形外，违反程序或方式规定的行政处分可补正：须经申请始得作成之行政处分，当事人已于事后提出的；必须记明之理由已于事后记明的；应给予当事人陈述意见之机会已于事后给予的；应参与行政处分作成之其他机关已于事后参与的。第 115 条规定：除无效外，行政处分违反地域管辖规定的，有管辖权之机关如就该事件仍应为相同之决定时，原决定无须撤销。

十一、行政行为的废止

行政行为废止指有关机关依照法定程序废除或停止正在生效但又不适应新形势的行政行为，使其往后失去效力。我国台湾地区"行政程序法"第125条规定：合法行政处分经废止后，自废止之时或自废止机关指定较晚之日起，失效。但受益人未履行负担附款，导致行政处分被废止的，失效应当溯及既往。废止由行政机关自主决定。

废止情形包括：第一，行政行为依据的法律、法规、规章或政策修改。我国台湾地区"行政程序法"第123条规定：行政处分所依据之法规或事实事后发生变更，致不废止该处分对公益将有危害，得由原处分机关依职权为全部或一部之废止。第二，原行政机关保留废止权的。行政机关在作出行政行为时，设定废止条件，在条件成就时，废止。如我国台湾地区"行政程序法"第123条规定：授予利益之合法行政处分附负担，受益人未履行该负担，得由原处分机关依职权为全部或一部之废止。第三，法律、法规规定的其他可以废止的情形。

行政行为废止的效果：第一，废止是往后失去效力。第二，如果对既得利益人产生影响，应当听取其意见，保护信赖利益。如我国台湾地区"行政程序法"第126条规定：原处分机关依废止授予利益之合法行政处分，对受益人因信赖该处分致遭受财产损失，应给予合理补偿。第三，废止抽象行政行为限制少于行政决定。前者一般处在抽象阶段，对当事人影响还是将来的，废止无多阻碍；而行政决定不同，当事人和利益信赖人都是特定的，障碍大。

十二、行政行为效力的终止

效力终止指由于客观因素行政行为最终失效。具体包括有效期届满，履行完毕，履行对象消失等。如根据《行政强制法》第40条规定，终结执行的情形有：(1) 公民死亡，无遗产可供执行，又无义务承受人的；(2) 法人或其他组织终止，无财产可供执行，又无义务承受人的；(3) 执行标的灭失；(4) 据以执行的行政决定被撤销的；(5) 行政机关认为需要终结执行的其他情形。

十三、行政行为附款

期限届满或条件成就，行政行为生效或失效。附款包括期限、条件、负担、废止行政决定的权力保留。附款不得违背行政行为目的。如我国台湾地区"行政程序法"第94条规定：附款不得违背行政处分之目的，并应与该处分之目的具有正当合理之关联。

第八章 行政立法

第一节 行政立法权限

一、行政立法权限定义

行政立法权限是指行政机关根据宪法、法律和法规等上位法授予的立法权，对公民、法人或其他组织普遍抽象地设定权利、义务和责任的实质权限。

二、上位法授权限定原则

行政立法权源于上位法。只有宪法、法律、行政法规、国务院决定或地方性法规授权，行政机关才享有立法权。国务院；国务院各部、委员会、行、署，具有行政管理职能的直属机构；省、自治区、直辖市政府；国务院批准的较大的市政府、设区的市政府、自治州政府享有行政立法权。

除非特别法律授权，对法律先占事项，行政机关不能先行规定。我国《立法法》第8条规定："下列事项只能制定法律：（一）国家主权的事项；（二）各级人民代表大会、人民政府、人民法院和人民检察院的产生、组织和职权；（三）民族区域自治制度、特别行政区制度、基层群众自治制度；（四）犯罪和刑罚；（五）对公民政治权利的剥夺、限制人身自由的强制措施和处罚；（六）税种的设立、税率的确定和税收征收管理等税收基本制度；（七）对非国有财产的征收征用；（八）民事基本制度；（九）基本经济制度以及财政、海关、金融和外贸的基本制度；（十）诉讼和仲裁制度；（十一）必须由全国人民代表大会及其常务委员会制定法律的其他事项。"法律绝对先占事项，不授权行政先行设定。《立法法》第9条规定：本法第8条规定的事项尚未制定法律的，全国人大及常委会有权作出决定，授权国务院可以根据实际需要，对其中的部分事项先制定行政法规，但是有关犯罪和刑罚、对公民政治权利的剥夺和限制人身自由的强制措施和处罚、司法制度等事项除外。

立法机关行使基本立法权。立法机关不能把本质上属于立法机关的立法权授予行政机关行使，立法机关授权行政机关立法要遵循宪法原则。特别授权应明确授权目的、事项、范围、期限及被授权机关实施授权决定应当遵循的原则。被授权机关应当严格按照授权决定行使被授予的权力，不得将被授予权力转授给其他机关。

行政机关行使补充立法权。① 立法机关要规定清晰的法律原则和目的，规定主干规范，不空白授权，行政机关只能填空。如《道路交通安全法》规定"扣留车辆"，公安部立法权限于补充细节。

宪法一般不为直接依据。美国联邦行政机关一般根据法律制定限制个人权利的立法性规章。德国联邦行政机关不能直接根据宪法制定调整行政机关和私人关系的规章，而必须根据议会授权才能制定调整行政关系的规章。日本行政机关不能直接根据宪法发布调整行政机关与公民关系的规章。英国"行政机关制定行政管理规章的权力主要根据议会授权"②。要坚持与上位法不抵触原则。行政立法权行使不能超越权限、违反上位法规定、不正当。

如在下述案例中，国务院《关于解决城市低收入家庭住房困难的若干意见》第16条规定"廉租住房和经济适用住房建设、棚户区改造、旧住宅区整治一律免收城市基础设施配套费等各种行政事业性收费和政府性基金"，建设部等七部委《经济适用住房管理办法》第8条规定"经济适用住房建设项目免收城市基础设施配套费等各种行政事业性收费和政府性基金"，与《人民防空法》第22条"城市新建民用建筑，按照国家有关规定修建战时可用于防空的地下室"，第48条"城市新建民用建筑，违反国家有关规定不修建战时可用于防空的地下室的，由县级以上人民政府人民防空主管部门对当事人给予警告，并责令限期修建，可以并处十万元以下的罚款"有些许不一致。国务院

---

① Jack M. Beermann, Administrative Law, Aspen Publishers, 2003, p.9.
② 汪全胜：《美国行政立法的成本效益评估探讨》，载《东南大学学报》2008年第11期。

以及建设部等在拟定（行政）立法条款时，并没有明确《人民防空法》第 22 条等的授权限定，无法明确排除：建设单位应当依法缴纳防空地下室易地建设费的，不适用廉租住房和经济适用住房等保障性住房建设项目关于"免收城市基础设施配套费等各种行政事业性收费"的规定。实际上只有在个案适用中，才能发现国务院以及建设部等所拟定的行政立法条款与《人民防空法》有些不协调。

【指导案例】

内蒙古秋实房地产开发有限责任公司诉呼和浩特市人民防空办公室人防行政征收案①

关键词

行政　人防　行政征收　防空地下室　易地建设费

裁判要点

建设单位违反《人民防空法》及有关规定，应当建设防空地下室而不建的，属于不履行法定义务的违法行为。建设单位应当依法缴纳防空地下室易地建设费的，不适用廉租住房和经济适用住房等保障性住房建设项目关于"免收城市基础设施配套费等各种行政事业性收费"的规定。

---

① 指导案例 21 号，最高人民法院 2013 年 11 月 8 日发布。

第八章 行政立法

相关法条

《人民防空法》第22条①、第48条②

基本案情

2008年9月10日,被告呼和浩特市人民防空办公室(以下简称呼市人防办)向原告内蒙古秋实房地产开发有限责任公司(以下简称秋实房地产公司)送达《限期办理"结建"审批手续告知书》,告知秋实房地产公司新建的经济适用住房"秋实第一城"住宅小区工程未按照《人民防空法》第22条、《人民防空工程建设管理规定》第45条、第47条的规定,同时修建战时可用于防空的地下室,要求秋实房地产公司9月14日前到呼市人防办办理"结建"手续,并提交相关资料。2009年6月18日,呼市人防办对秋实房地产公司作出呼人防征费字(001)号《呼和浩特市人民防空办公室征收防空地下室易地建设费决定书》,决定对秋实房地产公司的"秋实第一城"项目征收"防空地下室易地建设费"172.46万元。秋实房地产公司对"秋实第一城"项目应建防空地下室5518平方米而未建无异议,对呼市人防办作出征费决定的程序合法无异议。

---

① 《人民防空法》第22条规定:"城市新建民用建筑,按照国家有关规定修建战时可用于防空的地下室。"
② 《人民防空法》第48条规定:"城市新建民用建筑,违反国家有关规定不修建战时可用于防空的地下室的,由县级以上人民政府人民防空主管部门对当事人给予警告,并责令限期修建,可以并处十万元以下的罚款。"

裁判结果

内蒙古自治区呼和浩特市新城区法院于2010年1月19日作出（2009）新行初字第26号行政判决：维持呼市人防办作出的呼人防征费字（001）号《呼和浩特市防空办公室征收防空地下室易地建设费决定书》。宣判后，秋实房地产公司提起上诉。呼和浩特市中级人民法院于2010年4月20日作出（2010）呼行终字第16号行政判决：驳回上诉，维持原判。

裁判理由

法院生效裁判认为：国务院《关于解决城市低收入家庭住房困难的若干意见》第16条规定"廉租住房和经济适用住房建设、棚户区改造、旧住宅区整治一律免收城市基础设施配套费等各种行政事业性收费和政府性基金"。建设部等七部委《经济适用住房管理办法》第8条规定"经济适用住房建设项目免收城市基础设施配套费等各种行政事业性收费和政府性基金"。上述关于经济适用住房等保障性住房建设项目免收各种行政事业性收费的规定，虽然没有明确其调整对象，但从立法本意来看，其指向的对象应是合法建设行为。《人民防空法》第22条规定"城市新建民用建筑，按照国家有关规定修建战时可用于防空的地下室"。《人民防空工程建设管理规定》第48条规定"按照规定应当修建防空地下室的民用建筑，因地质、地形等原因不宜修建的，或者规定应建面积小于民用建筑地面首层建筑面积的，经人民防空主管部门批准，可以不修建，但必须按照应修建防空地下室面积所需造价缴纳易地建设费，由人民防空主管部门就近易地修建"。即只有在法律法规规定不宜修建防空地下室的情况下,经济适用住房等保障性住房建设项目才可以不修建防空地下室,并适用免除缴纳防空地下室易地建设费的有关规定。免缴防空地下室易地建设费有关规定适用的对象不应包括违法建设行为,否则就会造成违法成本小于守法成本的情形,违反立法目的,不利于维护国防安全和人民群众的根本利益。秋实房地产公司对依法应当修建的防空地下室没有修建,属于不履行法定义务的违法行为,不能适用免缴防空地下室易地建设费的有关优惠规定。

三、科学平衡原则

行政立法权授予与行使应遵循唯物辩证法。从实际出发,注重生态文明建设,科学合理地设定公民、法人和其他组织的权利与义务以及行政机关的权力与责任。如根据《行政法规制定程序条例》第12条规定,国务院起草行政法规时,应当体现行政机关的职权与责任相统一的原则,在赋予有关行政机关必要的职权的同时,应当规定其行使职权的条件、程序和应承担的责任。行政立法机关应当切实保障公民、法人和其他组织的合法权益,在规定其应当履行的义务的同时,应当规定其相应权利和保障权利实现的途径。

四、效益成本分析原则

行政立法权授予与行使必须遵循效益大于成本原理。《全面推进依法行政实施纲要》规定:积极探索对政府立法项目尤其是经济立法项目的成本效益分析制度。《行政许可法》第 19 条规定：起草行政法规和省级规章草案，拟设行政许可的，起草单位应当采取听证会、论证会等形式听取意见，并向制定机关说明设定该许可的必要性、对经济和社会可能产生的影响以及听取和采纳意见的情况。《环境影响评价法》第 7 条规定：国务院有关部门、设区的市级以上地方政府，对其组织编制的土地利用的有关规划，区域、流域、海域的建设、开发利用规划，应当在规划编制过程中组织进行环境影响评价，对规划实施后可能造成的环境影响作出分析、预测和评估，提出预防或减轻不良环境影响的对策和措施。美国立法法要求不仅评估规章对中小型企业、地方政府的影响，还评估对环境的影响。德国联邦政府规定，必须进行经济评估，成立专门的由规章评估委员会和执行成本评估委员会负责对行政立法项目进行成本效益分析。[①] 以上规定都体现了效益成本分析原则。

五、行政机关的立法权限

行政机关的立法权限仅限于解释细化授权法。具体如下：

1. 国务院立法权限。（1）《宪法》第 89 条授权国务院直接就行政管理职权事项行使立法权。如 2017 年 6 月 9 日，国务院起草的《重大行政决策程序暂行条例（征求意见稿）》公布。2019 年 2 月 25 日中央全面依法治国委员会第二次会议审议通过《重大行政决策程序暂行条例（草案）》。2019 年 5 月 8 日国务院根据宪法、地方各级人民代表大

---

① 朱芒：《行政立法程序中基本问题试析》，载《中国法学》2000 年第 1 期。

会和地方各级人民政府组织法等规定，对决策程序事项暂定若干方法。（2）根据《立法法》第8~9条特别授权，国务院可以根据授权先行行使全国人大及常委会的部分立法权。（3）按法律普通授权，国务院先行设定。如《行政处罚法》授权国务院对尚未制定法律的事项，可设定除限制人身自由以外的行政处罚。（4）国务院可细化法律已规定事项。如在法律设定的行政许可事项范围内，对实施该行政许可作出具体规定。

2. 部委立法权限。国务院各部、委员会、中国人民银行、审计署和具有行政管理职能的直属机构，可以根据法律和国务院的行政法规、决定、命令，享有部门范围内立法权限。规定的事项应当属于执行法律或国务院的行政法规、决定、命令的事项。没有法律或国务院的行政法规、决定、命令的依据，部委不得设定限制、剥夺、减损公民、法人和其他组织权利或增加其义务或责任的规范；不得增加本部门的权力或减少本部门法定职责。主要是填补上位行政程序法空缺。可以普遍设定当事人权利与微量实体义务，如只能设定警告或一定数量罚款，不能设定行政许可、行政强制。设定专业领域次要民事规则。在刑事法律原则下，公安部、安全部或司法部可以抽象地解释刑事法律。涉及两个以上国务院部门职权范围的事项，归入国务院立法权限或部委共同立法权限。

3. 地方政府立法权限。（1）为执行法律、行政法规、地方性法规的规定需要细化的事项。如《劳动法》第106条规定："省、自治区、直辖市人民政府根据本法和本地区的实际情况，规定劳动合同制度的实施步骤，报国务院备案。"（2）对属于本行政区域的具体行政管理事项，作普遍设定。设区的市、自治州政府一般限于城乡建设与管理、环境保护、历史文化保护等方面事项。没有法律法规依据，地方政府不得设定减损公民、法人和其他组织权利或增加其义务的规则。如在泰丰公司诉大同市土地局土地使用权出让纠纷案中，[①] 土地局出让给泰丰公司一块国有土地，出让金为 8 045 793 元。该公司向国土局交付土地使用权出让金总额的 15% 作为定金，合同签订后 60 日内付清全部土地使用权出让金。如逾期 30 日仍未付清，土地局有权解除合同，并可请求违约赔偿。该公司付清出让金后的 5 日内领取土地使用证，取得土地使用权。公司如约给付土地局定金 1 206 868.95 元，部分出让金 2 793 131.05元。但公司并未按期付清尚欠出让金。土地局遂依照《城镇国有土地出让转让暂行条例》（以下简称《暂行条例》）第 14 条关于"土地使用者应当在签订土地使用权出让合同后六十日内，支付全部土地使用权出让金。逾期未全部支付的，出让方有权解除合同，并可请求违约赔偿"和《山西省城镇国有土地使用权出让和转让实施办法》第 11 条关于"受让方不履行合同的，出让方可以依法解除合同，所支付的定金及出让金不予退还"的规定，解除与泰丰公司签订的《国有土地使用权出让合同》，收回土地使用权，该公司已经支付的定金 1 206 868.95 元和出让金 27 931 131.05 元不予退还。大同中院认为《民法通则》第 89 条规定："当事人一方在法律规定的范围内可以向对方给付定金。债务人履行债务后，定金应当抵作价款或收回；给付定金的一方不履行债务的，无权要求返回定金；接受定金的一方不履行债务的，应当双倍返还定金。"该公司无权要求返回定金。至于该公司已交纳的部分土地使用权出让金，《暂行条例》并没有"不予退还"的规定，土地

[①] 《最高人民法院公报》2000 年第 4 期，第 128~130 页。

局没收这部分资金，于法无据。土地局未能举证证明该局损失已经超过收取的定金，不退还出让金，是要以此款赔偿由于该公司造成的损失，不成立。判定土地局应退还泰丰公司出让金 27 931 131.05 元。土地局上诉，理由是泰丰公司交纳的出让金 27 931 131.05 元，并没有没收，而是依照《山西省城镇国有土地使用权出让和转让实施办法》第 11 条规定作不予退还处理。《暂行条例》第 14 条虽然没有规定不予退还，但也没有规定应该退还。山西高院认为《暂行条例》第 14 条没有出让金不予退还的规定，第 53 条规定 "本条例由国家土地管理局负责解释"，《山西省城镇国有土地使用权出让和转让实施办法》第 11 条规定 "不予退还"，既未经行政法规授权又与其抵触，是无效的。（3）应当制定地方性法规但条件尚不成熟的，因行政管理迫切需要，地方政府先行普遍预制。如可以设定临时性 1 年期行政许可。

第二节　行政立法程序

一、概述

行政立法程序指行政机关行使行政立法权，对公民、法人或其他组织普遍地设定权利义务责任的行政程序。包括立项、调查、专家咨询、起草、公布草案、评论、听证、意见反馈、决定、公布与备案。如《规章制定程序条例》第 2 条规定，规章的立项、起草、审查、决定、公布、解释，适用本条例。

二、特征

（1）由行政机关主持，利害关系人、公众代表等参与。（2）行政立法程序主体及参与人包括行政机关、利害关系人、公众代表或证人。（3）所求证为普遍、概括事实（generous facts），对很多人和事物共同适用，如用统计数据证据证明，与个别化事实（individualized facts）有区别。（4）核心价值在于兑现细化、填补上位法空位。

三、分类

（1）行政法规制定程序；规章制定程序。（2）一般行政立法程序指行政机关根据法律、法规制定实施细则的程序；特别授权的行政立法程序指行政机关根据特别授权，对法律先占的部分事项，先行行政立法程序。（3）实体行政立法程序指设定实体（法）内容的行政程序；程序行政立法程序指规定程序（法）内容的行政程序。（4）行政立法听证程序指在行政机关主持下，各方以言辞质辩方式，行政立法遵循的程序；非听证行政立法程序指行政机关通过调研或书面听取各方意见方式，行政立法遵循的程序；混合式行政立法程序即兼采听证和公告评论程序相结合的行政立法程序。

四、行政立法程序原则

（1）程序法定。行政立法程序受行政程序法约束，法定，是行政法治原则要求的。违反法定程序的行政立法无效或可撤销。如《规章制定程序条例》第2条第2款规定，违反本条例规定制定的规章无效。（2）民主参与。利害关系人、公众实质有效地参与行政立法程序。如《立法法》第5条规定，立法应当体现人民的意志，发扬社会主义民主。行政立法权不应仅由行政机关单方意思表示决定，应汲取各方正当实体诉求。宽泛授权已不可避免，权利保障就在于行政立法过程的民主参与和程序公正。① （3）应遵循正当程序原则，可依从多方合意。《行政法规制定程序条例》第22条第2款规定：行政法规送审稿涉及重大利益调整，或者存在重大意见分歧，对公民、法人或者其他组织的权利义务有较大影响，人民群众普遍关注的，国务院法制机构可举行听证会，听取有关机关、组织和公民的意见。《美国行政程序法》第553条E款规定："各机关必须给予利害关系人申请发布、修改或废止法规的权利。"违背法定程序的行政立法无效、可撤销或可变更。

五、步骤

1. 立项。应当目的明确，条件成熟。如《规章制定程序条例》第

---

① ［英］威廉·韦德：《行政法》，徐炳等译，中国大百科全书出版社1997年版，第573页。

11条规定，报送制定规章的立项申请，应当对制定规章的必要性、所要解决的主要问题、拟确立的主要制度等作出说明。行政法规立项主体是国务院，《立法法》第66条第2款规定，国务院有关部门认为需要制定行政法规的，应当向国务院报请立项。部门规章立项主体是国务院各部门或具有行政管理权的直属机构。地方规章立项主体是省、自治区、直辖市政府和较大市的政府、设区的市政府、州政府。法制办负责立项初研。如《规章制定程序条例》第12条规定，国务院部门法制机构，省、自治区、直辖市和设区的市、自治州的人民政府法制机构，应当对制定规章的立项申请和公开征集的规章制定项目建议进行评估论证，拟订本部门、本级政府年度规章制定工作计划，报本部门、本级政府批准后向社会公布。

2. 起草。《行政法规制定程序条例》第13条规定："起草行政法规，起草部门应当深入调查研究，总结实践经验，广泛听取有关机关、组织和公民的意见。"

3. 专家咨询。邀请专家学者对行政立法必要性、可行性进行科学论证。如《行政法规制定程序条例》第22条第1款规定："行政法规送审稿涉及重大利益调整的，国务院法制机构应当进行论证咨询，广泛听取有关方面的意见。论证咨询可以采取座谈会、论证会、听证会、委托研究等多种形式。"

4. 公告草案。公告是指将拟定的行政立法草案向社会公布，以便征求公众意见。通告拟定草案的上位法依据，主要问题及拟定主要条款。如《美国联邦行政程序法》要求行政机关必须发布制定规章的通告，除非拟定规章注明了将受此规章规制的人的姓名并且将通告送达本人，或他们事实上已依法得到了通知，将拟定的规章在《联邦登记》

上公告。

5. 评价。对公布的立法草案，公众或利害关系人提出评价意见，行使参与权利。如《规章制定程序条例》第16条第2款规定，起草的规章涉及重大利益调整或存在重大意见分歧，对公民、法人或其他组织的权利义务有较大影响，人民群众普遍关注，需要进行听证的，起草单位应当举行听证会听取意见。如美国非正式程序中规定了专门的"通知—评论"程序，即行政机关公布规章草案后，必须接受公众书面质疑。要求行政机关：首先，在《联邦登记》上发布公开通告，告知公众某一规章正在起草，对该规章内容做一般描述；其次，邀请利害关系人对草案提出意见，行政机关认真考虑这些意见。行政机关要在公布规章的《联邦登记》上简要说明采纳和不采纳某些意见的理由。①

6. 举证。行政立法提议方应负责举证。《立法法》第54条规定：提出法律案，应当同时提出法律草案文本及其说明，并提供必要的参阅资料。修改法律的，还应当提交修改前后的对照文本。法律草案的说明应当包括制定或者修改法律的必要性、可行性和主要内容，以及起草过程中对重大分歧意见的协调处理情况。

7. 听证。行政机关与公众代表或利害关系人，以直接言辞形式参与。《行政法规制定程序条例》第22条第2款规定：行政法规送审稿涉及重大利益调整或者存在重大意见分歧，对公民、法人或其他组织的权利义务有较大影响，人民群众普遍关注的，国务院法制机构可以举行听证会，听取有关机关、组织和公民的意见。听证会一般公开举

---

① 叶俊荣：《行政命令》，载翁生生编：《行政法》，中国法制出版社2002年版，第593~602页。

行,举办单位应在举行听证会的30日前公布听证时间、地点和主题;公众报名时间、报名方式。听证按照下列步骤进行:主持人宣布听证会开始;记录员查明听证会参加人是否到会,并宣布听证会的内容和纪律;立法起草单位工作人员陈述;听证会参加人依次陈述;参加听证会的有关机关、组织和公民对行政立法草案,有权提问和发表意见;进行辩论;听证会制作笔录,记录发言人的主要观点和理由;也可进行录音和录像;笔录应当经听证会参加人确认后签字。

8. 一定的案卷排他性。如《规章制定程序条例》第16条第2款第(4)项规定:"起草单位应当认真研究听证会反映的各种意见,起草的规章在报送审查时,应当说明对听证会意见的处理情况及其理由。"利害关系人之主张或公众意见应认真对待,作出反馈,是否采纳,应说明理由,并向社会公布。

9. 协商、和解与调解。行政机关邀请利害关系人组成"协商委员会"①,通过协商消除分歧,草定立法。如美国制定《协商式规范制定法》,将协商、和解、调解机制引入规章制定。

10. 行政机关负责人在领导集体讨论基础上,对立法草案作最后决定。如《立法法》第84条规定:"部门规章应当经部务会议或委员会会议决定。地方政府规章应当经政府常务会议或全体会议决定。"

11. 公布与生效。如《立法法》第86条第1款规定,部门规章签署公布后,及时在国务院公报或者部门公报和中国政府法制信息网以及在全国范围内发行的报纸上刊载。不公布则不生效。

12. 备案。行政立法公布后,在30日内呈送备案。根据《立法法》

---

① Michael R. Asimow, Administrative Law, Barbri Group, 2002, p. 43.

第 98 条规定，行政法规报全国人大常委会备案；部门规章和地方规章报国务院备案；地方规章应当同时报本级人大常委会备案；设区的市、自治州规章应当同时报省、自治区的人大常委会和省、自治区政府备案。

第三节 行政立法

一、概述

行政立法指行政机关通过行政程序行使立法权作出的行政法规和规章。根据不同的分类标准，可作如下区分：（1）行政法规、部门规章和地方政府规章。行政法规是国务院通过行政程序，实施宪法法律，经国务院常务会议审议或国务院审批，由总理令公布的行政立法。部门规章是国务院各部委、中国人民银行、审计署和具有行政管理职能的直属机构，在行政程序中，适用法律或国务院行政法规、决定、命令，在本部门权限范围内的立法。地方规章是省、自治区、直辖市政府和较大市的政府、设区的市政府、州政府细化法律法规的立法。（2）一般行政立法和特别授权行政立法。其中，特别授权行政立法，如1985年第六届全国人大三次会议通过的《关于授权国务院在经济体制改革和对外开放方面可以制定暂行的规定或者条例的决定》，1993年国务院制定的《土地增值税暂行条例》（现已修订）。（3）正确区分"条例"

"暂行条例""规定""办法""细则"。行政法规称"条例",也可称为"规定""办法"。特别授权制定的行政法规称"暂行条例"或"暂行规定"。规章不称"条例"。(4)实体性行政立法和程序性行政立法。(5)中央行政立法和地方行政立法。(6)听证程序行政立法和非听证程序行政立法。(7)自主性行政立法和委任立法。(8)制定民事规范的、制定行政规范的和解释刑事法律的行政立法。

二、效力

效力是指在特定时间、地域内,对不确定当事人有约束力。行政法规处于法律之下,地方性法规、规章之上。在民事活动中,当事人也应遵守行政法规,如根据《合同法》第52条的规定,违反法律、行政法规的强制性规定,合同无效。行政程序中,行政法规为行政机关作出行政行为的依据;诉讼中,行政法规为审理民事和行政案件的依据。规章的效力低于法律法规,高于行政规范性文件。行政程序中,规章为作出行政决定的依据,诉讼中,法院参照规章审查行政行为合法性。

三、监督

撤销行政法规的具体情形包括:(1)全国人大常委会有权撤销同宪法、法律相抵触的行政法规。(2)根据《立法法》第99条规定:国务院、中央军事委员会、最高人民法院、最高人民检察院和各省、自治区、直辖市的人民代表大会常务委员会认为行政法规同宪法或法律相抵触的,可向全国人大常委会书面提出审查要求,由常委会工作机构分送有关专门委员会审查、提出意见。其他机关和社会团体、企业事业组织以及公民认为行政法规同宪法或法律相抵触的,可向全国人大常委会书面提出审查建议,由常委会工作机构研究,必要时,送有关专门委员会审查、提出意见。全国人大法律委员会和有关专门委员会审查认为行政法规同宪法或法律相抵触而制定机关不予修改的,应当向委员长会议提出书面审查意见和予以撤销议案,由委员长会议提请常委会会议审议决定。(3)《立法法》第97条第(7)项规定:授权机关有权撤销被授权机关制定的超越授权范围或违背授权目的的法规,必要时可以撤销授权。全国人大及其常务委员会可撤销特别授权国务院制定的行政法规。

上级机关可以否决下级机关,如撤销不合法、不清楚、不必要的规章。[①] 具体包括:(1)规章之间对同一事项的规定不一致,经裁决应当改变或撤销一方的规定的;(2)规章的规定被认为不适当,应当予以改变或撤销的;(3)违背法定程序的。国务院有权改变或撤销不适当的规章;省、自治区政府有权改变或撤销下一级政府制定的不适当规章;地方人大常委会有权撤销本级政府制定的不适当规章。

此外,《立法法》并不排斥法院在裁判案件中附带解决行政立法争议。

---

① Michael R. Asimow, Administrative Law, BarBri Group, 2002, p. 21.

第四节 行政规范性文件权限与制定程序

一、行政规范性文件的权限

行政规范性文件的权限是行政机关或公务组织,对法律、法规、规章的既定事项,普遍细致周全解释的权限。行政机关主要是指没有行政立法权的行政机关为执行法律、法规和规章需要而预制的事项,根据本地实际情况和需要,在不与上位法冲突的原则下,对行政程序事项或实体裁量空间作填充,用以更好地履行职责。行政规范性文件不得增加法律、法规、规章规定之外的行政权力事项或减少法定职责;不得增设行政许可、行政处罚、行政强制、行政征收、行政收费等事项;不得增加办理行政许可事项的条件,规定出具循环证明、重复证明等内容;不得违法减损公民、法人或其他组织的合法权益或增加其义务、责任;不得侵犯公民人身权、财产权、劳动权等基本权利;不得超越职权规定应当由市场调节、企业和社会自律、公民自我管理的事项;不得违法设置排除或限制公平竞争、干预或影响市场主体正常生产经营活动的措施,违法设置市场准入和退出条件;不得设定制约创新的事项以及法律、法规、规章、国家政策或上级政策禁止规范性文件规定的其他事项;可以赋予公民、法人或其他组织实体、程序利益。

如在安徽华源医药股份有限公司诉国家工商行政管理总局商标案[①]中，2014年10月23日被告作出《商标注册同日申请协商通知书》。通知书载明，申请商标与易心堂公司于同一天在"药品零售或批发服务；药用制剂零售或批发服务"等类似服务上申请注册的第12108760号"华源"商标近似且均未使用。申请商标与健一网公司于同一天在"药品零售或批发服务；药用制剂零售或批发服务"等类似服务上申请注册的第12029147号"华源"商标近似且均未使用。根据《商标法实施条例》第19条规定，请双方当事人自收到本通知书之日起30日内自行协商，保留一方在"药品零售或批发服务；药用制剂零售或批发服务"上的申请，并将书面协议报送商标局。在规定期限内未提交书面协议或协议无效的，视为协商不成，商标局将另行通知各方当事人以抽签方式确定一个申请人。被告国家工商行政管理总局所制定的规范性文件为：2012年12月14日商标局《新增服务商标的通知》第4条规定，"过渡期的规定。借鉴1993年服务商标受理经验，设立注册申请过渡期，期限为2013年1月1日至1月31日。在该期间内，在相同或类似新增服务项目上提出的注册申请，视为同一天申请。申请日以商标局收到申请书的日期为准。在过渡期内，对申请注册新增服务商标采取以下措施：（1）网上申请不予受理。（2）申请人指定的新增服务项目范围应当与营业执照核准的经营范围一致。（3）一般按以下原则确定商标专用权：同日申请的，初步审定使用在先的；同日使用或者均未使用的，由当事人协商解决；在规定期限内不愿协商或协商不成的，以抽签方式确权。新增服务商标已使用是指2013年1月1日前

[①] （2015）京知行初字第177号。

已在指定的新增服务项目上公开、真实使用。上述规定只适用于过渡期内向我局办理的新增服务商标注册申请"。

知识产权法院认为,《商标法》第 31 条规定"两个或两个以上的商标注册申请人,在同一种商品或者类似商品上,以相同或者近似的商标申请注册的,初步审定并公告申请在先的商标;同一天申请的,初步审定并公告使用在先的商标,驳回其他人的申请,不予公告"中的"同一天"指的是"同一个自然日",即从一个自然日的零时开始至该自然日的二十四时结束,属于社会生活中众所周知的事实,含义是清楚、确切的。《民法通则》第 154 条规定,民法所称的期间按照公历年、月、日、小时计算。《商标法》对期间的规定与《民法通则》是一致的。对于《商标法》第 31 条规定的"同一天",若因新的情况出现需要对"同一天"赋予新的特殊含义,依法应当由法定机关作出解释。而《新增服务商标的通知》第 4 条关于过渡期规定将"2013 年 1 月 1 日至 1 月 31 日"31 个"自然日""视为同一天"实质是对《商标法》第 31 条"同一天"进行重新定义,超越商标局所主张的对法律如何具体应用进行解释的范畴。虽然商标局是《新增服务商标的通知》第 4 条关于过渡期的规定形式意义上的合法主体,但其将"2013 年 1 月 1 日至 1 月 31 日""视为同一天",该规定实质上已经是对公民、法人或者其他组织的权利义务进行了"设定",商标局作出该项规定已经超越其法定权限。

二、行政处罚裁量基准设定权

行政处罚裁量基准设定权指在上位行政处罚裁量规范内,行政机关对其细格行政处罚的权限。如《石家庄市交通局行政处罚自由裁量基准制度执行标准（试行）》第19条规定：《道路旅客运输及客运站管理规定》（交通部2005年第10号令）第93条规定，违反本规定，机动车综合性能检测机构不按照国家有关技术规范进行检测、未经检测出具检测结果或者不如实出具检测结果的，由县级以上道路运输管理机构责令改正，没收违法所得，违法所得在5000元以上的，并处违法所得2倍以上5倍以下的罚款；没有违法所得或者违法所得不足5000元的，处以5000元以上2万元以下的罚款；构成犯罪的，依法追究刑事责任。行政处罚自由裁量阶次：（1）初次实施违法行为，并主动配合检查且终止违法行为的；受他人胁迫实施违法行为的。处罚基准：5000元。（2）实施违法行为2次（含）以上的；被举报投诉的；其他应当从重处罚的情节。处罚基准：1万元。（3）具有前两项任何情形之一的，同时抗拒检查，妨碍公务，暴力抗法造成严重后果的。处罚基准：2万元。该条规定是行政规范性文件行政处罚裁量条款，具体划分了裁量阶次，制定了每阶次的适用条件，对事实、情节作了阶次限定；确定了阶次裁量基准为5000元、1万元和2万元。①

特点：（1）只是将上位法裁量规范条款之空间分阶次，不突破上下底线。（2）"行政自我限权"②。

（1）行政机关可行使裁量基准设定权。如黄山区城管执法局设定行政处罚自由裁量权适用规则。（2）设定强制和指导基准。前者指设

---

① 参见宋国磊：《行政裁量基准研究》，中国政法大学2009年硕士学位论文。
② 《辽宁省人民政府关于继续深入开展全省政府系统软环境建设的意见》中要求："细化处罚标准，缩小自由裁量幅度。"

定必须严格遵守的具有约束效力的裁量基准。后者指设定对行政机关裁量提供原则和方向的裁量基准。(3) 释明和补强法律目的。如《湖南省规范行政裁量权办法》第 3 条规定,行政机关行使行政裁量权,应当遵循公平、公正、公开的原则。(4) 根据上位法设定相关因素考量。① 如《北京市发展和改革委员会关于规范价格行政处罚自由裁量权的规定(试行)》第 5 条规定,价格主管部门实施行政处罚应当全面考虑、衡量违法事实、性质、情节及社会危害程度等相关因素,排除不相关因素的干扰。(5) 不得明显不当。如《山东省食品药品监督行政处罚裁量权适用规则》第 5 条规定,是否对违法行为给予处罚以及处罚的种类、幅度,应当以事实为依据,与违法行为的性质、情节、危害后果及当事人案发前后的表现相适应,不得畸轻畸重,明显不当。(6) 分格。如《张家口市规范行政处罚自由裁量权规定》第 21 条规定,罚款数额按照以下标准确定:罚款为一定金额倍数的,从轻处罚应当低于中间倍数,一般处罚按中间倍数处罚,从重处罚不得低于中间倍数;罚款为一定幅度数额的,从轻处罚应当低于最高罚款数额与最低罚款数额的平均值,一般处罚按平均值处罚,从重处罚不得低于平均值。(7) 设定罚款公式。如《〈杭州西湖风景名胜区管理条例〉行政罚款自由裁量权适用规则》规定,风景区禁止饲养家禽家畜,违反此规定罚款 20~1000 元,罚款数额公式为:罚款数额 = 最低额 + 自由裁量度 ×(家禽数量/10 只)。(8) 设定额。指对违反行政管理秩序的行为,直接确定罚款数额,取消裁量空间。如《潍坊市质量技术监

---

① 朱新力主编:《法治社会与行政裁量的基本准则研究》,法律出版社 2007 年版,第 23 页。

督局行政处罚自由裁量权细化标准》对产品质量法第9条：隐匿、转移、损毁被产品质量监督部门或者工商行政管理部门查封、扣押的物品的，处被隐匿、转移、变卖、损毁物品货值金额等值以上三倍以下的罚款；有违法所得的，并处没收违法所得，细化的具体处罚标准包括：被隐匿、转移、损毁的物品货值金额5万元以下的，处货值金额等值罚款。(9) 同样情况同样对待。如《国家工商行政管理总局关于工商行政管理机关正确行使行政处罚自由裁量权的指导意见》第2条规定，工商行政管理机关行使处罚裁量权时，应当平等对待每一个被处罚的当事人，不得以案件事实以外的因素差别对待当事人。对违法事实、性质、情节、社会危害程度等因素基本相同的当事人实施行政处罚时，适用的法律依据、处罚种类和幅度应当基本一致。(10) 避免不作为或不合理延迟。如《重庆市人口和计划生育行政处罚裁量基准》第10条规定，实施处罚，不得出现下列情形：发现当事人有违法行为而不予制止或者责令改正；对当事人实施处罚后，放任其违法行为继续存在；等等。(11) 行政裁量罚证据收集。如《重庆市规范行政处罚裁量权办法》第24条规定，行政处罚实施机关应当依法全面、客观收集行使行政处罚裁量权有关的证据，不得只收集对当事人不利的证据。(12) 对裁量罚行使设定说明理由。如《海南省规范行政处罚自由裁量权办法》第10条规定，行政执法机关作出从重、从轻、减轻或不予行政处罚决定的，应当在案卷讨论记录和行政处罚决定书中说明理由。

三、行政规范性文件的制定程序

"制定"必须广泛听取利害关系人意见，并经法制工作机构进行合法性审查，由制定机关负责人集体审议决定。政府工作部门制定行政规定涉及群众切身利益、社会关注度高的事项及重要涉外事项，应当事先请示本级政府。① 涉及两个以上政府工作部门职权范围内的事项，应当由本级政府制定或由有关部门联合制定。必须进行合法性审核。听取公职律师专家和公众意见。县级以上政府及工作部门制定的行政规范性文件，实行统一登记、统一编号、统一公布。当事人认为行政规定违法，有权向有关政府法制部门提出审查申请。政府法制部门应当受理，并将处理结果书面告知申请人。

---

① 参见《行政复议法》第7条规定。

第九章　重大行政决策

第一节　重大行政决策实体规范

一、概述

（1）重大行政决策实体规范是行政机关在行政决策程序中动用重大公共资源必须遵循的行政实体法。（2）目的是增进重大公共利益。如根据《国有土地上房屋征收与补偿条例》第8条规定，为了保障国家安全、促进国民经济和社会发展等公共利益的需要，如国防和外交的需要等，确需征收房屋的，由市、县级政府作出房屋征收决定。（3）遵循生态文明原则。（4）合法正当地适用土地管理法、森林法、草原法、矿产资源法、水法、野生动植物保护法、城乡规划法、环境保护法、财政预算法、政府采购法、招标投标法、自然保护区条例、政府投资条例等行政实体法。如秦岭北坡违建别墅要案是违反资源实体法。

二、重大行政决策实体法适用事项

（1）制定有关公共服务、市场监管、社会管理、环境保护等方面的重大公共政策和措施，如北京住建委制定的共产房政策。（2）制定经济和社会发展等方面的重要规划，如城乡规划。（3）制定开发利用、保护重要自然资源和文化资源的重大公共政策和措施，如出让重大国有土地使用权。（4）决定在本行政区域实施的重大公共建设项目，如实施国家重大基础设施项目。（5）决定对经济社会发展有重大影响、涉及重大公共利益或社会公众切身利益的其他重大事项。（6）决策机关可以结合职责权限和本地实际，确定决策事项目录、标准，并根据实际情况调整。法律、行政法规对重大事项的决策程序另有规定的，依其规定。（7）财政货币等宏观调控政策，政府立法及突发事件应急处置决策不适用《重大行政决策程序暂行条例》。

三、适用原则

1. 党的领导对重大行政实体决策起核心作用。以习近平新时代中国特色社会主义思想为指导，全面贯彻党的路线方针政策和决策部署。重大决策事项目录、实质标准的确定及适用，必须经党委同意。

2. 科学决策。重大行政实体法适用，要贯彻创新、协调、绿色、开放、共享的发展理念，坚持从实际出发，运用科学技术和方法，尊重客观规律，适应经济社会发展和全面深化改革的要求。

3. 民主决策。诚心吸纳利害关系人和人民群众的正当意思表示，契合人民实质意愿。

4. 法治原则。（1）谨守法定实体权限。如根据《土地管理法》第45条规定，征收基本农田、基本农田以外的耕地超过35公顷的，其他土地超过70公顷的，由国务院批准。征收其他土地的，由省、自治区、直辖市政府批准，并报国务院备案。（2）重大决策实体内容符合法律、法规、国家政策和规章实体规定。（3）实体法明确授权的，行政机关必须履行；授权含糊的，应正当地适用；禁止行政机关作为的，不踩红线；实体法缺乏规定的，遵照中央决策。（4）将重大行政实体决策正确有效与否作为考核领导的关键标准。

5. 成效分析原则。对决策事项涉及人财物投入、资源消耗、环境影响等直接成本和经济社会效益作定性定量、有科学依据的、令人信服的分析预测；对安定、安全风险作科学评估。

6. 立法机关对重大行政实体决策进行监督。法律、法规规定属于立法机关讨论决定的重大事项范围或出台前应当向其报告的，如《城乡规划法》第16条规定，省、自治区政府组织编制的省域城镇体系规划，城市、县政府组织编制的总体规划，在报上一级政府审批前，应当先经本级人大常委会审议，审议意见交由本级政府研究处理。涉及财政预算的决策也报立法机关审议并定时向立法机关汇报执行情况。上级行政机关应加强对下级行政机关所作实体决策进行监督；强化纪监委监察、审计机关审计工作。决策机关违法造成决策严重失误，或依法应当及时作出决策而久拖不决，造成重大损失、恶劣影响的，应当倒查责任，实行终身责任追究，对决策机关首长、负有责任的其他领导人员和直接责任人员依法追究责任。决策机关集体讨论决策草案时,有关人员对严重失误的决策表示不同意见的,按规定减免责任。

四、类型

1. 重大行政决策组织法。如《矿产资源法》第 3 条第 1 款规定,矿产资源属于国家所有,由国务院行使国家对矿产资源的所有权。

2. 重大行政决策实体授权规范。如根据《自然保护区条例》第 10 条规定,凡具有下列条件之一的,如珍稀、濒危野生动植物物种的天然集中分布区域,应当建立自然保护区。由自然保护区所在的省、自治区、直辖市政府或自然资源部提出申请,经国家级自然保护区评审委员会评审后,由生态环境部协调并提出审批建议,报国务院批准。

3. 重大行政决策实体禁止规范。如《自然保护区条例》第 27 条规定,禁止任何人进入自然保护区的核心区。因科学研究的需要,必须进入核心区从事科学研究观测、调查活动的,应当事先向自然保护区管理机构提交申请和活动计划,并经自然保护区管理机构批准;其中,进入国家级自然保护区核心区的,应当经省、自治区、直辖市政府有关自然保护区行政主管部门批准。

4. 重大行政决策实体裁量规范。如《城市房地产管理法》第 13 条规定,土地使用权出让,可以采取拍卖、招标或双方协议的方式。

第二节 重大行政决策程序

一、概述

党的十八届三中全会通过的《中共中央关于全面深化改革若干重大问题的决定》提出，完善规范性文件、重大决策合法性审查机制。党的十八届四中全会通过的《中共中央关于全面推进依法治国若干重大问题的决定》提出，健全依法决策机制。把公众参与、专家论证、风险评估、合法性审查、集体讨论决定确定为重大行政决策法定程序，确保决策制度科学、程序正当、过程公开、责任明确。建立行政机关内部重大决策合法性审查机制，未经合法性审查或经审查不合法的，不得提交讨论。

1. 重大行政决策程序是指县级以上地方政府解释适用重大行政决策实体法作出决策的过程。

2. 重大行政决策程序是一种重大行政程序，规范重大行政决策程序的步骤、过程、时限和形式。有时是抽象行政决策程序，主要是具体行政决策程序，二者的区别在于实体法解释适用对象是否确定。

3. 重大行政决策程序服务于行政决策实体法，旨在提高决策质量和实质效率，确定决策机关首长的实体责任。

4. 县级以上人民政府部门和乡级政府重大行政决策的作出和调整

程序，参照适用《重大行政决策程序暂行条例》。

5. 省、自治区、直辖市政府根据条例制定本行政区域重大行政决策程序的具体制度。国务院有关部门参照条例规定，制定本部门重大行政决策具体程序制度。

二、适用原则

1. 党的领导贯彻重大行政决策全过程。同级党委对决策从启动到出台全过程起核心领导作用。决策机关确定决策事项的目录、标准，必须经同级党委同意才能向社会公布；同级党委领导决策机关研定重大决策；重大决策出台前须请示党委。

2. 坚持民主决策程序原则。充分听取各方面意见，真心实意地对待利害关系人诉求，倾听专家建议，保障群众通过多种途径和形式参与决策。

3. 重大行政决策程序法治原则。重大行政决策机关适用行政实体法作出重大行政决策，必须遵循符合《重大行政决策程序暂行条例》设定的步骤、过程、时限和形式，记录完整。否则所作重大行政决策违法、无效或有瑕疵。

三、提出决策草案

1. 就各方面提出的决策事项建议，进行研究论证，报请决策机关决定是否启动决策程序：（1）行政决策机关领导人员提出决策事项建议的，交有关单位研究论证；（2）行政决策机关所属部门或下级政府提出决策事项建议的,应当论证拟解决的主要问题、建议理由和依据、解决问题初步方案及其必要性、可行性等;(3)人大代表、政协委员等通过建议、提案等方式提出决策事项建议,以及公民、法人或其他组织提出书面决策事项建议的,交有关单位研究论证。

2. 决策承办单位。决策机关决定启动决策程序的,应当明确决策承办单位,由决策承办单位负责重大行政决策草案的拟订等工作,决策事项需要两个以上单位承办的,应当明确牵头的决策承办单位。

3. 决策草案。决策承办单位应当在广泛深入开展实地调查研究、全面准确掌握有关信息、充分协商协调的基础上,拟订决策草案。没有实地调查就没有发言权。

4. 决策草案合法正当。决策承办单位应当全面梳理适用与决策事项有关的法律、法规、规章、政策和指导案例,确保决策草案合法合规适当。

5. 决策方案经成效分析预测步骤,有关方面对决策事项存在较大分歧的,决策承办单位可以提出两个以上方案。

6. 同下级政府协商。决策事项涉及决策机关所属部门、下级政府等单位的职责,或与其关系紧密的,决策承办单位应当与其充分协商;不能取得一致意见的,应当向决策机关说明争议的主要问题,有关单位的意见,决策承办单位的意见、理由和依据。

四、公众参与

1. 采取便于社会公众参与的方式充分听取意见,依法不予公开的决策事项除外。

2. 听取意见方式。采取座谈会、听证会、实地走访、书面征求意见、向社会公开征求意见、问卷调查、民意调查等方式。

3. 涉及特定群体利益的，决策承办单位应当与相关人民团体、社会组织以及群众代表进行沟通协商，充分听取相关群体的意见建议。

4. 特定群体对实体主张承担举证责任。

5. 公布决策草案。决策事项向社会公开征求意见的，决策承办单位应当通过政府网站、政务新媒体以及报刊、广播、电视等便于社会公众知晓的途径，公布决策草案及其说明等材料，明确提出意见的方式和期限。公开征求意见的期限一般不少于30日；因情况紧急等原因需要缩短期限的，公开征求意见时应当予以说明。对社会公众普遍关心或专业性、技术性较强的问题，决策承办单位可以通过专家访谈等方式进行解释说明。

6. 公众意见要言之有据。

7. 听证。决策事项直接涉及公民、法人、其他组织切身利益或存在较大分歧的，可以召开听证会。法律、法规、规章对召开听证会另有规定的，依照其规定。

8. 准备听证会。决策承办单位或组织听证会的其他单位应当提前公布决策草案及其说明等材料，明确听证时间、地点等信息。需要遴选听证参加人的，决策承办单位或组织听证会的其他单位应当提前公布听证参加人遴选办法，公平公开组织遴选，保证相关各方都有代表参加听证会。听证参加人名单应当提前向社会公布。听证会材料应当于召开听证会7日前送达听证参加人。

9. 听证流程。按照下列程序公开举行：（1）决策承办单位介绍决策草案、依据和有关情况；（2）听证参加人陈述意见，进行询问、质证和辩论，必要时可以由决策承办单位或有关专家进行解释说明；（3）听证参加人对其实体主张承担提供证据责任；（4）听证参加人确认听证会记录并签字。

10. 反馈意见。决策承办单位应当对社会各方面提出的意见进行归纳整理、研究论证，充分采纳合理意见，完善决策草案；不采纳的，应当说明理由或作出正当回应。

五、专家论证

1. 组织专家论证。对专业性、技术性较强的决策事项，决策承办单位应当组织专家、专业机构论证其必要性、可行性、科学性等，并提供必要保障。

2. 专家资格。选择专家、专业机构参与论证，应当坚持专业性、代表性和中立性，注重选择持不同意见的专家、专业机构，不得选择与决策事项有直接利害关系的专家、专业机构。

3. 专家客观公正。专家、专业机构应当独立开展论证工作，客观、公正、科学地提出论证意见，并对所知悉的国家秘密、商业秘密、个人隐私依法履行保密义务；提供书面论证意见的，应当署名、盖章。

4. 专家论证方式。决策承办单位组织专家论证采取论证会、书面咨询、委托咨询论证等方式。

5. 专家承担法定责任。承担论证评估工作的专家、专业机构、社会组织等违反职业道德和条例规定的，予以通报批评、责令限期整改；造成严重后果的，取消评估资格、承担相应责任。

6. 专家库。省、自治区、直辖市政府应当建立决策咨询论证专家库。规范专家库运行管理制度，健全专家诚信考核和退出机制。市、县级政府可以根据需要建立决策咨询论证专家库。决策机关没有建立决策咨询论证专家库的，可以使用上级行政机关的专家库。

六、风险评估

1. 风险预见。重大行政决策的实施可能对社会稳定、公共安全等方面造成不利影响的，决策承办单位或负责风险评估工作的其他单位应当组织评估决策草案的风险可控性。

2. 风险评估方式。开展风险评估，可以通过舆情跟踪、重点走访、会商分析等方式，运用定性与定量分析等方法，对决策实施的风险进行科学预测、综合研判。

3. 防范风险预案。开展风险评估，应当听取有关部门的意见，形成风险评估报告，明确风险点，提出风险防范措施和处置预案。

4. 委托风险评估。开展风险评估，可以委托专业机构、社会组织等第三方进行。

5. 风险评估结论。风险评估结果应当作为重大行政决策的重要依据。决策机关认为风险可控的，可以作出决策；认为风险不可控的，在采取调整决策草案等措施确保风险可控后，可以作出决策。

七、合法性审查

1. 必须经合法性审查。决策草案提交决策机关讨论前，应当由负责合法性审查的部门进行合法性审查。不得以征求意见等方式代替合法性审查。决策草案未经合法性审查或经审查不合法的，不得提交决策机关讨论。

2. 明示法律风险。对国家尚无明确规定的探索性改革决策事项，可以明示法律风险，提交决策机关讨论。

3. 提供审查材料。送请合法性审查，应当提供决策草案及相关材料，包括有关法律、法规、规章等依据和履行决策法定程序说明等。提供的材料不符合要求的，负责合法性审查的部门可以退回或要求补充。

4. 审查期间。送请合法性审查，应当保证必要的审查时间，一般不少于7个工作日。

5. 合法性审查内容。包括：（1）决策事项是否符合法定权限；（2）决策草案内容是否符合法律、法规、规章和国家政策实体规定。（3）决策草案形成是否履行相关法定程序。

6. 签署合法性审查意见。负责合法性审查的部门应当及时提出合法性审查意见，对其承担法定责任。

7. 听取律师顾问意见。合法性审查过程中，应当组织法律顾问、公职律师提出法律意见。法律顾问、公职律师对其意见正确合法负责，签名入卷。

8. 决策承办单位根据合法性审查意见进行必要调整或补充。

八、集体讨论决定

1. 决策承办单位提交决策机关讨论决策草案，应当报送下列材料：（1）决策草案及相关材料，决策草案涉及市场主体经济活动的，应当包含公平竞争审查的有关情况；（2）履行公众参与程序的，同时报送社会公众提出的主要意见的研究采纳情况；（3）履行专家论证程序的，同时报送专家论证意见的研究采纳情况；（4）履行风险评估程序的，同时报送风险评估报告等有关材料；（5）合法性审查意见；（6）需要报送的其他材料。

2. 要有实质证据，充分说理支撑草案。

3. 决策机关常务会议或全体会议讨论。决策机关首长在集体讨论的基础上作出决定。讨论决策草案，会议组成人员应当充分发表意见，行政首长最后发表意见。

4. 行政首长对其最终决策说明理由。行政首长拟作出的决定与会议组成人员多数人的意见不一致的，应当说明理由。

5. 每位领导决策意见必须如实记载入卷。

九、公布

1. 向同级党委请示。重大行政决策出台前应当按照规定向同级党委请示报告。

2. 以恰当方式公布。决策机关应当通过本级政府公报和政府网站以及在本行政区域内发行的报纸等途径及时公布重大行政决策。

3. 回应社会此前关切。对社会公众普遍关心或专业性、技术性较强的重大行政决策，应当说明公众意见、专家论证意见的采纳情况，通过新闻发布会、接受访谈等方式进行宣传解读。依法不予公开的除外。

4. 决策归档。决策机关应当建立重大行政决策过程记录和材料归档制度,由有关单位将履行决策程序形成的记录、材料及时完整归档。

十、决策执行和调整

1. 决策执行单位应当依法全面、及时、正确执行重大行政决策,并向决策机关报告决策执行情况。

2. 决策执行单位发现重大行政决策存在问题、客观情况发生重大变化,或决策执行中发生不可抗力等严重影响决策目标实现的,应当及时向决策机关报告。

3. 公众对决策执行情况提出中肯意见。公民、法人或其他组织认为重大行政决策及其实施存在问题的,可以通过信件、电话、电子邮件等方式向决策机关或决策执行单位提出意见建议。

4. 决策后评估。决策机关组织决策后评估,并确定承担评估具体工作的单位:(1)重大行政决策实施后明显未达到预期效果;(2)公民、法人或其他组织提出较多意见;(3)决策机关认为有必要。

5. 委托第三方后评估。开展决策后评估,可以委托专业机构、社会组织等第三方进行,决策作出前承担主要论证评估工作的单位除外。

6. 社会参与后评估。开展决策后评估,应当注重听取社会公众的意见,吸收人大代表、政协委员、人民团体、基层组织、社会组织参与评估。

7. 决策后评估结果应当作为调整重大行政决策的重要依据。

8. 重大行政决策执行力。依法作出的重大行政决策,未经法定程序不得随意变更或停止执行。执行中出现规定的情形、情况紧急的,决策机关行政首长可以先决定中止执行;需要作出重大调整的,应当依照规定履行相关法定程序。

十一、决策程序违法责任追究

1. 决策承办单位责任：决策承办单位或承担决策有关工作的单位违法履行决策程序或履行决策程序时失职渎职、弄虚作假的，由决策机关责令改正，对负有责任的领导人员和直接责任人员依法追究责任。

2. 决策执行单位责任：决策执行单位拒不执行、推诿执行、拖延执行重大行政决策，或对执行中发现的重大问题瞒报、谎报或漏报的，由决策机关责令改正，对负有责任的领导人员和直接责任人员依法追究责任。

第十章 行政决定程序

第一节 行政决定程序范畴

一、概述

行政决定程序（decision procedure）指行政机关查明案情，认定证据，确定事实，适用相关法律作出决定遵循的行政程序。它是对特定当事人的实体权利、义务或责任作出的裁定程序。行政决定的事实为裁决性事实（adjudicative facts）。

二、当事人

行政决定程序中的当事人指与行政决定程序有法律上的利害关系，

为保护自身实体权利，以自己名义参与行政决定程序的公民、法人或其他组织。行政程序当事人资格和行政诉讼原告资格联系紧密。具有行政程序资格，相应的也具有行政诉讼原告资格；但二者也有区别，"即使当事人缺乏行政诉讼原告资格，如果他参加，对行政程序有很大意义，仍然可有资格参加到行政程序中来。同样，一个当事人如可以满足行政诉讼原告资格，如果加入行政程序将使其复杂化，也许可否定其参加资格"。[1]

关于当事人的权利能力与行为能力。权利能力指当事人参与行政程序的权利资格。自然人的权利能力始于出生，终于死亡。法人或其他组织的权利能力始于成立，止于终止或解散。行为能力对个人来讲，是指具备足够的心智和控制理解力，为维护自身实体利益，亲自参加行政程序的行为资格。一般年满18周岁并且心智正常的，为具有完全行为能力。限制行为能力人可以参与与他的年龄、智力相适应的行政程序；其他行政程序由其法定代理人代理。无行为能力人由他的法定代理人代为参与行政程序。法人的行为能力在时间上和权利能力一致。当事人可以委托代理人或由法定代理人参加行政程序。法律、法规明确规定当事人必须亲自参与行政程序的，应亲自参加。

三、职能分离

职能分离是指在行政决定程序中，调查权、追查权和裁决权，应由不同行政人员行使。职能分离要求听证人员不能从事与裁决不相容

---

[1] Michael R. Asimow, Administrative Law, A Thomson Company, 2002, p.59.

的调查活动，调查人员不能主持听证。① 如嘉善县国土资源局《行政处罚自由裁量权案件职能分离制度》规定，职能分离指在行政执法过程中，对国土资源违法行为的调查、审核、听证、决定、执行职能进行分离，使之分属于不同科室和不同工作人员掌管和行使。

职能分离这一规则首先来自《美国联邦行政程序法》第554条（d）款规定，行政法官不可以对从事调查或起诉职能的为行政机关工作的成员负责或受其监督。为机关履行调查或起诉职能的成员不可以在同一个案件中或事实上相关联的案件中，对行政决定、行政建议决定或复审决定，参与做出或提供咨询意见。机关成员作为调查人、起诉人或在案件中作为当事人的成员，在同一案件中或事实上相关联的案件中不能作为裁决者。同样作为当事人的成员，不能够在案卷之外为裁决者提供咨询。② 美国行政法官独立于行使职务的所在行政机关，不从属于任职机关，行政法官审案保持中立地位。

职能合并（concentration of functions）是指调查、追诉和裁决职能全部集中于同一主体。即使根据联邦行政程序法，职能分离也是行政机关内部职能分离。"行政机关可以同时拥有调查、追诉和裁决职能；该法对于某些事项因其性质不属于裁决行为，或法律认定不宜适用职能分离原则的事项，作例外规定。行政机关本身同时具有调查权、追诉权和裁决权是法律本身规定的结果，行政裁决难以和司法裁判一样做到完全职能分离。"③ 在判例法上，在行政机关领导一级的职能合并

---

① Michael R. Asimow, Administrative Law, A Thomson Company, 2002, p. 77–78.
② Michael R. Asimow, Administrative Law, A Thomson Company, 2002, p. 75–76.
③ Michael R. Asimow, Administrative Law, A Thomson Company, 2002, p. 76.

被认为没有违反正当程序要求。如在 withrow 一案中，医疗许可证委员会针对一个医生举行了一个调查听证会，① 并建议司法部地区律师起诉这个医生；随后该委员会作出裁决撤销了医生许可证。对此法院予以支持，认为过去与事实的接触并不必然在事实认定时产生偏见。法院虽然明确了作为以前接触事实的后果，指出其偏见，注意到事实裁定者被发现不可能改变以前形成的固有观念，但是法院认为联邦程序法第554条（d）款允许机关领导履行超过一个职能；这一点很重要，本案中许可证委员会就是领导机构。② 不过在领导级别层面以下，同一个人混合行使不同职能可以说是违反正当程序。如在社会保障福利案件中，无偏私裁决是基本要求，不过事先接触案件的一些方面，并不必然阻止社保福利官员作为裁决者。不过他仍不能参与作出行政复审（复议）决定。③ 美国社会保障署雇佣的行政法官，在法律和政策问题上要听命于社会保障署；即使是在案件裁决中，社会保障署署长也有责任保障行政法官的决定与法律、规章和政策相一致，确保行政给付方案实施的平等性与一贯性。职能分离规则也不适用于许可证首次申请，或公用设施价格、设备和运转行政决定程序。④

为确保裁决职能独立性，由法律规定特定案件，通过分立行政机构，将执行法律职能和准司法裁决职能分离。如美国职业安全和健康管理局执行工人安全法律并制定实施的行政规章。而职业安全和健康

---

① Michael R. Asimow, Administrative Law, A Thomson Company, 2002, p. 77 – 78.
② Michael R. Asimow, Administrative Law, A Thomson Company, 2002, p. 77 – 78.
③ Michael R. Asimow, Administrative Law, A Thomson Company, 2002, p. 77 – 78.
④ 蔡震荣：《行政执行法》，台湾地区元照出版公司2002年版，第268页。

管理局对违反规则的雇主寻求制裁时，案件由职业安全和健康复审委员会审理，即另一个分离的机构，它雇佣自己的行政法官，并且由专门裁决案件的官员们领导。① 职业安全和健康管理局，与职业安全和健康复审委员会对同一法律问题意见如有不同，法院认为应当顺从前者解释，不顺从后者解释。因为职业安全和健康管理局更可能有专业知识和更熟悉他自己的行政规章。②

调查和听证职能虽已明确，但并未清晰界定和分离裁决职能，只是在行政机关内部，不同机构或人员分别履行不同职责，如《海关法》第79条规定，海关内部负责审单、查验、放行、稽查和调查等主要岗位的职责权限应当明确，并相互分离、相互制约。

四、禁止单方面接触

禁止单方面接触指在行政决定程序中，作决定的工作人员必须遵循的不能和一方当事人就案件是非曲直（实体法问题），在另一方当事人不在场的情况下，单独表示意见的准则。当事人也不得对工作人员就案件的是非曲直，以任何形式单独表示意见。如果有法律禁止的单方面接触，工作人员必须在案件公开记录中作出记载。当事人违反禁止单方面接触规定，行政机关可以确定由其承担不利后果。如《美国联邦行政程序法》第554（d）（1）条规定，行政法官不能和一方当事人单独接触，除非各方当事人都得到事先通知和有机会参加。根据美

---

① Michael R. Asimow, Administrative Law, A Thomson Company, 2002, p. 75 – 76.
② Michael R. Asimow, Administrative Law, A Thomson Company, 2002, p. 77 – 78.

国最高法院意见,这一条也适用于行政法官和其他的机关工作人员之间的会议。该原则一般适用于行政决定程序;不适用于作出抽象行政行为程序,或只有一方当事人的案件,也不适用于单纯的行政程序问题或行政许可初步申请及法律授权可以单方处理的问题。

五、阅览卷宗

阅览卷宗是指在行政决定程序中,当事人为实现实体权利请求,或为有效行使抗辩权利从而保护其实体权利免受侵害,所应当享有的阅读、复制、抄录行政机关持有的案卷材料的制度,法律另有规定的除外。我国《政府信息公开条例》第6条规定,行政机关应当及时、准确地公开政府信息。为不妨害公务,行政机关可对当事人阅览卷宗做出必要的时间或次数限定,阅览权利人应当限于当事人、第三人和代理律师。《最高人民法院关于审理行政许可案件若干问题的规定》第12条规定,被告无正当理由拒绝原告查阅行政许可决定及有关档案材料或者监督检查记录的,法院可以判决被告在法定或者合理期限内准予原告查阅。

行政机关制作、持有案卷,如果当事人不能预先阅览,就不了解信息,谈不上维护实体权利。在行政机关调查结束后,或在举行听证之前,允许当事人阅卷,对当事人及其律师来说至关重要。

阅览卷宗是一项公认的权利,如《日本行政程序法》第18条规定:"当事人及因不利处分而使自己的利益受到损害的参加人,自听证通知之时起至听证终结之时止,可以向行政机关请求阅览有关该案调查结果的案卷记录以及其他构成该不利处分原因的事实的证据资料。"①"根据美国联邦行政信息获取法的规定,个人通过申请可以从政府文件中获取重要的信息,这些信息对实现听证之前证据开示目的是很有用的。"在州内,"法院认为根据普通法,在撤销行政许可证程序中,被指控违法的许可证持有人,和刑事诉讼中的被告一样,享有事先接触、阅览行政文件和行政机关持有的案卷的法定权利"。②

凡涉及军事秘密、外交机密和国家安全事项的材料,都不允许当事人或律师阅览。涉及他人隐私或商业秘密的事项,也应不在其阅览范围之内,这是保护他人合法权利的必然要求,除非当事人举证证明其阅览极其重要,以至于超过保护他人隐私或商业秘密的权利。行政机关所做出的行政决定草案以及准备工作文件不在阅览范围之内。如《德国联邦行政程序法》第29条规定,只要对行政官署正常职务的执行、联邦的福祉以及当事人和第三人的合法利益没有损害,当事人便可申请阅览相关的卷宗,当事人如有全权代理人或法律顾问,则只有该代理人或顾问有阅览请求的权利。但是对于行政程序终结前,决定的草案以及相关的准备工作的文件则不在申请阅览的范围之列。当事人阅览宗卷不得干扰行政职责的履行,不得危害公共利益,不得危害第三人利益。行政机关应对其拒绝当事人或律师阅览案卷材料的决定负责举证。

---

① Michael R. Asimow, Administrative Law, A Thomson Company, 2002, p. 66.
② Michael R. Asimow, Administrative Law, A Thomson Company, 2002, p. 69.

六、说明理由

说明理由指行政机关作出行政决定，应当说明其事实根据和法律依据及逻辑关系，释明证据认定和事实裁定，阐述支撑裁定的基础事实。① 可以援引实体法、程序法、判例、解释、惯例等。如《德国行政程序法》第39条规定，书面或有书面证实的行政行为必须说明理由，其中需说明行政机关在作出决定时所考虑的重要事实和法律理由。如属裁量决定，应说明行政机关行使裁量权依据的出发点。说明理由可以迫使行政机关在决定作出之前，认真评定证据分量，思考事实，避免随意，便于司法审查。"法院审查行政决定，只以行政机关案卷中所记载的事实裁定和法律结论为据。法院并不推断事实或表明其他事实结论用以支持行政机关的行政行为或接受行政决定作出后行政机关新写的逻辑纲要。在 the first Chenery 一案中，美国联邦证券监管委员会作出没收内部交易人的证券交易利润的行政决定，法律根据是衡平原则，不过该委员会错误地适用了这个原则。美国最高法院推翻了该决定。法院阐明，法院不会为行政机关提供行政决定案卷中所载之外的理由支持行政决定，如果这样做，会使法院越权干涉行政。"② 即使一些案件依法不适用美国联邦行政程序法正式行政裁决说明理由的规定，行政机关也必须说明拒绝各种请求的根据。而且法院可以重点要求行政机关提供所依据法律的解释，法院需要知道行政机关做了什么、

---

① Michael R. Asimow, Administrative Law, A Thomson Company, 2002, p. 69.
② Michael R. Asimow, Administrative Law, A Thomson Company, 2002, p. 51.

为什么这样做。法院可发还案子给行政机关，要求解释所作出的决定，以便法院能够司法复审，行政机关官员必须解释说明其决定。

第二节 行政决定程序类型

一、行政确认程序

行政确认程序指行政机关查明确定案件事实、性质、成因的行政程序。如根据《军人抚恤优待条例》第9条规定，现役军人在执行任务中或者在上下班途中，由于意外事件死亡的，确认为因公牺牲。该程序的启动包括依申请和依职权两种形式。案件调查程度和材料审查深度与案件难易程度有关。对于简单案件，确认机关可根据当事人提交的证据材料或书面承诺进行审查，确保材料真实即可；对于案情重大复杂的案件，行政机关工作人员必须亲临现场。

二、行政许可决定程序

行政许可决定程序指行政机关对当事人提供的申请材料进行实质或形式审查，确定真伪，判断是否符合许可要件，作出是否颁发许可证的行政程序。根据《行政许可法》第5条规定，设定和实施行政许可，应当遵循公开、公平、公正、非歧视的原则。有关行政许可的规定应当公布；未经公布的，不得作为实施行政许可的依据。行政许可的实施和结果，除涉及国家秘密、商业秘密或者个人隐私的外，应当公开。未经申请人同意，行政机关及其工作人员、参与专家评审等的人员不得披露申请人提交的商业秘密、未披露信息或者保密商务信息，法律另有规定或者涉及国家安全、重大社会公共利益的除外；行政机关依法公开申请人前述信息的，允许申请人在合理期限内提出异议。《行政许可法》第 36 条规定：行政机关对行政许可申请进行审查时，发现行政许可事项直接关系他人重大利益的，应当告知该利害关系人。申请人、利害关系人有权进行陈述和申辩。行政机关应当听取申请人、利害关系人的意见。行政许可可以通过信函、电报、电传、传真、电子数据交换和电子邮件方式提出，也可委托代理人提出，依法应当由申请人到行政机关办公场所提出许可申请的除外。

行政许可由具有行政许可权的行政机关，法律、法规授权的具有管理公共事务职能的组织作出。经国务院批准，省、自治区和直辖市政府可以决定一个行政机关行使其他行政机关的行政许可权。行政机关可依法委托其他行政机关实施。行政许可需要行政机关内设的多个机构办理的，该行政机关应当确定一个机构统一受理行政许可申请，统一送达行政许可决定。行政许可依法由地方政府两个以上部门分别实施的，本级政府可确定一个部门受理行政许可申请并转告有关部门分别提出意见后统一办理，或组织有关部门联合、集中办理。大力推广并联审批、证照联办。①

---

① 《国务院关于在更大范围推进"证照分离"改革试点工作的意见》（国发〔2017〕45 号）。

行政机关应将有关行政许可的事项、依据、条件、标准、裁量基准、数量、程序、期限以及需要提交的全部材料的目录和申请书示范文本在办公场所公示。申请人要求对公示内容予以说明、解释的，行政机关应说明解释，提供准确信息。涉及处分公产或配置公共资源的特许，网上公开许可全程。

承办人员对行政许可申请，经初步审查，申请事项属于本机关职权范围，申请材料齐全、符合法定形式，或申请人按照本机关的要求提交全部补正申请材料的，应当受理行政许可申请。如果申请材料存在可以当场更正的错误的，允许申请人当场更正；申请材料不齐全或不符合法定形式的，应当当场或在5日内一次告知申请人需要补正的全部内容，逾期不告知的，自收到申请材料之日起即为受理。受理或不予受理，应当出具加盖本行政机关专用印章和注明日期的书面凭证。

申请人应当如实向行政许可机关提交有关材料和反映真实情况，并对其申请材料实质内容的真实性负责。行政机关不得要求申请人提交与其申请的行政许可事项无关的技术资料和其他材料。行政机关应当对申请人提交的申请材料进行审查，申请材料齐全、符合法定形式，能够当场作出决定的，当场作出书面的行政许可决定；需要对申请材料的实质内容进行核实的，行政机关应当指派两名以上工作人员进行核查；依法应当先经下级行政机关审查后报上级行政机关决定的行政许可，下级行政机关应当在法定期限内将初步审查意见和全部申请材料直接报送上级行政机关。行政机关经审核后依法作出准予或不予行政许可的书面决定，对后者应说明理由。

要优化许可流程。《国务院关于在更大范围推进"证照分离"改革试点工作的意见》（国发〔2017〕45号）针对行政审批中申报材料重复提交、重复审查、重复证明等问题，要求完善政府统一数据共享交换平台，探索实现部门间企业基础信息和相关信用信息共享、业务协同，让信息多跑路、群众少跑腿。

法律、法规、规章规定实施行政许可应当听证的事项，或行政机关认为需要听证的其他涉及公共利益的重大行政许可事项，行政机关应当向社会公告，举行听证。许可直接涉及申请人与他人之间重大利益关系的，行政机关在作出行政许可决定前，应当告知该利害关系人；告知申请人、利害关系人享有要求听证的权利；申请人、利害关系人在被告知听证权利之日起5日内提出听证申请的，行政机关应当在20日内组织听证。申请人、利害关系人有权进行陈述和申辩。行政机关应当听取申请人、利害关系人的意见。行政机关应当根据听证笔录，作出行政许可决定。

国务院实施行政许可程序可以适用有关法律、行政法规的规定。行政机关可依法通过招标、拍卖等方式作出行政许可。行政机关可依法根据考试成绩和其他法定条件作出行政许可；行政机关可根据申请人的技术条件、经营业绩和管理水平等的考核结果作出赋予其资格、资质的行政许可。行政机关可根据检验、检测、检疫的结果作出行政许可。行政机关实施检验、检测、检疫，应当自受理申请之日起5日内指派两名以上工作人员按照技术标准、技术规范进行检验、检测、检疫。当场可认定设备、设施、产品、物品是否符合技术标准、技术规范的，行政机关应当当场作出行政许可。有数量限制的行政许可，两个或两个以上申请人的申请均符合法定条件、标准的，行政机关可依法根据受理行政许可申请的先后顺序作出准予行政许可。

除了可以当场作出行政许可决定的之外，行政机关一般应当自受理行政许可申请之日起20日内作出行政许可决定。20日内不能作出决定的，经本行政机关负责人批准，可以延长10日，并应当将延长期限的理由告知申请人。采取统一，或联合或集中办理的，办理时间不得超过45日；45日内不能办结的，经本级政府负责人批准，可以延长15日，并应当将延长期限的理由告知申请人。依法应当先经下级行政机关审查后报上级行政机关决定的行政许可，下级机关应当自其受理行政许可申请之日起20日内审查完毕。依法需要听证、招标、拍卖、检验、检测、检疫、鉴定和专家评审的，所需时间不计算在上述规定的期限内。行政机关作出准予行政许可的决定，应当自作出决定之日起10日内向申请人颁发、送达行政许可证件，或加贴标签、加盖检验、检测、检疫印章。

要切实加强事中事后监管。对于取消审批或审批改为备案、实行告知承诺制等事项，要逐项研究细化自律准则和标准，强化日常监管，做到放开准入和严格监管相结合。坚持"谁审批谁监管、谁主管谁监管"原则。实行并联审批的，审批部门、主管部门、监管部门都要负起监管责任。

三、行政处罚决定程序

行政处罚决定程序指行政机关适用行政处罚实体法，作出处罚决定遵循的行政程序。行政处罚由具有行政处罚权的行政机关在法定职权范围内实施。国务院或经国务院授权的省、自治区或直辖市政府可以决定一个行政机关行使有关行政机关的行政处罚权，但限制人身自由的行政处罚权只能由公安或国家安全机关行使。法律、法规授权的具有管理公共事务职能的组织可以在法定授权范围内作出行政处罚决定。行政机关依法可以在其法定权限内委托符合法定条件的事业组织实施行政处罚。

行政处罚案件一般由违法行为发生地的县级以上地方政府具有行政处罚权的行政机关管辖，除非法律、行政法规另有规定。乡镇政府依法律、法规规定可行使处罚权。有一定证据初步证明，当事人的行为违反行政管理秩序，行政机关应当立案。行政机关依法给予行政处罚，必须查明事实；违法事实不清的，不得给予行政处罚。行政机关必须依职权全面、客观、公正地调查收集有关证据；依法可以进行询问、检查；可以抽样取证；可以先行登记保存。当事人或证人应当如实回答调查人员询问；并协助检查，不阻挠；不破坏案件现场，不毁灭、转移、隐匿或伪造证据。

行政机关在作出行政处罚决定之前，应当告知当事人调查结论和处罚意向，并告知当事人依法享有陈述权、申辩权。行政机关必须充分听取当事人意见，对当事人提出的事实、理由和证据，应当进行复核；当事人提出的事实、理由或证据成立的，行政机关应当采纳。行政机关不得因当事人申辩而加重处罚。

行政机关作出责令停产停业、吊销许可证或执照、较大数额罚款以及其他重大处罚决定之前，应当告知当事人有要求举行听证的权利；当事人要求听证的，行政机关应当组织听证。

调查终结，行政机关负责人应当对调查结果进行审查，确有应受行政处罚的违法行为的，根据情节轻重及具体情况，作出行政处罚决定；同时责令当事人改正或限期改正违法行为。违法行为轻微，依法可不予行政处罚；违法事实不能成立的，不得给予行政处罚；对情节复杂或者重大违法行为给予较重的行政处罚,行政机关的负责人应当集体讨论决定;违法行为构成犯罪,移送侦查机关。

给予行政处罚,制作行政处罚决定书。应当在宣告后当场交付当事人;当事人不在场的,行政机关应当在7日内依照法律的有关规定,将行政处罚决定书送达当事人。

第十一章 行政机关管辖

第一节 行政机关管辖范畴

一、定义

行政机关管辖是指行政机关之间根据法律授权具体地对特定事项裁处分工。管辖由管辖权事实和权力授予规范组成。确定管辖之后，行政机关才受理、调查和处理案件，作出行政决定。

二、特征

管辖关键是在行政机关系统内不同行政机关之间划分权限，如在工商管理机关和质检机关之间划分管辖权。其次是将行政机关作为整体,与侦查机关、检察机关、法院之间进行权限划分,如与行政监管密切相关的民事争议,可由行政机关先于法院行使管辖权。

管辖权具有排他性,排斥其他机关管辖,但不排斥职务协助,职务协助是指行政机关对某一事务有管辖权,但是遇到特殊情况,可以依法请求其他机关给予帮助。如《市场监督管理行政处罚程序暂行规定》第6条规定,行政处罚由违法行为发生地的县级以上市场监督管理部门管辖。法律、行政法规另有规定的除外。第42条规定,市场监督管理部门在办理行政处罚案件时,确需其他市场监督管理部门协助调查取证的,应当出具协助调查函。收到协助调查函的市场监督管理部门应当予以协助。

行政管辖法定,不过有些民事争议管辖可赋予当事人选择权,如个人之间的土地权属争议,当事人可请求由县级以上政府或请求乡级政府处理。

确定管辖权的因素有:行政事务性质;行政机关所在地;当事人行为地、案件发生地或结果地;财产所在地;专业性民事争议;合同;特殊当事人身份和知识产权。

三、管辖权事实

管辖权事实是指确定行政机关管辖权最基本、最重要的事实,是行政机关在行政程序启动中应首先确定的事实,用以确定行政机关是否具有管辖权。管辖权事实是指这样一种特定事实,行政决定权力以其存在为先决条件，一个合法有效的行政决定依赖于该事实的存在。[①]一般由行政组织法在授予行政机关权力时明确设定；如果法条含糊，可由立法机关或行政机关解释或判例确定。当事人身份、当事人行为性质或行为地、财产种类、财产所在地、户籍地、住所地、经常居住地和国籍都可为管辖权事实。

管辖权事实是确定行政机关对特定事务有无管辖和裁决权力的法定事实，这个事实决定行政机关权力有无和外围界限，与管辖权内事实不同。管辖权内事实是指确定了行政机关有权管辖的案件的其他事实。管辖权事实决定行政决定是否合法，管辖权内事实确定行政决定的合理性问题。

四、管辖权来源

行政职责确定管辖权，职责根据即为管辖权来源，包括宪法、法律明确规定的职责；法律授权和立法解释、行政法规授权和国务院批准的职责；上级行政机关命令的职责；政府合同中约定的行政职责；行政机关依法委托其他机关或其他公法组织，受委托机关在委托范围内以委托机关名义实施的法定职责等。

管辖权规范是指授权行政机关管辖的行政组织法规范，管辖权力来源于行政组织法和其他有关法律、法规、规章的授予。行政系统应当按照权力配置清晰、分工明确原则，设定管辖制度。

管辖权规范是行政机关实体权力来源性规范，授权行政机关对某

---

① 载《人民日报》2011年4月25日，第9版。

事项享有实体裁决权。如《税收征收管理法》第74条规定，本法规定的行政处罚，罚款额在二千元以下的，可以由税务所决定。"罚款额在二千元以下的"是实体法规范，"可以由派出所决定"是授予管辖权的组织法规范，管辖把实体法规范和组织法规范联系在一起。

五、行政管辖权冲突

行政机关之间就某具体行政事项都主张或都放弃管辖权，即发生管辖权冲突。其中，管辖权积极冲突是指两个以上行政机关都对某一特定事项主张管辖权；管辖权消极冲突是指两个以上行政机关都对某一特定事项不主张或放弃管辖权。

立法不可能对一切事项清晰预定；法律语言本身具有模糊性；一些客观因素如行为地、财产所在地、居所地等都可确定并产生多个管辖，管辖权争议不可避免。具体包括以下情形：（1）当事人行为竞合，具有两重以上行政法上的性质，引起两种以上事务管辖。（2）当事人行为跨两个以上行政区域。如违反环境保护法的污染行为，经常跨两个以上行政区域，可引起两地环保机关管辖冲突。（3）当事人户籍地或居住地与行为地不一致。如当事人户籍地在某省，在另一省违反计划生育法超生，户籍地和违规超生地计生机关对超生行为的处理可形成管辖权冲突。如《广东省人口与计划生育条例》第16条规定，流动人口的计划生育工作由其户籍所在地和现居住地的人口和计划生育工作机构共同负责，以现居住地为主，纳入现居住地的日常管理。《河北省人口与计划生育条例》第2条规定："居住在本省行政区域内的中国公民和户籍在本省而居住在省外的公民，以及本省行政区域内的国家机关、社会团体、企业事业单位和基层群众自治组织应当遵守本条例。"如果一个河北省籍公民在广东现居住地超生,广东省和河北省计划生育机关都有管辖权,且各自适用本省条例,可发生管辖冲突。(4)法律对有内在联系的行政职责赋予两个以上机关引起管辖冲突。(5)法律条文对特定概念内涵和外延设定不明,引起管辖冲突。(6)法律授权当事人可以选择两个以上行政机关管辖也引起管辖冲突。如《草原法》第16条规定,草原所有权、使用权的争议,由当事人协商解决;协商不成的,由有关政府处理。个人之间、个人与单位之间的争议,由乡(镇)政府或者县级以上政府处理。这就可能形成乡(镇)政府与县级以上政府管辖冲突。

六、管辖争议解决

1. 职能越集中,管辖类型越少,反之职能越分散,管辖类型越多;根据效能原则,合并若干事务交叉或相近的部门归一个行政机关管辖,可从根本上解决管辖冲突。如交通运输部合并公路、水路、航空、铁路运输监管机关,避免管辖冲突。

2. 行政机关之间发生管辖争议的,属于行政组织法上职权划分的,由有管辖权的编制管理部门提出协调意见,报本级政府决定;涉及执行法律、法规、规章发生争议的,可由有关政府法制部门协调处理;对需要政府作出决定的重大问题,由政府法制部门依法提出意见,报本级政府决定。

3. 同一行政部门内不同机关管辖发生争议的,各方协商管辖;协商不成的,报请共同上一级机关指定管辖。有管辖权的机关由于特殊原因不能行使管辖权或者上级机关认为有必要，可以指定管辖。行政机关发现办理的案件不属于本机关管辖的，应当将案件移送有管辖权的机关。受移送的机关对管辖权有异议的，应当报请共同上一级机关指定管辖，不得再自行移送。如《环境行政处罚办法》第21条规定，不属于本机关管辖的案件，应当移送有管辖权的环境保护主管部门处理。受移送的环境保护主管部门对管辖权有异议的，应当报请共同的上一级环境保护主管部门指定管辖，不得再自行移送。

4. 向行政部门外的行政机关移送。行政部门发现办理的案件属于其他行政部门管辖的，应当依法移送。受移送的行政机关对管辖权有异议的，不得自行移送，应当报请同级政府或上级政府机关裁定。

5. 当事人行为构成犯罪的，移送侦查机关管辖。如《安全生产行政处罚自由裁量适用规则（试行）》第24条规定，安全生产违法行为涉嫌构成刑事犯罪的，应当依据规定程序移交司法机关，不得以罚代刑。

6. 立法解释机制。如果发生管辖权争议的原因是法律规定不明确、理解不一致或法律实施后出现新情况，可通过立法机关解释法律解决。

7. 诉讼机制。在行政诉讼中，由法院判决解决管辖权冲突。

第二节 事务管辖

一、概述

事务管辖指法律授权一类行政机关行使某种行政事务或案件的管辖。如根据《税收征收管理法》规定,违反税收征收秩序的行为,由税务机关管辖。事物管辖是由行政事项性质决定的,划定行政系统内部不同性质行政机关权力的分配,也确定行政机关与侦查机关、检察机关和法院之间的分工。它所要解决的主要问题是从具体事务性质出发,确定不同行政机关的管辖权。如在 FDA v. Brown &Willianson Tobacco Corp., 529U. S. 120(2000)案①中,美国食药监管局声称对卷烟产品具有管辖权。因为尼古丁是一种"药",而烟卷是"药品传送渠道"。根据国会法律含义是否清晰标准,法院认为食药监管局对烟草没有规制管辖权。法院认可要求食药监管局去监管不安全的药品,但是烟草产品永远不会是安全的。因此如果尼古丁是药品,食药监管局应当被要求去禁止生产烟草产品,虽然有几个国会法律如烟草包装法有限制销售的意图,但是国会意图清晰地表明,烟草产品不会全部禁止,

---

① 参见胡建淼:《比较行政法——20 国行政法评述》,法律出版社 1998 年版,第 175 页。

而且法院根据自身常识，国会享有授予食药监管局如此超越一般的权力，即禁止烟草产品，简直是不能想象的。不过这个案子是5比4决定的，持异议的法官认为，食药监管局具有补充管辖权，在不全部禁止烟草产品的前提下可监管烟草产品。

事务管辖是一种行政机关与其他性质不同的行政机关之间的权限分工。海关和商务等29个行政部门分管各自事务。如专利法规定，国务院专利行政部门负责管理全国的专利工作；统一受理和审查专利申请，依法授予专利权。

行政机关必须在法律、法规、规章授权范围内行使管辖权，不能超越事务管辖权。如丰祥公司诉上海市盐务局行政强制措施越权案。[①] 被告于2001年5月21日认定上海丰祥公司违反《上海市盐业管理若干规定》，在不具有经营工业盐资格的情况下，从外省市调入工业盐至本市，扣押了丰祥公司330吨工业盐。原告诉称：我公司经工商登记，具有工业盐的经营资格。盐务局只负责"食盐专营工作"，对工业盐经营没有执法主体资格。上海二中院认为：根据国务院《盐业管理条例》第4条规定："省及省级以下政府盐业行政主管部门，由省、自治区、直辖市政府确定，主管本行政区域内的盐业工作。"上海市政府制定的《上海市盐业管理若干规定》第4条规定："上海市商业委员会是本市盐业行政主管部门。上海市盐务局是市政府依据《食盐专营办法》授权的盐业主管机构，负责管理本市行政区域内的食盐专营工作，组织本规定的实施，并接受市商委的领导。"因此本市盐业行政主管部门是市商委，而非盐务局。盐务局只能负责管理食盐专营工作，并无对本

---

① 《最高人民法院公报》2003年第1期，第36~40页。

市工业盐的经营、运输进行查处的职权，不具有作出封存、扣押违法经营工业盐行政强制措施的执法主体资格。根据国务院《盐业管理条例》第 19 条规定："食用盐，国家储备盐和国家指令性计划的纯碱、烧碱用盐，由国家统一分配调拨。"本案涉及的是工业盐，不属上述条文规定的由国家实行统一分配调拨的盐类范畴。根据丰祥公司营业执照的经营范围，有权经营工业盐，盐务局所做扣押超越事物管辖权。

二、首先管辖

行政机关首先管辖（primary jurisdiction）是指法院和行政机关对于某一民事案件都有原始管辖权时，由行政机关首先管辖，法院只在行政机关作出决定后才进行司法审查。如果对民事案件初审权属于行政机关，那么原告就不能向法院提起民事诉讼，而应先向行政机关请求裁判。首先管辖初见于行政法中的反垄断案件，在行政机关管理执行反托拉斯法律和法院反托拉斯管辖权同时共存于某一事项时，由行政机关首先对该事项作出决定，法院只在行政机关作出决定后才行使司法审查权。行政机关首先管辖原则适用于两种情况：第一，案件全部由行政机关决定，法院只进行司法审查；第二，部分案件由法院管辖，其中某个问题属于行政机关管辖，法院必须停止诉讼，等待行政机关作出决定以后，法院才进行判决。① 应当特别注意的是，以下情形，由法院初审管辖：（1）如果争讼只涉及法律问题，不涉及事实问

---

① ［美］史蒂文·J. 卡恩：《行政法原理与案例》，张梦中、曾二秀、蔡立辉等译，中山大学出版社 2004 年版，第 114 页。

题，无需请求行政专家解决专业技术；（2）如果授权法明文规定该民事争议案件的初审管辖属于法院；（3）行政机关拥有给予请求之全部救济的权力但又不给予有效的救济。

确立行政机关首先管辖的原因在于利用行政机关专门知识（如必须附带解释和适用公法条款），解决行政规制领域的民事争议，以贯彻行政政策，提高效能，减轻法院负担。如1932年美国航运公司诉丘纳德轮船公司案［United States Navigation Co. v. Cunard Steamship Co., 284 U. S. 474（1932）］中，轮船公司请求法院禁止另一轮船公司实行双重运输价格。这种行为违反反托拉斯法律，除非航运法另有规定时例外。法院认为这种行为是否违法只能由航运局首先裁定。①

行政机关对法定民事案件首先裁处，当事人对裁处不服的，可以在法定期限内，提起行政诉讼。具体情形包括：（1）根据《森林法》第17条规定，单位之间发生的林木、林地所有权和使用权争议，由县级以上政府依法处理。个人之间、个人与单位之间发生的林木所有权和林地使用权争议，由当地县级或者乡级政府依法处理。（2）根据《草原法》第16条规定，草原所有权、使用权的争议，由当事人协商解决；协商不成的，由有关人民政府处理。单位之间的争议，由县级以上人民政府处理；个人之间、个人与单位之间的争议，由乡（镇）人民政府或者县级以上人民政府处理。当事人对有关人民政府的处理决定不服，可以依法向人民法院起诉。在草原权属争议解决前，任何一方不得改变草原利用现状，不得破坏草原和草原上的设施。（3）根据

---

① ［美］伯纳德·施瓦茨：《行政法》，徐炳译，群众出版社1986年版，第82页。

《土地管理法》第16条规定，单位之间的争议，由县级以上政府处理；个人之间、个人与单位之间的争议，由乡级政府或者县级以上政府处理。土地权属争议案件首先管辖只限于土地所有权与使用权有关的案件，对于土地侵权案件不由行政机关首先管辖，而应向法院提起民事诉讼。(4) 根据《专利法》第45条规定，任何人认为专利权授予不符合专利法有关规定的，可以请求专利复审委员会宣告该专利权无效。由专利复审委员会首先裁决无效请求权人和专利权人之间的争议。(5) 根据《商标法》规定，已经注册的商标，如果违反商标法规定，如以欺骗手段取得注册的，商标所有人或者利害关系人甚至一般单位或者个人，在一定期限内，可以请求商标评审委员会裁定撤销该注册商标。(6) 专利权实施争议。国务院专利行政部门根据具备实施条件的单位或个人申请，根据公共利益需要，可以给予实施发明专利或实用新型专利的强制许可；申请强制许可的单位或个人应当提供证据，证明其以合理的条件请求专利权人许可其实施专利，但未能在合理的时间内获得许可；国务院专利行政部门作出给予实施强制许可决定，应当及时通知专利权人。给予实施强制许可的决定，应当根据强制许可的理由规定实施的范围和时间。(7) 民事补偿争议。如根据《专利法》第57条规定，取得实施强制许可的单位或个人应当付给专利权人合理的使用费，其数额双方不能达成协议的，先由国务院专利行政部门裁决。(8) 根据《最高人民法院关于审理人身损害赔偿案件适用法律若干问题的解释》第12条规定，依法应当参加工伤保险统筹的用人单位的劳动者，因工伤事故遭受人身损害，劳动者或者其近亲属向人民法院起诉请求用人单位承担民事赔偿责任的，告知其首先按《工伤保险条例》规定，向用人单位所在地劳动保障行政部门提出工伤认定申请。(9) 其他与行政管理紧密联系的民事案件。如交通事故确认首先由公安机关管辖。

根据法律规定,当事人可首先选择行政机关处理或调解民事争议,也可首先向法院提起民事诉讼。对行政处理不服的,当事人可提起行政诉讼,对行政调解不服的,对行政机关不能提起行政诉讼。具体包括:(1)《水法》第57条第1款规定,单位之间、个人之间、单位与个人之间发生的水事纠纷,应当协商解决;当事人不愿协商或者协商不成的,可以申请县级以上地方人民政府或者其授权的部门调解,也可以直接向法院提起民事诉讼。(2)《专利法》第60条规定,未经专利权人许可,实施其专利,即侵犯其专利权,引起纠纷的,由当事人协商解决;不愿协商或者协商不成的,专利权人或利害关系人可以向人民法院起诉,也可以请求管理专利工作的部门处理。当事人不服处理决定的,可以自收到处理通知之日起15日内依法向法院提起行政诉讼;进行处理的管理专利工作的部门应当事人请求,可以就侵犯专利权的赔偿数额进行调解;调解不成的,当事人可以依法提起民事诉讼。(3)《商标法》第60条规定,有本法第57条所列侵犯注册商标专用权行为之一,引起纠纷的,由当事人协商解决;不愿协商或者协商不成的,商标注册人或者利害关系人可以向人民法院起诉,也可以请求工商行政管理部门处理。(4)《环境保护法》规定,造成环境污染危害的,有责任排除危害,并对直接受到损害的单位或者个人赔偿损失。赔偿责任和赔偿金额的纠纷,可以根据当事人的请求,由环境保护行政主管部门或者其他依照法律规定行使环境监督管理权的部门处理;当事人对处理决定不服的,可以向法院提起行政诉讼。当事人也可以不经行政主管部门处理直接向法院提起民事诉讼。

三、行政案件和刑事案件管辖权界定

违反行政管理秩序的行为,不构成犯罪的、归属行政机关管辖。符合刑法标准,构成犯罪的,应追究刑事责任,移送刑事侦查机关。如《行政处罚法》第22条规定:"违法行为构成犯罪的,行政机关必须将案件移送司法机关,依法追究刑事责任。"涉案国家机关工作人员职务犯罪的,移送监察机关。犯罪行为与违反行政管理秩序行为的划线是关键,是区别犯罪和应受行政处罚行为的界限,并决定刑事管辖权和行政管辖权。如《最高人民检察院、公安部关于公安机关管辖的刑事案件立案追诉标准的规定(二)》第2条规定,走私伪造的货币,总面额在二千元以上或者币量在二百张(枚)以上的,应予立案追诉。这就是说,总面额在二千元以下或者币量在二百张(枚)以下的,不构成犯罪,应当由海关行政处罚。

行政执法机关在依法查处违法行为的过程中,发现违法事实涉及的金额、违法事实的情节、违法事实造成的后果等,根据刑法规定,涉嫌犯罪,依法需要追究刑事责任的,必须向公安机关移送。如《环境保护行政执法与刑事司法衔接工作办法》第5条规定,环保部门在查办环境违法案件过程中,发现涉嫌环境犯罪案件,应当核实情况并作出移送涉嫌环境犯罪案件的书面报告。本机关负责人应当自接到报告之日起3日内作出批准移送或不批准移送的决定。向公安机关移送的涉嫌环境犯罪案件,应当符合下列条件:(1)实施行政执法的主体与程序合法。(2)有合法证据证明有涉嫌环境犯罪的事实发生。行政执法机关负责人作出批准移送的,应当在24小时内向同级公安机关移送。移送案件，应当附有下列材料：涉嫌犯罪案件移送书；涉嫌犯罪案件情况的调查报告；涉案物品清单；有关检验报告或者鉴定意见；其他有关涉嫌犯罪的材料。行政执法机关必须妥善保存所收集的与违法行为有关的证据，一并移送。公安机关应当自接受行政执法机关移送的涉嫌犯罪案件之日起3日内，依照刑法、刑事诉讼法等规定，对所移送的案件进行审查。认为有犯罪事实，需要追究刑事责任，依法决定立案的，应当书面通知移送案件的行政执法机关；认为没有犯罪事实，或者犯罪事实显著轻微，不需要追究刑事责任，依法不予立案的，应当说明理由，并书面通知移送案件的行政机关，相应退回案卷材料。行政机关接到公安机关不予立案的通知书后，认为依法应当由公安机关决定立案的，可以自接到不予立案通知书之日起3日内，提请作出不予立案决定的公安机关复议，也可以建议检察院依法进行立案监督。行政机关对公安机关决定不予立案或经公安机关审查不构成犯罪而退回的案件，应当依法作出处理。

关于行政处分案件和刑事案件的划分，根据国务院《行政执法机关移送涉嫌犯罪案件的规定》，行政执法机关在依法查处违法行为过程中，发现贪污贿赂、国家工作人员渎职或者国家机关工作人员利用职权侵犯公民人身权利和民主权利等违法行为，构成犯罪的，应当将案件移送人民检察院。

行政执法与刑事司法衔接，呼吁部门信息共享平台建设。如根据《环境保护行政执法与刑事司法衔接工作办法》相关规定，各级环保部门、公安机关、检察院应当积极建设、规范使用行政执法与刑事司法衔接信息共享平台，逐步实现涉嫌环境犯罪案件的网上移送、网上受理和网上监督。已经接入信息共享平台的环保部门、公安机关、检察院，应当自作出相关决定之日起 7 日内分别录入下列信息：（1）适用一般程序的环境违法事实、案件行政处罚、案件移送、提请复议和建议检察院进行立案监督的信息；（2）移送涉嫌犯罪案件的立案、不予立案、立案后撤销案件、复议、检察院监督立案后的处理情况，以及提请批准逮捕、移送审查起诉的信息；（3）监督移送、监督立案以及批准逮捕、提起公诉、裁判结果的信息。尚未建成信息共享平台的环保部门、公安机关、检察院，应当自作出相关决定后及时向其他部门通报前款规定的信息。各级环保部门、公安机关、检察院应当对信息共享平台录入的案件信息及时汇总、分析、综合研判，定期总结通报平台运行情况。

四、联合管辖

联合管辖是指两种以上行政机关在行政程序中协调处理、共同管辖同一当事人案件，并不混淆行政职责的制度。县级以上政府根据行政管理的需要，可以组织相关行政机关联合执法。联合执法中的行政执法决定，由参加联合执法的行政机关在各自的职权范围内依法作出，并承担相应法律责任。如《禁止传销条例》第 10 条规定，在传销中以介绍工作、从事经营活动等名义欺骗他人离开居所地非法聚集并限制其人身自由的，由公安机关会同工商行政管理部门依法查处。

五、时效管辖

时效是指法律规定的某种事实状态经过法定时间而产生实体权利

随程序权利丧失一同丧失的法律后果制度。行政机关应在一定期限内追诉和裁处，否则丧失受理甚至裁决的权力。当事人应当在一定期限内主张权利，否则程序和实体权利都丧失。时效管辖是指行政机关追诉或当事人主张权利，应在一定期限内，否则管辖权或实体权利一同丧失。时效一过，行政机关丧失程序管辖权，或当事人丧失程序请求权；一旦确定丧失程序管辖权或请求权，应当同时在实体法上，行政机关也丧失裁决权，当事人失去实体权利。当事人对自身违反行政管理秩序的行为被追查，应当有时效；行政机关应在时效内追查，时效迫使其及时履行职责，提高效率。当事人主张某种权利也应当有时效，否则无限拖延，不利于维护既定秩序。

时效管辖具体可分为以下几种：

1. 处罚时效。行政机关对特定违反行政管理秩序的行为的追查处罚时效，超过一定期限，行政机关丧失管辖权。期限从违反行政管理秩序行为发生之日起计算；违反行政管理秩序行为有连续或继续状态的，从行为终了之日起计算。有的处罚时效规定为6个月，如《治安管理处罚法》第22条规定，违反治安管理行为在6个月内没有被公安机关发现的，不再处罚。前款规定的期限，从违反治安管理行为发生之日起计算；有连续或继续状态的，从行为终了之日起计算。有的处罚时效规定为2年，如《行政处罚法》第29条规定，违法行为在2年内未被发现的，不再给予行政处罚；法律另有规定的除外。有的处罚时效规定为5年，如《税收征收管理法》第86条规定，违反税收法律、行政法规应当给予行政处罚的行为，在5年内未被发现的，不再给予行政处罚。

2. 追缴税款时效。如《海关法》第62条规定，进出口货物、进出境物品放行后，海关发现少征或者漏征税款，应当自缴纳税款或者货物、物品放行之日起一年内，向纳税义务人补征。因纳税义务人违反规定而造成的少征或者漏征，海关在3年以内可以追征。

3. 稽查时效。如《海关法》第45条规定，自进出口货物放行之日起3年内或者在保税货物、减免税进口货物的海关监管期限内及其后的3年内，海关可以对与进出口货物直接有关的企业、单位的会计账簿、会计凭证、报关单证以及其他有关资料和有关进出口货物实施稽查。

4. 权利请求时效。如《税收征收管理法》第51条规定，纳税人超过应纳税额缴纳的税款，税务机关发现后应当立即退还；纳税人自结算缴纳税款之日起3年内发现的，可以向税务机关要求退还多缴的税款并加算银行同期存款利息，税务机关及时查实后应当立即退还。

第三节 级别管辖

一、概述

级别管辖指同一部门确定上下级行政机关之间首次处理行政事务的分工和权限。行政层级越高，决策权越多，执法管辖越少；反之层级越低，执法管辖越多。法律、法规、规章对上下级行政机关之间的行政执法职责分工未作明确规定的，上级行政机关应当按照执法重心下移原则确定。下级行政机关能够自行决定和处理的执法事务，应当由下级行政机关管辖。

下列因素作为确定级别管辖的标准：机关级别和资源能力；公民身份、法人或其他组织地位；方便当事人；行政事项关切公共利益和当事人利益大小；本辖区内案件影响；标的物性质和分量；涉外或涉港澳台因素等。执法管辖主要由区县级行政机关负责，地、市级行政机关可以管辖一些重要案件，省级和部委管辖一些特别重要案件。国务院管辖全国特别重大的具体事项。

上下级行政机关移送管辖：下级行政机关对其管辖范围内的行政案件实施有困难的，可以报请上级行政机关直接管辖。上级行政机关认为下级行政机关实施确有困难或不能独立行使处理权的，经通知下级行政机关和当事人，可以对下级行政机关管辖范围内的案件直接管辖。上级行政机关可以将其管辖范围内的案件交由下级行政机关管辖。如《道路交通事故处理程序规定》第11条规定："上级公安机关交通管理部门在必要的时候，可以处理下级公安机关交通管理部门管辖的道路交通事故，或者指定下级公安机关交通管理部门限时将案件移送其他下级公安机关交通管理部门处理。案件管辖权发生转移的，处理时限从案件接收之日起计算。"

二、级别管辖种类

1. 派出所、税务所管辖。"所"作为县级政府工作部门的派出组织，有税务所、工商所和财政所等，可以以县级政府工作部门名义，也可以根据法律、法规或规章授权以自身名义行使管辖权。如派出所是县级公安局的派出机构，以县级公安局名义行使权力；也可以根据法律授权对治安案件行使管辖权。

2. 乡、镇政府管辖。乡、镇政府可以管辖乡镇内的土地承包、计生或婚姻行政事务。如《人口与计划生育法》第 10 条第 3 款规定，乡、民族乡、镇的人民政府和城市街道办事处负责本管辖区域内的人口与计划生育工作，贯彻落实人口与计划生育实施方案。

3. 街道办事处管辖。不设区的市和市辖区政府可以设立街道办事处，它可以受托或根据法律授权以自身名义行使具体事务管辖权。如根据《北京市人口与计划生育条例》第 3 条第 4 款规定："乡镇人民政府和街道办事处负责本辖区内的人口与计划生育工作。"

4. 区公所管辖。如《中华人民共和国地方各级人民代表大会和地方各级人民政府组织法》第 68 条第 2 款规定，县、自治县的政府在必要的时候，经省、自治区、直辖市的政府批准，可以设立若干区公所，作为它的派出机关。可以受县、自治县政府委托或以自身名义管辖所属区域内行政事务，组织协调区域内各乡政府执法活动。

5. 区、县级政府部门管辖。除了海关、金融、铁路、民航和国税之外，几乎所有法律、法规、规章都授权县级政府部门为执法机关，公安等 30 余项执法业务首先由区县级政府部门行使。

6. 区、县级政府管辖。如《城乡规划法》第 15 条规定，县人民政府组织编制县政府所在地镇的总体规划，报上一级政府审批。

7. 地市级政府部门管辖。地市级政府部门管辖本辖区重要行政执法事务，如根据《环境行政处罚办法》第 17 条规定，"县级以上环境保护主管部门管辖本行政区域的环境行政处罚案件。造成跨行政区域污染的行政处罚案件，由污染行为发生地环境保护主管部门管辖"。

8. 地市级政府或省、自治区派出机关管辖。如《土地管理法》第21条规定，省、自治区人民政府所在地的市、人口在一百万以上的城市以及国务院指定的城市的土地利用总体规划，经省、自治区人民政府审查同意后，报国务院批准。

9. 省、自治区、直辖市政府部门管辖。如《土地权属争议调查处理办法》第7条规定："省、自治区、直辖市国土资源行政主管部门调查处理下列争议案件：（一）跨设区的市、自治州行政区域的；（二）争议一方为中央国家机关或者其直属单位，且涉及土地面积较大的；（三）争议一方为军队，且涉及土地面积较大的；（四）在本行政区域内有较大影响的；（五）同级人民政府、国土资源部交办或者有关部门转送的。"

10. 省、自治区和直辖市政府管辖。如《土地管理法》第45条第2款规定，征收前款规定以外的土地的，即国务院批准之外的，由省、自治区、直辖市政府批准。

11. 国务院部委管辖。如根据《环境影响评价法》第23条规定，国务院环境保护行政主管部门负责审批下列建设项目的环境影响评价文件：核设施、绝密工程等特殊性质的建设项目；跨省、自治区、直辖市行政区域的建设项目；由国务院审批的或者由国务院授权有关部门审批的建设项目。

12. 国务院管辖。如《土地管理法》第45条第1款规定，征收下列土地的，由国务院批准：永久基本农田；永久基本农田以外的耕地超过35公顷的；其他土地超过70公顷的。国务院具体决定具有法定约束力，高于地方性法规和行政规章等。

第四节　地域管辖

一、定义

地域管辖是指同级别行政机关之间处理某特定地域内行政事务的分工。行政机关对所属行政区域内的事项具有管辖权，如《公路法》第 8 条规定，县级以上地方政府交通主管部门主管本行政区域内的公路工作；乡、民族乡、镇政府负责本行政区域内的乡道的建设和养护工作。行政机关对发生在所属区域内的行政案件；处于所属区域内的不动产事项；所属区域内的当事人身份事项等享有管辖权。

二、种类

行政地域管辖一般依照行为地来确定。如《道路交通事故处理程序规定》第 9 条规定，道路交通事故由事故发生地的县级公安机关交通管理部门管辖。行为地也指违法行为发生地或结果发生地，这些地点的行政机关都有管辖权。如《行政处罚法》第 20 条规定：行政处罚由违法行为发生地的县级以上地方政府具有行政处罚权的行政机关管辖。

多地行政机关都有管辖权时，由最初受理的行政机关管辖。如

《公安机关办理行政案件程序规定》第 14 条规定：几个公安机关都有权管辖的行政案件，由最初受理的公安机关管辖。必要时，可以由主要违法行为地公安机关管辖。

由违法行为人居住地行政机关管辖。如《公安机关办理行政案件程序规定》第 10 条第 1 款规定：行政案件由违法行为发生地的公安机关管辖。由违法行为人居住地公安机关管辖更为适宜的，可以由违法行为人居住地公安机关管辖，但是涉及卖淫、嫖娼、赌博、毒品的案件除外。

由当事人户籍地、居住地管辖。一般来说，涉及公民身份事项的，由其户籍地、住所地行政机关管辖；住所地与经常居住地不一致的，由经常居住地行政机关管辖；住所地与经常居住地都不明的，由其最后居住地行政机关管辖；如《北京市人口与计划生育条例》第 17 条规定，要求再生育子女的夫妻应当向一方户籍所在地乡镇人民政府、街道办事处提交相关材料；乡镇人民政府、街道办事处核实后，报区卫生和计划生育行政部门确认。需要提交的材料、办理程序及期限，由市卫生和计划生育行政部门制定并公布。

由公司所在地管辖。涉及法人或者其他组织主体资格事项的，可由其主要营业地或主要办事机构所在地行政机关管辖，如《药品管理法》第 7 条规定，开办药品生产企业，须经企业所在地省、自治区、直辖市政府药品监督管理部门批准并发给《药品生产许可证》，凭《药品生产许可证》到工商行政管理部门办理登记注册。

由不动产所在地管辖。关于不动产产权，通常由不动产所在地行政机关专属管辖。如《房屋登记办法》第 4 条规定，房屋登记，由房屋所在地的房屋登记机构办理。本办法所称房屋登记机构，是指直辖市、市、县人民政府建设（房地产）主管部门或者其设置的负责房屋登记工作的机构。

第五节 受理与立案

一、申请与受理

申请是指当事人向行政机关提出实体权利请求，请求其依法作出行政决定。受理是指行政机关针对其申请，根据法律、法规和规章规定的条件，进行审查，作出实体法上初步接受的制度。申请需要符合法定要件，行政机关才能受理。

当事人依法向行政机关提出申请。申请书可以采用格式文本。申请人可到行政机关办公场所提出申请，或通过传真、电子数据交换和电子邮件方式提出，也可委托代理人提出。申请人提出权利申请，应当如实向行政机关提交证据材料。

行政机关对申请人提出的申请，应当根据情况分别作出受理或不受理的裁定。（1）申请事项依法不需要取得行政机关同意的，应当即时告知申请人。（2）申请事项依法不属于本行政机关职权范围的，应当即时作出不予受理的决定，并告知申请人向有关行政机关申请。（3）申请材料存在可以当场更正的错误的，应当允许申请人当场更正。（4）申请材料不齐全或不符合法定形式的，应当当场或者在5日内一次告知申请人需要补正的全部内容，逾期不告知的，自收到申请材料之日起即为受理。当事人在限期内不作补充的，视为撤回申请。（5）申请事项属于本行政机关职权范围，申请材料齐全、符合法定形式，或者申请人按照本行政机关的要求提交全部补正申请材料的，应当受理申请。行政机关受理或者不予受理申请，应当出具加盖本行政机关专用印章和注明日期的书面凭证。（6）申请事项紧急，可不受上述要求限制，可即时决定受理与否。

受理即意味着行政机关正式接受当事人申请并启动实质审理程序。

二、立案

立案是指行政机关根据法律对当事人违反行政管理秩序行为的案件，进行形式审查，认为符合法定构成条件予以受理的制度。符合以下条件的，予以立案：初步判断当事人的行为违反行政管理秩序；在追究时效范围内；有初步证据；行政机关有管辖权。行政机关在监督检查过程中，发现违反行政管理秩序的行为，应受到行政处罚的，应立案。此外，也可依公民或单位报案，审查后立案。如《治安管理处罚法》第78条规定，公安机关受理报案、控告、举报、投案后，认为属于违反治安管理行为的，应当立即进行调查；认为不属于违反治安管理行为的，应当告知报案人、控告人、举报人、投案人，并说明理由。

行政机关应当在一定期限内审查是否立案。如《市场监督管理行政处罚程序暂行规定》第17条规定，市场监督管理部门对依据监督检查职权或者通过投诉、举报、其他部门移送、上级交办等途径发现的违法行为线索,应当自发现线索或者收到材料之日起15个工作日内予以核查,由市场监督管理部门负责人决定是否立案;特殊情况下,经市场监督管理部门负责人批准,可以延长15个工作日。法律、法规、规章另有规定的除外。检测、检验、检疫、鉴定等所需时间,不计入前款规定期限。立案应当填写立案审批表,由办案机构负责人指定两名以上办案人员负责调查处理。

第十二章　行政调查

第一节　行政调查原则

一、全面、客观和正当地调查收集证据

应当对案件进行全面、客观、公正的调查。行政机关不得只收集对当事人不利的证据。有些调查须事先通知，并向当事人说明法律根据，这是正当程序的要求，突击检查或紧急情况例外。"必须事先告知行政机关意图，听取相对人意见。"① 平衡当事人证据负担与调查

---

① 应松年主编：《外国行政程序法汇编》，中国法制出版社1999年版，第78页。

权。① 如美国法院早期严格限制范围，防止调查违反宪法第四条、第五条修正案，二战后司法支持行政调查扩张。② 联邦最高法院在1950年判决中认为联邦贸易委员会有权取得它所调查的信息，有权力要求了解公司的行为是否真正符合法律和公共利益。③

二、行政调查职权法定

1. 须有法律授权。如《美国联邦行政程序法》第555节第3款规定："除法律授权外，机关不得发出、采取或执行传票、报告要求、检查或其他调查行为或命令"。④

2. 种类法定。如根据《行政处罚法》第37条规定，行政机关可以对当事人进行检查或询问。

3. 可要求当事人提供证据。如果当事人拒绝，行政机关可依法给予处罚。当事人不配合，由其承担案件不利后果。如《反倾销条例》第21条规定：利害关系方不如实反映情况、提供有关资料的，或没有在合理时间内提供必要信息的，或以其他方式严重妨碍调查的，调查机关可以根据已经获得的事实和可获得的最佳信息作出裁定。

---

① 应松年主编：《外国行政程序法汇编》，中国法制出版社1999年版，第78页。

② 王名扬：《美国行政法》，中国法制出版社1995年版，第327页。

③ 马怀德主编：《行政程序立法研究——〈行政程序法〉草案建议稿及理由说明书》，法律出版社2005年版，第154页。

④ ［美］伯纳德·施瓦茨：《行政法》，徐炳译，群众出版社1986年版，第234~235页。

4. 调查步骤法定。缺乏步骤规定，可能致使调查主观随意性大。法律应尽可能明确行政调查的步骤和细节，规范政府工作人员的行为。

三、行政机关依职权调查

行政机关对其职务范围内的所有事项，都有义务主动调查取证。如《德国行政程序法》第 24 条规定："行政机关依职权调查事实。行政机关决定调查的方式及范围，不受参与人提供的证明及证明要求的限制；行政机关应顾及一切对具体案件有意义的情况，甚至是有利于参与人的情况；行政机关对在其管辖范围内的声明或申请，不得以认为其实际上不允许或不成立而拒绝受理。"

四、当事人参与行政调查

当事人参与行政调查过程中，享有一定权利并承担相应义务。具体来讲，（1）当事人负有协助调查的义务，如《德国行政程序法》第 26 条规定，参与人在行政调查程序中享有参与权利和协助调查的义务。（2）当事人"到场"。参与人应参加事实的调查。参与人尤其应提供知道的事实和证据，其他协助事实调查的义务，尤其是到场或陈述的义务，仅存在于法律有规定的情况。（3）当事人应如实陈述对其有利或不利的所有案情，不得虚假陈述，不得隐匿毁灭证据。（4）当事人享有要求行政机关签发传票调取、传唤有利于自己证人到庭的权利。如《美国联邦行政程序法》第 555 条 d 款规定："法律授权机关签发的传票，依其申请必须发给当事人。机关在其制定的程序规则中，可以规定当事人必须说明或证明传票所要调查的证据的一般关联性和合理性的范围。"通常情况下,行政程序中所有当事人都有使用传票的权利,以迫使证人作证或提供文件。(5)当事人有与行政机关平等地参加抽取鉴定机构和鉴定人的权利。如《葡萄牙行政程序法典》第96条规定:"行政当局任命鉴定人时,利害关系人可指定数目相同的鉴定人。"

第二节 行政调查类型

一、概述

按照不同的标准,行政调查可分为以下类型:

1. 任意调查、直接强制调查和间接强制调查。① 任意调查是指在取得相对方自愿协助的基础上进行的调查。直接强制调查是指调查人员依法排除当事人抵抗而强制进行的调查。间接强制调查是指针对当事人或证人违反调查规范的行为,以罚则或司法强制为后盾进行的调查。

2. 授权调查和委托调查。授权调查指依据法律授权进行的调查。委托调查是指由该行政机关之外的机构受委托主持的调查。

---

① 孙业群:《司法鉴定制度改革研究》,法律出版社2002年版,第327页。

3. 协助调查。遇有不可抗力不能收集公务需要的证据资料或者执行公务所必需的文书、资料、信息为其他行政机关所掌握，可请求其他机关协助。被请求协助的行政机关应当及时履行协助义务，不得推诿或拒绝。不能提供行政协助的，应以书面形式及时告知请求机关并说明理由。

4. 特定调查和一般调查。特定调查是针对特定案件进行的调查。一般调查是普查。

二、询问

行政机关工作人员依法就案情向当事人或证人提出问题，要求其如实回答。如根据《证券投资基金法》第113条规定，证券监管机关有权"询问当事人和与被调查事件有关的单位和个人，要求其对与被调查事件有关的事项作出说明"。当事人应当如实陈述包括对其不利的案情。如《财政违法行为处罚处分条例》第21条规定，被调查、检查的单位和个人应当予以配合，如实反映情况，不得拒绝、阻挠、拖延。在美国，根据联邦法院判例，行政处罚的当事人有如实陈述的义务，不适用宪法修正案第5条不得被迫自证其罪原则。询问应就案情进行，与案件无关的问题不得提问，被询问人可以拒绝回答不相关的问题。

询问前应当核对被询问人姓名、性别、年龄、职业、住址和联系方式。说明询问缘由，告知其有如实陈述的义务。知道但拒绝回答，故意虚伪陈述，应负法律责任。询问人就案件事实提问。询问当事人应个别进行。被询问人可口头回答或书写。询问不满16周岁的未成年人，应当通知其父母或其他监护人到场。询问聋哑的当事人、被侵害人或证人，应当有通晓手语的人提供帮助，并在笔录上注明。询问不通晓当地通用的语言文字的当事人、被侵害人或证人，应当配备翻译人员，并在笔录上注明。一些询问有时间限制，如《治安管理处罚法》规定，对违反治安管理的行为人，公安机关传唤后询问查证的时间不得超过8小时；情况复杂，可能适用行政拘留的，询问查证的时间不得超过24小时。应当及时将传唤的原因和处所通知被传唤人家属。

调查人员必须认真全面客观制作询问笔录并签名。如卫生行政执法文书规范规定，"调查询问的记录应该具体详细，涉及案件关键事实和重要线索的，应记录原话。不得使用推测性词句，以免发生词句歧义。对方位、状态及程度的描述记录，应依次有序、准确清楚"。询问笔录应当交被询问人核对，确认无误后，在笔录上逐页签名或盖章。对没有阅读能力的，应当向其宣读；记载有遗漏或差错的，被询问人可以提出补充或更正，更正或补充部分应当由被询问人以签名、盖章或押印等方式确认。

三、行政鉴定

行政鉴定是指行政机关或与当事人共同委托的鉴定机构、鉴定人，对案件疑难问题进行分析，根据科学对事实真相进行的求证。如《公安机关办理行政案件程序规定》第87条规定：为了查明案情，需要对专门性技术性问题进行鉴定的，应当指派或者聘请具有专门知识的人员进行。受托法定鉴定机构和鉴定人是具有鉴定资质的机构或个人。

鉴定应当坚持以下原则：（1）合法原则。合法原则指受托鉴定人必须具有鉴定人资格；必须遵守法定程序；依法填写鉴定意见；鉴定机构和鉴定人签字盖章。（2）科学原则。鉴定机构与鉴定人必须具有很高的专业知识与技能，鉴定过程要按科学规律办事，严守科学规则。（3）独立原则。独立原则指在鉴定过程中，鉴定机构和鉴定人应该完全独立，只根据科学方法，得出不受任何干扰的客观结论。（4）公正原则。公正原则指鉴定机构和鉴定人如果与案件当事人有利害关系的，应当回避；鉴定意见要客观解释事实，逻辑清晰，意见明确；不能得出鉴定意见的，应说明原因。

根据《公安机关办理行政案件程序规定》第87条规定，为了查明案情，需要对专门性技术问题进行鉴定的，应当指派或者聘请具有专门知识的人员进行。需要聘请本公安机关以外的人进行鉴定的，应当经公安机关办案部门负责人批准后，制作鉴定聘请书。对鉴定机构有特别要求的，如对精神病的医学鉴定，由有精神病鉴定资格的鉴定机构进行。委托方和受托方要订立委托鉴定合同。首先，委托人要出具委托书，委托书要写明委托事项，包括鉴定项目、鉴定时限等，应要求可以提供简要案情。其次，提供需要鉴定的物品及其清单。或提供鉴定中可能使用的补充资料，包括现场勘验记录等。鉴定机关在收到行政机关委托后，应当查验委托方和手续，审核委托书和鉴定要求，并听取委托人案情介绍，核对鉴定资料，确定是否受理。确定受理后，鉴定机构依合同进行鉴定。

鉴定书要全面如实记录鉴定人员对鉴定问题进行分析、检验、鉴定的过程和意见。所有鉴定人都应在鉴定书上签名；如鉴定意见不一致,应在鉴定书上分别写明;对鉴定书进行复核的人员,应在鉴定书上签名。鉴定书包括绪论、正文、尾部和附录四部分。绪论应该介绍鉴定对象,提取的鉴定材料,鉴定的目的等。正文应包括鉴定过程、分析与意见三个部分。附录包括必要的数据、图表、参考文献等。

四、化验检测

行政机关对于执法中需要进行技术分析的科学问题,应当进行化验检测。如《道路交通事故处理程序规定》第34条规定,车辆驾驶人有饮酒或服用国家管制的精神药品、麻醉药品嫌疑的,公安机关交通管理部门应按照规定及时抽血或提取尿样,送交有检验资格的机构进行检验;车辆驾驶人当场死亡的,应当及时抽血检验。

五、查阅、复制、查询和要求当事人提供法定文件材料

当事人必须按照法定方式如实制作和保存文件、合同、票据、账簿资料,并按要求报送,接受行政调查。如《反不正当竞争法》规定,监督检查部门在监督检查不正当竞争行为时,有权要求被检查的经营者、利害关系人及其他有关单位、个人如实提供有关资料,不得拒绝、隐瞒。又如《美国联邦内地税法典》第7491条规定,纳税人必须制定和保存档案,对内地税局的合理要求提供合作。[①]《美国联邦行政程序法》第555条规定,"根据法律授权,机关可以签发行政传票,要求当

---

① 王名扬:《美国行政法》,中国法制出版社1994年版,第341页。

事人提供文件和档案",最高法院认为,"法律规定必须制作的文件和档案,具有政府文件性质,不受宪法修正案第4条搜查的保护,由于同样的理由也不受宪法修正案禁止自证其罪的保护"。① 行政机关可以检查法定的必须制作和保存的文件和档案,可不需司法批准。

调查过程中,调查人员先填写查询审批表,经领导批准,向当事人发出查询通知书。执法人员查询时不得少于两人,先出示检查证和查询审批表,要求当事人在场协助,调查人员应查询、查阅并调取与案件有关的原件。调取原件不方便或困难,当事人、证人应当留存原件的,可以复制;复制件、影印件或抄录本由书证出具人签名或盖章,标明"经核对与原件无误"。需要第三方协助查询时,向第三方出具协助查询通知书,要求其协助查询掌握的被调查人信息资料。只有法律明确赋予查询权的税务、海关、监察等机关才可查询个人储蓄存款;除此之外,商业银行有权拒绝任何单位或个人查询、冻结、扣划个人储蓄存款。对单位存款查询有行政法规授权,亦可。

六、勘验现场

勘验现场是指调查人员对事件现场,进行真实完整的"复印式"勘查,以照相、摄像和度量等技术如实模绘现场,提取现场痕迹、物品,判断案情的调查。如公安机关对于违法行为案发现场,可以进行勘验,及时提取与案件有关的证据材料,判断案件性质,确定调查方

---

① 参见〔美〕李昌钰:《现场勘验的一般步骤》,载郝宏奎主编:《侦查论坛》(第三卷),中国人民公安大学出版社2004年版,第588~590页。

向和范围。行政机关在接到报案后,应当迅速赶往事发地,保护现场免受破坏,及时勘验。勘验应由具有勘验资格的人员进行,要在原始现场勘查、拍摄和录像,并提取证据。当事人有义务配合行政机关进入有关场所进行勘验,保护现场,不能妨碍行政机关勘验,否则行政机关也可直接裁定其对被调查事件承担法律责任,如《道路交通事故处理程序规定》第61条规定:"当事人有下列情形之一的,承担全部责任:(一)发生道路交通事故后逃逸的;(二)故意破坏、伪造现场、毁灭证据的。为逃避法律责任追究,当事人弃车逃逸以及潜逃藏匿的,如有证据证明其他当事人也有过错,可以适当减轻责任,但同时有证据证明逃逸当事人有第一款第二项情形的,不予减轻。"

　　勘验分为静态勘验和动态勘验。静态勘验是指在不触动现场物品的情况下,进行观察、照相或摄像、绘图、记录等。如公安机关勘验现场,应按照现场勘验规则的要求拍摄现场照片,制作现场勘验笔录和现场图,必要时可以录像。动态勘验是指采用各种技术寻找、发现可作为证据的痕迹、物品等。如交通警察勘查道路交通事故现场,应当按照规定提取痕迹或物证。对计算机违法案件进行现场勘验时,应当注意保护计算机及相关设备和数据,并复制与案情有关的电子资料和数据。

　　勘验具体程序包括:第一,保护原初现场。如果勘验露天现场,首先要划定警戒线,所有现场痕迹、物品都要在警戒线范围之内;如果室内勘验,应封闭房间及进出通道,禁止无关人员涉足。如果现场情况复杂，可以采用多层次现场保护。① 第二，准备并携带录像机及现场绘图工具等。第三，勘验人员到达现场，应先初步观察，掌握现场情况，询问是否有人进出或是否变动、变动前后状况。第四，通知当事人到勘验现场。如调查人员对涉嫌违法的物品进行现场勘验时，应当有当事人在场，并制作《现场勘验笔录》；当事人拒绝到场的，应当在《现场勘验笔录》中注明。并可邀请见证人，见证勘验。第五，制作勘验笔录和案卷。勘验笔录是勘验人员对勘验时间、场所、物品、人身，现场照相、摄像、绘图及提取的证据等所作现场文字记载，并由勘验人、当事人和见证人一同签名的证据文件。当事人或见证人拒绝签名的，应当记录在卷。

七、检查

检查是调查人员对场所、物品和人身的直接观察。对象为违法嫌疑人身体、物品、场所。如海关可依法在海关监管区和海关附近沿海沿边规定地区，检查有走私嫌疑的直通车工具和有藏匿走私货物、物品嫌疑的场所，检查走私嫌疑人身体。如 X 省 X 市烟草专卖局，根据消费者投诉，对刘某涉嫌经营非法卷烟的商店进行监控，发现刘某经常从家中提取大量卷烟，送往其商店隔壁的缝纫铺秘密销售，该局立案。经过数日外围查证，2003 年 1 月 9 日，该局执法人员持烟草管理行政执法证及检查证，对刘某住宅、商店及其相邻缝纫铺进行检查。

---

① 参见袁劲屹：《先行登记保存与查封扣押的区别》，载《中国药品监管》2003 年第 3 期。

在刘某母亲在场的情况下，从住宅中检查出6个品种的卷烟共计137条。另在缝纫铺也查获12条卷烟。经现场勘验，发现所有卷烟既无防伪标识，又无当地烟草公司标签，遂予暂扣。刘某起诉，主张即使住宅是存储卷烟的场所，被告在无公安机关配合并出示搜查证的情况下，也不得进入搜查。请求法院确认被告侵入住宅行为违法，并判令被告返还所扣卷烟。被告认为，原告在其住宅藏匿非法卷烟，证据充分，原告住宅已仅非居住之地，同时变成非法卷烟的存储场所。被告依据烟草专卖法规定，有权对住宅进行检查。虽然法律并没有授予烟草专卖局进入住宅检查权。法院认为，被告在证据确凿的前提下，在原告成年家属在场实际同意被告进入住宅检查的情况下，持行政执法证及烟草检查证，对原告存储大量涉嫌非法卷烟的住宅进行检查，并未构成非法侵犯住宅。① 根据《烟草专卖法实施条例》第46条规定，烟草专卖行政主管部门可以检查违法案件当事人的经营场所。如果把本案中的"住宅"解释为"经营场所"，被告可以检查，并不违反《宪法》第39条"公民的住宅不受侵犯。禁止非法搜查或者非法侵入公民的住宅"。

  检查的步骤具体如下：第一，制定检查计划，确定检查日期。第二，通知被检查人到场，拒不到场的，笔录中注明。第三，检查人员不得少于两人，出示工作证或检查证和检查通知书，否则被检查人有权拒绝检查。第四，原则上不得影响被检查人正常研究、生产和经营活动。第五，警察检查公民住所必须出示县级以上公安机关开具的检查证；检查妇女身体，应当由女性工作人员进行。第六，制作笔录。

---

① 注：后原告不服并上诉，二审维持原判。理由基本相同。

记名检查人员、对象、时间、地点、方法。检查对象为人身的，写明被检查人状况；检查对象是物品的，记明物品状况；检查对象是场所的，明确场所方位、内部结构等。检查人、被检查人和见证人应签名或盖章；被检查人拒绝签名的，检查人员应当在笔录上注明。

八、行政证据保全

行政证据保全指行政机关为防止当事人隐匿、伪造、毁损证据，或时过境迁导致证据灭失，采取固定和提取措施。目的在于提存证据。保全对象限于案件中直接相关的物品，如交通警察收集证据虽然可以扣留事故车辆及机动车行驶证，但不得扣留事故车辆所载与事故无关的货物。

行政证据保全可采取的措施包括以下几种：（1）固定和提取。（2）登记封存。（3）扣押。如公安机关办理案件，对与案件有关的需要作为证据的物品，可扣押。（4）查封和冻结。如中国证券监督管理委员会在对证券违法案件进行调查、审理或执行时发现：已经或可能隐匿、伪造、毁损重要证据的，可采取冻结、查封措施。（5）申请法院保全。如根据《禁止传销条例》第14条规定，县级以上工商行政管理部门对涉嫌传销行为进行查处时，对有证据证明转移或隐匿违法资金的，可以申请司法机关予以冻结。

证据保全步骤具体如下：证据保全由领导批准作出决定。如果情况紧急，现场做出保全措施的，事后立即报经行政机关领导审批。执行人员不得少于两人，向当事人出示执法证件和查封、扣押决定书；可邀请见证人到场见证查封、扣押。对扣押证物，应当会同在场当事人和见证人查点清楚，现场开列清单一式二份，由执行人员、见证人和当事人签名或盖章，一份交当事人，另一份附卷备查。当事人拒绝签字、盖章的，于清单上注明。查封、扣押期限一般不得超过30日；情况复杂的，经机关负责人批准，可延长30日；法律另有规定的除外。对扣押证据，应当入卷保存，不得使用和毁损；对不宜长期保存或不能入卷的证据，拍照或摄像后按照有关规定处理；经查明与案件无关的物品，应当及时退还；经核实属于他人合法财产的，应当登记后立即退还。

九、抽样取证

抽样取证指调查人员依据法律授权，通过当事人、见证人在场参与，从涉案物中抽取并封存具有代表性的样品，进行检测，以检验结论证明案情的调查。如《工商行政管理机关行政处罚程序规定》第30条规定："工商行政管理机关抽样取证时，应当有当事人在场，办案人员应当制作抽样记录，对样品加贴封条，开具物品清单，由办案人员和当事人在封条和相关记录上签名或者盖章。法律、法规、规章或者国家有关规定对抽样机构或者方式有规定的，工商行政管理机关应当委托相关机构或者按规定方式抽取样品。"应通过抽签、计算机随机手段，采用分散、分层、整群、系统取样方法保证样本的随机性和代表性。

抽样的过程如下：抽样前，确定抽样方法，备好材料和封条、标签等。通知当事人到场，出示执法证和抽样调查审批书。如果当事人拒绝到场，调查人员可以邀请见证人到场参与抽样。依规抽取样品，制作现场抽样笔录，记录被抽物总体情况、抽样过程和方法、样品，并现场封样，由当事人在笔录和封样上签字或盖章；当事人拒绝到场或签字的，应在笔录中注明。封样要妥善保管，及时进行法定检验，结论依法送达当事人。允许复检的，应同时告知当事人申请复检权利。

第十三章 听 证

第一节 听证概述

一、听证

听证是指行政机关在作出有关行政决定前，听取行政相对人陈述、申辩、质证的程序，是听取利害关系人意见的重要法律程序。听证应依照正当程序进行，关键是：告知，质证，证据认定公平，主持人中立。如《公安机关办理行政案件程序规定》第125条规定，公安机关不得因违法嫌疑人提出听证要求而加重处罚。第126条规定，听证人员应当就行政案件的事实、证据、程序、适用法律等方面全面听取当事人陈述和申辩。中国古代就有听证，如赵普"言辞审案"审讯嫌犯，多数释之，少数处死，但缺乏自然正义意义上的听证。听证与普通法中的"自然正义"同义,《美国宪法修正案》第 5 条规定"未经正当程序不得剥夺任何人的生命、自由或财产",经联邦最高法院判例解释,国会将判例法则制进联邦行政程序法。① 但不是所有事项都须听证,一般通过平衡私人利益和政府利益,并考量其他因素或法律规定例外,免除非正式程序环节,采取适当程序。

二、听证的作用

1. 尊重当事人。行政机关在对私人作出财产剥夺或限制的决定之前,听证属尊重之举。如在奥地利正式审理程序中,在必要的时候,行政官署要求当事人应讯,进行言辞审理,尽快作出裁决;口头辩论后,如不能立即作出裁决,而之后的调查又要为裁决书所引用时,再次给予表达意见的机会。

2. 面对对自己不利的证人,并进行质证。受行政决定不利影响的当事人,通常给予机会面对不利证人,用言辞提出自己的证据和论点。如果证人可信性存在问题,不能用书面文件替代面对不利证人。

3. 提高行政效率。听证是一项程序机制,寻求的正是程序公正和结果正确之间的内在联系,搞好听证可以减少错误决定,节省社会成本。

4. 防止行政权恣意。当事人有机会和途径以言辞提出权利请求,说明观点,提出建议,是对公正程序的最低要求。公开言辞举证、质

---

① 胡锦光、刘飞宇:《行政处罚听证程序研究》,法律出版社 2004 年版,第 12 页。

证和认定证据，遵循案卷排他性，就可有效地控制行政权滥用。

5. 树立行政权威。听证实质地缓和行政机关与当事人间的利益冲突，增强合作与信任，提高行政机关威信。

三、听证人员

听证人员包括听证主持人、听证员、记录员。如《浙江省行政处罚听证程序实施办法》第5条规定，行政机关听证人员包括听证主持人、听证员和书记员。主持人是主持开厅审理案件，就实体法争议初步裁定的机关负责人或听证员。调查人员不做主持人。如《行政处罚法》规定非本案调查人员才可做听证主持人。机关领导可以做主持人主持重大案件听证。

关于听证员的任职资格。目前我国法律对听证员资格没有法律知识和其他专业技能方面的要求。一些规章规定由行政机关法制部门公务员担任，如《海南省行政处罚听证程序规定》第7条规定："听证活动由听证员主持进行。听证员由行政机关法制机构人员或专职法制人员1至3人担任。法制人员不足3人的，由听证受理机关负责人指定机关内部的非本案调查人员补充。"听证员应当有资格条件，如美国行政法官就是由人事管理局从具备律师资格和行政经验的人中通过考试来录用的。目前我国部分省份已有资格认证，如《山东省行政处罚听证程序实施办法》第5条规定：听证主持人实行资格认证制度，由省政府法制局统一负责，并颁发资格证书。所以，听证主持人不仅应具备法律知识，还应有专业经历。听证员可以考虑由司法部统一管理，因它专司政府法制工作，有条件承担管理听证员工作。

第二节 听证范围

对于涉及重大公共利益或对当事人权利有重大影响的事项，根据法律规定或当事人申请，行政机关可以组织听证。如在行政许可程序中，法律、法规、规章规定实施行政许可应当听证的事项，或者行政机关认为需要听证的其他涉及公共利益的重大行政许可事项，行政机关应当向社会公告，并举行听证。在行政处罚程序中，行政机关作出责令停产停业、吊销许可证或者执照、较大数额罚款等行政处罚决定之前，应当告知当事人有要求举行听证的权利；当事人要求听证的，行政机关应当组织听证。我国《国有土地上房屋征收与补偿条例》也规定了因旧城区改建需要征收房屋，多数被征收人认为征收补偿方案不符合本条例规定的，市、县级人民政府应当组织由被征收人和公众代表参加的听证会，并根据听证会情况修改方案。

第三节 听证程序

一、启动听证

行政机关可以依职权组织听证,如《行政许可法》规定,行政许可涉及公共利益或当事人重大利益的,行政机关认为需要听证的,应当向社会公告,并举行听证。听证也可依申请启动。如果法律规定当事人有权利要求听证,行政机关应当告知当事人。我国《行政处罚法》规定当事人应当在行政机关告知后3日内提出要求听证,《行政许可法》规定申请人、利害关系人在被告知听证权利之日起5日内提出听证申请。当事人逾期未提出听证申请的,视为放弃听证权利。除涉及国家秘密、商业秘密、个人隐私的案件外,听证应当公开进行。

二、确定听证参加人

听证参加人包括调查人员、当事人和利害关系人。通常一个行政机关可针对所有当事人一次性举行听证,也可对多个当事人分别举行听证。不过如果给予一个当事人许可证,意味着必定拒绝另一个当事人,就涉案的两个当事人,依正当程序要求,行政机关应当举行比较听证,目的是使任何一方不会受到损害。

三、听证准备

1. 确定主持人和记录员；
2. 确定听证内容、时间和地点，在举行听证的 7 日前告知当事人；
3. 调查人员在听证前向主持人提交当事人基本情况、案件事实、证据、拟处理意见及听证申请等有关材料纲目；
4. 组织各方在听证开始前证据开示，当事人和律师阅览听证机关案卷；
5. 确定是否同意签发当事人申请证人到厅的通知；
6. 通知证人、鉴定人到厅日期；
7. 预见法律和事实问题。

四、告知当事人听证内容

有权利得到听证通知的当事人、听证代表人或公众代表，应当及时被告知听证性质、行政机关受理根据、主要事实和法律问题。

五、听证前证据开示

听证员主持听证前会议，组织听证前证据开示，交换证据，遴选争点。如在美国一些州，当事人在行政程序中和在民事诉讼中一样，有证据开示权利。我国台湾地区"行政程序法"第 104 条规定，行政机关通知当事人陈述意见，而当事人在法定期限内并没有陈述意见的，其听证权利丧失。

六、当事人享有律师代理的权利

依据我国《行政处罚法》规定,当事人可以亲自参加听证,也可以委托1~2名代理人参加听证。委托代理人参加听证的,应当提交书面委托书,在当事人授权范围内代表其陈述、举证和质证,也可书面委托全权代表参加听证。当听证主持人认为全权代表不能客观陈述事实时,听证参加人必须到场。也可以允许当事人聘请辅佐人,如企业财会人员就财务事项辅佐企业法定代表人参加听证,可由法律规定辅佐人资格。

七、听证过程

主持人宣布听证会开始,告知当事人有对主持人和记录员申请回避的权利。主持人宣布听证会纪律,要求各方遵守秩序,不得大声喧哗,未经允许不得录音、录像、照相。记录员查明当事人是否到会;核对参加人姓名、年龄、身份;核对代理人身份和权限。主持人应告知当事人有权利进行陈述、申辩和质证,查阅、复制、摘抄听证会材料,依法最后陈述。

听证开始后,调查人员和当事人按顺序举证、质证、进行辩论。辩论结束后,当事人进行最后陈述。听证会结束后,应当制作准确完整的听证笔录。笔录包括记录各方主张、陈述、证人证言、鉴定人意见及其他证据;记录各方质证和证据证明力意见。初步决定包括证据认定与事实裁定结论，法律适用意见。笔录应交当事人、证人和鉴定人确认无误后签字或盖章。行政机关应当根据听证笔录作出行政决定。

听证过程中，出现法定事由或其他客观障碍，主持人可决定中止、延期、终止或重新听证。当事人一方有正当理由，无法参与听证，或重要证人无法出厅，或出现客观障碍，主持人可决定中止听证；原因消除后可恢复听证；当事人或委托代理人无正当理由放弃申辩和质证权退出听证会的，主持人可宣布听证终止。

第十四章 行政证据

第一节 行政证据概述

一、含义

行政证据指行政程序中,行政机关调取或当事人提供的用于证明事实的材料。行政证据大部分来源于当事人,少部分是由行政机关向第三方调取获得的。主要包括:书证;物证;当事人陈述;证人证言;视听资料;电子证据;鉴定意见;勘验笔录、现场笔录等。

二、证据规则

(1)所有证据必须具有真实性、关联性和合法性。(2)调查和起诉机构负责取证和举证，裁决机构负责质证和认定证据。（3）接受传闻证据，但是不接受不相关证据。

证据的可采性又称合格性，指在行政程序中，证据的采纳必须符合法律规定的范围，可以被用来证明案件的待证事实。没有证据资格就没有可采性，当然没有证明力，不为定案依据或被采信。证明力包含可采性。如果双方对某证据是否具备证据资格发生争议，各方可以展开争辩，由行政机关裁决。

传闻证据具有可采性，除非取得的证据严重违法，与本案不相关，或不真实几率很高，否则大多数证据都可进入行政程序。传闻证据也可被接受。如美国联邦行政程序法规定任何口头或书面证据都可以接受。但作为政策，行政机关可以排除不相关的、没有实质意义的过于重复的证据。1981年示范州行政程序法规定主持听证的官员可接受任何证据，证据可以书面形式接受，如果这样做能够加快听证程序，同时对其他当事人并不构成实质性损害的话。[①] 传闻证据是证言作出人在厅外的陈述，用以证明厅内事实真实性。[②] 行政程序中，行政机关可以将文书作为证据，文件或文书的制作人一般并不需要出厅作证，这很正常。这种文书或文件就是传闻证据。不过采信传闻证据应有一定限制，必须和其他证据的证明作用保持一致，在有其他证据证明相反事实的情况下，传闻证据一般不采信。

[①] 应松年主编：《外国行政程序法汇编》，中国法制出版社1999年版，第237页。

[②] 徐继敏：《行政证据通论》，法律出版社2004年版，第22页。

第二节 举证责任

一、行政程序举证责任

在行政程序中,举证责任是指行政机关或当事人就其主张所依赖的事实承担的提供证据的责任,以及在证据缺失或正反证据证明力相平的情况下承担的不利后果责任。

举证责任的前提是主张责任。行政程序法中,当事人的主张责任主要指以行政实体法为基础提出的权利请求,以及针对行政机关的主张而作出的承认或反驳等。当事人对其权利请求负举证责任;当事人反驳行政机关的,应提供相应证据。行政机关的主张责任是指以行政实体法为基础而形成的赋予当事人权利或施加义务的动议,以及针对当事人的权利请求而作的构成肯定性抗辩的否定等。

二、行政程序举证责任理论

1. 美国相关理论。米切尔·R. 埃斯牟认为,"行政程序中,举证责任分配和民事诉讼相同。《美国联邦行政程序法》第556条d款规定的举证责任指说服责任,并非提供证据责任。某种利益的申请人对其申请负担举证责任，并应达到优势证据标准"。① 施瓦茨认为，"无论法院，还是行政机关，通常规则是提出动议一方负有举证责任"。② 学者们也赞同法院在申请联邦残疾保障案件中将说服责任倒置给行政机关。他们采用最高法院意见，认为行政程序中举证责任的通常证明标准为优势证据标准，可以变通。

2. 德国相关理论。（1）法律要件分类说，由罗森贝克创立。他根据民事规范及要件事实分类来分配举证责任，将民法分成权利形成、障碍或消灭规范。凡主张适用权利形成规范的，对其要件事实负举证责任。同样，凡主张适用权利障碍或消灭规范的，对权利障碍或消灭的要件事实负举证责任。③ 行政实体规范是指确定行政机关和当事人之间行政实体关系的规范，可以分成赋予当事人权利、设定其实体义务及混合性实体规范。形成权利的事实前提可以由主张者负举证责任。形成义务的事实前提应当由提议者，一般是行政机关负举证责任。（2）德国逖派克构建税务行政程序举证责任规则，认为稽征机关对纳税人用税法施加义务，应举证使自身（税务稽征程序）或使税务法院（税务诉讼程序）就该事实存在达成几近真实的确信，稽征机关应就课税事实要件、租税增加和偷逃漏（税）事实要件负客观举证责任。纳税人应就税捐减低或优惠事实要件负客观举证责任。如纳税人主张免税，假如穷尽举证之能事，仍未使稽征机关或税法法院就构成免税事实要件

---

① Schwartz Corrad, Administrative Law a Casebook, Aspen Law and Business, 2001, p. 560.

② [美] 盖尔霍恩·莱文：《行政法》（英文），法律出版社 2001 年版，第 250～252 页。

③ 黄士洲：《税务诉讼的举证责任》，北京大学出版社 2004 年版，第 109 页。

的存在达成几近真实的确信,不能享受免税优惠。① (3)范围责任理论。该理论是指当事人负有诉讼法上的责任,将归属其管领范围、认识或活动领域的事实与证据方法提供给法院,并负责该领域发生事实的阐明。② 否则可负担倒置的客观举证责任或减轻对方证明程度。德国行政法院常用"距离证据""责任范围"等说明。

三、行政程序举证责任模式

1. 行政裁决提议人负担举证责任。如《美国税务法院诉讼规则》第142条a款规定:"举证责任由原告负担,法律另有规定或法院另有决定时除外。被告对其提出的任何新问题或肯定抗辩负举证责任。"③ b款规定:"税务机关指控纳税人诈欺,对某些事实根据负举证责任并达到清楚令人信服的标准。"

2. 德国职权主义举证责任模式。行政程序举证责任按法律要件分类说来确定。如《德国租税通则》第159条规定:"任何人主张其基于他人之受托人、代表人或质权人之地位,而以自己名义拥有权利或占有物品者,应按稽征机关之要求,证明权利或物品之归属人;否则得认为该权利或物品通常归属于该人所有。本条款规定不影响稽征机关调查课税事实之职权。"据此,权利或物品属于他人的主张者应负担举

---

① 黄士洲:《税务诉讼的举证责任》,北京大学出版社2004年版,第114页。
② [德]弗里德赫尔穆·胡芬:《行政诉讼法》(第5版),莫光华译,刘飞校,法律出版社2003年版,第574~575页。
③ Michael R. Asimow, Administrative Law, BarBri Group, 2002, p.61.

证责任。① 德国联邦行政法院奉行法律要件分类说为举证责任分配的基本公式。如税务机关负担租税课征与增加事实根据的举证责任；租税减免事实根据由纳税人负担举证责任。② 但是，该说并非唯一标准，如税务法院基于纳税人的证据距离，拟定其应负担营业费用的事实要件，即存在、理由、数额的客观举证责任。③

德国联邦行政法院在1984年9月20日考试案例判决中指出，要求考生就主考人的事实判断错误对考试结果产生影响负举证责任抵触法治国原则。将举证责任分配给被告，是以法治国原则为据，并非法律要件分类说。原告不服某教授对其家庭作业给予"劣等"评定，不服考试委员会对其在第一次国家考试中给予"勉强足够"的总成绩评定。实际上，被告作出"评定结论"是一种限制或取消（原告）权利的行为，被告负举证责任也符合法律要件分类说。④ 但原告主张自己所答试卷够好，也是一种形成权利事实要件，依该说似也应由原告负担举证责任；这正是该说弱点，同一事实要件，站在不同角度，既是形成又是限制或取消权利的；如果一味按该说分配举证责任，就无所适从。近来德国行政法院等频繁引用"范围责任"说分配举证责任。诉讼中分配举证责任，实际就对行政程序举证责任进行分配，在基础事实问题上使行政程序和行政诉讼举证责任分配并无二致。德国和英美举证责任分配大体一致。按法律要件分类说，当事人包括主张形成权利和

---

① 黄士洲：《税务诉讼的举证责任》，北京大学出版社2004年版，第108页。
② 黄士洲：《税务诉讼的举证责任》，北京大学出版社2004年版，第112页。
③ 黄士洲：《税务诉讼的举证责任》，北京大学出版社2004年版，第112页。
④ 黄士洲：《税务诉讼的举证责任》，北京大学出版社2004年版，第84页。

主张限制权利两种。依据普通法上主张者负举证责任原则,当事人也无非就是这两种。此外,肯定抗辩是一种对原告限制或取消权利的法律要件事实。公平、证据距离、盖然性等因素则是各方通用的。

3. 对比美国当事人主义模式和德国职权主义模式,前者当事人承担完整举证责任,后者强调参与人承担主观举证责任,明确有协助行政机关调查取证的义务。前者不及后者特别强调行政机关依职权调查取证。实际两个模式大体相同,根据前者模式,行政机关可以在当事人负担举证责任基础上确定事实;但主持听证的行政法官可以代表权利请求人提出证据;还代表裁决方判断证据,确定谁胜诉,行政法官主持听证也有后者模式的特征。① 根据后者模式,参与人负担后果举证责任,行政机关仍有义务调查取证。无论是前者还是后者模式,当事人都享有提供证据的权利,并承担协助行政调查之义务。据前者模式,当事人承担举证责任似乎较重。但在美国社会保障行政案件中,如果权利申请人提供了证据证明其无力从事现在的工作,行政机关负担说服责任,应当提供证据证明申请人可以找到他能够胜任的另外一种工作。此时申请人的举证责任和后者模式之下参与人的证据负担,应是一致的。② 美国学者注意到过度当事人主义会带来行政成本过重的后果。根据近年来欧盟法新规定,申请者必须证明其产品在卫生、环保方面符合欧盟标准,才能进入欧盟市场,从而改变了由欧盟机构去检

---

① [美]施瓦茨:《行政法》,徐炳译,群众出版社1986年版,第234~235页。

② Schwartz Corrada, Administrative Law a Casebook, Aspen Law and Business, 2001, p. 56.

测确定的办法，强化了参与人的举证责任。又如在欧盟反倾销调查程序中，调查机关同时要求参与人负担行为及后果举证责任，这与英美模式中的举证责任对称。

四、行政程序举证责任分配

行政机关对依职权作出行政决定的事实根据负举证责任。依申请作出的，当事人应如实向行政机关提供证据，负担举证责任。行政机关认为其不符合法定条件的，行政机关负说服责任。

1. 行政确认中的举证责任。在依申请确认中，可由申请人就其权利确认所需的法定事实条件承担举证责任。如在工伤认定程序中，根据《工伤保险条例》第18条规定，用人单位作为申请人就受伤职工符合工伤构成条件，即与用人单位存在劳动关系的证明材料；医疗诊断证明或职业病诊断证明书等负责举证。但如果保障机关主张，受伤职工属于该条例第16条规定，即职工有不得认定为工伤的情形，如因醉酒导致伤亡的，应由保障机关负举证责任。如果申请人客观上无力举证，根据公平原则，如根据该条例第19条第2款规定，职工或其直系亲属认为是工伤，用人单位不认为是工伤的，由用人单位承担举证责任。在杉业石料场诉荥阳市劳保局工伤认定案中，受伤职工李某波为申请人，用人单位松业石料场主张非工伤，荥阳市劳保局依法在工伤认定程序中要求该厂负举证责任，但未能完成。法院在诉讼中也支持这种举证责任。[①] 在依职权确认中，行政机关负担举证责任。如根据

---

① 《最高人民法院公报》2005年第8期，第40~41页。

《道路交通安全法》第72条规定，公安机关有义务对交通事故现场进行勘验、检查，收集证据。如在罗某富不服道路交通事故责任认定案中，法院认为这种行为（堆放炭渣）与此次事故的发生是否有直接因果关系，被上诉人交警队既未认定也未排除；事故发生后，行政机关应当按照法定程序调查取证，查明事故原因。交警队对交通事故责任认定负有举证责任。①

2. 授益行政决定中的举证责任。（1）在许可程序中，申请人对法定要件事实构成负责举证。如在溆浦县中医院诉溆浦县邮电局不履行法定职责案中，②原告满足申请"开通120"急救电话的条件，但被告拒不开通，被告负说服责任。许可机关主张公共利益，许可机关负举证责任。根据《药品管理法实施条例》第12条规定，对开办药品零售企业的申请，受理机构应当依据有关规定，结合当地常住人口数量、地域、交通状况和实际需要进行审查，作出是否同意筹建的决定。其中"结合……需要"是要件裁量，是否同意是许可裁量，这些裁量的主张者是许可机关，负说服责任。有些普通许可可能对他人合法权利有不利影响，如侵犯相邻权，可由申请人就其不侵犯他人合法权利负说服责任。如在沈某贤等182人诉北京市规划委员会颁发建设工程规划许可证案中，③因规划许可的实验室与原告住宅楼之间的距离仅为19.06米，未能达到至少20米卫生隔离区的要求。第三人（许可申请人）应当但也未能完成其许可申请未侵犯原告居住环境安全权利的举

---

① 《最高人民法院公报》2002年第5期，第180页。
② 《最高人民法院公报》2000年第1期，第35页。
③ 《最高人民法院公报》2004年第3期，第40~44页。

证责任。

（2）在行政奖励程序中，由于多数奖励是行政机关依职权作出的，虽可申请，且是否获奖确实以申请材料为基础，但评奖人实际起决定作用，申请人负提供证据责任，行政机关负说服责任。

（3）在申请发放抚恤金案件中，应由行政机关就申请人不属于抚恤对象负说服责任。如在王某隆请求合江县民政局发放抚恤金案中，原告因公致残，有青政劳字〔79〕64号通知和合民优〔1999〕32号文确定，主张应享受革命一级伤残人员待遇，被告认为原告没有评定伤残等级，不属于革命伤残人员。二审法院认为，"被上诉人自受伤至今未按法定程序评定伤残等级，但其责任在上诉人（一审被告），如果上诉人有证据能够证明被上诉人不属于革命伤残人员，应作出明确的处理"。① 在社会保障及救助程序中，通常也由社会保障机关就申请人不属于应保或救助对象负说服责任，甚至在有些情形下，如根据《城市生活无着落人员救助管理办法》规定，这些人员只说明有关情况即可。

3. 负担行政决定中的举证责任。（1）在负担行政决定程序中，如纳税，行政机关为这种义务的提议者，应负举证责任。例外情况下，根据证据特别距离，由主张减免义务的当事人负责举证。如《审定进出口货物完税价格办法》第44条规定，海关对申报价格的真实性、准确性有疑问时，或者认为买卖双方之间的特殊关系影响成交价格时，应当制发《价格质疑通知书》，将质疑的理由书面告知纳税义务人或者其代理人，纳税义务人或者其代理人应当自收到《价格质疑通知书》

---

① 最高人民法院中国应用法学研究所编：《人民法院案例选》（行政与国家赔偿卷），人民法院出版社2005年版，第376~379页。

之日起5个工作日内,以书面形式提供相关资料或者其他证据,证明其申报价格真实、准确或者双方之间的特殊关系未影响成交价格。纳税义务人或者其代理人确有正当理由无法在规定时间内提供前款资料的,可以在规定期限届满前以书面形式向海关申请延期。除特殊情况外,延期不得超过10个工作日。当事人违反依法制作、保存并提交信息资料义务的,可减轻该机关举证责任。

(2) 在土地征收程序中,征收机关应当对土地征收起因,即公共利益存在;补偿标准和安置方案符合法律,提出和确定补偿安置方案符合正当程序负举证责任。如在英国,作为征购方的地方政府应当对其土地强制购买决定不越权负举证责任。土地所有人在接到地方当局的强迫购买决定后,必须提交其在土地上利益的所有细节并提出补偿请求。① 在美国,被征收人对公平市场价格补偿主张负举证责任。被征地人就征收根据和程序不合法、权属证明、因征地造成的损失、补偿不足有权提出证据。②

(3) 在行政处罚程序中,行政机关负有证明公民、法人或其他组织有违反行政管理秩序的行为,应当给予行政处罚的责任。如《行政处罚法》第36条规定,行政机关发现当事人有依法应当给予行政处罚的行为的,必须全面、客观、公正地调查,收集有关证据,包括有利于当事人的证据。在少数情况下可由当事人对其减免行政处罚主张负提供证据责任。《药品管理法实施条例》第75条规定,药品经营企业、

---

① [英]戴安·查佩尔:《土地法》(英文版)(第5版),法律出版社2003年版,第125~126页。

② Jesse Dukeminier, Property, Brabri, A Thomas Business, 2002, p.408.

医疗机构未违反《药品管理法》和本条例的有关规定，并且有充分证据证明其不知道所销售或者使用的药品是假药、劣药的，应当没收其销售或者使用的假药、劣药和违法所得；但可免除其他行政处罚。当事人应证明其"不知道"，才可以免除行政处罚。

（4）在行政保全措施中，通常行政机关为动议者，应负担举证责任。在丰祥公司诉上海市盐业局行政强制措施案中，法院认为，"盐业局未能提供丰祥公司有'隐匿、销毁'证据的情况"的事实证据。如果权利性当事人申请行政机关作出保全措施，可由申请人负担举证。① 如《知识产权海关保护条例》第13条第1款规定："知识产权权利人请求海关扣留侵权嫌疑货物的，应当提交申请书及相关证明文件，并提供足以证明侵权事实明显存在的证据。"收货人或者发货人提出反驳的，应当举证。如该条例第18条规定："收货人或发货人认为其货物未侵犯知识产权权利人的知识产权的，应当向海关提出书面说明并附送相关证据。"

（5）在行政强制执行决定中，由于动议方通常是行政机关，它应当负责提出满足作出强制执行决定的事实根据，包括行政决定合法有效，已经依法送达，被执行人有能力但故意不履行，行政机关确定的义务履行逾期，已经依法作出催告。案外人主张权利也应当举证。

4. 行政裁决、行政调解和行政仲裁中的举证责任。在一般行政裁决程序中，谁主张谁举证。如《土地权属争议调查处理办法》第19条规定："土地权属争议各方当事人对各自提出的事实和理由负有举证责任，应当及时向负责调查处理的田土资源行政管理部门提供有关证据

---

① 《最高人民法院公报》2003年第1期，第36页。

材料。"在公务员聘任合同争议仲裁程序中，合同的订立和生效以及引起合同变更、解除、终止、撤销的事实根据，由行政机关负举证责任。主张因自身和不可抗力等客观原因应当变更合同关系的，因行政机关违约、违约给其造成损害，由相对方举证。如《最高人民法院关于民事诉讼证据的若干规定》第6条规定："在劳动争议纠纷案件中，因用人单位作出开除、除名、辞退、解除劳动合同、减少劳动报酬、计算劳动者工作年限等决定而发生劳动争议的，由用人单位负举证责任。"

5. 专利裁判程序中的举证责任。

（1）在专利申请审查程序中，申请人就其满足专利权形式条件负提供证据责任。国家知识产权局就其不符合专利权实质要件负说服责任。《专利法》第5条、第25条规定了"不授予专利权"的各项情形，为肯定性抗辩；对满足专利权积极实质条件的否定，应当提供充分事实依据。

（2）在专利权强制许可、强制使用、专利侵权案中，主张方负举证责任。但根据《专利法》第61条和《最高人民法院关于民事诉讼证据的若干规定》第4条第1款第（1）项的规定，因新产品制造方法发明专利引起的专利侵权诉讼，由制造同样产品的单位或个人对其产品制造方法不同于专利方法承担举证责任。在请求专利权无效宣告案中，请求人负举证责任。如《美国专利法》第1章第282条就规定，一项专利权推定为有效，主张无效的当事人对无效的成立以及以无效为据的任何请求负说服责任，并且应达到清楚令人信服的程度。在美国国际贸易委员会审理的"劲量电池案"中，主持听证的行政法官认为应诉方对其主张的申请方所拥有的"709号"专利无效负举证责任。①

6. 商标裁决中的举证责任。

（1）在商标注册核准程序中，申请人提供证据；由商标局就申请注册商标不符合商标法的初步裁决负说服责任。在"商标的相同或相似"的比对上，商标局有比较优势。此外，《商标法》第9条至第13条都是关于不得作为商标申请的否定性规定，为新主张，说服责任倒置给商标局。

（2）在注册商标争议裁定程序中，主张者负举证责任。如《商标评审规则》第38条规定，"当事人对自己提出的评审请求所依据的事实或者反驳对方评审请求所依据的事实有责任提供证据加以证明。证据包括书证、物证、视听资料、电子数据、证人证言、鉴定意见、当事人的陈述等。没有证据或者证据不足以证明当事人的事实主张的，由负有举证责任的当事人承担不利后果。一方当事人对另一方当事人陈述的案件事实明确表示承认的，另一方当事人无需举证，但商标评审委员会认为确有必要举证的除外。当事人委托代理人参加评审的，代理人的承认视为当事人的承认。但未经特别授权的代理人对事实的承认直接导致承认对方评审请求的除外；当事人在场但对其代理人的承认不作否认表示的，视为当事人的承认"。如果利害关系人或其他人依据《商标法》规定请求商标评审委员会裁定撤销注册商标的，请求人负举证责任。但任何人以"连续三年停止使用注册商标"为由向商标局提出撤销申请的，举证责任倒置给商标注册人。根据《商标法实

---

① 韩利余等编著：《美国对外贸易中的知识产权保护》，知识产权出版社2006年版，第151页。

施条例》第 66 条规定，注册人应提交该商标在撤销申请提出前使用的证据材料或说明不使用的正当理由，期满不提供或提供的证据材料无效并没有正当理由的，商标局撤销其注册商标。在注册商标专用权的保护程序中，当事人请求行政机关裁处侵权行为的，适用民事举证责任规则。

7. 反倾销裁决中的举证责任。①

（1）在反倾销调查程序中，申请方应就其为国内产业或可以代表国内产业的资格要件负举证责任。申请人，就其主张，存在倾销、造成损害负举证责任。如《反倾销条例》第 15 条规定，反倾销调查申请书应当附具下列证据：①申请调查的进口产品存在倾销；②对国内产业的损害；③倾销与损害之间存在因果关系。《反倾销协定》第 503 条规定：主管机关应该审查申请中提供的证据的准确性和充分性，以确定是否有足够的证据证明发起倾销调查是正当的。

（2）应诉方有权辩护并享有提供证据的权利，也有协助调查的义务。如根据《反倾销条例》第 19 条规定，商务部应当将立案调查决定和申请书及时提供给应诉方及其他利害关系方。该条例第 20 条第 2 款规定，商务部应当为有关利害关系方提供陈述意见和证据的机会。《反倾销协定》第 6.3 条规定：在反倾销调查中，应当将主管机关所要求的信息通知所有利害关系方，并给予充分的机会，以书面提交他们认为与所涉调查有关的所有证据。

（3）某些争点说服责任分配给应诉方。在美国，如果应诉方主张

---

① 反倾销、反补贴、保障措施裁定等程序相同或相近，为简便起见，后缩写为"反倾销"。

分别（倾销）税率待遇，则调查机关确定应诉方负担举证责任。如在1993年美国对华香豆素案中，美国确定包括江苏土产进出口公司在内的三家我国国有企业，必须证明自己在事实和法律上都不受中国政府控制，才能获得分别税率待遇。① 在欧盟，如果应诉方主张享有市场经济地位并以此来计算产品正常价值，也被确定为负有举证责任。中国完全市场经济地位已得到新西兰等国家承认，中国企业在这些国家作为应诉方将不再负担该举证责任。

（4）进口商、消费者、工业用户或下游产业方也有机会提出主张，可负担举证。如《反倾销协定》第6.12条规定：专管机关应向被调查产品的工业用户，或在该条品通常为零售的情况下，向具有代表性的消费者组织提供机会，使其能够提供与关于倾销、损害和因果关系的调查有关的信息。

第三节 质 证

一、概述

质证是指在行政程序中，由主持人主导，调查人员、当事人及代

---

① 商务部进出口公平贸易局：《国外对中国商品反倾销、反补贴、保障措施案例集》（美国卷）（第3册），中国商务出版社2000年版，第101~111页。

理人，以言辞或书面形式，就各方证据的资格、真实性、相关性、合法性、证明力等，进行说明、询问和质疑的活动。如《行政处罚法》第 42 条第（6）项规定，举行听证时，调查人员提出当事人违法的事实、证据和行政处罚建议，由当事人进行申辩和质证。质证指向证据的合法性、真实性和关联性。主持人有权制止各方质询与本案无关的证据。主持人主持质证，听取调查人员和当事人对证据的解释和辩驳，对证据资格、证明力和事实认定形成正确的判断意见。只有经过质证的证据，才能作为认定事实的依据。

二、质证作用

通过质证，可以去伪存真，明确证据证明力，提高行政机关事实认定的正确性，进而正确适用法律，推进实体正义。[①] 如某市烟草局在 2002 年 12 月 11 日对张某进行执法检查，发现其家中有非法经销的卷烟，即扣押了部分卷烟。2002 年 12 月 21 日，该市烟草局在局本部主持听证，在听证调查人员提出行政处罚建议以及听取张某的陈述、申辩后，认为现有证据不能充分认定张某走私 100 条香烟的事实，以此罚款 50 000 元不当。听证结束后，烟草局责令调查人员重新调查取证，并于 2003 年 2 月 17 日根据重新调查取证获得的证据对张某重新作出行政处罚。就该案而言，行政机关采纳了当事人在听证中所提出的质证意见和申辩，并认定拟采取的行政处罚证据不足，这正是质证制度的有益作用。

---

① 应松年主编：《外国行政程序法汇编》，中国法制出版社 1999 年版，第 376 页。

三、质证类型

质证可适用正式形式，也可适用简易形式。正式质证就是对证据严格按照法律规定的步骤和顺序，完整地进行的质询。在普通或简易程序中，各方可以简易方式质证。简易质证是指简化言辞质证步骤，或书面和口头结合，或以书面方式进行的质证。行政机关可以通知各方在适当的时间内到厅对证据辨明，不需要遵守听证程序严格的步骤或期限要求。如《美国联邦行政程序法》第556条规定："当事人有权以口头的或书面的证据提出案件，进行辩护，也有权提出反证，并可为弄清全部事实真相进行质证。"[1] 在普通行政程序中，如果案件事实复杂，证据较多且对证据能力和证明力存在较多争议时，行政机关也可通知调查人员和当事人到场就证据进行释明和辩驳，进行言辞质证。

言辞交叉质证是指在主持人主持下，各方对证据以口头方式有序平等地阐释和辩驳。交叉询问是指调查人员、当事人和代理人通过对证人、鉴定人和勘验人询问和交叉提问的方式辨明证人证言的真实性。首先证人和鉴定人应到厅，尤其是行政机关提供的证人，当事人有权利要求其出场，行政机关有义务，通知证人和鉴定人到场接受询问。在英美，鉴定意见被称为专家证言，属于证人证言的一种，对专家证人适用交叉质证规则。[2] 如《德国联邦行政程序法》第66条规定：

---

[1] 应松年主编：《外国行政程序法汇编》，中国法制出版社1999年版，第372页。

[2] 周湘雄：《英美专家证人制度研究》，中国检察出版社2006年版，第354页。

"在询问证人、鉴定人和勘验人时,参与人有权在场并就相关问题发问。"《奥地利行政程序法》第39条规定,当事人有机会提出一切与本案有关的观点,并提供相应的证据,对其他利害关系人、证人、鉴定人提出的观点,有权发表意见。① 证人到场的,质证主持人应告知证人有义务如实回答各方提问。证据释明和询问首先由提供证据或证人的一方开始,如《市场监督管理行政处罚听证暂行办法》第25条规定:"听证按下列程序进行:(1)办案人员提出当事人违法的事实、证据、行政处罚建议及依据;(2)当事人及其委托代理人进行陈述和申辩;(3)第三人及其委托代理人进行陈述;(4)质证和辩论;(5)听证主持人按照第三人、办案人员、当事人的先后顺序征询各方最后意见。当事人可以当场提出证明自己主张的证据,听证主持人应当接收。"然后由对方言辞询问或辩驳,各方可以进行补充询问。当事人或调查人员的询问应当与案件事实相关,且禁止诱导提问或胁迫证人。一方对证人诱问或胁迫时,对方可以提出反对,异议由主持人裁决;主持人应阻止诱问或胁迫证人。如《海关行政处罚听证办法》第24条第2款规定:经听证主持人同意,当事人及其代理人、第三人及其代理人、案件调查人员可就证据问题相互发问,也可以向证人、鉴定人发问;发问不得采用引诱、威胁、侮辱等语言或方式,发问的内容应当与案件事实有关联。

---

① 《奥地利普通行政程序法》第43条规定:行政机关进行言辞审理时,特别应使各当事人有机会提出一切与本案有关之观点,并附证据,对其他利害关系人、证人、鉴定人所提出之观点,或被认为公知之事实,以及其他人提出之申请和官署调查之结果,发表意见。

书面质证形式指各方以书面形式向质证机关表示其对另一方证据的质疑意见。当事人通过书面提交给行政机关的质证意见应归入案卷，要求领导在作出事实认定时，必须说明是否采纳质证意见及其理由。

四、质证内容

质证应限于法定范围，如涉及国家机密的不可质证，涉及个人隐私和商业秘密的，不得公开质证。（1）证据必须具有合法性，质证时应注意：取证机关是否享有法律法规授予的调查权，调查人员在调查开始时是否表明身份，是否遵守收集证据的法定程序要求。违反法定程序调取的证据不具有合法性，可致该证据丧失证明力，不能作为行政决定依据。当事人非法获取或侵害他人合法权利或故意提供虚假的证据，也无证明力。（2）证据必须具有真实性，应当辨明证言作出人身份、年龄和精神状况，以确定其是否具备证据认知能力；是否具备专业知识和相应技术性设备以确定鉴定或勘验意见是否正确；证人、鉴定人或勘验人与本案是否存在利害关系；是否存在提供虚假证据的可能；证人、鉴定人或勘验人的品行。证据的真实性还与证据的提取技术或保存方法有关。不适当或不科学取证手段或缺乏必要的证据保存设备或技术，也会导致某些证据失真。（3）证据必须与案件事实有某种关联。

五、质证规则

1. 当事人陈述的质证规则。对当事人陈述，要辨明其认知能力，是否能够理解案件事实；描述是否清晰，案件发生时当事人心情、生理状况也可能影响其陈述真实性，处于恐惧或是气愤等激动性心情下的陈述可能夸大或缩小案情。①

2. 证人证言的质证规则。要特别注意未成年人的作证年龄、智力，是否能够认知案情以及证人是否与本案存在利害关系。此外，证人描述案情是直接来自本人目击还是来源于第三人描述；证人陈述是否清楚明确，或是否采用了"可能""比较"等词语，也会对证据证明效力有影响。如证人证言不清晰或不全面而致证明效力有瑕疵。调查人员询问证人时必须说明身份，无诱导提问或威胁。询问笔录是否记明询问时间和地点，证人对笔录是否签字；询问笔录是否写明证人未签字的理由，这些均对证人证言的证明力产生不同影响。在证人证言存在疑问而提出证人证言一方不能合理说明时，另一方可申请当面质证，要求证人到厅接受询问。

3. 物证的质证规则。调查人员和当事人应提供原物、原件。不能提供原物、原件的，必须说明理由，提供复制件，必须经比对与原物、原件一致。如《海关行政处罚听证办法》第25条规定，对物证和视听资料进行质证时，当事人及其代理人、第三人及其代理人、案件调查人员应当出示证据的原件或者原物。视听资料应当在听证会上播放或显示，并进行质证后认定。当事人就物证可证明的案件事实向调查人员提问，调查人员应予回答并说明由物证推导出事实的过程，各方就物证能否证明案件事实进行辩论。

---

① 参见 ［英］阿瑟·贝斯特：《证据法入门》，蔡秋明、蔡兆诚、郭乃嘉译，台湾地区元照出版公司2002年版，第141~142页。

4. 鉴定意见的质证规则。援引鉴定意见的一方必须就鉴定机构、鉴定人、鉴定物、鉴定内容与范围是否依据法律，是否各方协商同意作出说明。鉴定人应回答各方对鉴定所采取的方法和所依据原理的询问，到场说明鉴定过程，释明何以得出鉴定意见，鉴定意见与待证事实之间的关系。如《海关行政处罚听证办法》第16条规定：经听证主持人同意，当事人及其代理人、第三人及其代理人、案件调查人员可以要求鉴定人参加听证。质询鉴定人资格，鉴定机构是否具有国家承认的资质，是否具备鉴定所需的设备；鉴定人是否与本案存在利害关系；鉴定材料的来源、保存状况是否合法、合规则，鉴定材料是否真实。

5. 勘验笔录和现场笔录的质证规则。勘验人和记录人到厅，负有展示说明义务，以辨明勘验和笔录内容的真实性和合法性。如《公安机关办理行政案件程序规定》第143条规定："办案人民警察提出证据时，应当向听证会出示。对证人证言、鉴定意见、勘验笔录和其他作为证据的文书，应当当场宣读。"第144条规定："听证申请人可以就办案人民警察提出的违法事实、证据和法律依据以及行政处罚意见进行陈述、申辩和质证，并可以提出新的证据。第三人可以陈述事实，提出新的证据。"质证勘验笔录，应辨明勘验机关是否具有法律法规授权，勘验人是否有资格，与本案是否存在利害关系，勘验程序是否规范。勘验人必须详尽说明勘验采用的设备和技术，并就勘验结论作出充分解释。具体包括：勘验笔录形式是否规范完整，是否当场制作或事后补做；内容是否客观、全面、准确，能否作为复原现场和查明事实依据；将勘验笔录中收集的物证、书证、勘验照片和摄像等相互对照，判断各个部分和环节有无相互抵触。运用证人证言和鉴定意见等证据与其对比,最终确定勘验笔录合法性与有效性。

6. 现场笔录的质证规则。要特别注意:笔录制作人是否适格,是否遵守笔录制作程序,如是否向当事人表明了身份。在封存和查扣财产时,是否通知了当事人到场,各方是否签字。对扣押财产的数量和种类有异议的,可要求现场笔录制作人和见证人到厅接受质证,通过当事人和执法人员的对质以及询问现场笔录见证人的方式辨明真相。

7. 电子证据的质证规则。各方可就电子证据制作、传输、保存和显示过程的真实性进行质证。电子证据能否与原件进行复原比对;来源网站是否公开,能否为当事人接触;电子文件系统是否可靠;进入电子数据信息和电子文件等系统的方法;电子信息是否被修改;电子证据的产生、显示以及输出数据的形式是否可靠,是否经过公证等;都可质证。允许各方通过专家证人到场协助其质证,对电子证据的真实性进行说明。各方可以对专家证人进行询问,并就其意见进行辩论。①

8. 质证抽样的调查规则。下列事项均可质证:调查机关是否享有抽样权力;是否通知过当事人到场参与抽样和封样;样品占被抽样物的比例是否达到了抽检法定比率;抽查是随机还是依法定技术标准;当事人是否参与送检样品;行政机关单独送检的,是否留存有检验机构就接受样品的品种、数量、以及状态作出,并由检验机构的接收人员签字的详细记录;制作的抽样笔录,当事人是否签字;检验结果是否依法送达当事人。调查人员抽样,并未依法通知当事人到场,当事人有权否定抽样调查程序合法性和抽样真实性,并有权利要求与调查

---

① 《最高人民法院关于行政诉讼证据的若干规定》第48条。

人员共同重新抽样调查。① 如果样品保存和送检不合法，不符合技术规则，行政机关未能提供证据证明样品符合保存环境条件要求的，未能提供鉴定机关接受样品的详细记录的，都可以成为当事人质疑抽样结果正确的理由。②

9. 传闻证据的质证规则。传闻证据是否清晰，案外证人在陈述案情时是否采用了模糊性的词语或包含了自身推断；案外证人年龄、精神状况和身份，与陈述是否相匹配；到厅陈述是来自案外目击证人的陈述，还是来自再传闻；到厅陈述人和案外证人是否与本案有利害关系；传闻是否能够证明案件事实等都可进行质证。

六、质证效力

质证效力指质证产生的法律效果。质证约束行政机关对事实的认定。除非法律另有规定，证据材料未经质证不得作为行政机关认定案件事实的依据。行政首长亲自主持质证，认定证据必须直接考虑各方质证意见，必须对质证意见的裁定说明理由。行政首长如不直接主持质证，质证主持人必须将质证意见记录在卷，并在笔录中提出证据效力、证明力和事实认定初步意见。行政机关领导以该案卷记载的证据、质证意见、初裁结论为据认定证据，以质证笔录为基础作出行政决定。

---

① 王学政主编：《工商行政管理案例库1》，中国工商出版社2005年版，第400页。

② 王学政主编：《工商行政管理案例库1》，中国工商出版社2005年版，第400~401页。

如《林业行政处罚听证规则》第30条规定，所有与认定案件事实相关的证据都必须在听证中出示，并质证，未经质证认定的证据不得作为林业行政处罚的依据。经过质证，行政机关认为证据不足，行政机关可以补充调查，重新取证，并应再次质证。质证也约束当事人，如根据《海关行政处罚听证办法》第10条第（5）项规定，当事人可以进行陈述、申辩、举证和质证。当事人放弃或滥用质证权利，或不依法接受质证，应当承担法律上的不利后果。

行政程序质证效力延至诉讼。当事人、调查人员在质证中自认或承认对方证据证明力并记录在卷，自认和承认在行政诉讼中同样有约束力。如果自认和承认是在胁迫、欺诈等情形下作出的，法院应当允许其撤回自认或承认。除非法律另有规定，未经质证的证据不得在行政诉讼中作为证明行政决定合法的事实根据。由于当事人故意，未经行政程序质证的证据，也不得作为法院支持当事人权利主张的根据。

第四节 认定证据

一、案卷排他性原则

案卷排他性原则指行政决定只能以案卷中经过质证的证据为唯一事实裁定依据，行政机关不能依靠案卷之外的证据作出决定。法律另有规定，或涉及国家秘密和行政认知的除外。如《美国联邦行政程序法》第556条第5款规定,证言的记录、物证以及程序进行中提出的一切文书和申请书,构成按照本编第557条规定作出决定的唯一案卷。我国《行政许可法》第48条第2款规定行政机关应该根据听证笔录,作出行政许可决定。

在日本,听证审理终结后,主持人应当制作听证笔录,一方面,当事人有权查阅该笔录;另一方面,行政厅应在充分考虑听证笔录和主持人意见后作出处罚决定。在德国,行政听证结束后,应当制作听证笔录,行政官署在作出行政行为时应当研究考虑这一听证结果,并在行政决定书中说明理由的部分对听证参加人陈述的重要观点表明意见。在奥地利,在正式审理程序中,行政官署应根据审理的结果作出行政处罚决定。案卷排他性原则可以确保行政机关作出正确事实裁定,确保行政决定公正;便于行政复议或司法审查,复议机关和法院根据案卷中的证据进行审查,很容易知道支持行政决定的证据是否充分;如果不以案卷所记载的证据为据,则举证和质证无意义。

听证程序遵循案卷排他性原则。如果行政机关采用听证笔录之外的证据,应当告知当事人并提供再次质证的机会。该原则一般也适用于非听证程序裁决和经听证程序的行政立法中,正当程序要求决定者应当说明行政决定的理由,表明依靠的证据;事实和法律结论必须仅以听证时提出的证据和法律规范为根据。

允许事实裁定者对下述事实直接认知,无需证据证明:(1)众所周知的事实;(2)自然规律及定理;(3)按照法律规定推定的事实;(4)已经依法证明的事实;(5)根据日常生活经验法则推定的事实。(6)生效的行政机关决定文书或法院裁判文书确认的事实。行政认知允许直接认定争议事实为已被证明的事实,可以免除主张认知一方负有的举证责任,节省时间。

二、可获得最佳信息裁决规则

当事人应如实反映情况并提供有关资料,如不如实反映有关情况和提供有关资料,或没有在合理时间内提供必要信息的或以其他方式严重妨碍行政调查的,行政机关可以根据已经获得的事实和可获得的最佳信息作出裁定。如《反倾销协定》第6.8条规定:如任何关系方不允许使用,或未在合理时间内提供必要的信息,或严重妨碍调查的,则初步裁定和最终裁定,无论是肯定或是否定,均可在可获得的事实基础上作出。

行政机关在行政程序中依照法定程序要求原告提供证据和参加质证,当事人故意拒不提供证据,对本行政决定案件,无法作为定案依据,也不能事后用作主张行政决定违法的证据。由于当事人本人原因,错过法定质证,不能据此主张行政机关采用的证据违法。如《最高人民法院关于审理反倾销行政案件应用法律若干问题的规定》第9条规定,应诉方妨碍调查的,国务院主要部门根据能够获得的证据得出的事实结论,可以认定为证据充分。

三、证据证明力

证据证明力是指证据所具有的可证明案件事实的效能。行政机关裁决行政案件,必须评定证据证明力,确定证据能否证明案件事实。应对经过质证的证据和无需质证的证据进行逐一审查,根据各方就证据真实性、相关性、合法性的质证意见，逐个认定证明力，作出事实裁定。就合法性角度而言，证据符合法定形式，符合法律、法规、司法解释和规章要求的，就有较高证明力。如有侵犯他人合法权益或其他违法情形的，就没有或只有部分证明力。

无论行政机关还是当事人只要违反法律禁止性规定，以非法偷拍、非法偷录、非法窃听等手段侵害他人合法权益，或者以利诱、欺诈、胁迫、暴力等手段获取的证据材料，均不具可采性，不承认其证明力。如《治安管理处罚法》第79条规定，公安机关及其人民警察对治安案件的调查，应当依法进行。严禁刑讯逼供或者采用威胁、引诱、欺骗等非法手段收集证据。以非法手段收集的证据不得作为处罚根据。如果违法取得的证据可证明的事项涉及重大国家利益或公共利益，在确定其违法的同时，可作为定案依据，同时对违法后果采取补救措施。

行政机关在作出行政决定的过程中，应当保障当事人行使提供证据的权利，对当事人提出的事实和证据，经行政机关审查成立的，应当采纳。不采纳的，应当说明理由。行政机关工作人员在行政程序中非法剥夺当事人依法享有的质证权利获得的证据，不应当作为行政决定的依据。

就真实性而言，一般来说，证据由于客观原因形成的，或发现证据时客观环境没有变化，其证明力高，反之则低。证人和鉴定人等与当事人没有任何利害关系，其证人证言或鉴定意见可信度高。国家机关制作的法律文书以及经过登记的书证一般来说优于其他书证、视听资料。原件、原物优于复制件。原始证据优于传来证据。法定鉴定部门鉴定意见一般来说优于其他鉴定部门鉴定意见。法定行政机关及勘验官员主持勘验所制作的勘验笔录一般来说优于其他单位主持勘验所制作的勘验笔录。数个种类不同、内容一致的证据一般优于一个孤立证据。以有形载体固定或显示的电子数据交换和电子邮件，其制作情况和真实性以公证等其他有效方式予以证明的，可与原件具有同等证明效力。

对下列证据，不承认其证明效力：（1）一方无正当理由拒不提供原件、原物，又无其他证据印证，且对方不予认可的证据的复制品；（2）被人进行技术处理而无法辨明真伪的证据材料；（3）不能正确表达意志的证人提供的证言。传闻证据具有一定的证明力，不应盲目采信，也不能直接将传闻证据采纳为定案证据。由于不能对原始证人直接询问和辩驳，一些传闻证据的证明力是有限的。① 在行政程序中，一方或其代理人在代理权限范围内对另一方陈述的案件事实明确表示认可的，行政机关可以对该事实予以认定。但有相反证据足以推翻的除外。在行政赔偿程序中，行政机关主持调解或和解时，当事人和赔偿义务单位为达成调解、和解协议而对案件事实的认可，不得在其后的行政复议中作为对其不利的证据。

证据材料与案件事实没有关系，或客观上不能够证明证据事实，或过于重复，不予采信。经过质证的证据，能够当厅认定的，当厅认定；不能当厅认定的，应当在听证合议厅合议时认定。有新的证据材料可能推翻已认定的证据的，可以再次开厅予以认定。

---

① ［英］阿瑟·贝斯特：《证据法入门》，蔡秋明、蔡兆诚、郭乃嘉译，台湾地区元照出版公司2002年版，第83页。

四、一般行政程序定案标准——清楚令人信服

定案标准指举证责任方为实现其主张，在和反方证据冲抵后，最后证据所应达到的说服强度。即要求举证责任方的证据数量和质量应具有足够的证明力量，否则主张不能成立。定案程度越高，事实根据越稳固。举证证明程度和定案标准实际是一回事，证明程度是指说服责任程度。定案标准是对行政决定者而言的，能否支持当事人主张，取决于全案证据的认定情况，事实清楚和证据确凿、充分是站在裁判者角度，对举证责任人的胜诉要求标准。

美国联邦行政程序法明确规定实质性证据的事实裁定标准，即第556条d款规定的"除非考虑了全部案卷或其中为当事人所引证的部分，并且符合和得到可靠的有证明力的和实质性的证据的支持，否则不得科处制裁或者发布法规或裁定"。行政机关作出行政决定，必须有实质性证据支持。通过联邦最高法院解释，确立行政一般定案标准为优势证据标准。在Stead Man V. SEC, 450U. S. 91（1981）案中，法院阐明优势证据并非较高标准，诸如清楚和令人信服或排除合理怀疑。[①]该案是对证券交易许可证持有人有欺诈行为的行政制裁，在合同欺诈案件中，欺诈应当得到清楚和令人信服的证明才能定案，但在行政程序中并不重要。华尔慈和帕克认为，优势证据如同天平，哪端证据较重，就引起天平向哪方倾斜，表明证据优势。如果天平平衡，或向对

---

① Schwartz Corraoa, Administrative Law a Casebook, Aspen Law and Business, 2001, p. 560.

方倾斜，负有举证责任方败诉，其主张不能成立，不被支持。①联邦上诉法院在 Bender V. Clark，744F. 2d1424，1429Cloth Cir.（1984）案中，认为优势证据标准也适用于不在联邦行政程序法之内的非正式听证程序。但在 Woodby V. INS，385U. S. 276（1966）案中，联邦最高法院认为，像驱逐外国人这类严厉制裁行为，政府必须以清楚、不模棱两可、令人信服的证据证明，才能作出驱逐外国人的决定。②某些州法院也要求在行政程序中如政府机关撤销职业许可证，证据也应达到该标准才能作出。

英国行政法上，最高定案标准为排除合理怀疑。如在 RV Mike Marketing Board，ex p Austin 等案中，英国高等法院王座分院认为，如果行政机关指控当事人的行为违法，相当于刑事犯罪，从而影响公民基本生存和自由，其定案证据不能低于排除合理怀疑标准。在 RV Home secretary，ex p Khawafa（1984）AC74，112-14（HL）案中，法院认为对非法进入英国的外国人实施拘禁，定案证据要求达到民事诉讼一般标准。斯卡曼勋爵认为，关于"拘禁"的定案证据，没有确定的标准，一般处在刑事诉讼中的排除合理怀疑和民事诉讼中的盖然性标准之间。③在米勒诉社会保险部长抚恤金行政案中，丹宁认为，民事定案标准通常要达到一个合理可能性高度，但不需要刑事案件那么高，如果证据证明事实存在的可能性超过了不存在就可以了；如果两种可

---

① Jon R. Waltz and Roger C. Park，Evidence，BarBri，A Thomson Business，2005，p. 330-331.

② Michael R. Asimow，Administrative Law，BarBri Group，2002，p. 61.

③ Andrew Choo，Evidence Text and Materials，Longman，1998，p. 63-67.

能相平，举证责任方未卸下举证责任，其主张不成立。① 该案中，丹宁确立了英国民事和行政案件的一般定案标准——优势证据。

在德国，主要是奉行自由心证主义，即行政官员在审查判断证据证明力，认定事实时，法律不作硬性规定，由其自由确定。《奥地利普通行政程序法》第45条规定：官署应审慎斟酌调查程序结果，依自由心证判断事实是否已被证明。联邦行政法院在判例中确立了行政案件一般标准为"几近于真实之确信"，指"事实关系的成立与否，无须满足良知之绝对确信，而以达到高度之或然性。经合理之思维而无其他设想之可能为已足"。② 德国联邦税务法院在1967年3月20日判决中阐明判决所基于的确信程度须为"一般有理性的人均不怀疑"。特别是在1991年8月9日判决中清楚地指出行政法院应接近真实的确信，以达到70%以上的确信程度作为判决基础。据此，行政案件证据定案要求高于民事一般盖然性标准。当然，根据案情可以调整，如德国联邦行政法院在难民、庇护、纳粹补偿案件中，基于"事物典型之证明困境"，适用一般民事盖然性定案标准。③

根据德国模式，法典上规定的自由心证主义与其法院判例上确立的定案标准实际有冲突。根据美国模式，法典上确立的定案标准与其法院判例法上确立的各种定案标准实际是协调的。德国与美国模式的相同点在于定案标准判例化。如在 Carroll V. Lcniclcerboclcer Ice Co.,

---

① Andrew Choo, Evidence Text and Materials, Longman, 1998, p. 63–67.
② 吴庚：《行政法之理论与实用》，中国人民大学出版社2005年版，第343~344页。
③ 黄士洲：《税务诉讼的举证责任》，北京大学出版社2004年版，第125~127页。

218N. Y. 435（1916）案中①确立了最低限度的合格证据规则。目的在于确保行政决定正确性。同样我国《治安管理处罚法》第 93 条规定：公安机关查处治安案件，如果只有本人陈述，没有其他证据证明的，不能作出治安管理处罚决定。这是补强证据规则的规定。可见我国行政法未奉行自由心证主义。

  刑事诉讼中有罪定案一般标准为排除合理性怀疑，而民事诉讼则为优势证据标准。我国行政程序一般定案标准应界定为清楚令人信服。这一标准介于排除合理怀疑和优势证据之间，比后者程度高，但低于前者。定案标准取决于以实体法为据的主张性质。在刑事诉讼中，检方有罪指控成立与否，对被告生命、自由、财产影响深重，这是一般行政案件所当然不及的。在民事诉讼上，就当事人主张成立与否问题，是平等私人主体之间民事权利义务的分配，可以和解，不太涉及公共利益。行政程序上动议往往影响公共利益和私人权利的平衡，影响广度超过民事诉讼，特别是行政机关的主张应当更具公信力和可靠性，其一般定案标准应当高于民事案件。德国的规定即如此，其"接近真实之确信"标准实际与"清楚令人信服"相当。据此，行政程序中一般定案标准应当是清楚令人信服。②

---

① Michael R. Asimow, Administrative Law, BarBri Group, 2002, p. 62–63.
② 王名扬：《美国行政法》，中国法制出版社 1999 年版，第 676 页。

第十五章 行政决定

第一节 行政决定类型

在行政程序中，行政机关适用相关法律处理行政案件，作出的处理后果，称为行政决定。具体来讲，行政决定可分为行政确认决定、行政许可决定、行政处罚决定、行政奖励决定、行政给付决定等类型。

行政机关在作出行政决定时，应正确适用法律，对案件有受理权限，在事实清楚、证据确凿的基础上，依正当程序作出行政决定。

第二节 行政决定效力

　　行政决定一旦成立，便形成具体特定的公定力、确定力和执行力。行政决定作出后不得擅自改变。确有法定事由需要改变行政决定的，应当重新审理并由行政机关主要负责人决定。对作出机关来说，行政决定成立起便约束自身，受领起才约束当事人。所以行政决定只有送达当事人，才发生法律效力。

　　行政决定书应及时送达当事人，并制作《送达回证》，送达人应当为两人以上。直接送达有困难的，可以采用留置送达、委托送达、电子送达、邮寄送达、转交送达和公告送达等方式。（1）直接送达应当直接送交受送达人。受送达人是自然人的，本人不在时，交其同住成年家属签收；受送达人是法人或其他组织的，应当由法定代表人、其他组织的主要负责人或该法人、组织负责收件的人签收；受送达人有代理人的，可以送交其代理人签收；受送达人已向行政机关指定代收人的，送交代收人签收。送达回证上签收的日期为送达日期。（2）留置送达。受送达人或其同住成年家属拒绝接收法律文书的，送达人可以邀请有关基层组织或所在单位的代表到场，说明情况，在送达回证上记明拒收事由和日期，由送达人、见证人签名或盖章，把法律文书留在受送达人的住所，并采用拍照、录像等方式记录送达过程，即视为送达。影像中应当反映送达文书内容、明确的送达日期、当事人住所等现场情况，送达回证上记明的日期为送达日期。（3）电子送达。

经当事人同意，可以采用传真、电子邮件、手机信息等能够确认其收悉的方式送达，《行政处罚决定书》除外。电子信息等到达当事人特定系统的日期为送达日期。(4) 委托送达。直接送达法律文书有困难的，可以委托其他行政部门或其他机关代为送达或邮寄送达。委托送达，以受送达人在送达回证上签收的日期为送达日期。(5) 邮寄送达，应当附有送达回证，回执上注明的收件日期与送达回证上注明的收件日期不一致的，或送达回证没有寄回的，以回执上注明的收件日期为送达日期。(6) 转交送达。当事人是军人的，通过其所在部队团以上单位的政治机关转交；当事人被监禁的，通过其所在监所转交，以在送达回证上的签收日期为送达日期。(7) 公告送达。当事人下落不明或上述方式无法送达的，可以公告送达。可以在当地主要媒体上予以公告或在本部门公告栏、当事人所在基层组织公告栏、当事人住所地等地张贴公告并拍照，并在本部门或本系统门户网站上公告。自发出公告之日起，经过60日，即视为送达。公告送达，应当在案卷中记明原因和经过，并应保存公告的有关材料。

第十六章　行政合同

第一节　行政签约实体规范

行政签约实体规范是行政机关和当事人就行政实体权利义务关系意思表示一致遵循的实体法。在行政签约过程中，应遵循实体法治原则。行政机关的实体签约权力由法律规定；公民、法人或其他组织的签约实体资格也应严格按照法律规定；禁止行政机关滥用实体签约权力；合同成立后，双方均受实体约定内容约束，否则追究实体违约责任。

第二节　行政签约程序

行政签约程序指行政机关和当事人约定行政实体权利义务的步骤、

时限和形式的总称。在签约过程中，应当遵循法治原则和程序公开原则。除涉及国家秘密、个人隐私、商业秘密或妨碍公共利益外，签约程序应当公开透明。

一、普通缔约程序

签约主体包括行政机关、当事人和委托代理人。如《政府采购法》第14条规定，政府采购当事人指在政府采购活动中享有权利和承担义务的各类主体，包括采购人、供应商和采购代理机构。有些签约过程中，决策权、执行权与监督权由无隶属关系的不同机构分别行使。如《政府采购法》第18条规定，采购人采购纳入集中采购目录的政府采购项目，必须委托集中采购机构代理采购，由采购人和采购代理机构签订委托合同，依法确定委托代理的事项。

普通缔约程序具体如下：（1）编制行政合同文件。如出让国有土地使用权，出让人应当根据招标、拍卖、挂牌出让地块的情况，编制出让文件。出让文件包括出让公告、投标或竞买须知、宗地图、土地使用条件、标书或竞买申请书、报价单、成交确认书、国有土地使用权出让合同文本。（2）行政机关领导集体确定标底或底价。缔约结束前，底价应当保密。有些出让标的的底价要经由法定机构评估。（3）行政机关发出要约邀请。如招标出让国有土地使用权公告，具体内容包括：①出让人名称和地址；②出让宗地的位置、面积、使用年期、用途、规划设计要求；③投标人、竞买人资格要求及申请取得投标、竞买资格办法；④索取招标拍卖挂牌出让文件的时间、地点及方式；⑤招标拍卖挂牌时间、地点、投标挂牌期限、投标和竞价方式；⑥确定中标人、竞得人的标准和方法；⑦投标、竞买保证金等。（4）审查当事人缔约资格。（5）当事人给出要约期间。如自招标文件开始发出之日起至投标人提交投标文件截止之日止，不得少于20日。（6）缔约中，出现法定情形，行政机关或法定监督机关可以作出变更、中止、取消或终止订立程序的决定，应说明理由，并通知各方。（7）通过公正评审程序或竞争听证。（8）行政机关领导集体决策，应记录集体讨论过程、每位领导表决意见、首长最终裁决结果与真实理由。（9）确定中约人，从效益最大化角度择优选定签约人。（10）将中标、成交结果及理由通知所有参与的竞标人。（11）合同报上级机关批准或备案，并对外公布。须批准的合同，自批准机关批准之日起正式对当事人发生法律效力。政府采购合同自签订之日起7个工作日内，采购人应当将合同副本报同级政府采购监督管理部门和有关部门备案。

合同中签书和成交通知书具有法律效力。如《政府采购法》第46条第2款规定，中标、成交通知书对采购人和中标、成交供应商均具有法律效力。中标、成交通知书发出后，采购人改变中标、成交结果的，或中标、成交供应商放弃中标、成交项目的，应当依法承担法律责任。

如果签约程序违法，应中止、终止签约或撤销已签未履行的合同，另定中标人。如根据《政府采购法》第73条规定，采购人、采购代理机构及其工作人员有采购程序违法行为，如应当采用公开招标方式而擅自采用其他方式采购等；如果影响或可能影响中标、成交结果，有权机关应当遵循正当程序，作出如下处理：未确定中标、成交供应商的，终止采购活动。中标、成交供应商已经确定但采购合同尚未履行的，应遵循正当程序，撤销合同，从合格的中标、成交候选人中另行确定中标、成交供应商。

二、公开招标程序

公开招标指行政机关或其代理人，依法发布招标公告，邀请不特定当事人参加政府合同项目投标，根据投标结果确定中标人的方式。如《政府采购法》第 28 条规定，采购人不得将应当以公开招标方式采购的货物或服务化整为零或以其他任何方式规避公开招标采购。

招标过程具体包括：投标人在投标截止时间前将标书投入标箱。自招标文件开始发出之日起至投标人提交投标文件截止之日止，一般不得少于 20 日。标书投入标箱后，不可撤回。投标人应对标书和有关书面承诺承担责任。出让人按照招标公告规定的时间、地点开标，邀请所有投标人参加。由投标人或其推选的代表检查标箱的密封情况，当众开启标箱，宣布投标人名称、投标价格和投标文件的主要内容。投标人少于三人的，出让人应当依法重新招标。由评标小组进行评标，评标小组由出让人代表、有关专家组成，成员人数为五人以上的单数。评标小组可以要求投标人对投标文件作出必要的澄清或说明，但不得超出投标文件的范围或改变投标文件实质性内容。评标小组应当按照招标文件确定的评标标准和方法，依法对投标文件进行评审，确定中标人。

招标过程中应予废标的情形包括：（1）符合专业条件的投标人或对招标文件作实质响应的投标人不足三家的；（2）出现影响政府招标公正的违法、违规行为的；（3）投标人的承诺都不符合行政机关要约要求的；（4）投标人报价都超过了行政预算，招标人不能支付的；

(5) 因重大变故，合同项目取消的。废标后，合同订立机关应当将废标理由通知所有投标人。

三、政府拍卖程序

政府拍卖指作为出让人的行政机关或代理人发布公告，由竞买人在指定时间、地点进行公开竞价，将国家公产转让给最高应价者的买卖方式。行政机关代表国家拍卖公产。竞买人为公民、法人或其他组织。竞得人为出价最高一方。如《拍卖法》第9条规定，国家行政机关依法没收的物品，充抵税款、罚款的物品和其他物品，按照国务院规定应当委托拍卖的，由财产所在地的省、自治区、直辖市的政府和设区的市政府指定的拍卖人进行拍卖。

拍卖过程具体包括：首先拍卖主持人点算竞买人；主持人介绍拍卖标地的性质、用途、外形和其他有关事项；主持人宣布起叫价和增价规则及增价幅度；行政机关拍卖如没有底价，主持人应当明确提示；主持人报出起叫价；竞买人举牌应价或报价；主持人确认该应价后继续竞价；主持人连续三次宣布同一应价而没有再应价的，主持人落槌表示拍卖成交；主持人宣布最高应价者为竞得人。竞买人不足三人，或竞买人的最高应价未达到底价时，主持人应当终止拍卖。

四、政府挂牌程序

政府挂牌指行政机关或其代理人发布挂牌公告，按公告规定的期限将拟出让公产权利的交易条件在指定的交易场所挂牌公布，接受竞买人的报价申请并更新挂牌价格，根据挂牌期限截止时的出价结果确定竞得人的签订方式。在挂牌公告规定的挂牌起始日，出让人将被挂牌的标的、起始价、增价规则及增价幅度，在挂牌公告规定的交易场所挂牌公布；符合条件的竞买人填写报价单报价；出让人确认该报价后，更新显示挂牌价格；出让人继续接受新的报价；出让人在挂牌公告规定的挂牌截止时间确定竞得人。挂牌时间不得少于10个工作日。挂牌期限届满，确定是否成交。在挂牌期限内只有一个竞买人报价，且报价高于底价，并符合其他条件的，挂牌成交；在挂牌期限内有两个或两个以上的竞买人报价的，出价最高者为竞得人；报价相同的，先提交报价单者为竞得人，但报价低于底价者除外；在挂牌期限内无应价者或竞买人的报价均低于底价或均不符合其他条件的，挂牌不成交。在挂牌期限截止时仍有两个或者两个以上的竞买人要求报价的，出让人应当对挂牌标的进行现场竞价，出价最高者为竞得人。

五、邀请招标方式

邀请招标指行政机关或其代理人，通过随机方式选择符合相应资格条件三方以上的竞标人，并向其发出投标邀请书。如《政府采购法》第29条规定，符合下列情形之一的货物或服务，可以采用邀请招标方式采购：（1）具有特殊性，只能从有限范围的供应商处采购的；（2）采用公开招标方式的费用占政府采购项目总价值的比例过大的。

六、竞争性谈判程序

竞争性谈判方式指在公开招标不成功或因为技术原因客观上无法采用公开招标等情况下，由谈判小组与至少3名以上竞标人通过正当竞争谈判方式确定中标人的签订方式。如《政府采购法》第30条规定，符合下列情形之一的货物或者服务，可以依照本法采用竞争性谈判方式采购：（1）招标后没有供应商投标或没有合格标的或重新招标未能成立的；（2）技术复杂或性质特殊，不能确定详细规格或具体要求的；（3）采用招标所需时间不能满足用户紧急需要的；（4）不能事先计算出价格总额的。

竞争性谈判程序具体包括：（1）成立谈判小组，谈判小组由采购人的代表和有关专家共三人以上的单数组成，其中专家人数不得少于成员总数的三分之二。（2）制定谈判文件。应当明确谈判程序、谈判内容、合同草案的条款以及评定成交的标准等事项。（3）确定邀请参加谈判的竞标人名单。谈判小组从符合相应资格条件的竞标人名单中确定不少于三个的竞标人参加谈判，并向其提供谈判文件。（4）谈判。谈判小组所有成员集中与单一竞标人分别进行谈判。在谈判中，谈判的任何一方不得透露与谈判有关的其他竞标人的技术资料、价格和其他信息。谈判文件有实质性变动的，谈判小组应当以书面形式通知所有参加谈判的竞标人。（5）适用实体法正义准则确定成交人。谈判结束后，谈判小组应当要求所有参加谈判的供应商在规定时间内进行最后报价，采购人从谈判小组提出的成交候选人中根据符合合同需求、质量和服务相等且报价最低的原则确定成交人，并将结果通知所有参加谈判的未成交的竞标人。

七、单一来源方式

单一来源方式指具有法定的客观原因，采购人只能从唯一供应商处采购的一种政府采购方式。我国《政府采购法》第39条规定：采取单一来源方式采购的，采购人与供应商必须遵循本法规定的原则，在保证采购项目质量和双方商定合理价格的基础上进行采购。《政府采购法》第31条规定：符合下列情形之一的货物或者服务，可以依照本法采用单一来源方式采购：（1）只能从唯一供应商处采购的；（2）发生了不可预见的紧急情况不能从其他供应商处采购的；（3）必须保证原有采购项目一致性或者服务配套的要求，需要继续从原供应商处添购，且添购资金总额不超过原合同采购金额百分之十的。

八、政府询价程序

政府询价指政府采购的货物规格、标准统一、现货货源充足且价格变化幅度小，采购人依照政府采购法，成立询价小组，向至少符合条件的三名供应商发出询价通知书让其报价，将符合采购需求、质量和服务相等且报价最低的，确定为成交人的采购合同订立形式。

具体过程包括：（1）成立询价小组，询价小组由采购人的代表和有关专家共三人以上的单数组成，其中专家人数不得少于成员总数的三分之二；（2）询价小组应当对采购项目的价格构成和评定成交的标准等事项作出规定，依法确定被询价的供应商名单；（3）询价小组根据采购需求，从符合相应资格条件的供应商名单中确定不少于三家的供应商，并向其发出询价通知书让其报价；（4）询价，询价小组要求被询价的供应商一次报出不得更改的价格；（5）确定成交供应商，采购人根据符合采购需求、质量和服务相等且报价最低的原则确定成交供应商，并将结果通知所有被询价的未成交的供应商。

第十七章 行政强制法

第一节 行政强制概述

行政强制指行政机关或法院依法律、法规、行政决定,迫使当事人遵守行政法或迫使其履行行政决定义务的执行行为。行政强制包括行政强制措施和行政强制执行。

行政强制法的目的在于规范行政强制的设定和实施,保障和监督行政机关依法履行职责;维护公共利益和社会秩序,兑现实体义务;保护当事人合法权利。

第二节 行政强制措施

一、行政强制措施概述

行政强制措施指行政机关为了预防、制止或控制危害社会行为发生，为防止当事人逃避义务或为保全证据，对当事人的财物、场所、行动和身体依法采取暂时限制。行政强制措施不是行政决定。

行政强制措施的种类包括限制公民人身自由，查封场所、设施或财物，扣押财物，冻结存款、汇款和其他行政强制措施，如强制戒毒等。

二、行政强制措施设定权

1. 法律。《行政强制法》第 10 条规定：行政强制措施由法律设定；行政法规或地方性法规在行政强制法授权范围内可以设定对一般财物或场所的行政强制措施。对人身、行为、住宅、存款、汇款设定行政强制措施，由法律设定。

2. 行政法规。尚未制定法律，且属于国务院行政管理职权事项的，行政法规可以设定行政强制措施，但是不能设定限制公民人身自由，冻结存款、汇款和应当由法律规定的其他行政强制措施。法律对行政

第十七章 行政强制法

强制措施的对象、条件、种类作了规定的，行政法规不得作出扩大规定。如《森林法》第37条第3款规定，经省、自治区、直辖市政府批准，可以在林区设立木材检查站，负责检查木材运输。对未取得运输证件或者物资主管部门发给的调拨通知书运输木材的，木材检查站有权制止。但是《森林法实施条例》第37条规定，经省、自治区、直辖市政府批准在林区设立的木材检查站，负责检查木材运输；无证运输木材的，木材检查站应当予以制止，可以暂扣无证运输的木材。其中"暂扣无证运输的木材"就增加了行政强制措施的种类。① 国务院根据法律制定细则，法律中未设定行政强制措施的，行政法规不得设定行政强制措施；但是法律规定特定事项由行政法规规定具体管理措施的，行政法规可以设定应由法律设定以外的其他行政强制措施。如《农业法》第64条规定，农业转基因生物的研究、试验、生产、加工、经营及其他应用，必须依照国家规定严格实行各项安全控制措施。对实行什么样的安全控制措施，没有作出具体规定。而国务院制定的《农业转基因生物安全管理条例》第38条规定，农业行政主管部门履行监督检查职责时，在紧急情况下，对非法研究、试验、生产、加工、经营或者进口、出口的农业转基因生物实施封存或者扣押。② 这符合行政强制法"但是法律规定特定事项由行政法规规定具体管理措施的，行政法规可以设定应由法律设定以外的其他行政强制措施"的规定。

---

① 乔晓阳主编：《中华人民共和国行政强制法解读》，中国法制出版社2011年版，第41~42页。

② 乔晓阳主编：《中华人民共和国行政强制法解读》，中国法制出版社2011年版，第42页。

3. 地方性法规。尚未制定法律、行政法规，且属于地方性事务的，地方性法规可以也只能设定查封场所、设施或财物，扣押财物的行政强制措施。法律、行政法规对行政强制措施的对象、条件、种类作了规定的，地方性法规不得作出扩大规定；法律、行政法规未设定，地方性法规不得设定行政强制措施。

应当特别注意的是，法律、法规以外的其他规范性文件不得设定行强强制措施。

三、行政强制措施实施主体

行政强制措施由法律、法规规定的行政机关在法定职权范围内实施，不得委托。（1）综合执法机关行使有关行政强制措施权。依据《行政处罚法》的规定行使相对集中行政处罚权的行政机关，可以实施法律、法规规定的与行政处罚权有关的行政强制措施。（2）法律、行政法规授权的具有管理公共事务职能的组织可以实施行政强制措施。如根据《传染病防治法》第39条规定，医疗机构发现甲类传染病时，应当对病人、病原携带者，予以隔离治疗。（3）行政强制措施应当由行政机关具备资格的行政执法人员实施，其他人员不得实施。

四、限制人身自由程序

限制人身自由行政程序指行政机关依法律授权实施限制人身自由行政强制措施的步骤。如《治安管理处罚法》第82条规定，需要传唤违反治安管理行为人接受调查的，要经公安机关办案部门负责人批准，使用传唤证传唤。有些必须现场实施，如《集会游行示威法》第27条规定，举行集会、游行、示威，在进行中出现危害公共安全或严重破坏社会秩序情况的，不听制止，警察现场负责人有权命令解散；拒不解散的，警察现场负责人有权依照国家有关规定决定采取必要措施强行解散，并对拒不服从的人员强行带离现场或立即予以拘留。

实施限制人身自由强制措施的具体过程包括：（1）应当由两名以上执法人员实施；并出示执法身份证件；如《治安管理处罚法》第87条规定，公安机关对违反治安管理行为人人身进行检查时，人民警察不得少于二人，并应当出示工作证件和县级以上人民政府公安机关开具的检查证明文件。（2）当场告知当事人实施理由、依据及依法享有的权利。如《治安管理处罚法》第82条第2款规定，公安机关应当将传唤的原因和依据告知被传唤人。（3）听取当事人陈述和申辩；制作现场笔录；由当事人和执法人员签名或盖章，当事人拒绝的，在笔录中注明。如《治安管理处罚法》第88条规定，检查身体的情况应当制作检查笔录，由检查人、被检查人和见证人签名或盖章；被检查人拒绝签名的，警察应当在笔录上注明。（4）现场或实施后立即通知当事人家属实施的机关、地点和期限；在紧急情况下当场实施的，在返回机关后，立即向机关负责人报告并补办批准手续；机关负责人认为不应当采取的，立即解除，不得超过法定期限。如《治安管理处罚法》第83条规定，对违反治安管理行为人，公安机关传唤后应当及时询问查证，询问查证时间不得超过8小时；情况复杂，依法可能给予行政拘留的，询问查证时间不得超过24小时。公安机关应当及时将传唤原因和处所通知被传唤人家属。

五、查封、扣押程序

查封、扣押在行政强制中应用较为常见。如《治安管理处罚法》第 89 条规定，公安机关办理治安案件，对与案件有关的需要作为证据的物品，可以扣押；对被侵害人或善意第三人合法占有的财产，不得扣押，应当予以登记。查封、扣押决定书中应当载明：（1）当事人的姓名或名称、地址；（2）查封、扣押的理由、证据、依据和期限；（3）查封、扣押的场所、设施或财物名称、数量；（4）行政决定程序终结后申请复议或起诉的途径和期限；（5）行政机关名称、印章和日期。

不得查封、扣押与违法行为无关的场所、设施或财物；不得查封、扣押公民个人及其所扶养家属的生活必需品。当事人的场所、设施或财物已被其他国家机关依法查封的，不得重复查封。

查封、扣押具体过程如下：实施前须向行政机关负责人报告并经批准；由两名以上执法人员实施；通知当事人到场；向其出示执法身份证件；当场告知当事人查扣理由、依据以及依法享有的权利；听取当事人陈述和申辩；制作现场笔录；现场笔录由当事人和执法人员签名或盖章，当事人拒绝的，在笔录中予以注明；当事人不到场的，邀请见证人到场，由见证人和执法人员在现场笔录上签名或盖章。情况紧急，需要当场实施查封、扣押的，行政执法人员应当在 24 小时内向行政机关负责人报告，并补办批准手续。行政机关负责人认为不应当采取查封、扣押的，应当立即解除。现场制作查封、扣押清单一式二份，由行政执法人员、当事人和见证人等分别签字，行政机关和当事人分别留存。

查封、扣押的期限不超过30日;情况复杂的,经行政机关负责人批准,可以延长,但是延长期限不得超过30日。法律、行政法规另有规定的除外。延长查封、扣押的决定应当及时书面告知当事人,并说明理由。对物品需要进行检测、检验、检疫或技术鉴定的,查封、扣押的期间不包括检测、检验、检疫或技术鉴定的期间。检测、检验、检疫或技术鉴定的期间应当明确,并书面告知当事人。检测、检验、检疫或技术鉴定的费用由行政机关承担。

对查封、扣押的场所、设施或财物,行政机关应当妥善保管,不得使用或损毁;造成损失的,应当承担赔偿责任。对查封的场所、设施或财物,行政机关可以指定当事人保管,也可以委托第三人保管,当事人或第三人不得损毁或擅自转移。因当事人原因造成的损失,由当事人承担;因第三人原因造成的损失,由行政机关和第三人承担连带赔偿责任。因查封、扣押发生的保管费用由行政机关承担。采取查封、扣押措施后,应当及时查清事实,在法定期间内作出处理决定。对违法事实清楚,依法应当没收的非法财物予以没收;法律、行政法规规定应当销毁的,依法销毁。

有下列情形之一的,行政机关应当及时作出解除查封、扣押决定:(1)当事人没有违法行为;(2)查封、扣押的场所、设施或财物与违法行为无关;(3)行政机关对违法行为已经作出处理决定,不再需要查封、扣押;(4)查封、扣押期限已经届满;(5)其他不再需要采取查封、扣押措施的情形。解除查封、扣押应当立即退还财物;已将鲜活物品或其他不易保管的财物拍卖或变卖的,退还拍卖或变卖所得。变卖价格明显低于市场价格,给当事人造成损失的,当事人有权要求补偿。行政机关逾期未作决定的，视为解除查封；当事人要求退还被扣押财物的，行政机关应当立即退还。

六、冻结程序

冻结指行政机关依法律规定，对当事人所有或从事违法行为活动的存款、汇款的暂时封存。冻结对象应当限于当事人所有或与其违法行为活动有关联。冻结数额应当与履行金钱给付义务的金额，或与违法行为涉及的金额相当；已被其他国家机关依法冻结的，不得重复冻结。

冻结步骤包括：（1）行政机关负责人事前作出行政冻结决定书或经其事后批准补办。实施冻结前，须向行政机关负责人报告并经批准。（2）由两名以上行政执法人员实施。（3）行政冻结人员出示执法身份证件。（4）向金融机构交付冻结通知书。金融机构接到冻结通知书后，应当立即予以冻结，不得拖延，不得在冻结前向当事人泄露信息。（5）冻结执法员制作现场笔录。由冻结执法员和金融机构协助冻结人员签字。（6）向当事人交付冻结决定书。行政机关应当在3日内向当事人交付冻结决定书。冻结决定书应当载明：①当事人的姓名或名称、地址；②冻结的理由和依据；③冻结的账号和数额；④行政决定程序终结后申请复议或起诉的途径和期限；⑤行政机关的名称、印章和日期。

自冻结存款、汇款之日起30日内，行政机关应当作出处理决定或作出解除冻结决定；情况复杂的，经行政机关负责人批准，可以延长，但是延长期限不得超过30日。法律另有规定的除外。延长冻结的决定应当及时书面告知当事人,并说明理由。

有下列情形之一的,应及时作出解除冻结决定:(1)当事人没有违法行为;(2)冻结的存款、汇款与违法行为无关;(3)行政机关对违法行为已作出处理决定,不再需要冻结;(4)冻结期限已经届满;(5)其他不再需要冻结的情形。行政机关作出解除冻结决定的,应及时通知金融机构和当事人。金融机构接到通知后,应立即解除冻结。行政机关逾期未作出处理决定或解除冻结决定的,金融机构应当自冻结期满之日起解除冻结。

第三节 行政机关强制执行

一、行政机关强制执行概述

行政机关强制执行指行政机关对不履行行政决定的当事人,依法迫使其履行义务的行为。如《税收征收管理法》第40条规定,从事生产、经营的纳税人未按照规定的期限缴纳税款,由税务机关责令限期缴纳,逾期仍未缴纳的,经县以上税务局(分局)局长批准,税务机关可书面通知其开户银行或其他金融机构从其存款中扣缴税款。

行政机关强制执行是一种程序行为。法律授权的行政机关有强制执行权。行政强制执行的前提是有行政决定书,且义务人故意不履行行政决定书中确定的义务;当事人客观上无力履行义务,就不强制执行，已经进行的执行应中止或终止。

二、行政机关强制执行设定权

行政强制执行由法律设定。法律没有规定行政机关强制执行的，作出行政决定的行政机关应当申请法院强制执行。如《土地管理法》第83条规定，责令限期拆除在非法占用的土地上新建的建筑物和其他设施的，当事人必须立即停止施工，自行拆除；对继续施工的，行政机关有权制止。当事人对责令限期拆除的行政决定不服，可在接到责令限期拆除决定之日起15日内，向法院起诉；期满不起诉又不自行拆除的，由行政机关依法申请法院强制执行，费用由违法者承担。

缺乏法律授权，行政机关径行强制执行行政决定是违法的。如在下述案例中，法院判定，根据《土地管理法实施条例》第45条的规定，违反土地管理法律、法规规定，阻挠国家建设征收土地的，由县级以上人民政府土地行政主管部门责令限期交出土地，被征收人拒不交出的，申请法院强制执行。马鞍山市花山区人民政府提供的证据不能证明原告自愿交出了被征土地上的房屋，其在土地行政主管部门未作出责令交出土地决定亦未申请人民法院强制执行的情况下，对沙某保等四人的房屋组织实施拆除，行为违法。

第十七章 行政强制法

【指导案例】

沙某保等诉马鞍山市花山区政府房屋强制拆除行政赔偿案①

关键词

行政赔偿　强制拆除　举证责任　市场合理价值

裁判要点

在房屋强制拆除引发的行政赔偿案件中，原告提供了初步证据，但因行政机关的原因导致原告无法对房屋内物品损失举证，行政机关亦因未依法进行财产登记、公证等措施无法对房屋内物品损失举证的，法院对原告未超出市场价值的符合生活常理的房屋内物品的赔偿请求，应当予以支持。

相关法条

《行政诉讼法》第 38 条第 2 款②、《土地管理法实施条例》第

---

① 指导案例 91 号，最高人民法院 2017 年 11 月 15 日发布。
② 《行政诉讼法》第 38 条第 2 款规定："在行政赔偿、补偿的案件中，原告应当对行政行为造成的损害提供证据。因被告的原因导致原告无法举证的，由被告承担举证责任。"

45 条①

基本案情

2011 年 12 月 5 日，安徽省政府作出皖政地〔2011〕769 号《关于马鞍山市 2011 年第 35 批次城市建设用地的批复》，批准征收马鞍山市花山区霍里街道范围内农民集体建设用地 10.04 公顷，用于城市建设。2011 年 12 月 23 日，马鞍山市政府作出 2011 年 37 号《马鞍山市政府征收土地方案公告》，将安徽省政府的批复内容予以公告，并载明征地方案由花山区政府实施。苏某华名下的花山区霍里镇丰收村丰收村民组 B11-3 房屋在本次征收范围内。苏某华于 2011 年 9 月 13 日去世，其生前将该房屋处置给四原告所有。原告古某英系苏某华的女儿，原告沙某保、沙某虎、沙某莉系苏某华的外孙。在实施征迁过程中，征地单位分别制作了《马鞍山市国家建设用地征迁费用补偿表》《马鞍山市征迁住房货币化安置（产权调换）备案表》，对苏某华户房屋及地上附着物予以登记补偿，原告古某英的丈夫领取了安置补偿款。2012 年年初，被告组织相关部门将苏某华户房屋及地上附着物拆除。原告沙某保等四人认为马鞍山市花山区人民政府非法将上述房屋拆除，侵犯了其合法财产权，故提起诉讼，请求人民法院判令马鞍山市花山区人民政府赔偿房屋损失、装潢损失、房租损失共计 282.7680 万元；房屋内物品损失共计 10 万元，主要包括衣物、家具、家电、手机等 5 万

---

① 《土地管理法实施条例》第 45 条规定：违反土地管理法律、法规规定，阻挠国家建设征收土地的，由县级以上人民政府土地行政主管部门责令交出土地；拒不交出土地的，申请人民法院强制执行。

元；实木雕花床5万元。

马鞍山市中级人民法院判决驳回原告沙某保等四人的赔偿请求。沙某保等四人不服，上诉称：（1）2012年初，马鞍山市花山区人民政府对案涉农民集体土地进行征收，未征求公众意见，上诉人亦不知以何种标准予以补偿；（2）2012年8月1日，马鞍山市花山区人民政府对上诉人的房屋进行拆除的行为违法，事前未达成协议，未告知何时拆迁，屋内财产未搬离、未清点，所造成的财产损失应由马鞍山市花山区政府承担举证责任；（3）2012年8月27日，上诉人沙某保、沙某虎、沙某莉的父亲沙某金受胁迫在补偿表上签字，但其父沙某金对房屋并不享有权益且该补偿表系房屋被拆后所签。综上，请求二审法院撤销一审判决，支持其赔偿请求。马鞍山市花山区政府未作书面答辩。

裁判结果

马鞍山市中级人民法院于2015年7月20日作出（2015）马行赔初字第00004号行政赔偿判决：驳回沙某保等四人的赔偿请求。宣判后，沙某保等四人提出上诉，安徽省高级人民法院于2015年11月24日作出（2015）皖行赔终字第00011号行政赔偿判决：撤销马鞍山市中级人民法院（2015）马行赔初字第00004号行政赔偿判决；判令马鞍山市花山区政府赔偿上诉人沙某保等四人房屋内物品损失8万元。

裁判理由

法院生效裁判认为：根据《土地管理法实施条例》第45条的规定，土地行政主管部门责令限期交出土地，被征收人拒不交出的，申请法院强制执行。马鞍山市花山区人民政府提供的证据不能证明原告自愿交出了被征土地上的房屋，其在土地行政主管部门未作出责令交出土地决定亦未申请人民法院强制执行的情况下，对沙某保等四人的房屋组织实施拆除，行为违法。关于被拆房屋内物品损失问题，根据《行政诉讼法》第38条第2款之规定，在行政赔偿、补偿的案件中，原告应当对行政行为造成的损害提供证据。因被告的原因导致原告无法举证的，由被告承担举证责任。马鞍山市花山区政府组织拆除上诉人的房屋时，未依法对屋内物品登记保全，未制作物品清单并交上诉人签字确认，致使上诉人无法对物品受损情况举证，故该损失是否存在、具体损失情况等，依法应由马鞍山市花山区人民政府承担举证责任。上诉人主张的屋内物品5万元包括衣物、家具、家电、手机等，均系日常生活必需品，符合一般家庭实际情况，且被上诉人亦未提供证据证明这些物品不存在，故对上诉人主张的屋内物品种类、数量及价值应予认定。上诉人主张实木雕花床价值为5万元，已超出市场正常价格范围，其又不能确定该床的材质、形成时间、与普通实木雕花床有何不同等，法院不予支持。但出于最大限度保护被侵权人的合法权益考虑，结合目前普通实木雕花床的市场价格，按"就高不就低"的原则，综合酌定该实木雕花床价值为3万元。综上，法院作出如上判决。

三、行政强制执行方式

1. 加处罚款或滞纳金。它是指法定义务人不履行行政决定中的金钱给付义务，行政机关依法对义务人课以新的金钱给付义务，从而促使义务人履行义务的一种间接强制执行方式。如《海关法》第60条规定，进出口货物的纳税义务人，应当自海关填发税款缴款书之日起15日内缴纳税款；逾期缴纳的，由海关征收滞纳金。又如《行政处罚法》规定，对逾期不交纳罚款的，每日按罚款数额的3%加处罚款。《行政强制法》第45条第2款规定，加处罚款或滞纳金的数额不得超出金钱给付义务的数额。行政机关依此规定实施加处罚款或滞纳金超过30日，经催告当事人仍不履行的，具有行政强制执行权的行政机关可以强制执行。

2. 划拨存款、汇款。如《海关法》第60条规定，纳税义务人、担保人超过三个月仍未缴纳税款的，经直属海关关长或者其授权的隶属海关关长批准，海关可以书面通知其开户银行或其他金融机构从其存款中扣缴。

3. 拍卖或依法处理查封、扣押的场所、设施或财物。如《海关法》第60条规定，纳税义务人、担保人超过三个月仍未缴纳税款的，经直属海关关长或者其授权的隶属海关关长批准，可以将应税货物依法变卖，以变卖所得抵缴税款；扣留并依法变卖其价值相当于应纳税款的货物或其他财产，以变卖所得抵缴税款。

4. 排除妨碍、恢复原状。它是指行政机关消除当事人对行政秩序的阻碍或消除其造成的危害后果，恢复原貌的强制执行。具体包括：（1）行政机关直接强制执行，如《道路交通安全法》第97条规定，非法安装警报器、标志灯具的，由公安机关交通管理部门强制拆除，予以收缴，并处200元以上2000元以下罚款。（2）行政机关责令当事人排除妨碍、恢复原状。如《气象法》第35条规定，违反本法规定，侵占、损毁或者未经批准擅自移动气象设施的；在气象探测环境保护范围内从事危害气象探测环境活动的，由有关气象主管机构按照权限责令停止违法行为，限期恢复原状或采取其他补救措施。

5. 代履行与立即代履行。（1）代履行是指当事人不履行排除妨碍、恢复原状等义务的行政决定，正在或必将危害交通安全、造成环境污染或者破坏自然资源的后果，由行政机关代为，或委托没有利害关系的第三人代为履行，由法定义务人支付履行费用的间接强制执行方式。如《森林法》第39条规定，盗伐森林或者其他林木的，由林业主管部门责令补种盗伐株数10倍的树木。滥伐森林或者其他林木，由林业主管部门责令补种滥伐株数5倍的树木。拒不补种树木或者补种不符合国家有关规定的，由林业主管部门代为补种，所需费用由违法者支付。（2）立即代履行是指需要立即清除道路、河道、航道或公共场所的遗洒物、障碍物或者污染物，当事人不能清除的，行政机关可以决定立即实施代履行；当事人不在场的，行政机关应当在事后立即通知当事人，并依法作出处理。

6. 其他强制执行方式。法律可以根据实际情况，规定除上述行政强制以外的方式。

四、行政机关强制执行普通程序

该程序是指行政机关依法作出行政决定后，当事人在行政机关决定的期限内不履行义务，行政机关依照法律授权进行强制执行所遵循的一般程序规范。行政机关作出强制执行决定前，应当事先催告当事人履行义务。催告应当以书面形式作出，并载明：履行义务期限；履行义务方式；涉及金钱给付的，应当有明确的金额和给付方式；当事人依法享有的陈述权和申辩权。当事人收到催告书后有权进行陈述和申辩。行政机关应当充分听取当事人的意见，对当事人提出的事实、理由和证据，应当进行记录、复核。当事人提出的事实、理由或证据成立的，行政机关应当采纳。在催告期间，对有证据证明有转移或隐匿财物迹象的，行政机关可以作出立即强制执行决定。经催告，当事人逾期仍不履行行政决定，且无正当理由的，行政机关可作出强制执行决定。强制执行决定应当以书面形式作出，并载明：当事人的姓名或名称、地址；强制执行的理由和依据；强制执行的方式和时间；申请复议或提起诉讼的途径和期限；行政机关的名称、印章和日期。催告书、行政强制执行决定书应当直接送达当事人。当事人拒绝接收或无法直接送达当事人的，应当依照《民事诉讼法》的有关规定送达。

行政机关不得在夜间或法定节假日实施行政强制执行，但是情况紧急的除外。不得对居民生活采取停止供水、供电、供热、供燃气等方式迫使当事人履行行政决定。

强制执行过程中，执行人员应要求义务人到场。如果拒不到场，可以邀请其成年家属或基层组织代表到场作为见证人，见证和监督执行人员执行。执行开始，执行人员须向义务人出示证件和执行法律文书；告知其有协助义务；遇义务人反抗，根据法律规定，执行机关可请求警察协助。执行人员应当场制作现场笔录，笔录包括执行机关名称和执行依据；被执行人姓名、职业、住所或被执行组织的名称、法定代表人姓名、职务；执行时间、地点；执行内容和方式、执行标的物和执行结果；执行笔录由义务人或见证人签名或盖章；对拒绝签字盖章的，在笔录中注明。

实施行政强制执行，行政机关可以在不损害公共利益和他人合法权益的情况下，与当事人达成执行协议。执行协议可以约定分阶段履行；当事人采取补救措施的，可以减免加处的罚款或滞纳金。执行协议应当履行。当事人不履行执行协议的，行政机关应当恢复强制执行。

在行政机关执行过程中，有下列情形之一的，中止执行：（1）当事人履行行政决定确有困难或者暂无履行能力的；（2）第三人对执行标的主张权利，确有理由的；（3）执行可能造成难以弥补的损失，且中止执行不损害公共利益的；（4）行政机关认为需要中止执行的其他情形。中止执行的情形消失后，行政机关应当恢复执行。对没有明显社会危害，当事人确无能力履行，中止执行满三年未恢复执行的，行政机关不再执行。

在行政执行过程中，有下列情形之一的，终结执行：（1）公民死亡，无遗产可供执行，又无义务承受人的；（2）法人或其他组织终止，无财产可供执行，又无义务承受人的；（3）执行标的灭失的；（4）据以执行的行政决定被撤销的；（5）行政机关认为需要终结执行的其他情形。

在执行中或执行完毕后，据以执行的行政决定被撤销、变更，或执行错误的，应当恢复原状或退还财物；不能恢复原状或退还财物的，依法给予赔偿。

五、违章建筑物的强制拆除程序

对违法的建筑物、构筑物、设施等需要强制拆除的，应当由行政机关予以公告，限期当事人自行拆除。当事人在法定期限内不申请复议或提起诉讼，又不拆除的，行政机关可以依法强制拆除。这意味着行政机关拆除违章建筑物，只要当事人申请复议或提起诉讼，就暂停直接强制拆除。如《城乡规划法》第68条规定，城乡规划主管部门作出责令停止建设或限期拆除的决定后，当事人不停止建设或逾期不拆除的，建设工程所在地县级以上地方政府可以责成有关部门采取查封施工现场、强制拆除等措施。根据《行政强制法》规定，县级以上政府责成有关部门强制拆除时，必须在当事人期满不提起复议和不提起诉讼，又不履行时才能拆除。

六、金钱给付义务执行程序

行政机关依法作出金钱给付义务的行政决定，如征收税款决定，罚款或没收违法所得等，当事人逾期不履行的，行政机关可以依法加处罚款或滞纳金。加处罚款或滞纳金的标准应当告知当事人。行政机关实施加处罚款或滞纳金超过30日，经催告当事人仍不履行的，具有行政强制执行权的行政机关可以强制执行，如何适用还要依其他法律，如根据《行政处罚法》第51条规定，当事人到期不缴纳罚款的，行政机关可以每日按罚款数额的百分之三加处罚款。行政机关实施强制执行前，根据法律、法规授权可以采取查封、扣押或冻结措施。划拨存款、汇款应由法律规定的行政机关决定，并书面通知金融机构。金融机构接到行政机关依法作出划拨存款、汇款的决定后，应当立即划拨。法律规定以外的行政机关或组织要求划拨当事人存款、汇款的，金融机构应当拒绝。如《商业银行法》第29条第2款规定，对个人储蓄存款，商业银行有权拒绝任何单位或者个人查询、冻结、扣划，但法律另有规定的除外。依法拍卖财物，由行政机关委托拍卖机构依照《拍卖法》的规定办理。拍卖所得扣除当事人应付的给付义务，余下的多余款项，退还被执行人。拍卖所得不够冲抵其应付的给付义务，行政机关应依法律规定，继续采取其他执行措施。划拨的存款、汇款以及拍卖和依法处理所得的款项应当上缴国库或者划入财政专户。

七、代履行程序

行政决定内容为当事人承担排除妨碍、恢复原状的义务，当事人拒绝履行，其后果已经或将危害交通安全、造成环境污染或破坏自然资源的，行政机关可以代履行或委托没有利害关系的第三人代履行。

行政机关在代履行前送达代履行决定书；代履行决定书应当载明当事人的姓名或名称、地址，代履行的理由和依据、方式和时间、标的、费用预算以及代履行人；代履行三日前，催告当事人履行，当事人履行的，停止代履行；代履行时，作出决定的行政机关应当派员到场监督；代履行完毕，行政机关到场监督的工作人员、代履行人和当事人或见证人应当在执行文书上签名或者盖章。

情况紧急，需要立即清除道路、河道、航道或公共场所的遗洒物、障碍物或污染物，当事人不能清除的，行政机关可决定立即实施代履行；当事人不在场的，行政机关应当在事后立即通知当事人，并依法作出处理。

代履行的费用按成本合理确定，由当事人承担，法律另有规定的除外。

第四节 申请法院执行

当事人在法定期限内不申请行政复议或提起行政诉讼,又不履行行政决定,没有行政强制执行权的行政机关可以申请法院强制执行。如《国有土地上房屋征收与补偿条例》第28条规定,被征收人在法定期限内不申请行政复议或不提起行政诉讼,在补偿决定规定的期限内又不搬迁的,由作出房屋征收决定的市、县级政府申请法院强制执行。

行政机关申请法院执行其行政行为,应当具备以下条件:(1)行政行为依法可以由法院执行;(2)行政行为已经生效并具有可执行内容;(3)申请人是作出该行政行为的行政机关或法律、法规、规章授权的组织;(4)被申请人是该行政行为所确定的义务人;(5)被申请人在行政行为确定的期限内或行政机关催告期限内未履行义务;(6)申请人在法定期限内提出申请;(7)被申请执行的行政案件属于受理执行申请的法院管辖。

行政机关申请法院强制执行其行政行为,应当自期限届满之日起3个月内提出。逾期申请的,除有正当理由外,法院不予受理。行政机关申请法院强制执行前,应当催告当事人履行义务,催告书送达十日后仍未履行义务的,可申请法院强制执行。执行对象是不动产的,向不动产所在地有管辖权的法院申请强制执行。基层法院认为执行确有困难的,可以报请上级法院执行;上级法院可以决定由其执行,也可以决定由下级法院执行。

行政机关向人民法院申请强制执行，应提供下列材料：（1）强制执行申请书；（2）行政决定书及作出决定的事实、理由和依据；（3）当事人的意见及行政机关催告情况；（4）申请强制执行标的情况；（5）法律、行政法规规定的其他材料。强制执行申请书应当由行政机关负责人签名，加盖行政机关印章，并注明日期。

法院接到行政机关强制执行的申请，应当在5日内受理，行政机关对法院不予受理的裁定有异议的，可以在15日内向上一级法院申请复议，上一级法院应当自收到复议申请之日起15日内作出是否受理的裁定。行政机关或行政行为确定的权利人申请法院强制执行前，有充分理由认为被执行人可能逃避执行的，可以申请法院采取财产保全措施。后者申请强制执行的，应当提供相应的财产担保。

执行依据应是行政决定书和法院执行裁定书。人民法院对行政机关强制执行的申请进行书面审查，对符合《行政强制法》第55条规定，且行政决定具备法定执行效力的，除《行政强制法》第58条规定的情形外，法院应当自受理之日起7日内作出执行裁定。需要采取强制执行措施的，由本院负责强制执行非诉行政行为的机构执行。法院在作出裁定前发现行政行为有下列情形之一的：在作出裁定前可以听取被执行人和行政机关的意见：（1）明显缺乏事实根据的；（2）明显缺乏法律、法规依据的；（3）其他明显违法并损害被执行人合法权益的。法院应当自受理之日起30日内作出是否准予执行的裁定。裁定不予执行的，应当说明理由，并在5日内将不予执行的裁定送达行政机关。行政机关对法院不予执行的裁定有异议的，可以自收到裁定之日起15日内向上一级法院申请复议，上一级法院应当自收到复议申请之日起30日内作出是否执行的裁定。

被申请执行的行政行为有下列情形之一的，法院应当裁定不准予执行：（1）实施主体不具有行政主体资格的；（2）明显缺乏事实根据的；（3）明显缺乏法律、法规依据的；（4）其他明显违法并损害被执行人合法权益的情形。因情况紧急，为保障公共安全，行政机关可以申请法院立即执行。经法院院长批准，法院应当自作出执行裁定之日起5日内执行。行政机关申请法院强制执行，不缴纳申请费。强制执行的费用由被执行人承担。法院以划拨、拍卖方式强制执行的，可以在划拨、拍卖后将强制执行的费用扣除。依法拍卖财物，由法院委托拍卖机构依照《拍卖法》的规定办理。

第十八章 行政复议

第一节 行政复议理念

一、行政复议原则

行政复议是指当事人申请，由复议机关审裁被申请的行政行为是否合法适当的活动。行政复议机关履行行政复议职责，应当遵循以下原则：(1) 合法与公正原则。具体指复议过程公正，裁决公平。(2) 一次复议原则。该原则是指当事人申请复议机关审裁，只能申请一次。例外情况下，对复议裁决可再向国务院申请，为二次复议。如《行政复议法》第14条规定，对国务院部门或省、自治区、直辖市人民政府的具体行政行为不服的，向作出该具体行政行为的国务院部门或省、自治区、直辖市人民政府申请复议。对复议决定不服的，可以向法院提起诉讼，也可以向国务院申请裁决,国务院依法作出最终裁决。(3)公开原则。只要不妨碍公共利益或不侵犯隐私权,复议过程和结果应当公开。公开时应剔除其中涉及道德伦理、公共秩序或国家安全,以及为青少年利益或为保护公民隐私权不宜公开的信息。

二、行政复议模式

1. 行政法官模式。美国联邦和州行政机关内设置行政法官,专门行使初步裁决权,当事人对其不服,可向行政法官所在行政机关提起复议,由机关领导最后裁决。如果当事人在规定时限内,不申请复议,行政法官初裁为该行政机关生效的行政决定。"复议官员不可缺失,申请人复议权利不能被剥夺。在一个复议案件中,所有的职业安全和健康复审委员会成员都辞职了,美国总统没有任命空缺,当事人享有的由复审委员会复审对当事人不利的行政法官的决定权利不能实现,因为法律规定职业安全和健康复审委员会不做出复审决定,行政法官的决定变成最后的决定,复审委员会可以推翻行政法官的决定。由于被指控的当事人被剥夺了重要的复议救济权利,针对他的行政法官所做的行政制裁被法院推翻。"[1]

2. 英国行政裁判所模式。它是独立于行政机关的准法院,不是行政机关。行政裁判所包括近70种,分为四大类:财产权和税收裁判所、工业和工业关系裁判所、社会福利裁判所、外国人入境裁判所,[2]

---

[1] Michael R. Asimow, Administrative Law, A Thomson Company, 2002, p. 75 – 76.
[2] 比较重要的行政裁判所包括移民上诉裁判所等。

数量近3000个。少数情况下行政机关也为裁判机关。当事人不服裁决，就法律问题都可上诉于法院，裁判所不为被告。具体来讲，第一，行政裁判所解决行政争议，或与行政联系紧密的民事争议。第二，裁判所独立，主席由大法官或部长任命，裁判员多是法律界独立人士或行业专家，不由行政官员或从属于行政机关的人员组成。裁判所不受行政干预。① 第三，裁判程序为准司法程序。第四，传统上认为法院审查法律问题，而政策则被视为由行政机关所掌控。裁判员审查行政决定是否妥当，对事实、法律和政策问题全面审查。第五，效率问题。行政系统缺乏裁决行政争议的中立性，而法院系统又没有处理行政纠纷的足够能力与效率，必须在二者之间取长补短，将司法中立与行政效率结合起来，行政裁判所应运而生。第六，裁判所一般采用总裁制模式，裁判所总裁和成员通常由枢密院或大臣任命。总裁负领导和协调之责，统配管理人力及其他资源，把案件分配给最具有经验和专业知识的裁判员审理。总裁独立于政府之外却能同政府展开富有建设性的对话，总裁制有助于增强裁判所处理问题的灵活性。

3. 德法模式。复议申请向原行政机关提出，原机关认为申请有理由的，可以撤销原行政行为；否则即应将案件移交给复议机关，由后者作出复议决定。复议程序属于行政程序，复议机关主导事实调查，经过听证和评议等过程，进行合法性审查，并以行政行为而非行政裁决结束。在法国，没有行政复议法，当事人可向原行政处理机关请求

---

① [英]韦德：《行政法》，徐炳译，中国大百科全书出版社1999年版，第627页。

善意救济，无须有法律规定，而排除这种救济必须有法律规定。对当事人的申请，原机关可以维持、撤销、废止原决定或作新决定。

4. 中国模式。公民、法人或其他组织认为具体行政行为侵犯其合法权益，可根据法律规定向本级政府或上级主管机关提出复议申请。复议环节不收费，复议机关恒为被告，复议过程不搬用司法程序。

第二节　行政复议范围与受理机关

一、复议范围

有下列情形之一的，公民、法人或者其他组织可以申请行政复议：（1）对行政机关作出的警告、罚款、没收违法所得、没收非法财物、责令停产停业、暂扣或者吊销许可证、暂扣或者吊销执照、行政拘留等行政处罚决定不服的；（2）对行政机关作出的限制人身自由或者查封、扣押、冻结财产等行政强制措施决定不服的；（3）对行政机关作出的有关许可证、执照、资质证、资格证等证书变更、中止、撤销的决定不服的；（4）对行政机关作出的关于确认土地、矿藏、水流、森林、山岭、草原、荒地、滩涂、海域等自然资源的所有权或者使用权的决定不服的；（5）认为行政机关侵犯合法的经营自主权的；（6）认为行政机关变更或者废止农业承包合同，侵犯其合法权益的；（7）认为行政机关违法集资、征收财物、摊派费用或者违法要求履行其他义务的;(8)认为符合法定条件,申请行政机关颁发许可证、执照、资质证、资格证等证书,或者申请行政机关审批、登记有关事项,行政机关没有依法办理的;(9)申请行政机关履行保护人身权利、财产权利、受教育权利的法定职责,行政机关没有依法履行的;(10)申请行政机关依法发放抚恤金、社会保险金或者最低生活保障费,行政机关没有依法发放的;(11)认为行政机关的其他具体行政行为侵犯其合法权益的。

以下事项不属于行政复议受案范围:(1)对申请人权利义务不产生实际影响的程序性告知事项。如2012年浙江高院判决的朱红兴等诉浙江省政府信息公开行政复议案。2011年9月,朱红兴等13人向杭州市政府邮寄《政府信息公开申请表》,要求公开"收回、注销江干区彭埠镇新风村农村集体土地承包经营权证以及经承包人认证情况"信息。杭州市政府于2011年9月作出杭政公开办〔2011〕125号《政府信息补正申请通知书》,告知"请你们补充、更正所需信息内容的准确描述以后再行申请"。2012年浙江省政府作出浙政复决〔2012〕11号驳回行政复议申请决定,认为杭州市政府作出的杭政公开办〔2011〕125号《政府信息补正申请通知书》系政府信息公开工作中的程序性事项,对申请人权利义务不产生实际影响,不属于《行政复议法》规定的受案范围。2012年2月原告针对该决定书向杭州中院提起诉讼。法院认为,上诉人申请行政复议的事项仅为对其权利义务不产生实际影响的程序性告知事项,《最高人民法院关于审理政府信息公开行政案件若干问题的规定》第2条第(1)项规定:"公民、法人或者其他组织对下列行为不服提起行政诉讼的,法院不予受理:(一)因申请内容不明确,行政机关要求申请人作出更改、补充且对申请人权利义务不产生实际影响的告知行为。"补正告知是基于对申请书内容审查的程序处理，不属于最终行政决定，这种中间行为不能直接接受司法审查。但如果当事人认为"程序违法"已影响"实体决定"，就应受司法审查。① （2）行政机关驳回当事人申诉的信访答复，属于行政机关针对当事人不服行政行为的申诉作出的重复处理行为，并未对当事人权利义务产生新法律效果。如杨某某诉成都市政府其他行政纠纷案。② 原告系原成都市第五中学职工，该校于1992年已对原告作"除名处理"。2005年原告向成都市教育局申诉，该局于2005年5月信访回复，称原成都市教育委员会1992年作出《对成都市第五中学〈关于对我校职工杨某某作除名处理的报告〉的批复》符合法律规定。原告向四川省教育厅申诉，该厅责令成都市教育局复查，该局于2005年8月再次信访答复，内容与前次一致。原告于2005年9月向成都市政府申请复议，成都市政府认为不在受案范围内。原告认为成都市教育局信访答复是具有行政确认和行政处理性质的申诉处理决定，对原告人身权财产权有严重影响。被告称信访答复不是成都市教育局作出的行政行为。法院认为，《行政复议法》第6条并未将信访答复列入受案范围，其对原告现实权利义务状态并未产生新影响，未改变原有行政法律关系，成都市政府不予受理的决定是正确的。

---

① （2012）浙行终字第98号。
② 《最高人民法院公报》2007年第10期，第43~46页。

二、复议受理机关

1. 选择受理。(1) 对县级以上地方各级政府工作部门的具体行政行为不服的,由申请人选择,可以向该部门本级政府申请复议,也可以向上一级主管部门申请复议。(2) 对政府工作部门依法设立的派出机构依照法律、法规、规章规定,以自己的名义作出的行政行为不服的,向设立该派出机构的部门或该部门的本级政府申请复议。(3) 对省级以下实行垂直管理的政府部门作出的具体行政行为不服的,当事人可以选择向本级政府申请复议,也可以向上一级主管部门申请复议。省、自治区、直辖市另有规定的,依其规定。

2. 上级机关受理。(1) 对海关、金融、外汇管理等实行垂直领导的行政机关和国家安全机关的具体行政行为不服的,向上一级主管部门申请复议。(2) 对地方各级政府的具体行政行为不服的,向上一级地方政府申请复议。(3) 对法律、法规授权的组织的具体行政行为不服的,分别向直接管理该组织的地方人民政府、地方人民政府工作部门或者国务院部门申请复议。(4) 对两个或者两个以上行政机关以共同名义作出的具体行政行为不服的,向其共同上一级机关申请复议。(5) 对被撤销的行政机关在撤销前所作出的具体行政行为不服的,向继续行使其职权的机关的上一级机关申请复议。

3. 对国务院部门或省、自治区、直辖市政府的具体行政行为不服,向作出该具体行政行为的国务院部门或者省、自治区、直辖市政府申请复议。申请人对两个以上国务院部门共同作出的具体行政行为不服的,可以向其中任何一个国务院部门提出复议申请,由作出行政行为的国务院部门共同作出复议决定。

4. 对省、自治区政府依法设立的派出机关所属的县级政府的具体行政行为不服的，向该派出机关申请复议。

5. 对县级以上地方政府依法设立的派出机关作出的具体行政行为不服的，向设立该派出机关的政府申请复议。

6. 特殊机构。《专利法》第41条规定，国务院专利行政部门设立专利复审委员会。专利申请人对国务院专利行政部门驳回申请的决定不服的，可以自收到通知之日起三个月内，向专利复审委员会请求复审。

7. 协商与指定管辖。申请人就同一事项向两个或两个以上有权受理的行政机关申请复议的，由最先收到复议申请的机关受理；同时收到申请的，由收到申请的机关在10日内协商确定；协商不成的，由其共同上一级机关在10日内指定受理机关。协商确定或指定受理机关所用时间不计入行政复议审理期限。

第三节 申请和受理

一、申请

行政复议申请指申请人认为具体行政行为侵犯其合法权益，请求复议机关补救。我国《行政复议法》第2条规定：公民、法人或其他组织认为具体行政行为侵犯其合法权益,可以向行政机关提出行政复议申请。其中,"侵犯"指与行政行为有直接利害关系,是具体、现实的损害,不是普遍的而是特定的。不可能对当事人的权利义务产生实际影响的行政行为不属于行政复议申请范围。

【典型案例】

×××与辽宁省政府不予受理行政复议决定纠纷再审案[①]

再审申请人:×××。

被申请人:辽宁省政府。

×××系沈阳纺织器材厂职工。2004 年 9 月,沈阳市政府再次召开市长办公会议,形成第 210 号《关于沈阳纺织器材厂稳定问题的会议纪要》:"按照有关程序经批准后,向沈河区政府提供 2441 万元借款,专项用于职工安置,沈河区政府必须彻底解决职工安置问题,缺口资金由沈河区政府负责解决;借款中包括企业应向市财政缴纳的 1825 万元土地出让金和企业离退休人员 10 年预提采暖费的 50% 即 616 万元,如市财政将 1825 万元土地出让金予以返还,则 2241 万元借款中扣除 1825 万元;责成沈河区政府负责筹措资金,依法在 1 个月内将企业购买的 3 块土地过户到沈河区政府指定单位,并在 3 个月内依法解除企业与两户企业的合作租赁协议,为土地变现创造条件;责成大东区政府解决与该企业有关的经济纠纷,力争变现资金,用于安置职工;责成市劳动和社会保障局协调沈河区政府做好企业职工的分流安置工

---

① (2016)最高法行申 728 号行政裁定书。

作；对企业在供暖分户前拖欠的供暖单位的采暖费，由沈河区政府承担50%，其余由市财政局列支；在足额补缴拖欠职工的失业保险费的前提下，企业在册职工解除劳动关系后，享受失业保险待遇；统筹项目外物价补贴和退休人员管理活动费由沈河区政府解决。"2015年1月29日，×××对第210号会议纪要申请行政复议，辽宁省政府以不属于复议范围、超过复议申请期限为由，于2015年3月27日作出《驳回行政复议申请决定书》。2015年4月14日，×××向沈阳中院起诉，请求撤销33号复议决定书。

沈阳中院认为，根据《行政复议法》第13条第1款规定，辽宁省政府提供的证据可以证明，原告最迟于2011年7月即已知道第210号会议纪要，×××应在60日内提出复议申请，2012年向辽宁省政府写信时已超过法定的复议申请期限。法院判决驳回×××的诉讼请求。辽宁高院认为，×××于2011年7月得知第210号会议纪要的内容，2012年向辽宁省政府写信时已超过法定的复议申请期限，且没有不可抗力或其他正当耽误法定申请期限的理由，辽宁省政府驳回其复议申请并无不当。×××申请再审称，210号会议纪要存在大量违法、违规情形。请求撤销一、二审判决，撤销210号会议纪要。最高人民法院经审查认为，《行政复议法》第2条、第6条规定，只有对当事人权利义务可能产生实际不利影响的行政行为，才属于行政复议受案范围。本案中，210号会议纪要的主要内容是对沈阳市两级政府及其职能部门之间关于沈阳纺织器材厂企业改制过程中职工安置补偿问题职责分工，并未对×××的权利义务产生实际影响。210号会议纪要不属于行政复议的受理范围。33号复议决定未涉及210号会议纪要的合法性问题，以此为由申请再审，理由不成立。

二、申请期限

当事人可以自知道行政行为之日起 60 日内提出申请，但法律规定的申请期限超过 60 日的除外。申请人因不可抗力或其他正当理由耽误法定期限的，申请期限自障碍消除之日起继续计算。行政机关作出的行政行为对当事人权利、义务可能产生不利影响的，应当告知其申请复议权利和期限。

根据《行政复议法实施条例》第 15 条规定，应当按照下列规定确定当事人知道行政行为的时间：（1）当场作出具体行政行为的，自具体行政行为作出之日起计算；（2）载明具体行政行为的法律文书直接送达的，自受送达人签收之日起计算；（3）载明具体行政行为的法律文书邮寄送达的，自受送达人在邮件签收单上签收之日起计算；没有邮件签收单的，自受送达人在送达回执上签名之日起计算；（4）具体行政行为依法通过公告形式告知受送达人的，自公告规定的期限届满之日起计算；（5）行政机关作出具体行政行为时未告知当事人，事后补充告知的，自该当事人收到行政机关补充告知的通知之日起计算；（6）被申请人能够证明当事人知道具体行政行为的，自证据材料证明其知道具体行政行为之日起计算。行政机关作出具体行政行为，依法应当向有关当事人送达法律文书而未送达的，视为该当事人不知道该行政行为。《行政复议法实施条例》第 16 条规定：公民、法人或者其他组织依照行政复议法的规定申请行政机关履行法定职责，行政机关未履行的，行政复议申请期限依下列规定计算：（1）有履行期限规定的，自履行期限届满之日起计算；（2）没有履行期限规定的，自行政机关收到申请满 60 日起计算。公民、法人或者其他组织在紧急情况下请求行政机关履行保护人身权、财产权的法定职责，行政机关不履行的，行政复议申请期限不受前述规定限制。

三、申请方式

申请人可以以书面或口头形式提出行政复议申请。申请人书面申请行政复议的，可以采取当面递交、邮寄或传真等方式提出申请。有条件的行政复议机构可以接受以电子邮件形式提出的申请，但是当事人应当事后及时签字确认。申请人口头申请行政复议的，复议机构应当依照申请书要求载明的事项，当场制作行政复议申请笔录交申请人核对或向申请人宣读，并由申请人签字确认。申请书应当载明下列事项：（1）申请人基本情况，包括：公民姓名、性别、年龄、身份证号码、工作单位、住所、邮政编码；法人或其他组织名称、住所、邮政编码和法定代表人姓名、职务。（2）被申请人的名称。（3）行政复议请求、申请行政复议的主要事实和理由。（4）申请人的签名或者盖章。（5）申请行政复议的日期。

四、申请人

申请人包括当事人、利害关系人、相邻权人和公平竞争权人。具体可分为以下情形：（1）个人。（2）合伙企业应以核准登记的企业为申请人，由执行合伙事务的合伙人代表该企业参加行政复议；其他合伙组织申请行政复议，由合伙人共同申请行政复议。（3）股份制企业的股东大会、股东代表大会、董事会认为行政机关作出的行政行为侵犯企业合法权益的,以企业名义申请行政复议。(4) 同一行政复议案件申请人超过5人的,推选1~5名代表参加复议。申请人的资格在一定条件下可以转移,具体包括:有权申请行政复议的公民死亡的,其近亲属可以申请行政复议。有权申请行政复议的公民为无民事行为能力人或者限制民事行为能力人的,其法定代表人可以代为申请行政复议。有权申请行政复议的法人或其他组织终止的,承受其权利、义务的法人或其他组织可以自己名义申请行政复议。

五、被申请人

公民、法人或其他组织对行政机关的具体行政行为不服,申请行政复议的,作出该具体行政行为的行政机关为被申请人。具体可分为以下情形:(1) 如果委托其他行政机关或具有公共管理职能的组织行政执法,委托机关是被申请人。(2) 具体行政行为由两个以上行政机关或法律、法规授权的组织共同作出的,共同作出的行政机关或法律、法规授权的组织是被申请人。(3) 行政机关与其他组织以共同名义作出行政行为的,行政机关为被申请人。(4) 作出具体行政行为的机关被撤销,继续行使其职权的机关是被申请人;没有继续行使职权的机关,批准撤销的机关是被申请人。(5) 下级行政机关依照法律、法规、规章规定,经上级行政机关批准作出行政行为的,批准机关为被申请人。(6) 行政机关设立的派出机构、内设机构或其他组织,未经法律、法规或规章授权,对外以自己名义作出具体行政行为的,该行政机关为被申请人。申请人提出复议申请时错列被申请人的,复议机构应当告知申请人变更被申请人。

六、第三人

1. 两个以上行政机关或法律、法规授权的组织共同作出行政行为，复议申请人只复议其中一个被申请人，其余的可作为第三人。
2. 复议期间，复议机构认为申请人以外的公民、法人或其他组织与被审查的具体行政行为有利害关系的，可通知其作为第三人参加复议。
3. 复议期间，申请人以外的公民、法人或其他组织与被审查的具体行政行为有利害关系的，可以向复议机构申请作为第三人参加复议。

七、委托代理

申请人和第三人可以委托代理人代为参加行政复议。无民事行为能力人和限制民事行为能力人由其法定代理人代为复议。应允许被申请人有律师代理复议。其中，申请人、第三人可以委托1~2名代理人参加行政复议。申请人、第三人委托代理人的，应当向复议机构提交授权委托书。授权委托书应当载明委托事项、权限和期限。公民在特殊情况下无法书面委托的，可以口头委托。口头委托的，复议机构应当核实并记录在卷。申请人、第三人解除或变更委托的，应当书面报告复议机构。

八、受理

《行政复议法实施条例》第27条规定:"公民、法人或者其他组织认为行政机关的具体行政行为侵犯其合法权益提出行政复议申请,除不符合行政复议法和本条例规定的申请条件的,行政复议机关必须受理。"具体来讲,符合下列情形的,应当予以受理:(1)有明确的申请人和符合规定的被申请人;(2)申请人与具体行政行为有利害关系;(3)有具体的行政复议请求和理由;(4)在法定申请期限内提出;(5)属于行政复议范围;(6)属于收到行政复议申请的行政复议机构职责范围;(7)其他行政复议机关尚未受理同一复议申请,法院尚未受理同一主体就同一事实提起的行政诉讼;(8)法律、法规规定的其他条件。如《税收征收管理法》第88条规定,纳税人、扣缴义务人、纳税担保人同税务机关在纳税上发生争议时,必须先依照税务机关的纳税决定缴纳或解缴税款及滞纳金或提供相应的担保,然后可依法申请行政复议。

复议机关在收到复议申请后,应当在5日内进行审查,符合条件的,应当制作受理通知书。不符合条件的,不予受理并书面告知申请人。对符合行政复议法规定,但是不属于本机关受理的行政复议申请,应当告知其向有关机关提出申请。在5日内,既不作出不予受理决定,又不告知申请人另行申请的,可推定受理,受理之日为复议机关收到申请之日。

行政复议申请材料不齐全或表述不清楚的,复议机关可以自收到该复议申请之日起5日内书面通知申请人补正。补正通知应当载明需要补正的事项和合理的补正期限。无正当理由逾期不补正的，视为申请人放弃复议申请。在指定期间已经补正或更正的，应当依法受理。补正申请材料所用时间不计入复议审理期限。

有下述情形，复议机关应当决定不予受理：（1）请求事项不属于受理范围；（2）请求复议的机关无受理权限；（3）申请人无申请主体资格；（4）申请人错列被申请人且拒绝变更；（5）法律规定必须由法定或指定代理人、代表人为复议行为，未由法定或指定代理人、代表人为复议行为；（6）申请复议超过法定期限且无正当理由；（7）申请人重复申请复议；（8）已撤回复议申请，无正当理由再行申请；（9）复议标的为生效行政决定或法院判决效力所羁束；（10）复议申请不具备其他法律规定的要件。

当事人依法提出复议申请，上级机关认为复议机关不予受理复议申请的理由不成立，可以先行督促其受理；经督促仍不受理，应当责令其限期受理，必要时自身可以直接受理。

九、行政复议与行政诉讼关系

行政复议前置的具体情形。法律、法规规定应先申请行政复议，对复议决定不服再向法院起诉的，在法定复议期限内，当事人不得向法院提起行政诉讼。如《行政复议法》第30条第1款规定，公民、法人或其他组织认为行政机关的具体行政行为侵犯其已经依法取得的土地、矿藏、水流、森林、山岭、草原、荒地、滩涂、海域等自然资源的所有权或者使用权的，应当先申请行政复议；对行政复议决定不服的，可以依法向法院提起行政诉讼。《最高人民法院关于适用〈行政复议法〉第三十条第一款有关问题的批复》（法释〔2003〕5号）明确："根据《行政复议法》第三十条第一款的规定，公民、法人或其他组织认为行政机关确认土地、矿藏、水流、森林、山岭、草原、荒地、滩涂、海域等自然资源的所有权或使用权的具体行政行为，侵犯其已经依法取得的自然资源所有权或者使用权的，经行政复议后，才可以向人民法院提起行政诉讼，但法律另有规定的除外；对涉及自然资源所有权或者使用权的行政处罚、行政强制措施等其他具体行政行为提起行政诉讼的，不适用《行政复议法》第三十条第一款的规定。"《最高人民法院行政审判庭关于行政机关颁发自然资源所有权或者使用权证的行为是否属于确认行政行为问题的答复》明确："最高人民法院法释〔2003〕5号批复中的'确认'，是指当事人对自然资源的权属发生争议后，行政机关对争议的自然资源的所有权或者使用权所作的确权决定。有关土地等自然资源所有权或者使用权的初始登记，属于行政许可性质，不应包括在行政确认范畴之内。据此，行政机关颁发自然资源所有权或者使用权证书的行为不属于复议前置的情形。"

法律、法规规定应当先向复议机关申请复议、对复议决定不服再向法院提起诉讼的，当事人依法申请复议，但复议机关决定不予受理或受理后超过复议期限不作答复，当事人可自收到不予受理决定书之日起，或复议期满之日起15天内依法提起诉讼。《行政复议法实施条例》第17条规定：行政机关作出的具体行政行为对公民、法人或者其他组织的权利、义务可能产生不利影响的，应当告知其申请行政复议的权利、行政复议机关和行政复议申请期限。行政机关有义务告知当事人复议前置，不告知，影响当事人诉权的，复议前置不应适用。

法律、法规未规定复议前置，当事人可选择申请复议或提起诉讼。

当事人既提起诉讼又申请复议的,由先受理的机关管辖;同时受理的,由当事人选择。当事人已经申请复议,在法定复议期间内又向法院提起诉讼的,法院不予受理。当事人向法院起诉,法院已经受理的,不允许申请行政复议。当事人向复议机关申请复议后,又经复议机关同意撤回复议申请,在法定起诉期限内对原行政行为提起诉讼的,法院应当依法受理。

《行政复议法》第5条规定:公民、法人或者其他组织对复议决定不服的,可依法向法院提起行政诉讼,但法律规定行政复议决定为最终裁决的除外。《行政复议法》第30条第2款规定:根据国务院或省、自治区、直辖市政府对行政区划的勘定、调整或征收土地的决定,省、自治区、直辖市政府确认土地、矿藏、水流、森林、山岭、草原、荒地、滩涂、海域等自然资源的所有权或使用权的行政复议决定为最终裁决。不过在美国,即使法律这样规定,法院也要审查其合宪性。英国行政裁判所的裁决并非最终裁决。

十、财产保全、证据保全

复议机关对于因一方当事人的行为或其他原因,可能使行政行为或复议机关生效决定不能或难以执行的案件,有强制权的复议机关可以根据当事人的申请或依职权,作出财产保全裁定。在证据可能灭失或以后难以取得的情况下,复议机关可采取证据保全措施。当事人申请保全的,应当以书面形式提出,并说明财产或证据的名称和地点、保全内容、范围、理由等事项,提供相应担保。

十一、复议不停止执行

《行政复议法》第 21 条规定：行政复议期间具体行政行为不停止执行，但有下列情形之一的，可以停止执行：（1）被申请人认为需要停止执行的；（2）复议机关认为需要停止执行的；（3）申请人申请停止执行，复议机关认为其要求合理，决定停止执行的；（4）法律规定停止执行的。

第四节 审理与裁决

一、审理

行政复议机构审理行政复议案件，应当由 2 名以上行政复议人员参加。行政复议原则上采取书面审查的办法，但是申请人提出要求或者行政复议机关负责法制工作的机构认为有必要时，可以向有关组织和人员调查情况，听取申请人、被申请人和第三人的意见。

二、步骤

复议机构应当自复议申请受理之日起 7 日内，将行政复议申请书副本或者行政复议申请笔录复印件发送被申请人。被申请人应当自收到申请书副本或者申请笔录复印件之日起10日内，提出书面答复，并提交当初作出具体行政行为的证据、依据和其他有关材料。申请人、第三人可以查阅被申请人提出的书面答复、作出具体行政行为的证据、依据和其他有关材料，除涉及国家秘密、商业秘密或个人隐私外，行政复议机关不得拒绝。当事人在说明理由的前提下，有权利申请复议人员回避，复议机关应当在3日内以口头或书面形式作出决定。被申请回避的人员，在复议机关作出是否回避的决定前，可暂停参与本案工作。申请人对驳回回避申请决定不服的，可向作出决定的复议机关申请复核一次。复核期间，被申请回避的人员不停止参与本案工作。对申请人的复核申请，复议机关应当在3日内作出复核决定，并通知申请人。

在复议机关主持下，当事人举行审前会议，交换证据，遴选争点；尝试和解。复议人员调查取证时，应出示证件，不得少于2人。行政复议原则上采取书面审理的方法，但是申请人提出要求或复议机关认为有必要时，可以向有关组织和人员调查情况，听取申请人、被申请人和第三人意见。对重大、复杂案件，申请人提出要求或复议机关认为必要时，可以采取听证方式审理。具体程序为申请人提出主张和理由；被申请人提出答辩并举证；第三人提出主张和根据。各方质证，并对证据证明力、事实认定和法律适用辩论。主持听证人员应将证据、意见记录在卷，作出初裁。

针对申请人提出的行政规定违法问题，复议机关有权处理的，应当在30日内依法处理。无权处理的，应当在7日内按法定程序转送有权处理的机关依法处理，有权处理的机关应当在60日内处理，处理期间中止审查具体行政行为。针对申请人提出的被复议的行政行为其他依据不合法的问题，复议机关认为该依据不合法，本机关有权处理的，应当在30日内依法处理，无权处理的，应当在7日内，按照法定程序转送有权处理的机关，处理期间，中止对具体行政行为的审查。

复议决定作出前，申请人要求撤回复议申请，经复议机关同意，可以撤回。申请人撤回复议申请后，不得再以同一事实和理由提出复议申请；但申请人能够证明撤回复议申请违背其真实意思表示的除外。复议期间被申请人改变原行政行为的，不影响复议案件审理；但申请人依法撤回复议申请的除外。

复议过程中，出现法定情形，暂时中断，待原因消除后再恢复审理。中止、恢复审理，应告知当事人。中止的事由包括：（1）作为申请人的自然人死亡，其近亲属尚未确定是否参加复议的；（2）作为申请人的自然人丧失参加复议的能力，尚未确定法定代理人参加复议的；（3）作为申请人的法人或其他组织终止，尚未确定权利义务承受人的；（4）作为申请人的自然人下落不明或被宣告失踪的；（5）申请人、被申请人因不可抗力，不能参与复议的；（6）案件涉及法律适用问题，需要有权机关作出解释或确认的；（7）案件审理需要以其他案件的审理结果为依据，而其他案件尚未审结等。

复议机关应当自受理申请之日起60日内作出复议决定，但是法律规定的行政复议期限少于60日的除外。情况复杂，不能在规定期限内作出复议决定的，经复议机关负责人批准，可适当延长，并告知申请人和被申请人；但延长期限最多不超过30日。

行政复议期间出现法定事由，行政复议应终止。具体情形包括：（1）申请人要求撤回复议申请，复议机构准予撤回的；（2）作为申请人的自然人死亡，没有近亲属或其近亲属放弃复议权利的；（3）作为申请人的法人或其他组织终止，其权利义务的承受人放弃复议权利的；（4）申请人与被申请人依法达成和解的；（5）导致复议中止，满60日其原因仍未消除的；（6）申请人对行政拘留或限制人身自由的行政强制措施不服申请复议后，因申请人同一违法行为涉嫌犯罪，该行政强制措施变更为刑事拘留的。

三、裁决

行政复议决定可分为以下类型：（1）复议维持。具体行政行为认定事实清楚，证据确凿，实体法适用正确，程序合法、内容适当的，决定维持。（2）驳回复议申请。有下列情形之一的，复议机关应当决定驳回复议申请：①申请人以行政机关不履行法定职责为由申请复议，复议机关认定该行政机关没有相应法定职责或在复议受理前已经履行了法定职责的；②受理复议申请后，认定该申请不符合法定受理条件的。（3）撤销裁决。被复议行政行为有下列情形之一的，可决定撤销：主要事实不清、证据不足；适用实体法错误；违反法定程序；超越或滥用权力；行政行为明显不当；或被申请人不按期向复议机关提出答复和提供案卷。复议机关在撤销裁决的同时，可责令被申请人重新作出行政行为，被申请人不得以同一事实和理由作出与原行政行为相同或基本相同的决定；以原行政程序违法为由撤销的除外。被申请人应当在法律、法规、规章规定的期限内重新作出行政行为；法律、法规、规章未规定期限的，重新作出期限为60日。当事人对被申请人重新作出的行政行为不服，可依法申请复议或提起诉讼。如果被复议的行政行为其他方面合法合理,只是程序有轻微瑕疵,可不撤销,确认其违法并责令被申请人补正。如果撤销违法的行政行为,将给公共利益或当事人信赖利益造成重大损害,可不撤销,但确认其违法并责令被申请人采取补救措施。复议机关如撤销被申请人越权处置犯罪的行政行为,应当责令其移送有权机关处理。(4)变更裁决。根据《行政复议法》第28条规定:具体行政行为有下列情形之一的,可以决定变更具体行政行为:①主要事实不清、证据不足的;②适用依据错误的;③违反法定程序的;④超越或滥用职权的;⑤具体行政行为明显不当的。复议机关在申请人的复议请求范围内,不得作出对申请人更为不利的复议决定。不过利害关系人同为复议申请人要求对加害人作不利裁决的,可作出更不利的决定。(5)确认裁决。行政行为有下列情形之一,复议机关可确认该行政行为违法;并可责令被申请人在一定期限内重新作出行政行为:①主要事实不清、证据不足;②适用实体法错误;③违反行政程序;④超越或滥用职权;⑤行政行为明显不当。(6)履行裁决。被申请人不履行法定职责,复议机关应当决定其在一定期限内履行法定职责。主要适用于三类案件:被申请人拒绝颁发许可证的案件;拒绝保护申请人人身权、财产权及其他法定权利的案件;拒绝给付社会福利的案件。适用条件:①原则上,申请人在提出复议之前应当向被申请人提出履行请求。如在日本,申请人提起针对不作为的复议前提,必须在此之前曾向行政厅提出履行法定职责的请求,否则不能直接申请复议。②被申请人负有法定职责和义务。③被申请人未履行且无正当理由。④申请人向复议机关提供了有权利资格要求被申请人履行法定职责的事实和法律依据。⑤被申请人继续履行保护职责对其还有意义。

关于行政赔偿。《行政复议法》第29条规定：申请人在申请复议时可以一并提出行政赔偿请求，复议机关对符合国家赔偿法的有关规定应当给予赔偿的，在决定撤销、变更具体行政行为或确认具体行政行为违法时，应当同时决定被申请人依法给予赔偿。申请人在申请复议时没有提出行政赔偿请求的，复议机关在依法决定撤销或变更罚款，撤销违法集资、没收财物、征收财物、摊派费用以及对财产的查封、扣押、冻结等具体行政行为时，应当同时责令被申请人返还财产，解除对财产的查封、扣押、冻结措施，或赔偿相应价款。

四、履行

被申请人应当履行行政复议决定，不履行或无正当理由拖延履行的，复议机关或者有关上级行政机关应当责令其限期履行。（1）返还利益。复议决定撤销、变更原行政行为的，如果在此之前已经执行的，被申请人应当恢复原状或返还财物等。（2）履行法定职责。如依法发放抚恤金。（3）重新作出行政行为。复议机关责令被申请人重新作出行政行为，被申请人应在规定期限内重新作出，并向复议机关报告。（4）行政赔偿。被复议行政行为违法并造成损害的，被申请人应当履行赔偿责任。申请人逾期不起诉又不履行复议决定的，作如下处理：（1）维持具体行政行为的复议决定，由作出原行政行为的行政机关依法强制执行，或申请法院强制执行；（2）变更具体行政行为的行政复议决定，由复议机关依法强制执行或申请法院强制执行。

第十九章　行政诉讼法

第一节　行政诉讼理念

一、诉

诉是指当事人就发生的行政行为争议向法院提出解决并保护其权益的实体诉求。诉的三要素包括：（1）诉的主体，指发生争议的行政法律关系当事人。包括原告、被告、必要第三人。（2）诉的客体，指当事人间发生争议并要求法院作出裁判的行政法律关系。（3）诉的理由，指原告起诉的事实根据和法律依据。其中，事实依据包括：①行政机关作出行政行为的基础事实；②引起行政法律关系发生、变更或消灭的法律事实。法律依据指支持诉的行政实体法和行政程序法依据。

二、诉的类型

1. 撤销之诉是原告请求法院撤销其与被告间违法行政法律关系的诉求。

2. 履行之诉是原告基于他与被告之间存在的行政履行义务关系,请求法院判定被告履行其法定职责的诉求。

3. 给付之诉是原告基于与被告存在的行政给付关系,请求法院判定被告履行给付职责的诉求。

4. 确认之诉是原告请求法院判定处于争议状态的个别行政法律关系是否无效、违法及是否存在的诉求。

5. 变更之诉是原告请求法院以判决形成他与被告之间新特定行政法律关系的诉求,是司法对具体行政法律关系进行最大程度的干预之诉,也称替代之诉,与法国完全管辖权之诉和美国重新审理(de novo review)之诉近似。

6. 行政赔偿之诉是原告主张行政机关行政行为违法,损害其合法权益,请求法院判定被告赔偿损害的诉求。

7. 行政补偿之诉是原告主张由于被告的合法行政行为而遭受损失,请求法院判定被告补偿其损失的诉求。

8. 公益之诉是检察机关请求法院判定它与被告行政机关之间存在公益(具体)行政实体法律关系,命令被告履行法定职责或纠正违法行政行为的诉求。

9. 停止令之诉。原告因被告行政行为违法,向法院提出判令停止正在发生或即将发生的行政法律关系的诉求。

10. 涉外之诉。外国人、无国籍人、外国组织作为原告或第三人向中国法院起诉，主张被告行政行为违法，或原告主张行政行为违反中国加入的国际条约，请求法院保护其合法权益的诉求。

三、行政诉讼

行政诉讼指原告指控被告行政行为侵犯其合法权益，向法院起诉，请求其判定行政行为违法不正当，由法院主持审判并对其合法性作出判定的过程及结果。原告是公民、法人或其他组织；被告是行政主体。审理对象是具体行政行为，附带审理对象是行政规范性文件和民事争议。

四、行政诉讼原则

1. 人民法院审理行政案件，以事实为根据，以法律为准绳。
2. 人民法院审理行政案件，对行政行为是否合法进行审查。
3. 法院独立行使审判权，不受行政机关、社会团体和个人的干涉。
4. 法院保障公民、法人和其他组织起诉权利，对应当受理的行政案件依法受理。行政机关及其工作人员不得干预、阻碍法院受理行政案件。被诉行政机关负责人应当出庭应诉或委托行政机关相应工作人员出庭。负责人出庭应诉将促使行政机关负责人养成循法习惯。
5. 当事人在行政诉讼中的法律地位平等，有权辩论。
6. 实行合议、回避、公开审判和两审终审制度。
7. 各民族公民都有使用本民族语言、文字进行行政诉讼的权利。

在少数民族聚居或多民族共同居住的地区，法院应当用当地民族通用的语言、文字进行审理和发布法律文书。法院应当对不通晓当地民族通用的语言、文字的诉讼参与人提供翻译。

8. 外国人、无国籍人、外国组织在中国进行行政诉讼，同中国公民、组织有同等的诉讼权利和义务。外国法院对中国公民、组织的行政诉讼权利加以限制的，法院对该国公民、组织的行政诉讼权利，实行对等原则。

9. 检察院对行政诉讼实行法律监督。

第二节 受案范围

一、法院受理

受案是法院允许原告起诉行政行为进入庭审对其进行实质审查判断。受案范围指法院审断行政行为合法性的管辖宽度。

人民法院受理公民、法人或者其他组织提起的下列诉讼：（1）对行政拘留、暂扣或吊销许可证和执照、责令停产停业、没收违法所得、没收非法财物、罚款、警告等行政处罚不服的；（2）对限制人身自由或对财产的查封、扣押、冻结等行政强制措施和行政强制执行不服的；（3）申请行政许可，行政机关拒绝或在法定期限内不予答复，或对行政机关作出的有关行政许可的其他决定不服的；（4）对行政机关作出的关于确认土地、矿藏、水流、森林、山岭、草原、荒地、滩涂、海域等自然资源的所有权或使用权的决定不服的;(5)对征收、征用决定及其补偿决定不服的;(6)申请行政机关履行保护人身权、财产权等合法权益的法定职责,行政机关拒绝履行或不予答复的;(7)认为行政机关侵犯其经营自主权或农村土地承包经营权、农村土地经营权的;(8)认为行政机关滥用行政权力排除或限制竞争的;(9)认为行政机关违法集资、摊派费用或违法要求履行其他义务的;(10)认为行政机关没有依法支付抚恤金、最低生活保障待遇或社会保险待遇的;(11)认为行政机关不依法履行、未按照约定履行或违法变更、解除政府特许经营协议、土地房屋征收补偿协议等协议的;(12)认为行政机关侵犯其他人身权、财产权等合法权益的。除上述情形外,人民法院受理法律、法规规定可以提起诉讼的其他行政案件。

二、法院不受理(或不实体审查)

根据《行政诉讼法》规定,人民法院不受理公民、法人或其他组织对下列事项提起的诉讼:(1)国防、外交等国家行为。具体指国务院、中央军事委员会、国防部、外交部等根据宪法和法律授权,以国家名义实施的有关国防和外交事务的行为,以及经宪法和法律授权的国家机关宣布紧急状态等行为。(2)行政法规、规章或行政机关制定、发布的具有普遍约束力的决定、命令。其中"具有普遍约束力的决定、命令"是指行政机关针对不特定对象发布的能反复适用的规范性文件。司法在于解决具体现实个别争议,本能上不适宜解决抽象未来普遍争议,只能依附个案审理程序,法院附带受理针对行政规范性文件的合法性诉求。(3)行政机关对行政机关工作人员的奖惩、任免等决定。(4)法律规定由行政机关最终裁决的行政行为。(5)公安、国家安全等机关依照刑事诉讼法的明确授权实施的行为。(6)行政调解行为及法律规定的仲裁行为。(7)行政指导行为。(8)驳回当事人对行政行为提起申诉的重复处理行为。(9)行政机关作出的不产生外部法律效力的行为。(10)行政机关为作出行政行为而实施的准备、论证、研究、层报、咨询等过程性行为。如《最高人民法院关于审理行政许可案件若干问题的规定》第3条规定,公民、法人或其他组织仅就行政许可过程中的告知补正申请材料、听证等通知行为提起行政诉讼的,法院不予受理,但导致许可程序对上述主体事实上终止的除外。(11)行政机关根据法院的生效裁判、协助执行通知书作出的执行行为,但行政机关扩大执行范围或采取违法方式实施的除外。《最高人民法院关于行政机关不履行人民法院协助执行义务行为是否属于行政诉讼受案范围的答复》中明确:"行政机关根据人民法院的协助执行通知书实施的行为,是行政机关必须履行的法定协助义务,公民、法人或其他组织对该行为不服提起诉讼的,不属于人民法院行政诉讼受案范围……但当事人认为行政机关不履行协助执行义务造成其损害,请求确认不履行协助执行义务行为违法并予以行政赔偿的,人民法院应当受理。"(12)上级行政机关基于内部层级监督关系对下级行政机关作出的听取报告、执法检查、督促履责等行为。(13)行政机关针对信访事项作出的登记、受理、交办、转送、复查、复核意见等行为。(14)对公民、法人或其他组织权利义务不产生实际影响的行为。(15)行政机关之间因公务协助等事由而订立的协议。(16)行政机关与其工作人员订立的劳动人事协议。

第三节 管　辖

各级人民法院行政审判庭审理行政案件和审查行政机关申请执行其行政行为的案件。专门人民法院、人民法庭不审理行政案件，也不审查和执行行政机关申请执行其行政行为的案件。

一、级别管辖

1. 基层法院管辖第一审行政案件。
2. 中级人民法院管辖下列第一审行政案件：（1）对国务院部门或县级以上地方政府所作的行政行为提起诉讼的案件；（2）海关处理的案件；（3）本辖区内重大、复杂的案件。其中"本辖区内重大、复杂的案件"指：（1）社会影响重大的共同诉讼案件；（2）涉外或涉及香港特别行政区、澳门特别行政区、台湾地区的案件；（3）其他重大、复杂案件；（4）其他法律规定由中级人民法院管辖的案件。
3. 高级人民法院管辖本辖区重大复杂的第一审行政案件。
4. 最高人民法院管辖全国范围内重大、复杂的第一审行政案件。

二、地域管辖

1. 行政案件由最初作出行政行为的行政机关所在地法院管辖。经复议的案件，也可以由复议机关所在地法院管辖。

2. 经最高人民法院批准，高级法院可以根据审判工作的实际情况，确定若干法院跨行政区域管辖行政案件。如《全国人大常委会关于在北京、上海、广州设立知识产权法院的决定》第2条规定，知识产权法院对第1款规定的案件实行跨区域管辖。在知识产权法院设立的三年内，可以先在所在省（直辖市）实行跨区域管辖。

3. 对限制人身自由的行政强制措施不服提起的诉讼，由被告所在地或原告所在地法院管辖。"原告所在地"包括原告的户籍所在地、经常居住地和被限制人身自由地。对行政机关基于同一事实，既采取限制公民人身自由的行政强制措施，又采取其他行政强制措施或行政处罚不服的，由被告所在地或原告所在地法院管辖。

4. 因不动产提起的行政诉讼，由不动产所在地法院管辖。不动产已登记的，以不动产登记簿记载的所在地为不动产所在地；不动产未登记的，以不动产实际所在地为不动产所在地。

三、移送管辖、指定管辖与管辖权转移

1. 法院发现受理的案件不属于本院管辖的，应当移送有管辖权的法院，受移送的法院应当受理。受移送的法院认为受移送的案件按照规定不属于本院管辖的，应当报请上级法院指定管辖，不得再自行移送。

2. 有管辖权的法院由于特殊原因不能行使管辖权的，由上级法院指定管辖。法院对管辖权发生争议，由争议双方协商解决。协商不成的，报它们的共同上级法院指定管辖。

3. 上级法院有权审理下级法院管辖的第一审行政案件。下级法院

对其管辖的第一审行政案件，认为需要由上级法院审理或指定管辖的，可以报请上级法院决定。

四、管辖权异议

1. 法院受理案件后，被告提出管辖异议的，应当在收到起诉状副本之日起 15 日内提出。对当事人提出的管辖异议，法院应当进行审查。异议成立的，裁定将案件移送有管辖权的法院；异议不成立的，裁定驳回。

2. 法院对管辖异议审查后确定有管辖权的，不因当事人增加或变更诉讼请求等改变管辖，但违反级别管辖、专属管辖规定的除外。

3. 有下列情形之一的，法院不予审查：（1）法院发回重审或按第一审程序再审的案件，当事人提出管辖异议的；（2）当事人在第一审程序中未按照法律规定的期限和形式提出管辖异议，在第二审程序中提出的。

第四节　诉讼参加人

一、原告

原告是诉讼发起人。行政行为的相对人以及其他与行政行为有利害关系的公民、法人或其他组织为原告,有权提起行政诉讼。其中,"与行政行为有利害关系"指:(1)被诉的行政行为涉及其相邻权或公平竞争权的;(2)在行政复议等行政程序中被追加为第三人的;(3)要求行政机关依法追究加害人法律责任的;(4)撤销或变更行政行为涉及其合法权益的;(5)为维护自身合法权益向行政机关投诉,具有处理投诉职责的行政机关作出或未作出处理的;(6)其他与行政行为有利害关系的情形。具体来讲,原告应具备下列资格:(1)权益受到具体现实特定的损害;(2)损害与行政行为有直接因果关系;(3)判决原告胜诉会补救其权利。

原告资格在特定情形下可以发生转移。有权提起诉讼的公民死亡,其近亲属可以提起诉讼。有权提起诉讼的法人或其他组织终止,承受其权利的法人或其他组织可以提起诉讼。其中,"近亲属"包括配偶、父母、子女、兄弟姐妹、祖父母、外祖父母、孙子女、外孙子女和其他具有扶养、赡养关系的亲属。以下情形中,原告资格应特别注意:(1)公民因被限制人身自由而不能提起诉讼的,其近亲属可以依其口头或书面委托以该公民的名义提起诉讼。近亲属起诉时无法与被限制人身自由的公民取得联系,近亲属可以先行起诉,并在诉讼中补充提交委托证明。(2)合伙企业向法院提起诉讼的,应当以核准登记的字号为原告。未依法登记领取营业执照的个人合伙的全体合伙人为共同原告;全体合伙人可以推选代表人,被推选的代表人,应当由全体合伙人出具推选书。(3)个体工商户向法院提起诉讼的,以营业执照上登记的经营者为原告。有字号的,以营业执照上登记的字号为原告,并应当注明该字号经营者的基本信息。(4)股份制企业的股东大会、股东会、董事会等认为行政机关作出的行政行为侵犯企业经营自主权的，可以企业名义提起诉讼。（5）联营企业、中外合资或合作企业的联营、合资、合作各方，认为联营、合资、合作企业权益或自己一方合法权益受行政行为侵害的，可以自己的名义提起诉讼。（6）非国有企业被行政机关注销、撤销、合并、强令兼并、出售、分立或改变企业隶属关系的，该企业或其法定代表人可以提起诉讼。（7）事业单位、社会团体、基金会、社会服务机构等非营利法人的出资人、设立人认为行政行为损害法人合法权益的，可以自己的名义提起诉讼。（8）业主委员会对于行政机关作出的涉及业主共有利益的行政行为，可以自己的名义提起诉讼。业主委员会不起诉的，专有部分占建筑物总面积过半数或占总户数过半数的业主可以提起诉讼。

在特定情形中，人民检察院具有原告资格。如人民检察院在履行职责中发现生态环境和资源保护、食品药品安全、国有财产保护、国有土地使用权出让等领域负有监督管理职责的行政机关违法行使职权或不作为，致使国家利益或社会公共利益受到侵害的，应当向行政机关提出检察建议，督促其依法履行职责。行政机关不依法履行职责的，人民检察院向人民法院提起诉讼。根据《最高人民法院、最高人民检察院关于检察公益诉讼案件适用法律若干问题的解释》第21条第2款规定，行政机关应当在收到检察建议书之日起2个月内依法履行职责，并书面回复人民检察院。出现国家利益或社会公共利益损害继续扩大等紧急情形的，行政机关应当在15日内书面回复。行政机关不依法履行职责的，检察院依法向法院提起诉讼。

如下述案例，根据《环境保护法》第10条规定，锦屏县环保局作为锦屏县的环境保护主管部门，监督管理本县生态环境保护工作是其法定职责。锦屏县环保局明知生产企业违法，发现鸿发石材公司、雄军石材公司等七家企业的违法行为后,虽责令违法企业限期整改,但并未继续就整改情况进行监督管理。经检察机关多次督促,仍未履行环境保护的监督管理职责,导致排污企业的违法行为未得到有效制止,其怠于履行职责的行为与其行政职能相违背。国家和社会公共利益未摆脱被侵害状态。被告不依法及时履行法定职责,继续放任上述企业违法生产,进一步加剧清水江的水质污染和生态破坏。锦屏县检察院经调查核实,没有公民、法人和其他社会组织因鸿发石材公司和雄军石材公司非法排污行为而提起相关行政诉讼,锦屏县检察院依法提起公益行政诉讼是合法适当的。

【指导案例】

锦屏县环保局行政公益诉讼案[①]

关键词

行政公益诉讼　指定集中管辖　履行法定职责到位

基本案情

2014年8月5日,贵州省黔东南州锦屏县环保局在执法检查中发现鸿发石材公司、雄军石材公司等七家石材加工企业均存在未按建设项目环保设施"同时设计、同时施工、同时投产"要求配套建设,并将生产中的污水直接排放清水江,造成清水江悬浮物和油污污染的后

---

① 最高人民检察院第八批指导案例(检例第32号)。

果。锦屏县环保局责令鸿发石材公司、雄军石材公司等七家石材加工企业立即停产整改。鸿发石材公司等七家石材加工企业在收到停产整改通知后,在未完成环境保护设施建设和报请验收的情形下,仍擅自开工生产并继续向清水江排污。

诉前程序

2014年8月15日,锦屏县检察院在开展督促起诉工作中发现上述七家企业没有停产整改,向锦屏县环保局发出检察建议,建议锦屏县环保局及时跟进对上述七家企业的督促与检查,对于不按要求整改的企业依法依规进行处罚,并将情况书面回复检察院。2015年4月16日,锦屏县检察院发现鸿发石材公司和雄军石材公司仍未修建环保设施却一直生产、排污,遂再次向锦屏县环保局发出检察建议,督促县环保局履行监督管理职责,对鸿发石材公司和雄军石材公司的违法行为进行制止和处罚并书面回复。对于上述检察建议,锦屏县环保局均逾期未答复,也未依法履行监督管理职责,督促违法企业停业整改。2015年11月11日,锦屏县环保局责令鸿发石材公司、雄军石材公司立即停止生产。12月1日,锦屏县环保局对鸿发石材公司和雄军石材公司分别作出罚款1万元的行政处罚。但锦屏县环保局仍没有向锦屏县检察院书面回复。

锦屏县检察院经调查核实,没有公民、法人和其他社会组织因鸿发石材公司和雄军石材公司非法排污行为而提起相关诉讼。

诉讼过程

2015年12月18日,锦屏县检察院根据《贵州省高级人民法院关于环境保护案件指定集中管辖的规定（试行）》，以公益诉讼人身份向福泉市法院提起行政公益诉讼，诉求判令：（1）确认锦屏县环保局对鸿发石材公司、雄军石材公司等企业违法生产怠于履行监督管理职责的行为违法；（2）判令锦屏县环保局履行行政监督管理职责，依法对鸿发石材公司、雄军石材公司进行处罚。

锦屏县检察院认为：（1）锦屏县环保局具有环境保护工作监督管理的职责。根据《环境保护法》第10条规定，锦屏县环保局作为锦屏县的环境保护主管部门，监督管理本县生态环境保护工作是其法定职责。（2）锦屏县环保局明知生产企业违法却没有有效制止。锦屏县环保局发现鸿发石材公司、雄军石材公司等七家企业的违法行为后，虽责令违法企业限期整改，但并未继续就整改情况进行监督管理。经检察机关多次督促，仍未履行环境保护的监督管理职责，导致排污企业的违法行为未得到制止，其怠于履行职责的行为与其行政职能是相违背的。（3）国家和社会公共利益未脱离被侵害状态。锦屏县环保局不依法及时履行职责，继续放任上述企业违法生产，进一步加剧清水江的水质污染和生态破坏。污水中高浓度悬浮物常年沉积于河床，还将给下游水库的行洪、泄洪带来安全隐患，国家和社会公共利益受到更加严重的侵害。

2015年12月24日，锦屏县环保局向锦屏县检察院书面回复，称其已对鸿发石材公司、雄军石材公司予以处罚。2015年12月29日，锦屏县检察院经现场查看，发现鸿发石材公司和雄军石材公司仍在生产，污水在未经有效处理的情况下仍排向清水江。2015年12月31日，锦屏县政府组织国土、环保、安监等部门，开展非煤矿山集中整治专项行动，对清水江沿河两岸包括鸿发石材公司、雄军石材公司在内存在环境违法行为的石材加工企业全部实行关停。

庭审过程中,锦屏县检察院申请撤回诉讼请求中的第二项,即:判令锦屏县环保局履行行政监督管理职责,依法对鸿发石材公司、雄军石材公司进行处罚的诉讼请求。

案件结果

2016年1月13日,福泉市法院依法作出一审判决,确认被告锦屏县环保局在2014年8月5日至2015年12月31日对鸿发、雄军等企业违法生产的行为怠于履行监督管理职责的行为违法。一审宣判后,锦屏县环保局未上诉,判决已发生法律效力。

裁判要旨

1. 行政相对人违法行为是否停止可以作为判断行政机关履行法定职责到位的一个标准。

2. 生态环保民事、行政案件可以指定集中管辖。

指导意义

1. 行政机关违法作为或不作为是人民检察院提起行政公益诉讼的前提条件。实践中,环境保护执法是一项连续性、持续性强的执法工作,检察机关在判断行政机关是否尽到生态环境和资源监管保护的法定职责时,行政相对人违法行为是否停止可以作为一个判断标准。行政机关虽有执法行为,但没有依照法定职责执法到位,导致行政相对人的违法行为仍在继续,造成生态环境和资源受到侵害的后果,经人民检察院督促依法履职后,行政机关在一定期限内仍然没有依法履职到位，国家和社会公共利益仍处在被侵害状态，人民检察院可以将行政机关作为被告提起行政公益诉讼。

2. 生态环保民事、行政案件可以指定集中管辖。根据《民事诉讼法》第38条，《行政诉讼法》第18条第2款，《最高人民法院关于审理环境民事公益诉讼案件适用法律若干问题的解释》第7条，《最高人民法院关于行政案件管辖若干问题的规定》第5条、第9条的规定，生态环保民事、行政案件可以根据审判工作的实际情况，指定集中管辖。生态环保民事、行政案件采取集中管辖模式，有利于避免对跨行政区划环境污染分段治理，各自为政，治标不治本的问题；有利于在对区域内污染情况进行整体评估的基础上，统一司法政策和裁判尺度，实现司法裁判法律效果和社会效果的统一；有利于避免因按行政区划管辖案件带来的地方保护。

二、被告

被告是根据法律、法规、规章对行政行为合法性负责的行政公法人。被告的确定包括以下几种情形：（1）公民、法人或其他组织直接向法院提起诉讼的，作出行政行为的行政机关是被告。（2）当事人不服经上级行政机关批准的行政行为，向法院提起诉讼的，以在对外发生法律效力的文书上署名的机关为被告。（3）行政机关组建并赋予行政管理职能但不具有独立承担法律责任能力的机构，以自己名义作出行政行为，当事人不服提起诉讼的，应当以组建该机构的行政机关为被告。（4）法律、法规或规章授权行使行政职权的行政机关内设机构、派出机构或其他组织，超出法定授权范围实施行政行为，当事人不服提起诉讼的,应当以实施该行为的机构或组织为被告。(5)没有法律、法规或规章规定,行政机关授权其内设机构、派出机构或其他组织行使行政职权的,属于委托。当事人不服提起诉讼的,应当以该行政机关为被告。(6)当事人对由国务院、省级政府批准设立的开发区管理机构作出的行政行为不服提起诉讼的,以该开发区管理机构为被告。(7)对由国务院、省级政府批准设立的开发区管理机构所属职能部门作出的行政行为不服提起诉讼的,以其职能部门为被告。(8)对其他开发区管理机构所属职能部门作出的行政行为不服提起诉讼的,以开发区管理机构为被告;开发区管理机构没有行政主体资格的,以设立该机构的地方政府为被告。(9)当事人对村民委员会或居民委员会依据法律、法规、规章的授权履行行政管理职责的行为不服提起诉讼的,以村民委员会或居民委员会为被告。(10)当事人对村民委员会、居民委员会受行政机关委托作出的行为不服提起诉讼的,以委托的行政机关为被告。(11)当事人对高等学校等事业单位以及律师协会、注册会计师协会等行业协会依据法律、法规、规章授权实施的行政行为不服提起诉讼的,以该事业单位、行业协会为被告。(12)当事人对高等学校等事业单位以及律师协会、注册会计师协会等行业协会受行政机关委托作出的行为不服提起诉讼的,以委托的行政机关为被告。(13)市、县级政府确定的房屋征收部门组织实施房屋征收与补偿工作过程中作出行政行为,被征收人不服提起诉讼的,以房屋征收部门为被告。征收实施单位受房屋征收部门委托,在委托范围内从事的行为,被征收人不服提起诉讼的,应当以房屋征收部门为被告。(14)经复议的案件,复议机关决定维持原行政行为的,作出原行政行为的行政机关和复议机关是共同被告。"复议机关决定维持原行政行为",包括复议机关驳回复议申请或复议请求的情形，但以复议申请不符合受理条件为由驳回的除外。原告只起诉作出原行政行为的行政机关或复议机关的，法院应当告知原告追加被告。原告不同意追加的，法院应当将另一机关列为共同被告。（15）复议机关改变原行政行为的，复议机关是被告。"改变"指复议机关改变原行政行为的处理结果。复议机关改变原行政行为所认定的主要事实和证据、改变原行政行为所适用的规范依据，但未改变原行政行为处理结果的，视为复议机关维持原行政行为。复议机关确认原行政行为无效，属于改变原行政行为。复议机关确认原行政行为违法，属于改变原行政行为，但复议机关以违反法定程序为由确认原行政行为违法的除外。（16）行政复议决定既有维持原行政行为内容，又有改变原行政行为内容或不予受理申请内容的，作出原行政行为的行政机关和复议机关为共同被告。复议机关作共同被告的案件，以作出原行政行为的行政机关确定案件级别管辖。（17）复议机关在法定期限内未作出复议决定，公民、法人或其他组织起诉原行政行为的，作出原行政行为的行政机关是被告；起诉复议机关不作为的，复议机关是被告。（18）两个以上行政机关作出同一行政行为的，共同作出行政行为的行政机关是共同被告。（19）行政机关委托的组织所作的行政行为，委托的行政机关是被告。（20）行政机关被撤销或职权变更的，继续行使其职权的行政机关是被告。行政机关被撤销或职权变更，没有继续行使其职权的行政机关的，以其所属政府为被告；实行垂直领导的，以垂直领导的上一级行政机关为被告。

三、共同诉讼当事人

当事人一方或双方为二人以上,因同一行政行为发生的行政案件,或因同类行政行为发生的行政案件、法院认为可以合并审理并经当事人同意的,为共同诉讼。必须共同进行诉讼是当事人一方或双方为两人以上,因同一行政行为发生行政争议,法院必须合并审理的诉讼。必须共同进行诉讼的当事人没有参加诉讼的,法院应当依法通知其参加;当事人也可以向法院申请参加。法院应当对当事人提出的申请进行审查,申请理由不成立的,裁定驳回;申请理由成立的,书面通知其参加诉讼。当事人一方人数众多的共同诉讼,可以由当事人推选代表人进行诉讼。其中,"人数众多",一般指10人以上。当事人一方人数众多的,由当事人推选代表人。当事人推选不出的,可以由法院在起诉的当事人中指定代表人。代表人为2~5人。代表人可以委托1~2人作为诉讼代理人。代表人的诉讼行为对其所代表的当事人发生效力,但代表人变更、放弃诉讼请求或承认对方当事人的诉讼请求,应当经被代表的当事人同意。

四、第三人

1. 公民、法人或其他组织同被诉行政行为有利害关系但没有提起诉讼,或同案件处理结果有利害关系的,可以作为第三人申请参加诉讼或由法院通知参加诉讼。
2. 行政机关的同一行政行为涉及两个以上利害关系人,其中一部分利害关系人对行政行为不服提起诉讼,法院应当通知没有起诉的其他利害关系人作为第三人参加诉讼。

3. 与行政案件处理结果有利害关系的第三人，可以申请参加诉讼，或由法院通知其参加诉讼。

4. 法院追加共同诉讼的当事人时，应当通知其他当事人。应当追加的原告，已明确表示放弃实体权利的，可不予追加；既不愿意参加诉讼，又不放弃实体权利的，应追加为第三人，其不参加诉讼，不能阻碍法院对案件的审理和裁判。

5. 应当追加被告而原告不同意追加的，法院应当通知其以第三人的身份参加诉讼，但行政复议机关作共同被告的除外。

6. 法院判决第三人承担义务或减损第三人权益的，第三人有权依法提起上诉或申请再审。

7. 第三人，因不能归责于本人的事由未参加诉讼，但有证据证明发生法律效力的判决、裁定、调解书损害其合法权益的，可以依照《行政诉讼法》第90条规定，自知道或应当知道其合法权益受到损害之日起6个月内，向上一级法院申请再审。

五、诉讼代理人

1. 没有诉讼行为能力的公民，由其法定代理人代为诉讼。法定代理人互相推诿代理责任的，由法院指定其中1人代为诉讼。

2. 当事人、法定代理人，可以委托1~2人作为诉讼代理人。

3. 当事人委托诉讼代理人，应当向法院提交由委托人签名或盖章的授权委托书。委托书应当载明委托事项和具体权限。

4. 公民在特殊情况下无法书面委托的，也可以由他人代书，并由自己捺印等方式确认，法院应当核实并记录在卷；被诉行政机关或其他有义务协助的机关拒绝法院向被限制人身自由的公民核实的，视为委托成立。

5. 当事人解除或变更委托的，应当书面报告法院。

6. 下列人员可以被委托为诉讼代理人：（1）律师、基层法律服务工作者。（2）当事人的近亲属或工作人员。与当事人有合法劳动人事关系的职工，可以当事人工作人员的名义作为诉讼代理人。以当事人的工作人员身份参加诉讼活动，应当提交以下证据之一加以证明：缴纳社会保险记录凭证；领取工资凭证；其他能够证明其为当事人工作人员身份的证据。（3）当事人所在社区、单位以及有关社会团体推荐的公民。有关社会团体推荐公民担任诉讼代理人的，应当符合下列条件：社会团体属于依法登记设立或依法免予登记设立的非营利性法人组织；被代理人属于该社会团体的成员，或当事人一方住所地位于该社会团体的活动地域；代理事务属于该社会团体章程载明的业务范围；被推荐的公民是该社会团体的负责人或与该社会团体有合法劳动人事关系的工作人员。专利代理人经中华全国专利代理人协会推荐，可以在专利行政案件中担任诉讼代理人。

7. 外国人、无国籍人、外国组织在中国进行行政诉讼，委托律师代理诉讼的，应当委托中国律师机构的律师。

代理诉讼的律师，有权按照规定查阅、复制本案有关材料，有权向有关组织和公民调查，收集与本案有关的证据。对涉及国家秘密、商业秘密和个人隐私的材料，应当依照法律规定保密。当事人和其他诉讼代理人有权按照规定查阅、复制本案庭审材料，但涉及国家秘密、商业秘密和个人隐私的内容除外。

第五节 证 据

一、证据类型

证据指证明案件事实的材料。一般说来，真实、相关、合法的证据才有证据资格。证据种类有书证、物证、视听资料、电子数据、证人证言、当事人的陈述、鉴定意见、勘验笔录和现场笔录。

二、举证责任

举证责任指当事人对其主张的事实根据所承担的提供证据责任和说服责任。被告对作出的行政行为负有举证责任，应当提供作出该行政行为的证据和所依据的规范性文件。如《最高人民法院关于审理政府信息公开行政案件若干问题的规定》第 5 条规定，被告拒绝向原告提供政府信息的，应当对拒绝的根据以及履行法定告知和说明理由义务的情况举证。因公共利益决定公开涉及商业秘密、个人隐私政府信息的，被告应当对认定公共利益以及不公开可能对公共利益造成重大影响的理由进行举证和说明。被告拒绝更正与原告相关的政府信息记录的，应当对拒绝的理由进行举证和说明。被告能够证明政府信息涉及国家秘密，请求在诉讼中不予提交的，法院应当准许。

法院审查行政机关作出决定之时摆在行政机关面前的行政案卷，而不是行政机关作出决定之后收集的支撑材料。①

在下述案例中，法院判定行政机关承担法律解释适用合法的举证责任，不止于提出法律规范性文件名称，法院要求被告提出具体法律条款，实际上，被告必须举证证明事实根据，并说明理由，举证责任包含事实根据和法律适用两方面，包括提供证据责任和说服责任。

【指导案例】

宣某成等诉浙江省衢州市国土资源局收回国有土地使用权案②

关键词

行政诉讼　举证责任　未引用具体法律条款　适用法律错误

裁判要点

行政机关作出具体行政行为时未引用具体法律条款，且在诉讼中不能证明该具体行政行为符合法律的具体规定，应当视为该具体行政行为没有法律依据，适用法律错误。

---

① Jack M. Beermann, Administrative Law, Wolters Kluwer, 2016, p. 53.
② 指导案例41号，最高人民法院2014年12月25日发布。

第十九章　行政诉讼法

相关法条

《行政诉讼法》第 32 条①

基本案情

原告宣某成等 18 人系浙江省衢州市柯城区卫宁巷 1 号（原 14 号）衢州府山中学教工宿舍楼的住户。2002 年 12 月 9 日，衢州市发展计划委员会根据第三人建设银行衢州分行（以下简称衢州分行）的报告，经审查同意衢州分行在原有的营业综合大楼东南侧扩建营业用房建设项目。同日，衢州市规划局制定建设项目选址意见，衢州分行为扩大营业用房，拟自行收购、拆除占地面积为 205 平方米的府山中学教工宿舍楼，改建为露天停车场，具体按规划详图实施。18 日，衢州市规划局又规划出衢州分行扩建营业用房建设用地平面红线图。20 日，衢州市规划局发出建设用地规划许可证，衢州分行建设项目用地面积 756 平方米。25 日，被告衢州市国土资源局（以下简称衢州市国土局）请示收回衢州府山中学教工宿舍楼住户的国有土地使用权 187.6 平方米，报衢州市政府审批同意。同月 31 日，衢州市国土局作出衢市国土（2002）37 号《收回国有土地使用权通知》（以下简称《通知》），并告知宣某成等 18 人其正在使用的国有土地使用权将收回及诉权等内

---

① 《行政诉讼法》第 32 条规定：被告对作出的行政行为负有举证责任，应当提供作出该行政行为的证据和所依据的规范性文件。被告不提供或者无正当理由逾期提供证据，视为没有相应证据。但是，被诉行政行为涉及第三人合法权益，第三人提供证据的除外。2017 年《行政诉讼法》已修正为第 34 条。

容。该《通知》说明了行政决定所依据的法律名称，但没有对所依据的具体法律条款予以说明。原告不服，提起行政诉讼。

裁判结果

浙江省衢州市柯城区法院于 2003 年 8 月 29 日作出（2003）柯行初字第 8 号行政判决：撤销被告衢州市国土资源局 2002 年 12 月 31 日作出的衢市国土（2002）第 37 号《收回国有土地使用权通知》。宣判后，双方当事人均未上诉，判决已发生法律效力。

裁判理由

法院生效裁判认为：被告衢州市国土局作出《通知》时，虽然说明了该通知所依据的法律名称，但并未引用具体法律条款。在庭审过程中，被告辩称系依据《土地管理法》第 58 条第 1 款作出被诉具体行政行为。《土地管理法》第 58 条第 1 款规定："有下列情况之一的，由有关政府土地行政主管部门报经原批准用地的政府或有批准权的政府批准，可以收回国有土地使用权：（一）为公共利益需要使用土地的；（二）为实施城市规划进行旧城区改建，需要调整使用土地的；……"衢州市国土局作为土地行政主管部门，有权依照《土地管理法》对辖区内国有土地的使用权进行管理和调整，但其行使职权时必须具有明确的法律依据。被告在作出《通知》时，仅说明是依据《土地管理法》及浙江省的有关规定作出的，但并未引用具体的法律条款，故其作出的具体行政行为没有明确的法律依据，属于适用法律错误。

本案中，衢州市国土局提供的衢州市发展计划委员会（2002）35 号《关于同意扩建营业用房项目建设计划的批复》《建设项目选址意见书审批表》《建设银行衢州分行扩建营业用房建设用地规划红线图》等有关证据，难以证明其作出的《通知》符合《土地管理法》第58条第1款规定的"为公共利益需要使用土地"或"实施城市规划进行旧城区改造需要调整使用土地"的情形，主要证据不足，故被告主张其作出的《通知》符合《土地管理法》规定的理由不能成立。根据《行政诉讼法》及其相关司法解释的规定，在行政诉讼中，被告对其作出的具体行政行为承担举证责任，被告不提供作出具体行政行为时的证据和依据的，应当认定该具体行政行为没有证据和依据。综上，被告作出的收回国有土地使用权具体行政行为主要证据不足，适用法律错误，应予撤销。

被告不提供或无正当理由逾期提供证据，视为没有相应证据。但被诉行政行为涉及第三人合法权益，第三人提供证据的除外。

关于被告的举证责任范畴。被告在作出行政行为时理应收集证据，对行政程序中应由其负责收集的证据负举证责任。被告举证通常限定于行政程序中收集的证据，被告对行政决定案卷所载的证据承担提供责任。如美国联邦行政程序法规定，所有的决定包括初步的、建议的、临时的决定在内，都是行政案卷的组成部分，包括事实裁定和法律结论的阐释，理由和根据。对行政行为所作事实裁定正当、合法、正确负举证责任；对所作行政行为的实体法和程序法适用正确、合法与正当负举证责任。

被告延期提交证据的情形：在诉讼过程中，被告及其诉讼代理人不得自行向原告、第三人和证人收集证据。被告在作出行政行为时已经收集证据，但因不可抗力等正当事由不能提供的，经法院准许，可以延期提供。被告申请延期提供证据的，应当在收到起诉状副本之日起15日内以书面方式向法院提出。法院准许延期提供的，被告应当在正当事由消除后15日内提供证据。逾期提供的，视为被诉行政行为没有相应的证据。

原告或第三人提出其在行政处理程序中没有提出的理由或证据的，经法院准许，被告可以补充证据。

关于原告的举证责任范畴。原告对在行政程序中所提出的权利主张的事实根据负举证责任。具体来讲，（1）在起诉被告不履行法定职责的案件中，原告应当提供其向被告提出申请的证据。但有下列情形之一的除外：①被告应当依职权主动履行法定职责的；②原告因正当理由不能提供证据的。（2）在行政协议案件中，原告主张撤销、解除行政协议的，对撤销、解除行政协议的事由承担举证责任。（3）在行政赔偿、补偿的案件中，原告应当对行政行为造成的损害提供证据。因被告的原因导致原告无法就损害情况举证的，应当由被告就该损害情况承担举证责任。对于各方主张损失的价值无法认定的，应当由负有举证责任的一方当事人申请鉴定，但法律、法规、规章规定行政机关在作出行政行为时依法应当评估或鉴定的除外；负有举证责任的当事人拒绝申请鉴定的，由其承担不利的法律后果。当事人的损失因客观原因无法鉴定的，法院应当结合当事人的主张和在案证据，遵循法官职业道德，运用逻辑推理和生活经验、生活常识等，酌情确定赔偿数额。

原告的举证权利范畴一般限于行政程序中已交给被告的旧证据。原告可提供证明行政程序违法的新证据。原告提供的证据不成立的，可不免除被告举证责任。原告或第三人应当在开庭审理前或法院指定的交换证据清单之日提供证据。因正当事由申请延期提供证据的，经法院准许，可以在法庭调查中提供。逾期提供证据的，法院应当责令其说明理由；拒不说明理由或理由不成立的，视为放弃举证权利。原告或上诉人在庭审中明确拒绝陈述或以其他方式拒绝陈述，导致庭审无法进行，经法庭释明法律后果后仍不陈述意见的，视为放弃陈述权利，可由其承担不利的法律后果。

被告有证据证明其在行政程序中依照法定程序要求原告或第三人提供证据，原告或第三人依法应当提供而没有提供，在诉讼程序中提供的证据，法院一般不予采纳。如《最高人民法院关于审理反倾销行政案件应用法律若干问题的规定》第8条规定，原告对其主张的事实有责任提供证据。经法院依照法定程序审查，原告提供的证据具有关联性、合法性和真实性的，可以作为定案的根据。被告在反倾销行政调查程序中依照法定程序要求原告提供证据，原告无正当理由拒不提供、不如实提供或以其他方式严重妨碍调查，而在诉讼程序中提供的证据，法院不予采纳。

原告或第三人在一审程序中无正当事由未提供而在二审程序中提供的证据，法院不予接纳。当事人申请延长举证期限，应当在举证期限届满前向法院提出书面申请。申请理由成立的，法院应当准许，适当延长举证期限，并通知其他当事人。申请理由不成立的，法院不予准许，并通知申请人。

三、证据的调取和收集

对当事人无争议，但涉及国家利益、公共利益或他人合法权益的事实，法院可以责令当事人提供或补充有关证据。

原告或第三人确有证据证明被告持有的证据对原告或第三人有利的,可以在开庭审理前书面申请法院责令行政机关提交。如《最高人民法院关于审理政府信息公开行政案件若干问题的规定》第5条第5款规定,被告主张政府信息不存在,原告能够提供该政府信息系由被告制作或保存的相关线索的,可以申请法院调取证据。申请理由成立的,法院应当责令行政机关提交,因提交证据所产生的费用,由申请人预付。行政机关无正当理由拒不提交的,法院可以推定原告或第三人基于该证据主张的事实成立。

持有证据的当事人以妨碍对方当事人使用为目的,毁灭有关证据或实施其他致使证据不能使用行为的,法院可以推定对方当事人基于该证据主张的事实成立。

法院有权向有关行政机关以及其他组织、公民调取证据。但是,不得为证明行政行为的合法性调取被告作出行政行为时未收集的证据。与本案有关的下列证据,原告或第三人不能自行收集的,可以申请法院调取:(1)由国家机关保存而须由法院调取的证据;(2)涉及国家秘密、商业秘密和个人隐私的证据;(3)确因客观原因不能自行收集的其他证据。当事人申请调查收集证据,但该证据与待证事实无关联、对证明待证事实无意义或其他无调查收集必要的,法院不予准许。如《最高人民法院关于审理行政许可案件若干问题的规定》第8条规定,被告不提供或无正当理由逾期提供证据的,与被诉行政许可行为有利害关系的第三人可以向法院提供;第三人对无法提供的证据,可以申请法院调取;法院在当事人无争议,但涉及国家利益、公共利益或他人合法权益的情况下,也可以依职权调取证据。第三人提供或法院调取的证据能够证明行政许可行为合法的,法院应当判决驳回原告的诉讼请求。

在证据可能灭失或以后难以取得的情况下，诉讼参加人可以向法院申请保全证据，法院也可以主动采取保全措施。

四、质证

对于案情比较复杂或证据数量较多的案件，法院可以组织当事人在开庭前向对方出示或交换证据，并将交换证据清单的情况记录在卷。当事人在庭前证据交换过程中没有争议并记录在卷的证据，经审判人员在庭审中说明后，可以作为认定案件事实的依据。

证据应当在法庭上出示，并由当事人互相质证。对涉及国家秘密、商业秘密和个人隐私的证据，不得在公开开庭时出示。如《最高人民法院关于审理政府信息公开行政案件若干问题的规定》第6条规定，人民法院审理政府信息公开行政案件，应当视情采取适当的审理方式，以避免泄露涉及国家秘密、商业秘密、个人隐私或法律规定的其他应当保密的政府信息。法院在证人出庭作证前应当告知其如实作证的义务以及作伪证的法律后果。证人因履行出庭作证义务而支出的交通、住宿、就餐等必要费用以及误工损失，由败诉一方当事人承担。

有下列情形之一，原告或第三人要求相关行政执法人员出庭说明的，法院可以准许：（1）对现场笔录的合法性或真实性有异议的；（2）对扣押财产的品种或数量有异议的；（3）对检验的物品取样或保管有异议的；（4）对行政执法人员身份的合法性有异议的；（5）需要出庭说明的其他情形。法院认为有必要的，可以要求当事人本人或行政机关执法人员到庭，就案件有关事实接受询问。在询问之前，可以要求其签署保证书。保证书应当载明据实陈述、如有虚假陈述愿意接受处罚等内容。当事人或行政机关执法人员应当在保证书上签名或捺印。

负有举证责任的当事人拒绝到庭、拒绝接受询问或拒绝签署保证书，待证事实又欠缺其他证据加以佐证的，法院对其主张的事实不予认定。

五、审查认定证据

证据经法庭审查属实，才能作为认定案件事实的根据。法院应当按照法定程序，全面、客观地审查核实证据。能够反映案件真实情况、与待证事实相关联、来源和形式符合法律规定的证据，应当作为认定案件事实的根据。

以非法手段取得的证据，除非法律另有规定或为维护其他更重大利益，一般不作为认定案件事实的根据。"以非法手段取得的证据"指：（1）严重违反法定程序收集的证据材料；（2）以违反法律强制性规定的手段获取且侵害他人合法权益的证据材料；（3）以利诱、欺诈、胁迫、暴力等手段获取的证据材料。对未采纳的证据应当在裁判文书中说明理由。

第六节 起诉与受理

一、复议与起诉

对属于法院受案范围的行政案件,公民、法人或其他组织可以先向行政机关申请复议,对复议决定不服的,再向法院提起诉讼;也可以直接向法院提起诉讼。具体可分为以下情形:(1)法律、法规规定应当先向行政机关申请复议,对复议决定不服再向法院提起诉讼的,依照法律、法规的规定。(2)法律、法规规定应当先申请复议,公民、法人或其他组织未申请复议直接提起诉讼的,法院裁定不予立案。复议机关不受理复议申请或在法定期限内不作出复议决定,公民、法人或其他组织不服,依法向法院提起诉讼的,法院应当依法立案。(3)法律、法规未规定行政复议为提起行政诉讼必经程序,公民、法人或其他组织既提起诉讼又申请行政复议的,由先立案的机关管辖;同时立案的,由公民、法人或其他组织选择。(4)公民、法人或其他组织已经申请行政复议,在法定复议期间内又向法院提起诉讼的,法院裁定不予立案。(5)法律、法规未规定行政复议为提起行政诉讼必经程序,公民、法人或其他组织向复议机关申请行政复议后,又经复议机关同意撤回复议申请,在法定起诉期限内对原行政行为提起诉讼的,法院应当依法立案。

二、起诉期限

公民、法人或其他组织不服复议决定的，可以在收到复议决定书之日起15日内向法院提起诉讼。复议机关逾期不作决定的，申请人可以在复议期满之日起15日内向法院提起诉讼。法律另有规定的除外。

复议机关与作出原行政行为的行政机关为共同被告的，以复议决定送达时间确定起诉期限。公民、法人或其他组织直接向法院提起诉讼的，应当自知道或应当知道作出行政行为之日起6个月内提出。法律另有规定的除外。

行政机关作出行政行为时，未告知公民、法人或其他组织起诉期限的，起诉期限从公民、法人或其他组织知道或应当知道起诉期限之日起计算，但从知道或应当知道行政行为内容之日起最长不得超过1年。复议决定未告知公民、法人或其他组织起诉期限的，适用前述规定。

因不动产提起诉讼的案件自行政行为作出之日起超过20年，其他案件自行政行为作出之日起超过5年提起诉讼的，法院不予受理。公民、法人或其他组织不知道行政机关作出的行政行为内容的，其起诉期限从知道或应当知道该行政行为内容之日起计算，但最长不得超过《行政诉讼法》第46条第2款规定的起诉期限。

公民、法人或其他组织申请行政机关履行保护其人身权、财产权等合法权益的法定职责，行政机关在接到申请之日起2个月内不履行的，公民、法人或其他组织可以向法院提起诉讼。法律、法规对行政机关履行职责的期限另有规定的，从其规定。公民、法人或其他组织在紧急情况下请求行政机关履行保护其人身权、财产权等合法权益的法定职责，行政机关不履行的，提起诉讼不受前述规定期限的限制。对行政机关不履行法定职责提起诉讼的，应当在行政机关履行法定职责期限届满之日起6个月内提出。

公民、法人或其他组织因不可抗力或其他不属于其自身的原因耽误起诉期限的，被耽误的时间不计算在起诉期限内。公民、法人或其他组织因前述规定以外的其他特殊情况耽误起诉期限的，在障碍消除后10日内，可以申请延长期限，是否准许由法院决定。

公民、法人或其他组织对行政机关不依法履行、未按照约定履行行政协议提起诉讼的，诉讼时效参照民事法律规范确定；对行政机关变更、解除行政协议等行政行为提起诉讼的，起诉期限依照行政诉讼法及其司法解释确定。

三、起诉条件

提起诉讼应当符合下列条件：（1）具有原告资格的公民、法人或其他组织。（2）有明确的被告。原告提供被告的名称等信息足以使被告与其他行政机关相区别的，可以认定为"有明确的被告"。起诉状列写被告信息不足以认定明确的被告的，法院可以告知原告补正；原告补正后仍不能确定明确的被告的，法院裁定不予立案。（3）有具体的诉讼请求和事实根据。其中"有具体的诉讼请求"是指：①请求判决撤销或变更行政行为；②请求判决行政机关履行特定法定职责或给付义务；③请求判决确认行政行为违法；④请求判决确认行政行为无效；⑤请求判决行政机关予以赔偿或补偿；⑥请求解决行政协议争议；

⑦请求一并审查规章以下规范性文件；⑧请求一并解决相关民事争议；⑨其他诉讼请求。(4)属于法院受案范围和受诉法院管辖。

公民、法人或其他组织提起诉讼时应当提交以下起诉材料：(1)原告的身份证明材料以及有效联系方式；(2)被诉行政行为或不作为存在的材料；(3)原告与被诉行政行为具有利害关系的材料；(4)法院认为需要提交的其他材料。

行政机关作出行政行为时，没有制作或没有送达法律文书，公民、法人或其他组织只要能证明行政行为存在，并在法定期限内起诉的，法院应当依法立案。法院判决撤销行政机关的行政行为后，公民、法人或其他组织对行政机关重新作出的行政行为不服向法院起诉的，法院应当依法立案。由法定代理人或委托代理人代为起诉的，还应当在起诉状中写明或在口头起诉时向法院说明法定代理人或委托代理人的基本情况，并提交法定代理人或委托代理人的身份证明和代理权限证明等材料。

四、起诉状与立案裁定

起诉应当向法院递交起诉状，并按照被告人数提出副本。书写起诉状确有困难的，可以口头起诉，由法院记入笔录，出具注明日期的书面凭证，并告知对方当事人。法院在接到起诉状时对符合行政诉讼法规定的起诉条件的，应当当场登记立案。对当场不能判定是否符合行政诉讼法规定的起诉条件的，应当接收起诉状，出具注明收到日期的书面凭证，并在7日内决定是否立案；7日内仍不能作出判断的，应当先予立案。不符合起诉条件的，作出不予立案的裁定。裁定书应当载明不予立案的理由。原告对裁定不服的，可以提起上诉。起诉状内容欠缺或有其他错误的，应当给予指导和释明，并一次性告知当事人需要补正的内容、补充的材料及期限。在指定期限内补正并符合起诉条件的，应当登记立案。不得未经指导和释明即以起诉不符合条件为由不接收起诉状。当事人拒绝补正或经补正仍不符合起诉条件的，退回诉状并记录在册；坚持起诉的，裁定不予立案，并载明不予立案的理由。对于不接收起诉状、接收起诉状后不出具书面凭证，以及不一次性告知当事人需要补正的起诉状内容的，当事人可以向上级法院投诉，上级法院应当责令改正，并对直接负责的主管人员和其他直接责任人员依法给予处分。

立案期限，因起诉状内容欠缺或有其他错误通知原告限期补正的，从补正后递交法院的次日起算。由上级法院转交下级法院立案的案件，从受诉法院收到起诉状的次日起算。法院既不立案，又不作出不予立案裁定的，当事人可以向上一级法院起诉。上一级法院认为符合起诉条件的，应当立案、审理，也可以指定其他下级法院立案、审理。

有下列情形之一，已经立案的，应当裁定驳回起诉：（1）不符合《行政诉讼法》第49条规定的；（2）超过法定起诉期限且无《行政诉讼法》第48条规定情形的；（3）错列被告且拒绝变更的；（4）未按照法律规定由法定代理人、指定代理人、代表人为诉讼行为的；（5）未按照法律、法规规定先向行政机关申请复议的；（6）重复起诉的；（7）撤回起诉后无正当理由再行起诉的；（8）行政行为对其合法权益明显不产生实际影响的；（9）诉讼标的已为生效裁判或调解书所羁束的；（10）其他不符合法定起诉条件的情形。前述所列情形可以补正或更正的，法院应当指定期间责令补正或更正；在指定期间已经补正或更正的，应当依法审理。法院经过阅卷、调查或询问当事人，认为不需要开庭审理的，可以迳行裁定驳回起诉。

法院裁定准许原告撤诉后，原告以同一事实和理由重新起诉的，法院不予立案。当事人就已经提起诉讼的事项在诉讼过程中或裁判生效后再次起诉，同时具有下列情形的，构成重复起诉：（1）后诉与前诉的当事人相同；（2）后诉与前诉的诉讼标的相同；（3）后诉与前诉的诉讼请求相同或后诉的诉讼请求被前诉裁判所包含。

准予撤诉的裁定确有错误，原告申请再审的，法院应当通过审判监督程序撤销原准予撤诉的裁定，重新对案件进行审理。

原告或上诉人未按规定的期限预交案件受理费，又不提出缓交、减交、免交申请，或提出申请未获批准的，按自动撤诉处理。在按撤诉处理后，原告或上诉人在法定期限内再次起诉或上诉，并依法解决诉讼费预交问题的，法院应予立案。

第七节　期间、送达

一、期间

期间包括法定期间和法院指定期间。期间以时、日、月、年计算。期间开始的时和日，不计算在期间内。期间届满的最后一日是节假日的，以节假日后的第一日为期间届满的日期。期间不包括在途时间，诉讼文书在期满前交邮的，视为在期限内发送。

二、送达

1. 法院可以要求当事人签署送达地址确认书，当事人确认的送达地址为法院法律文书的送达地址。当事人送达地址发生变更的，应当及时书面告知受理案件的法院；未及时告知的，法院按原地址送达，视为依法送达。

2. 当事人同意电子送达的，应当提供并确认传真号、电子信箱等电子送达地址。

3. 法院可以通过国家邮政机构以法院专递方式进行送达。

4. 法院可以在当事人住所地以外向当事人直接送达诉讼文书。

5. 当事人拒绝签署送达回证的，采用拍照、录像等方式记录送达过程即视为送达。审判人员、书记员应当在送达回证上注明送达情况并签名。

6. 法院审理行政案件，关于期间、送达、财产保全、开庭审理、调解、中止诉讼、终结诉讼、简易程序、执行等，以及检察院对行政案件受理、审理、裁判、执行的监督，《行政诉讼法》没有规定的，适用《民事诉讼法》。

第八节 一般规定

一、公开审理

法院公开审理行政案件,但涉及国家秘密、个人隐私和法律另有规定的除外。涉及商业秘密的案件,当事人申请不公开审理的,可以不公开审理。

二、回避

当事人认为审判人员与本案有利害关系或有其他关系可能影响公正审判,有权申请审判人员回避。审判人员认为自己与本案有利害关系或有其他关系,应当申请回避。前述规定适用于书记员、翻译人员、鉴定人、勘验人。院长担任审判长时的回避,由审判委员会决定;审判人员的回避,由院长决定;其他人员的回避,由审判长决定。

当事人申请回避,应当说明理由,在案件开始审理时提出;回避事由在案件开始审理后知道的,应当在法庭辩论终结前提出。被申请回避的人员,在法院作出是否回避的决定前,应当暂停参与本案的工作,但案件需要采取紧急措施的除外。对当事人提出的回避申请,法院应当在3日内以口头或书面形式作出决定。对当事人提出的明显不属于法定回避事由的申请，法庭可以依法当庭驳回。申请人对驳回回避申请决定不服的，可以向作出决定的法院申请复议一次。复议期间，被申请回避的人员不停止参与本案的工作。对申请人的复议申请，法院应当在3日内作出复议决定，并通知复议申请人。

在一个审判程序中参与过本案审判工作的审判人员，不得再参与该案其他程序的审判。发回重审的案件，在一审法院作出裁判后又进入第二审程序的，原第二审程序中合议庭组成人员不受前述规定的限制。

三、诉讼期间不停止执行

因维护公共利益，诉讼期间一般不停止执行被诉行政行为。但有以下情形之一的，可裁定停止执行：（1）被告认为需要停止执行的；（2）原告或利害关系人申请停止执行，法院认为该行政行为的执行会造成难以弥补的损失，并且停止执行不损害国家利益、社会公共利益的；（3）法院认为该行政行为的执行会给国家利益、社会公共利益造成重大损害的；（4）法律、法规规定停止执行的。当事人对停止执行或不停止执行的裁定不服的，可以申请复议一次。当事人对申请停止执行主张负举证责任。裁定停止执行是一种中间禁止令诉讼。

四、先予执行

为保护特殊当事人生存权，法院可先予执行给付诉求。法院对起诉行政机关没有依法支付抚恤金、最低生活保障金和工伤、医疗社会保险金的案件,权利义务关系明确、不先予执行将严重影响原告生活的,可以根据原告的申请,裁定先予执行。当事人对先予执行裁定不服的,可以申请复议一次。复议期间不停止裁定的执行。

五、财产保全

为保证判决执行不落空,法院对于因一方当事人的行为或其他原因,可能使行政行为或法院生效裁判不能或难以执行的案件,根据对方当事人的申请,可以裁定对其财产进行保全、责令其作出一定行为或禁止其作出一定行为;当事人没有提出申请的,法院在必要时也可以裁定采取上述保全措施。法院采取保全措施,可以责令申请人提供担保;申请人不提供担保的,裁定驳回申请。法院接受申请后,对情况紧急的,必须在48小时内作出裁定;裁定采取保全措施的,应当立即开始执行。当事人对保全的裁定不服的,可以申请复议;复议期间不停止裁定的执行。

诉前保全裁定。利害关系人因情况紧急,不立即申请保全将会使其合法权益受到难以弥补的损害的,可以在提起诉讼前向被保全财产所在地、被申请人住所地或对案件有管辖权的法院申请采取保全措施。申请人应当提供担保,不提供担保的,裁定驳回申请。法院接受申请后,必须在48小时内作出裁定;裁定采取保全措施的,应当立即开始执行。申请人在法院采取保全措施后30日内不依法提起诉讼的,法院应当解除保全。当事人对保全的裁定不服的,可以申请复议;复议期间不停止裁定的执行。

保全限于请求的范围,或与本案有关的财物。财产保全采取查封、扣押、冻结或法律规定的其他方法。法院保全财产后，应当立即通知被保全人。财产已被查封、冻结的，不得重复查封、冻结。涉及财产的案件，被申请人提供担保的，法院应当裁定解除保全。申请有错误的，申请人应当赔偿被申请人因保全所遭受的损失。

六、法庭纪律制裁

诉讼参与人或其他人有下列行为之一的，法院可以根据情节轻重，予以训诫、责令具结悔过或处 1 万元以下的罚款、15 日以下的拘留；构成犯罪的，依法追究刑事责任：（1）有义务协助调查、执行的人，对法院的协助调查决定、协助执行通知书，无故推拖、拒绝或妨碍调查、执行的；（2）伪造、隐藏、毁灭证据或提供虚假证明材料，妨碍法院审理案件的；（3）指使、贿买、胁迫他人作伪证或威胁、阻止证人作证的；（4）隐藏、转移、变卖、毁损已被查封、扣押、冻结的财产的；（5）以欺骗、胁迫等非法手段使原告撤诉的；（6）以暴力、威胁或其他方法阻碍法院工作人员执行职务，或以哄闹、冲击法庭等方法扰乱法院工作秩序的；（7）对法院审判人员或其他工作人员、诉讼参与人、协助调查和执行的人员恐吓、侮辱、诽谤、诬陷、殴打、围攻或打击报复的。

罚款、拘留可以单独适用，也可以合并适用。对同一妨害行政诉讼行为的罚款、拘留不得连续适用。发生新的妨害行政诉讼行为的，法院可以重新予以罚款、拘留。罚款、拘留须经法院院长批准。当事人不服的，可以向上一级法院申请复议一次。复议期间不停止执行。

当事人之间恶意串通，企图通过诉讼等方式侵害国家利益、社会公共利益或者他人合法权益的，法院应当裁定驳回起诉或判决驳回其请求，并根据情节轻重予以罚款、拘留；构成犯罪的，依法追究刑事责任。法院对作出妨害行政诉讼行为的单位，可以对其主要负责人或直接责任人员依法予以罚款、拘留；构成犯罪的，依法追究刑事责任。法院在审理行政案件中，认为行政机关的主管人员、直接责任人员违法违纪的，应当将有关材料移送监察机关、该行政机关或其上一级行政机关；认为有犯罪行为的，应当将有关材料移送公安、检察机关。

法院对被告经传票传唤无正当理由拒不到庭，或未经法庭许可中途退庭的，可以将被告拒不到庭或中途退庭的情况予以公告，并可以向监察机关或被告的上一级行政机关提出依法给予其主要负责人或直接责任人员处分的司法建议。

七、撤诉与缺席判决

1. 经法院传票传唤，原告无正当理由拒不到庭，或未经法庭许可中途退庭的，可以按照撤诉处理；被告无正当理由拒不到庭，或未经法庭许可中途退庭的，可以缺席判决。

2. 原告或上诉人申请撤诉，法院裁定不予准许的，原告或上诉人经传票传唤无正当理由拒不到庭，或未经法庭许可中途退庭的，法院可以缺席判决。

3. 当事人申请撤诉或依法可以按撤诉处理的案件，当事人有违反法律的行为需要依法处理的，法院可以不准许撤诉或不按撤诉处理。

4. 法院对行政案件法庭辩论终结后，宣告判决或裁定前，原告申请撤诉的，或被告改变其所作的行政行为，原告同意并申请撤诉的，除涉及国家利益和社会公共利益外,是否准许,由法院裁定。

5. 第三人经传票传唤无正当理由拒不到庭,或未经法庭许可中途退庭的,不发生阻止案件审理的效果。

6. 被告经传票传唤无正当理由拒不到庭,或未经法庭许可中途退庭的,法院可以按期开庭或继续开庭审理,对到庭的当事人诉讼请求、双方的诉辩理由以及已经提交的证据及其他诉讼材料进行审理后,依法缺席判决。

八、延期审理

有下列情形之一的,可以延期开庭审理:(1)应当到庭的当事人和其他诉讼参与人有正当理由没有到庭的;(2)当事人临时提出回避申请且无法及时作出决定的;(3)需要通知新的证人到庭,调取新的证据,重新鉴定、勘验,或需要补充调查的;(4)其他应当延期的情形。

九、中止、终结诉讼

在诉讼过程中,有下列情形之一的,中止诉讼:(1)原告死亡,须等待其近亲属表明是否参加诉讼的;(2)原告丧失诉讼行为能力,尚未确定法定代理人的;(3)作为一方当事人的行政机关、法人或其他组织终止,尚未确定权利义务承受人的;(4)一方当事人因不可抗力的事由不能参加诉讼的;(5)案件涉及法律适用问题,需要送请有权机关作出解释或确认的;(6)案件的审判须以相关民事、刑事或其他行政案件的审理结果为依据，而相关案件尚未审结的；（7）其他应当中止诉讼的情形。中止诉讼的原因消除后，恢复诉讼。

在诉讼过程中，有下列情形之一的，终结诉讼：（1）原告死亡，没有近亲属或近亲属放弃诉讼权利的；（2）作为原告的法人或其他组织终止后，其权利义务的承受人放弃诉讼权利的。因中止诉讼前三种情形，中止诉讼满90日仍无人继续诉讼的，裁定终结诉讼，但有特殊情况的除外。

十、不适用调解

法院审理行政案件，不适用调解。但行政赔偿、补偿以及行政机关行使法律、法规规定的自由裁量权的案件可以调解。法院进行调解时，应当遵循自愿、合法原则，不得损害国家利益、社会公共利益和他人合法权益。调解达成协议，法院制作调解书。调解书应当写明诉讼请求、案件的事实和调解结果。调解书由审判人员、书记员署名，加盖法院印章，送达双方当事人。调解书经双方当事人签收后，即具有法律效力。生效日期根据最后收到调解书的当事人签收的日期确定。法院审理行政案件，调解过程不公开，但当事人同意公开的除外。经法院准许，第三人可以参加调解。法院认为有必要的，可以通知第三人参加调解。调解协议内容不公开，但为保护国家利益、社会公共利益、他人合法权益，法院认为确有必要公开的除外。当事人一方或双方不愿调解、调解未达成协议的，法院应当及时判决。当事人自行和解或调解达成协议后，请求法院按照和解协议或调解协议的内容制作判决书的，法院不准许。

十一、审理依据

法院审理行政案件，以宪法、法律和法规为依据。地方性法规适用于本行政区域内发生的行政案件。法院审理民族自治地方的行政案件，并以该民族自治地方的自治条例和单行条例为依据。法院审理行政案件，参照规章。

十二、裁定

裁定是法院对行政诉讼程序争议的裁断。裁定适用于下列范围：(1) 不予立案；(2) 驳回起诉；(3) 管辖异议；(4) 终结诉讼；(5) 中止诉讼；(6) 移送或者指定管辖；(7) 诉讼期间停止行政行为的执行或驳回停止执行的申请；(8) 财产保全；(9) 先予执行；(10) 准许或不准许撤诉；(11) 补正裁判文书中的笔误；(12) 中止或终结执行；(13) 提审、指令再审或发回重审；(14) 准许或不准许执行行政机关的行政行为；(15) 其他需要裁定的事项。对前三项裁定，当事人可以上诉。裁定书应当写明裁定结果和作出该裁定的理由。裁定书由审判人员、书记员署名，加盖法院印章。口头裁定的，记入笔录。

十三、规范性文件的审查和受理

公民、法人或其他组织认为行政行为所依据的国务院部门和地方政府及其部门制定的规范性文件不合法，在对行政行为提起诉讼时，可以一并请求对该规范性文件进行审查。规范性文件不含规章。

公民、法人或其他组织在对行政行为提起诉讼时一并请求对所依据的规范性文件审查的，由行政行为案件管辖法院一并审查。公民、法人或者其他组织请求法院一并审查规范性文件，应当在第一审开庭审理前提出；有正当理由的，也可以在法庭调查中提出。

法院在对规范性文件审查过程中，发现规范性文件可能不合法的，应当听取规范性文件制定机关的意见。制定机关申请出庭陈述意见的，法院应当准许。行政机关未陈述意见或未提供相关证明材料的，不能阻止法院对规范性文件进行审查。法院对规范性文件进行一并审查时，可以从规范性文件制定机关是否超越权限或违反法定程序、作出行政行为所依据的条款以及相关条款等方面进行。法院经审查认为行政行为所依据的规范性文件合法的，应当作为认定行政行为合法的依据；经审查认为规范性文件不合法的，不作为法院认定行政行为合法的依据，并在裁判理由中予以阐明。作出生效裁判的法院应当向规范性文件的制定机关提出处理建议，并可以抄送制定机关的同级政府、上一级行政机关、监察机关以及规范性文件的备案机关。规范性文件不合法的，法院可以在裁判生效之日起3个月内，向规范性文件制定机关提出修改或废止该规范性文件的司法建议。规范性文件由多个部门联合制定的，法院可以向该规范性文件的主办机关或共同上一级行政机关发送司法建议。接收司法建议的行政机关应当在收到司法建议之日起60日内予以书面答复。情况紧急的，法院可以建议制定机关或其上一级行政机关立即停止执行该规范性文件。法院认为规范性文件不合法的，应当在裁判生效后报送上一级法院进行备案。涉及国务院部门、省级行政机关制定的规范性文件，司法建议还应当分别层报最高人民法院、高级法院备案。

各级法院院长对本院已经发生法律效力的判决、裁定，发现规范性文件合法性认定错误，认为需要再审的，应当提交审判委员会讨论。最高人民法院对地方各级法院已经发生法律效力的判决、裁定，上级法院对下级法院已经发生法律效力的判决、裁定，发现规范性文件合法性认定错误的，有权提审或指令下级法院再审。

十四、民事争议的合并审理

在涉及行政许可、登记、征收、征用和行政机关对民事争议所作的裁决的行政诉讼中，当事人申请一并解决相关民事争议的，法院可以一并审理。如《最高人民法院关于审理行政许可案件若干问题的规定》第13条第2款规定，在行政许可案件中，当事人请求一并解决有关民事赔偿问题的，法院可以合并审理。公民、法人或其他组织请求一并审理相关民事争议，应当在第一审开庭审理前提出；有正当理由的，也可以在法庭调查中提出。法院决定在行政诉讼中一并审理相关民事争议，或案件当事人一致同意相关民事争议在行政诉讼中一并解决，法院准许的，由受理行政案件的法院管辖。公民、法人或其他组织请求一并审理相关民事争议，法院经审查发现行政案件已经超过起诉期限，民事案件尚未立案的，告知当事人另行提起民事诉讼；民事案件已经立案的，由原审判组织继续审理。法院在审理行政案件中发现民事争议为解决行政争议的基础，当事人没有请求法院一并审理相关民事争议的，法院应当告知当事人依法申请一并解决民事争议。当事人就民事争议另行提起民事诉讼并已立案的，法院应当中止行政诉讼的审理。民事争议处理期间不计算在行政诉讼审理期限内。

有下列情形之一的，法院应当作出不予准许一并审理民事争议的决定，并告知当事人可以依法通过其他渠道主张权利：（1）法律规定应当由行政机关先行处理的；（2）违反民事诉讼法专属管辖规定或协议管辖约定的；（3）约定仲裁或已经提起民事诉讼的；（4）其他不宜一并审理民事争议的情形。对不予准许的决定可以申请复议一次。

法院在行政诉讼中一并审理相关民事争议的，民事争议应当单独立案，由同一审判组织审理。法院审理行政机关对民事争议所作裁决的案件，一并审理民事争议的，不另行立案。法院一并审理相关民事争议，适用民事法律规范的相关规定，法律另有规定的除外。当事人在调解中对民事权益的处分，不能作为审查被诉行政行为合法性的根据。

对行政争议和民事争议应当分别裁判。当事人仅对行政裁判或民事裁判提出上诉的，未上诉的裁判在上诉期满后即发生法律效力。第一审法院应当将全部案卷一并移送第二审法院，由行政审判庭审理。第二审法院发现未上诉的生效裁判确有错误的，应当按照审判监督程序再审。行政诉讼原告在宣判前申请撤诉的，是否准许由法院裁定。法院裁定准许行政诉讼原告撤诉，但其对已经提起的一并审理相关民事争议不撤诉的，法院应当继续审理。法院一并审理相关民事争议，应当按行政案件、民事案件的标准分别收取诉讼费用。

第九节 一审普通程序

一、审前准备

法院应当在立案之日起 5 日内,将起诉状副本发送被告。被告应当在收到起诉状副本之日起 15 日内向法院提交作出行政行为的证据和所依据的规范性文件,并提出答辩状。法院应当在收到答辩状之日起 5 日内,将答辩状副本发送原告。被告不提出答辩状的,不影响法院审理。法院适用普通程序审理案件,应当在开庭 3 日前用传票传唤当事人。对证人、鉴定人、勘验人、翻译人员,应当用通知书通知其到庭。当事人或其他诉讼参与人在外地的,应当留有必要的在途时间。

二、合议庭

法院审理行政案件,由审判员组成合议庭,或由审判员、陪审员组成合议庭。合议庭的成员,应当是 3 人以上的单数。

三、审理对象

起诉状副本送达被告后,原告提出新的诉讼请求的,法院不予准许,但有正当理由的除外。被告在一审期间改变被诉行政行为的,应当书面告知法院。原告或第三人对改变后的行政行为不服提起诉讼的,法院应当就改变后的行政行为进行审理。被告改变原违法行政行为,原告仍要求确认原行政行为违法的,法院应当依法作出确认判决。原告起诉被告不作为,在诉讼中被告作出行政行为,原告不撤诉的,法院应当就不作为依法作出确认判决。

有下列情形之一的,法院可以决定合并审理:(1)两个以上行政机关分别对同一事实作出行政行为,公民、法人或其他组织不服向同一法院起诉的;(2)行政机关就同一事实对若干公民、法人或其他组织分别作出行政行为,公民、法人或其他组织不服分别向同一法院起诉的;(3)在诉讼过程中,被告对原告作出新的行政行为,原告不服向同一法院起诉的;(4)人民法院认为可以合并审理的其他情形。

四、判决驳回原告诉讼请求

行政行为证据确凿,适用实体法律、法规正确,符合法定程序或原告申请被告履行法定职责或给付义务理由不成立的,法院判决驳回原告的诉讼请求。如《最高人民法院关于审理政府信息公开行政案件若干问题的规定》第12条规定,有下列情形之一,被告已经履行法定告知或说明理由义务的,法院应当判决驳回原告的诉讼请求:(1)不属于政府信息、政府信息不存在、依法属于不予公开范围或依法不属于被告公开的;(2)申请公开的政府信息已经向公众公开,被告已经告知申请人获取该政府信息的方式和途径的;(3)起诉被告逾期不予答复,理由不成立的;(4)以政府信息侵犯其商业秘密、个人隐私为由反对公开,理由不成立的;(5)要求被告更正与其自身相关的政府信息记录,理由不成立的;(6)不能合理说明申请获取政府信息系根据自身生产、生活、科研等特殊需要,且被告据此不予提供的;(7)无法按照申请人要求的形式提供政府信息,且被告已通过安排申请人查阅相关资料、提供复制件或其他适当形式提供的;(8)其他应当判决驳回诉讼请求的情形。

五、撤销判决和重作判决

行政行为有下列情形之一的,法院判决撤销或部分撤销,并可以判决被告重新作出行政行为:(1)主要证据或实质证据不足的;(2)适用实体法律、法规错误的;(3)违反法定程序或正当程序的;(4)超越职权的;(5)滥用职权的;(6)明显不当的。如《最高人民法院关于审理行政协议案件若干问题的规定》第14条规定,原告认为行政协议存在胁迫、欺诈、重大误解、显失公平等情形而请求撤销,法院经审理认为符合法律规定可撤销情形的,可以依法判决撤销该协议。第16条第2款规定,被告变更、解除行政协议的行政行为存在《行政诉讼法》第70条规定情形的,法院判决撤销或部分撤销,并可以责令被告重新作出行政行为。

法院判决被告重新作出行政行为的,被告不得以同一事实和理由作出与原行政行为基本相同的行政行为。被告重新作出的行政行为与原行政行为的结果相同,但主要事实或主要理由有改变的;法院以违反法定程序为由,判决撤销被诉行政行为的,行政机关重新作出行政行为不受此限。行政机关以同一事实和理由重新作出与原行政行为基本相同的行政行为,法院应当判决撤销或部分撤销。

六、履行、给付判决

法院经过审理,查明被告不履行法定职责的,判决被告在一定期限内履行;查明被告负有给付义务的,判决被告履行给付义务。(1)被告负有法定职责,法院经过审理,查明原告请求被告履行法定职责的理由成立,被告违法拒绝履行或无正当理由逾期不予答复的,法院判决被告在一定期限内依法履行原告请求的法定职责;尚需被告调查或裁量的,应当判决被告针对原告的请求重新作出处理。如《最高人民法院关于审理政府信息公开行政案件若干问题的规定》第10条规定,被告对原告要求公开或更正政府信息的申请无正当理由逾期不予答复的,法院应当判决被告在一定期限内答复。(2)原告申请被告履行给付义务,如申请被告依法履行支付抚恤金、最低生活保障待遇或社会保险待遇等给付义务的理由成立,被告依法负有给付义务而拒绝或拖延履行义务的,法院判决被告在一定期限内履行相应给付义务。原告请求被告履行法定职责或依法履行支付抚恤金、最低生活保障待遇或社会保险待遇等给付义务,原告未先向行政机关提出申请的,法院裁定驳回起诉。

七、确认违法判决

行政行为有下列情形之一的，法院判决确认违法，但不撤销行政行为：（1）行政行为依法应当撤销，但撤销会给国家利益、社会公共利益造成重大损害的；（2）行政行为程序轻微违法，但对原告权利不产生实际影响的。行政行为有下列情形之一，不需要撤销或者判决履行的，法院判决确认违法：（1）行政行为违法，但不具有可撤销内容的；（2）被告改变原违法行政行为，原告仍要求确认原行政行为违法的；（3）被告不履行或拖延履行法定职责，判决履行没有意义的。

八、确认无效判决

行政行为有实施主体不具有行政主体资格或没有依据等重大且明显违法情形，原告申请确认行政行为无效的，法院判决确认无效。其中，"重大且明显违法"是指：（1）行政行为实施主体不具有行政主体资格；（2）减损权利或增加义务的行政行为没有法律规范依据；（3）行政行为的内容客观上不可能实施；（4）其他重大且明显违法的情形。如《最高人民法院关于审理行政协议案件若干问题的规定》第12条规定，行政协议存在《行政诉讼法》第75条规定的重大且明显违法情形的，法院应当确认行政协议无效。法院可以适用民事法律规范确认行政协议无效。行政协议无效的原因在一审法庭辩论终结前消除的，法院可以确认行政协议有效。第22条规定，原告以被告违约为由请求法院判令其承担违约责任，法院经审理认为行政协议无效的，应当向原告释明，并根据原告变更后的诉讼请求判决确认行政协议无效；因被告的行为造成行政协议无效的，法院可以依法判决被告承担赔偿责任。原告经释明后拒绝变更诉讼请求的，法院可以判决驳回其诉讼请求。公民、法人或其他组织起诉请求撤销行政行为，法院经审查认为行政行为无效的，应当作出确认无效的判决。公民、法人或其他组织起诉请求确认行政行为无效，法院审查认为行政行为不属于无效情形，经释明，原告请求撤销行政行为的，应当继续审理并依法作出相应判决；原告请求撤销行政行为但超过法定起诉期限的，裁定驳回起诉；原告拒绝变更诉讼请求的，判决驳回其诉讼请求。法院判决确认违法或无效的，可以同时判决责令被告采取补救措施。

九、变更判决

变更判决指法院判决变更行政法律关系。行政处罚明显不当，或其他行政行为涉及对款额的确定、认定确有错误的，法院可以判决变更。法院判决变更，不得加重原告的义务或减损原告的权益。但利害关系人同为原告，且诉讼请求相反的除外。被告不依法履行、未按照约定履行或违法变更、解除行政协议的，法院判决被告承担继续履行、采取补救措施或赔偿损失等责任，也可判决变更行政协议。被告变更、解除行政协议合法，但未依法给予补偿的，法院判决给予补偿。关于民事争议的行政裁决，也可以变更判决，因为行政裁决内容是民事权利义务分配，法院直接变更是可以的。有关行政赔偿、行政补偿争议，法院也可变更判决。

十、一并裁判原行政行为与复议决定

复议机关与作出原行政行为的行政机关为共同被告的案件，法院应当对复议决定和原行政行为一并作出裁判。(1) 复议机关决定维持原行政行为的，法院应当在审查原行政行为合法性的同时，一并审查复议决定的合法性。作出原行政行为的行政机关和复议机关对原行政行为合法性共同承担举证责任，可以由其中一个机关实施举证行为。复议机关对复议决定的合法性承担举证责任。复议机关作共同被告的案件，复议机关在复议程序中依法收集和补充的证据，可以作为法院认定复议决定和原行政行为合法的依据。(2) 法院对原行政行为作出判决的同时，应当对复议决定一并作出相应判决。法院依职权追加作出原行政行为的行政机关或复议机关为共同被告的，对原行政行为或复议决定可以作出相应判决。法院判决撤销原行政行为和复议决定的，可以判决作出原行政行为的行政机关重新作出行政行为。法院判决作出原行政行为的行政机关履行法定职责或给付义务的，应当同时判决撤销复议决定。(3) 原行政行为合法、复议决定违法的，法院可以判决撤销复议决定或确认复议决定违法，同时判决驳回原告针对原行政行为的诉讼请求。(4) 原行政行为被撤销、确认违法或无效，给原告造成损失的，应当由作出原行政行为的行政机关承担赔偿责任；因复议决定加重损害的，由复议机关对加重部分承担赔偿责任。(5) 原行政行为不符合复议或诉讼受案范围等受理条件，复议机关作出维持决定的，法院应当裁定一并驳回对原行政行为和复议决定的起诉。(6) 复议决定改变原行政行为错误，法院判决撤销复议决定时，可以一并责令复议机关重新作出复议决定或判决恢复原行政行为的法律效力。

十一、公开宣判

法院对公开审理和不公开审理的案件，一律公开宣告判决。当庭宣判的，应当在 10 日内发送判决书；定期宣判的，宣判后立即发给判决书。宣告判决时，必须告知当事人上诉权利、上诉期限和上诉的法院。法院应当公开发生法律效力的判决书、裁定书，供公众查阅，但涉及国家秘密、商业秘密和个人隐私的内容除外。法院应当在立案之日起 6 个月内作出第一审判决。有特殊情况需要延长的，由高级法院批准，高级法院审理第一审案件需要延长的，由最高人民法院批准。审理期限，是指从立案之日起至裁判宣告、调解书送达之日止的期间，但公告期间、鉴定期间、调解期间、中止诉讼期间、审理当事人提出的管辖异议以及处理法院之间的管辖争议期间不应计算在内。再审案件按照第一审程序或第二审程序审理的，适用行政诉讼一审、二审审理期限。审理期限自再审立案的次日起算。基层法院申请延长审理期限，应当直接报请高级法院批准，同时报中级人民法院备案。

第十节　简易程序

简易程序是对事实清楚、权利义务关系明确、争议不大的行政案件，速效审理。"事实清楚"指当事人对争议的事实陈述基本一致，并能提供相应的证据，无须法院调查收集证据即可查明事实；"权利义务关系明确"指行政法律关系中权利和义务能够明确区分；"争议不大"指当事人对行政行为的合法性、责任承担等没有实质分歧。下列第一审行政案件，可以适用简易程序：（1）被诉行政行为是依法当场作出的；（2）案件涉及款额2000元以下的；（3）属于政府信息公开案件的。前三项以外的其他第一审行政案件，当事人各方同意适用简易程序的，可适用简易程序。发回重审、按照审判监督程序再审的案件不适用简易程序。

适用简易程序审理的行政案件，法院可以用口头通知、电话、短信、传真、电子邮件等简便方式传唤当事人、通知证人、送达裁判文书以外的诉讼文书。以简便方式送达的开庭通知，未经当事人确认或没有其他证据证明当事人已经收到的，法院不得缺席判决。举证期限由法院确定，也可以由当事人协商一致并经法院准许，但不得超过15日。被告要求书面答辩的，法院可以确定合理的答辩期间。法院应当将举证期限和开庭日期告知双方当事人，并向当事人说明逾期举证以及拒不到庭的法律后果，由双方当事人在笔录和开庭传票的送达回证上签名或捺印。当事人双方均表示同意立即开庭或缩短举证期限、答辩期间的，法院可以立即开庭审理或确定近期开庭。

简易程序由审判员1人独任审理，并应当在立案之日起45日内审结。审理过程中，法院发现案件不宜适用简易程序的，裁定转为普通程序。法院发现案情复杂，需要转为普通程序审理的，应当在审理期限届满前作出裁定并将合议庭组成人员及相关事项书面通知双方当事人。案件转为普通程序审理的，审理期限自法院立案之日起计算。

第十一节 二审程序

一、上诉

当事人不服法院第一审判决的,有权在判决书送达之日起15日内向上一级法院提起上诉。当事人不服法院第一审裁定的,有权在裁定书送达之日起10日内向上一级法院提起上诉。逾期不提起上诉的,法院的第一审判决或裁定发生法律效力。第一审法院作出判决和裁定后,当事人均提起上诉的,上诉各方均为上诉人。诉讼当事人中的一部分人提出上诉,没有提出上诉的对方当事人为被上诉人,其他当事人依原审诉讼地位列明。当事人提出上诉,应当按照其他当事人或诉讼代表人的人数提出上诉状副本。原审法院收到上诉状,应当在5日内将上诉状副本发送其他当事人,对方当事人应当在收到上诉状副本之日起15日内提出答辩状。原审法院应当在收到答辩状之日起5日内将副本发送上诉人。对方当事人不提出答辩状的,不影响法院审理。原审法院收到上诉状、答辩状,应当在5日内连同全部案卷和证据,报送第二审法院;已经预收的诉讼费用,一并报送。

二、二审

法院对上诉案件,应当组成合议庭,开庭审理。经过阅卷、调查和询问当事人,对没有提出新的事实、证据或理由,合议庭认为不需要开庭审理的,也可以不开庭。审理上诉案件,应对原审法院的判决、裁定和被诉行政行为进行全面审查。审理上诉案件,应当在收到上诉状之日起3个月内作出终审判决。有特殊情况需要延长的,由高级法院批准,高级法院审理上诉案件需要延长的,由最高人民法院批准。

三、二审裁判

人民法院审理上诉案件,按照下列情形,分别处理:(1)原判决、裁定认定事实清楚,适用法律、法规正确的,判决或裁定驳回上诉,维持原判决、裁定。(2)原判决、裁定认定事实错误或适用法律、法规错误的,依法改判、撤销或变更。(3)原判决认定基本事实不清、证据不足的,发回原审法院重审,或查清事实后改判。(4)原判决遗漏必须参加诉讼的当事人或违法缺席判决等严重违反法定程序的,裁定撤销原判决,发回原审法院重审。(5)原审判决遗漏了诉讼请求的,第二审法院应当裁定撤销原审判决,发回重审。(6)原审判决遗漏行政赔偿请求,第二审法院经审查认为依法不应当予以赔偿的,应当判决驳回行政赔偿请求。原审判决遗漏行政赔偿请求,第二审法院经审理认为依法应当予以赔偿的,在确认被诉行政行为违法的同时,可以就行政赔偿问题进行调解;调解不成的,应当就行政赔偿部分发回重审。

原审法院对发回重审的案件作出判决后,当事人提起上诉的,第二审法院不得再次发回重审。法院审理上诉案件,需要改变原审判决的,应当同时对被诉行政行为作出判决。第二审法院经审理认为原审法院不予立案或驳回起诉的裁定确有错误且当事人的起诉符合起诉条件的,应当裁定撤销原审法院的裁定,指令原审法院依法立案或继续审理。法院审理二审案件,对原审法院立案错误的,第一审法院作出实体判决后,第二审法院认为不应当立案的,在撤销第一审法院判决的同时,可以迳行驳回起诉。

第十二节 审判监督程序

一、再审

再审是对已经生效的判决或裁定,因有新证据和重大法律缘由,推翻既判而重审。再审的事由包括:(1)不予立案或驳回起诉确有错误的;(2)有新的证据,足以推翻原判决、裁定的;(3)原判决、裁定认定事实的主要证据不足、未经质证或系伪造的;(4)原判决、裁定适用法律、法规确有错误的;(5)违反法律规定的诉讼程序,可能影响公正审判的;(6)原判决、裁定遗漏诉讼请求的;(7)据以作出原判决、裁定的法律文书被撤销或变更的;(8)审判人员在审理该案件时有贪污受贿、徇私舞弊、枉法裁判行为的。

二、当事人申请再审

当事人对已经发生法律效力的判决、裁定，认为确有错误的，可以向上一级法院申请再审，但判决、裁定不停止执行。当事人申请再审的，应当提交再审申请书等材料。法院认为有必要的，可以自收到再审申请书之日起5日内将再审申请书副本发送对方当事人。对方当事人应当自收到再审申请书副本之日起15日内提交书面意见。法院可以要求申请人和对方当事人补充有关材料，询问有关事项。当事人向上一级法院申请再审，应当在判决、裁定或调解书发生法律效力后6个月内提出。有下列情形之一的，自知道或应当知道之日起6个月内提出：（1）有新的证据，足以推翻原判决、裁定的；（2）原判决、裁定认定事实的主要证据是伪造的；（3）据以作出原判决、裁定的法律文书被撤销或变更的；（4）审判人员审理该案件时有贪污受贿、徇私舞弊、枉法裁判行为的。

当事人主张的再审事由成立，且符合申请再审条件的，法院应当裁定再审。当事人主张的再审事由不成立，或当事人申请再审超过法定申请再审期限、超出法定再审事由范围等不符合行政诉讼法和司法解释规定的申请再审条件的，法院应当裁定驳回再审申请。法院基于抗诉或检察建议作出再审判决、裁定后，当事人申请再审的，法院不予立案。

法院应当自再审申请案件立案之日起6个月内审查，有特殊情况需要延长的，由本院院长批准。法院根据审查再审申请案件的需要决定是否询问当事人；新的证据可能推翻原判决、裁定的，法院应当询问当事人。审查再审申请期间，被申请人及原审其他当事人依法提出再审申请的，法院应当将其列为再审申请人，对其再审事由一并审查，审查期限重新计算。经审查，其中一方再审申请人主张的再审事由成立的，应当裁定再审。各方再审申请人主张的再审事由均不成立的，一并裁定驳回再审申请。审查再审申请期间，再审申请人申请法院委托鉴定、勘验的，法院不予准许。审查再审申请期间，再审申请人撤回再审申请的，是否准许，由法院裁定。再审申请人经传票传唤，无正当理由拒不接受询问的，按撤回再审申请处理。法院准许撤回再审申请或按撤回再审申请处理后，再审申请人再次申请再审的，不予立案，但有《行政诉讼法》第91条第（2）项、第（3）项、第（7）项和第（8）项理由，自知道或应当知道之日起6个月内提出的除外。

三、法院决定再审

各级法院院长对本院已经发生法律效力的判决、裁定，发现有《行政诉讼法》第91条规定情形之一，或发现调解违反自愿原则或调解书内容违法，认为需要再审的，应当提交审判委员会讨论决定。最高人民法院对地方各级法院已经发生法律效力的判决、裁定，上级法院对下级法院已经发生法律效力的判决、裁定，发现有《行政诉讼法》第91条规定情形之一，或发现调解违反自愿原则或调解书内容违法的，有权提审或指令下级法院再审。

四、检察院抗诉

（1）有下列情形之一的，当事人可以向检察院申请抗诉或检察建议：①法院驳回再审申请的；②法院逾期未对再审申请作出裁定的；③再审判决、裁定有明显错误的。（2）最高人民检察院对各级法院已经发生法律效力的判决、裁定，上级检察院对下级法院已经发生法律效力的判决、裁定，发现有《行政诉讼法》第91条规定情形之一，或发现调解书损害国家利益、社会公共利益的，应当提出抗诉。（3）地方各级检察院对同级法院已经发生法律效力的判决、裁定，发现有《行政诉讼法》第91条规定情形之一，或发现调解书损害国家利益、社会公共利益的，可以向同级法院提出检察建议，并报上级检察院备案；也可以提请上级检察院向同级法院提出抗诉。

检察院提出抗诉的案件，接受抗诉的法院应当自收到抗诉书之日起30日内作出再审的裁定；有《行政诉讼法》第91条第（2）项和第（3）项规定情形之一的，可以指令下一级法院再审，但经该下一级法院再审过的除外。法院在审查抗诉材料期间，当事人之间已经达成和解协议的，法院可以建议检察院撤回抗诉。检察院提出抗诉的案件，法院再审开庭时，应当在开庭3日前通知检察院派员出庭。法院收到再审检察建议后，应当组成合议庭，在3个月内进行审查，发现原判决、裁定、调解书确有错误，需要再审的，依照《行政诉讼法》第92条规定裁定再审，并通知当事人；经审查，决定不予再审的，应当书面回复检察院。法院审理因检察院抗诉或检察建议裁定再审的案件，不受此前已经作出的驳回当事人再审申请裁定的限制。按照审判监督程序决定再审的案件，裁定中止原判决、裁定、调解书的执行，但支付抚恤金、最低生活保障费或者社会保险待遇的案件，可以不中止执行。上级法院决定提审或指令下级法院再审的，应当作出裁定，裁定应当写明中止原判决的执行；情况紧急的，可以将中止执行的裁定口头通知负责执行的法院或作出生效判决、裁定的法院，但应当在口头通知后10日内发出裁定书。

五、再审判决

（1）法院按照审判监督程序再审的案件，发生法律效力的判决、裁定是由第一审法院作出的，按照第一审程序审理，所作的判决、裁定，当事人可以上诉。（2）发生法律效力的判决、裁定是由第二审法院作出的，按照第二审程序审理，所作的判决、裁定，是发生法律效力的判决、裁定。（3）上级法院按照审判监督程序提审的，按照第二审程序审理，所作的判决、裁定是发生法律效力的判决、裁定。

法院审理再审案件，应当另行组成合议庭。法院审理再审案件应当围绕再审请求和被诉行政行为合法性进行。当事人的再审请求超出原审诉讼请求，符合另案诉讼条件的，告知当事人可以另行起诉。被申请人及原审其他当事人在庭审辩论结束前提出的再审请求，符合相关法律及司法解释规定的申请期限的，法院应当一并审理。法院经再审，发现已经发生法律效力的判决、裁定损害国家利益、社会公共利益、他人合法权益的，应当一并审理。法院审理再审案件，认为原生效判决、裁定确有错误，在撤销原生效判决或裁定的同时，可以对生效判决、裁定的内容作出相应裁判，也可以裁定撤销生效判决或裁定，发回作出生效判决、裁定的法院重新审理。

法院审理再审案件,对原审法院不予立案或驳回起诉错误的,应当分别情况作如下处理:(1)第二审法院维持第一审法院不予立案裁定错误的,再审法院应当撤销第一审、第二审法院裁定,指令第一审法院受理;(2)第二审法院维持第一审法院驳回起诉裁定错误的,再审法院应当撤销第一审、第二审法院裁定,指令第一审法院审理。

再审审理期间,有下列情形之一的,裁定终结再审程序:(1)再审申请人在再审期间撤回再审请求,法院准许的;(2)再审申请人经传票传唤,无正当理由拒不到庭的,或未经法庭许可中途退庭,按撤回再审请求处理的;(3)检察院撤回抗诉的;(4)其他应当终结再审程序的情形。

因检察院提出抗诉裁定再审的案件,申请抗诉的当事人有上述规定的情形,且不损害国家利益、社会公共利益或他人合法权益的,法院裁定终结再审程序。

再审程序终结后,法院裁定中止执行的原生效判决自动恢复执行。各级检察院对审判监督程序以外的其他审判程序中审判人员的违法行为,有权向同级法院提出检察建议。

第十三节 执 行

申请执行的期限为2年。申请执行时效的中止、中断,适用法律有关规定。申请执行的期限从法律文书规定的履行期间最后一日起计算；法律文书规定分期履行的，从规定的每次履行期间的最后一日起计算；法律文书中没有规定履行期限的，从该法律文书送达当事人之日起计算。逾期申请的，除有正当理由外，法院不予受理。发生法律效力的行政判决书、行政裁定书、行政赔偿判决书和行政调解书，由第一审法院执行。第一审法院认为情况特殊，需要由第二审法院执行的，可以报请第二审法院执行；第二审法院可以决定由其执行，也可以决定由第一审法院执行。

一、强制公民、法人或其他组织履行

对发生法律效力的行政判决书、行政裁定书、行政赔偿判决书和行政调解书，负有义务的一方当事人拒绝履行的，对方当事人可以依法申请法院强制执行。公民、法人或其他组织拒绝履行判决、裁定、调解书的，行政机关或第三人可以向第一审法院申请强制执行，或由行政机关依法强制执行。

二、强制行政机关履行

法院判决行政机关履行行政赔偿、行政补偿或其他行政给付义务，行政机关拒不履行的，对方当事人可以依法向法院申请强制执行。行政机关拒绝履行判决、裁定、调解书的，第一审法院可以采取下列措施：（1）对应当归还的罚款或应当给付的款额，通知银行从该行政机关的账户内划拨；（2）在规定期限内不履行的，从期满之日起，对该行政机关负责人按日处50元至100元的罚款；（3）将行政机关拒绝履行的情况予以公告；(4) 向监察机关或该行政机关的上一级行政机关提出司法建议。接受司法建议的机关，根据有关规定进行处理，并将处理情况告知法院；(5) 拒不履行判决、裁定、调解书，社会影响恶劣的，可以对该行政机关直接负责的主管人员和其他直接责任人员予以拘留；情节严重，构成犯罪的，依法追究刑事责任。